JN330204

YANAGIHARA MASAHARU　　MORIKAWA KOICHI　　KANEHARA ATSUKO
柳原正治・森川幸一・兼原敦子 編

プラクティス
国際法講義

信山社
SHINZANSHA

はしがき

　現在私たちが考える「国際法」の成立過程は，15世紀末のヨーロッパで始まった。その後，約400年の間に，さまざまな理論や国家実行の積み重ねを経て，19世紀後半には，近代国際法としての完成をみることになった。完成してからほぼ150年経った現在の時点でも，「主権国家間の関係を規律する法」という国際法の基本的性格は，変化していない。

　しかし，その規律内容は，分野により，大きく変化してきている。とりわけ，国際法が規律する，なによりも重要なトピックである戦争の位置づけは，様変わりした。150年前の国際法学者や外交実務家たちは，戦争，あるいは，武力による威嚇や武力の行使が国際法によって一般的に禁止されるような状況が現に生み出されるなどと予測できたであろうか。

　また，海洋に関する規律は，数世紀を経た伝統的制度の成立と定着の後に，とりわけここ30年の間に激変したといってもよい。昨年（2009年）はグロティウスの『自由海論』が発刊されてから400年にあたる記念年であったが，大陸棚や排他的経済水域や深海底などといった現在の海洋法制を，グロティウスは夢想だにしなかったであろう。グロティウスはいうまでもなく，第2次世界大戦前においてすら，そうした諸制度を思い描いた者はほとんどいなかったであろう。

　これ以外にも，国際経済や国際環境の分野ではじつに多くの新しいルールが生まれてきている。さらには，国際法と個人のかかわりあい方（個人の国際犯罪や人権の国際的保障など）や国家の国際責任なども大きく変化してきている分野である。

　変化は国際法の規律内容にとどまらない。国家が国際法主体の中心であることには変わりはないものの，国家以外の行為体（個人，国際組織，NGOなど）が果たす役割は飛躍的に増大してきている。また，国際法の存立基盤である国際社会の存立形態が，近代国際法が生まれたときのヨーロッパ諸国で構成される単一的・同質的な社会から，現代の「多文化世界」へと変化してきている。

　さらには，もっと巨視的にみれば，現在の国際法は，近代のヨーロッパで誕

生し，成熟していったものである。時代や地域を異にすれば，異なる形での「国際法」が存在した。たとえば，古代オリエント，古代中国，古代インド，中世イスラーム世界，さらには近世の東アジアにおいては，ヨーロッパ「国際法」とは異なる，さまざまな形態の「国際法」が存在した。こうしたさまざまな「国際法」の存在や態様を知ることは，近代ヨーロッパという限定された時代・地域に生まれた近代国際法が「ヨーロッパの世界化」として世界に広まり，普遍的な国際法とみなされていったこと，その普遍化の過程はしかしながら，主としてヨーロッパ諸国の行動を正当化・合理化するものであったこと，そして，現在そうした普遍化の過程について非ヨーロッパ諸国から疑問が提示され，伝統的国際法とは異なる諸原則の必要性が唱えられるようになっていること，についての，一段と深化した認識をもたらすことにつながるであろう。さらには，現在の国際法が抱えている根源的な難問にどのように対処していくかについての，創造的で豊かな構想力を養う上での一助ともなろう。

　本書は，以上のような，国際法の規律内容などの急激な変化や国際法概念そのものの歴史的制約性を踏まえつつ，現段階における国際法についての基礎的・体系的な知識を与えることを目的として編集された教科書である。国際法の各分野における重要な基本概念については，その歴史的背景の叙述をも加えて，その根源的なあり方を理解できるように努めた。現行制度・プラクティスはどのような歴史的経緯で現行のようなかたちとなったのか，なぜ現行制度・プラクティスは今のようなかたちで存続しているのか，さらには，そうした制度・プラクティスは今後もなお存在しつづけることができるのかという問題をつねに念頭に置きつつ，各章は執筆されている。

　本書は当初，本文の叙述のほかに，①確認質問，②各章ごとの応用演習，③巻末の総合演習という構成を予定していた。演習により事例分析・対応能力を涵養し，基本概念の重層的な理解を目指そうとする趣旨である。実際に何人かの執筆者は応用演習を作成し，学生たちに試験的に解いてみてもらうという作業を行った。しかしながら，もっぱら全体の分量の関係から，演習については本書に取り込むことを断念せざるを得なかった。これについては，別著というかたちで，近々公にできればと考えている。

　本書の執筆者のうち，ほとんどの者は，田中忠教授（1992年逝去）が1989年に創設されたサヴィニー研究会（後に，国際法理論史研究会と改称し，現在も存続している）の参加者である。サヴィニー，ブルンチュリー，カルテンボル

ン，ホール，ウェストレーク，そしてオッペンハイムなど，19世紀・20世紀初頭の国際法学者たちの原典を丹念に読み進めながら，国際法の基本概念や基本原理について腰を据えて考えるという作業をつづけてきた。この研究会での経験が本書の執筆に大きく寄与していることは間違いない。

　法学部や法科大学院などで勉学する人たちが，本書を通じて，国際法上の諸制度の根源的なあり方について思いを巡らしつつ，現行国際法の基礎的・体系的な知識を習得することができれば，これほどうれしいことはない。

　本書の企画が実質的に開始されたのは2006年春であるから，刊行までに4年を要したことになる。この間，編集者も交えた編者会議を何度となく開催し，熱い議論を繰り返してきた。一連の過程を通じて，信山社出版の鳥本裕子氏には，さまざまな面でお世話になった。また，渡辺左近氏，木村太紀氏，それに中村文子氏からも多大の援助を得た。ここに心から感謝の意を表したい。

　2010年1月

編者一同

目　次

はしがき
参考文献

第1章　国際社会と法──国際法規範と社会規範────────1
 I　「社会あるところ法あり」(1)
  1　社会規範と法規範 (1)　　2　法規範と国際法規範 (2)
  3　法による支配と力による支配 (2)
 II　「国際法は法とみなすことができるか」(3)
  1　古典的論争 (3)　　2　現代における問題の意味 (4)
 III　分権社会としての国際社会と国際法 (5)
  1　国際社会の特質 (5)　　2　国際社会における法としての国際法 (6)
 IV　さまざまな形態の「国際法」(6)
  1　古代オリエント (6)　　2　古代インド (7)　　3　東アジア世界 (8)　　4　中世イスラーム世界 (8)　　5　近代ヨーロッパ国際法と現代国際法 (9)
 ■確認質問 (12)

第2章　国際法の法源────────────────────14
 I　法源の意義 (14)
 II　各法源と成立条件 (15)
  1　条　約 (15)　　2　慣習国際法 (17)　　3　法の一般原則 (20)
  4　その他の法源の可能性 (22)
 III　各法源間の関係 (26)
  1　一般的な優劣関係 (26)　　2　条約と慣習国際法の関係 (27)
 IV　国際法の法典化 (28)
 ■確認質問 (29)

第3章　条　約　法──────────────────────30
 I　条約法の意義 (30)
  1　条約の増大 (30)　　2　条約法の特質 (31)
 II　条約の締結 (31)

　　　　1　条約の締結手続 (31)　　2　条約の留保と解釈宣言 (33)
　　Ⅲ　条約の効力 (36)
　　　　1　「合意は拘束する」原則 (36)　　2　条約の適用範囲 (37)
　　　　3　条約と第三国 (37)　　4　条約の無効 (38)
　　Ⅳ　条約の解釈 (41)
　　　　1　解釈の一般規則 (41)　　2　解釈基準相互の適用関係 (42)
　　　　3　複数言語の正文の解釈 (43)
　　Ⅴ　条約の改正と終了 (43)
　　　　1　条約の改正・修正 (43)　　2　条約の終了 (44)
　■　確認質問 (47)

第4章　国際法と国内法の関係 ―― 48
　　Ⅰ　国際法と国内法の関係についての学説対立 (48)
　　　　1　歴史的背景 (48)　　2　一元論と二元論 (49)　　3　国際法上の義務と国内法上の義務の調整 (51)
　　Ⅱ　国際法秩序における国内法の地位 (53)
　　　　1　国内法援用禁止の原則 (53)　　2　国際裁判における国内法の地位 (53)
　　Ⅲ　国内法秩序における国際法の地位 (55)
　　　　1　条約の国内的実現 (55)　　2　慣習国際法の国内的実現 (58)
　　　　3　国際法の国内的効力順位 (58)
　　Ⅳ　国際法上の義務の分類と国内的実現 (61)
　　　　1　義務の分類 (61)　　2　自動執行力による義務の国内的実現 (62)
　■　確認質問 (65)

第5章　国際法の形成と適用と解釈 ―― 66
　　Ⅰ　国際法の形成 (66)
　　　　1　現にある法とあるべき法 (66)　　2　国際法形成のあり方 (67)
　　Ⅱ　国際法の適用 (70)
　　　　1　適用法規 (70)　　2　適用法規の競合 (74)　　3　適用の場と適用機関 (76)
　　Ⅲ　国際法の解釈 (76)
　　　　1　国際法解釈の必要性――適用と解釈の相違 (76)　　2　条約の解釈とその他の国際法の「解釈」(77)　　3　解釈の主体 (77)
　■　確認質問 (78)

第6章　国際法の主体(1)——国　家 ——————————— 80

Ⅰ　国際法主体 (80)

　1　意義と種類 (80)　　2　国際法上の国家 (82)　　3　非国家主体の意義の増大 (83)

Ⅱ　国家承認と政府承認 (83)

　1　国家承認 (83)　　2　承認の方式と効果 (86)　　3　政府承認 (88)

Ⅲ　国家承継 (90)

　1　国家承継の意義 (90)　　2　条約の国家承継 (91)

　3　国家財産等の承継 (92)

■ 確認質問 (92)

第7章　国際法の主体(2)——準国家団体・国際組織・個人・その他 ——— 94

Ⅰ　準国家団体 (94)

　1　準国家団体の主体性 (94)　　2　交戦団体 (belligerency) (94)

　3　亡命政府 (government in exile) (95)　　4　民族解放団体 (national liberation movement) (96)

Ⅱ　国際組織 (97)

　1　国際組織の主体性 (97)　　2　国際組織の定義と分類 (97)

　3　国際組織の権利能力の法的根拠と効果 (99)　　4　国際組織の権利能力 (101)

Ⅲ　個　人 (104)

　1　個人の主体性 (104)　　2　個人の国際法上の権利能力 (104)

　3　個人の国際法上の義務と国際犯罪 (106)　　4　国際刑事裁判所 (ICC) (108)

Ⅳ　その他の非国家主体 (109)

■ 確認質問 (110)

第8章　国家の基本的権利義務 ————————————————— 112

Ⅰ　国家の権利義務の「基本的」性質 (112)

　1　「基本的」権利の意味 (112)　　2　基本的権利に対応する義務 (113)

Ⅱ　国家主権 (114)

　1　国家の基本的権利としての主権 (114)　　2　国家主権の内容 (115)　　3　国家主権と国際法との関係 (116)　　4　国家主権の対外的側面——独立の意味 (119)

Ⅲ　国家平等 (120)
　　　　1　国家平等の意味 (120)　　2　その他の平等観念 (121)
　　Ⅳ　不干渉義務 (123)
　　　　1　不干渉義務の意味と意義 (123)　　2　国内管轄事項 (123)
　　　　3　干渉の態様とその再構成 (125)　　4　人道的干渉 (127)
　　　　5　国際組織と不干渉義務 (128)
　■確認質問 (129)

第9章　国家管轄権 ──────────────── 131

　　Ⅰ　国家管轄権に対する国際法による規制の成立 (131)
　　　　1　国家管轄権の意味と意義 (131)　　2　管轄権に対する国際規律の要請 (133)
　　Ⅱ　国家管轄権に関する国際法の基準 (135)
　　　　1　国家管轄権の行使の根拠や優劣に関する基準 (135)　　2　国家管轄権の適用基準 (138)　　3　国際法による管轄権の配分 (140)
　　Ⅲ　国家免除 (141)
　　　　1　国家免除原則 (141)　　2　免除の適用に関する原則 (144)
　　　　3　相対免除主義における免除の適用基準 (146)　　4　強制執行の免除 (147)
　■確認質問 (148)

第10章　外交・領事関係法 ─────────────── 150

　　Ⅰ　外交関係制度 (150)
　　　　1　歴史的展開 (150)　　2　外交関係 (151)
　　Ⅱ　領事関係制度 (153)
　　　　1　歴史的展開 (153)　　2　領事関係 (155)
　　Ⅲ　特権免除 (157)
　　　　1　外交使節団の特権免除 (157)　2　領事機関の特権免除 (163)
　■確認質問 (166)

第11章　国家の国際責任 ─────────────── 167

　　Ⅰ　主権国家の国際責任の観念 (167)
　　　　1　国際「違法」行為責任 (167)　　2　国家責任のさまざまな考え方 (168)　　3　国際違法行為責任をめぐる関係国の権利義務 (170)
　　Ⅱ　国際違法行為責任の発生要件 (171)

　　　　1　客観的要件（171）　2　主体的要件（172）　3　故意・過失要件（「主観的要件」）（176）　4　法益侵害要件（177）　5　違法性阻却事由（179）
　Ⅲ　国家責任の追及要件（180）
　　　　1　法益侵害（180）　2　外交的保護（180）
　Ⅳ　回復および救済による国家責任の履行（182）
　　　　1　回復および救済の方法（182）　2　違法行為中止と再発防止保証（183）
■ 確認質問（184）

第12章　国家領域 ―――――――――――――――― 186

　Ⅰ　領域と領域に対する国家の権利（186）
　　　　1　領域観念の成立（186）　2　領域主権の法的性質と内容（187）
　　　　3　領域主権にかかわる原則（188）
　Ⅱ　伝統的国際法による領域変動の規律（190）
　　　　1　方式論としての領域権原論（190）　2　原始取得の方式（191）　3　承継取得の方式（193）
　Ⅲ　領域紛争とその解決（195）
　　　　1　国際裁判における領域紛争の解決（195）　2　判例法理の位置づけ（198）　3　日本と領域紛争（199）
■ 確認質問（202）

第13章　海洋利用に関する国際法(1) ―――――――― 204

　Ⅰ　海に関する国際法の発展（204）
　　　　1　海洋の自由原則（204）　2　海洋法条約（206）　3　変動過程にある海洋法（207）
　Ⅱ　領海・内水・接続水域（209）
　　　　1　領　海（209）　2　内　水（212）　3　接続水域（214）
　　　　4　群島水域（215）　5　国際海峡（215）
　Ⅲ　公　海（216）
　　　　1　公海の範囲（216）　2　公海の法的地位（217）　3　公海の秩序維持（217）
　Ⅳ　追跡権（219）
　　　　1　管轄水域制度と公海制度を横断する制度（219）　2　最近の追跡権行使の特徴（220）
■ 確認質問（221）

第14章　海洋利用に関する国際法(2) ── 223
- I　海洋資源利用に関する法制度 (223)
  - 1　排他的経済水域 (223)　2　大陸棚 (227)　3　深海底 (229)
- II　境界画定 (231)
  - 1　領　海 (231)　2　排他的経済水域と大陸棚 (231)
- III　海洋利用の多様化への対処 (236)
  - 1　海洋利用規制の強化と非旗国措置の採用 (236)　2　漁業資源の保存・管理 (236)　3　海洋環境の保護・保全 (237)　4　海上航行の安全 (239)
- ■確認質問 (239)

第15章　その他の地域および空間 ── 241
- I　国際化地域 (241)
  - 1　国際化地域の意義と種類 (241)　2　委任統治地域・信託統治地域 (242)　3　南　極 (244)　4　国際河川・国際運河 (246)
- II　空　域 (247)
  - 1　領　空 (247)　2　空域に関する国際規制 (249)
- III　宇宙空間 (251)
  - 1　宇宙空間の法的地位 (251)　2　宇宙活動に対する管轄権 (253)　3　宇宙活動に関する国家の義務と責任 (254)
- ■確認質問 (256)

第16章　国際法における個人 ── 257
- I　国　籍 (257)
  - 1　国籍の機能 (257)　2　国籍の決定 (258)　3　国籍の対抗力 (259)　4　国籍の抵触 (260)　5　法人の国籍 (260)
- II　外国人の法的地位 (261)
  - 1　外国人の出入国 (261)　2　外国人の処遇 (261)
- III　難民の国際的保護 (262)
  - 1　国際法における難民問題 (262)　2　難民の庇護 (263)
- IV　個人の国際犯罪 (267)
  - 1　国際犯罪の性質と諸類型 (267)　2　国際司法協力 (270)
- ■確認質問 (272)

第17章　人権の国際的保障(1) ── 273
- I　意義と歴史的展開 (273)

1　国際法による人権保障の前史——外国人・少数者保護から管轄下の個人の人権保障へ (273)　2　国連憲章体制下での人権保障 (277)
　　Ⅱ　国際人権保障の体系 (280)
　　　　1　普遍的保障と地域的保障 (280)　2　一般的保障と個別的保障 (281)
　　Ⅲ　履行確保のしくみ (281)
　　　　1　国際的履行確保 (281)　2　国内裁判所による履行確保 (284)
　■確認質問 (285)

第18章　人権の国際的保障(2) ─────────── 287

　　Ⅰ　生存にかかわる権利 (287)
　　　　1　生命に対する権利・生存権 (287)　2　労働の権利・労働者としての諸権利 (290)
　　Ⅱ　身体の安全にかかわる権利 (291)
　　　　1　身体の自由と安全についての権利 (291)　2　拷問または非人道的なもしくは品位を傷つける取扱いを受けない権利 (292)　3　迫害からの保護 (295)
　　Ⅲ　差別の禁止・平等 (296)
　　　　1　国際人権規約における無差別・平等 (296)　2　人種差別・女性差別の撤廃 (297)
　■確認質問 (298)

第19章　国際経済法 ─────────── 300

　　Ⅰ　国際経済法の意義 (300)
　　　　1　概　念 (300)　2　規律対象 (301)
　　Ⅱ　貿　易 (302)
　　　　1　歴史的展開 (302)　2　世界貿易機関 (WTO) (305)　3　WTO体制と途上国 (309)
　　Ⅲ　国際投資 (311)
　　　　1　国際投資の保護と伝統的国際法 (311)　2　新国際経済秩序の主張と外国資産の国有化 (312)　3　投資紛争解決国際センター (ICSID) (313)　4　国際投資の自由化と保護の展開 (314)
　　Ⅳ　通貨・金融 (316)
　　　　1　歴史的展開 (316)　2　国際通貨制度の現在 (317)
　■確認質問 (318)

第20章　国際環境法 ——————————————————— 320

- I　国際環境法の展開 (320)
  - 1　現代の国際的な環境問題 (320)　2　国際環境法の歴史的展開 (321)　3　国際環境法の展開における特徴 (324)
- II　国際環境法の一般原則 (325)
  - 1　環境保全に関する国家の基本的な義務 (325)　2　国際環境法の基本的な原則 (327)
- III　環境条約の規律——具体的な義務・行為基準の設定 (329)
  - 1　具体的規則・行為基準の定立方法 (329)　2　条約上の義務の内容——主な多数国間環境条約の義務 (330)
- IV　国際環境法の履行確保・紛争の解決 (331)
  - 1　国家責任法の適用における限界 (331)　2　条約の遵守確保と遵守促進 (332)　3　国際裁判の有用性 (333)
- V　環境損害の救済 (335)
  - 1　国家責任法に基づく救済 (335)　2　個別条約に基づく損害の救済 (336)
- ■ 確認質問 (338)

第21章　国際紛争処理 ——————————————————— 340

- I　国際紛争とその処理手段 (340)
  - 1　対象としての国際紛争と国際紛争処理手段——その広がり (340)　2　国際紛争の平和的処理義務 (342)　3　紛争処理手段の選択 (342)
- II　国際社会における紛争処理の特徴——国内の紛争処理との異同 (343)
  - 1　実力行使（自力救済）の位置づけ (343)　2　裁判の位置づけ——ADRとの関係 (344)　3　立法と司法の関係——法変更要求と紛争の司法的処理 (345)
- III　国際紛争の伝統的処理手法——制度的概観 (346)
  - 1　外交交渉と第三者による支援——交渉・協議・周旋・審査・仲介・調停 (346)　2　第三者による決定——仲裁裁判・司法裁判 (348)　3　国際組織の政治的機関による（平和的）紛争処理——仲介の組織化 (356)
- IV　国際紛争の種別と紛争処理手段の役割 (358)
  - 1　紛争処理制度のあらたな展開 (358)　2　紛争処理の諸手段の役割 (359)
- ■ 確認質問 (361)

第22章　武力行使の規制 ——362

I　武力不行使原則の発展（362）
　1　伝統的国際法における戦争（362）　2　戦争・武力行使の違法化（363）

II　武力不行使原則の射程（365）
　1　武力不行使原則（365）　2　「武力の行使」の概念（365）
　3　「武力による威嚇」の意味（367）　4　内戦への適用の有無（368）

III　武力不行使原則の例外（369）
　1　武力不行使原則の例外（369）　2　自衛権（369）　3　その他の例外の主張（373）

■ 確認質問（375）

第23章　平和と安全の維持 ——376

I　集団安全保障（376）
　1　集団安全保障の意義（376）　2　国際連盟と国際連合の集団安全保障（377）　3　集団安全保障の実際（378）

II　国連平和維持活動（PKO）（382）
　1　PKOの生成と確立（382）　2　PKOの展開（385）

III　軍縮・軍備管理（387）
　1　軍縮・軍備管理の意義と概念（387）　2　大量破壊兵器（核・生物・化学兵器）の規制（388）　3　通常兵器の規制（391）

■ 確認質問（392）

第24章　武力紛争法 ——393

I　武力紛争法の概念と成立基盤（393）
　1　戦時国際法から武力紛争法へ（393）　2　武力紛争法の成立基盤（395）

II　戦闘の手段・方法の規制（397）
　1　基本原則（397）　2　戦闘方法の規制（397）　3　害敵手段（兵器）の規制（398）　4　核兵器使用の合法性問題（399）

III　戦争犠牲者の保護（399）
　1　交戦者（戦闘員）資格（399）　2　軍隊傷病者・難船者（400）
　3　捕虜（401）　4　文民（402）

IV　履行確保（402）
　1　履行確保の諸手段（402）　2　国際刑事裁判（405）

Ⅴ 中 立 (406)
  1 伝統的な中立制度 (406)　2 中立制度の成立と動揺 (407)
  3 国連憲章体制下での中立 (408)
■ 確認質問 (409)

条約・決議索引 (411)
判例索引 (420)
事項索引 (424)

参 考 文 献

■ 入門書・概説書
植木俊哉編『ブリッジブック国際法〔第2版〕』(信山社, 2009年)
奥脇直也=小寺彰編『国際法キーワード〔第2版〕』(有斐閣, 2006年)
香西茂=太寿堂鼎=高林秀雄=山手治之『国際法概説〔第4版〕』(有斐閣双書, 2001年)
高野雄一『教養国際法』(東京大学出版会, 1983年)
寺沢一=内田久司編『国際法の基本問題』(有斐閣, 1986年)
中谷和弘ほか『国際法』(有斐閣アルマ, 2006年)
松井芳郎ほか『国際法〔第5版〕』(有斐閣Sシリーズ, 2007年)
横田洋三編『国際法入門〔第2版〕』(有斐閣アルマ, 2005年)
マイケル・エイクハースト=ピーター・マランチュク『現代国際法入門』(長谷川正国訳)(成文堂, 1999年)

■ 体系書・講座
(1) 体系書
大沼保昭『国際法〔新訂版〕』(東信堂, 2008年)
栗林忠男『現代国際法』(慶應義塾大学出版会, 1999年)
小寺彰=岩沢雄司=森田章夫編『講義国際法』(有斐閣, 2004年)
小寺彰『パラダイム国際法』(有斐閣, 2004年)
杉原高嶺『国際法学講義』(有斐閣, 2008年)
杉原高嶺ほか『現代国際法講義〔第4版〕』(有斐閣, 2007年)
田岡良一『国際法Ⅲ〔新版〕』(有斐閣法律学全集, 1973年)
高野雄一『国際組織法〔新版〕』(有斐閣法律学全集, 1975年)
高野雄一『国際法概論上・下〔全訂新版〕』(弘文堂, 1985年・1986年)
田畑茂二郎『国際法Ⅰ〔新版〕』(有斐閣法律学全集, 1973年)
田畑茂二郎『国際法新講上・下』(東信堂, 1990年・1991年)
田畑茂二郎『国際法〔第2版〕』(岩波全書, 1966年)
寺沢一=山本草二=広部和也編『標準国際法〔新版〕』(青林書院, 1993年)
藤田久一『国際法講義Ⅰ・Ⅱ』(東京大学出版会, 1992年・1994年)
村瀬信也=奥脇直也=古川照美=田中忠『現代国際法の指標』(有斐閣, 1994年)
山本草二『国際法〔新版〕』(有斐閣, 1994年)
横田喜三郎『国際法Ⅱ〔新版〕』(有斐閣法律学全集, 1972年)
イアン・ブラウンリー『国際法』(島田征夫ほか訳)(成文堂, 1989年)
ロザリン・ヒギンズ『ヒギンズ 国際法〔訂正版〕』(初川満訳)(信山社, 2003年)

(2) 講　座
国際法学会編『日本と国際法の 100 年』第 1 〜 10 巻（三省堂，2001 年）

■ 条約集・判例集・資料集
(1) 条約集
奥脇直也編集代表『国際条約集』（有斐閣，各年版）
杉原高嶺編集代表『コンサイス条約集』（三省堂，2009 年）
松井芳郎編集代表『ベーシック条約集』（東信堂，各年版）
松井芳郎編集代表『ハンディ条約集』（東信堂，2009 年）

(2) 判例集
① 国際判例集

杉原高嶺・酒井啓亘編『国際法基本判例 50』（三省堂，2010 年）
高野雄一編『判例研究　国際司法裁判所』（東京大学出版会，1965 年）
波多野里望 = 松田幹夫編『国際司法裁判所　判決と意見Ⅰ』（国際書院，1999 年）
波多野里望 = 尾崎重義編『国際司法裁判所　判決と意見Ⅱ』（国際書院，1996 年）
波多野里望 = 広部和也編『国際司法裁判所　判決と意見Ⅲ』（国際書院，2007 年）
松井芳郎編集代表『判例国際法〔第 2 版〕』（東信堂，2006 年）
山本草二 = 古川照美 = 松井芳郎編『国際法判例百選』（有斐閣，2001 年）

② 国内判例集

祖川武夫・小田滋編著『日本の裁判所による国際法判例』（三省堂，1991 年）

(3) 資料集
大沼保昭編『資料で読み解く国際法上・下〔第 2 版〕』（東信堂，2002 年）
筒井若水『新・資料国際法基礎講義』（有斐閣，1995 年）
柳原正治編著『不戦条約(上)(下)　国際法先例資料集(1)(2)』（日本立法資料全集本巻 101・102，信山社，1996 年・1997 年）

■ 辞　典
国際法学会編『国際関係法辞典〔第 2 版〕』（三省堂，2005 年）
筒井若水編集代表『国際法辞典』（有斐閣，1998 年）

第1章　国際社会と法
―― 国際法規範と社会規範 ――

　19世紀後半に完成した国際法に対しては，これまで何度もその法規範としての性格に対する疑問が投げかけられてきた。さらに，1990年代以降湾岸戦争やコソヴォ紛争やグルジア紛争などの事件が続発し，国際法そのものの有効性や権威に対して重大な疑義がもたれるようになってきている。法規範として国際法規範が存立しうる基盤がどこにあるかという根源的な問いに対して，現段階において，どのように答えることができるのであろうか。

I　「社会あるところ法あり」

1　社会規範と法規範
　現在私たちが考える法は，古代ギリシアや古代ローマの伝統を引き継ぎつつ，近代ヨーロッパにおいて形成され（「近代ヨーロッパ法」），発展してきたものである。異なる形での「法」は，名称がどのようなものであるにしろ，異なる地域，異なる時代にも存在した（たとえば，古代中国の「礼」，古代インドの「ダルマ〔達磨〕」，イスラームの「シャリーア」など）。
　どの地域，どの時代にあっても，「社会あるところ法あり」という格言があてはまっている。人びとがより集まって共同生活をする社会においては，そうした社会生活を営むうえで当然守らなければならないとされる法が存在する。社会生活の秩序を維持する規範として法が不可欠のものであるということをこの格言は意味する。
　もっとも，社会生活を営むうえで当然守らなければならない規準，つまり社会規範は法に限らない。法は社会規範の一つである。法のほかには，道徳，宗教，習慣，習俗などがある。
　それでは，法規範が他の社会規範と区別される基準は何であろうか。この点は，どの地域，どの時代かにより異なっている。たとえば，中世ヨーロッパにおいては法と道徳の明確な区別は存在しなかった。近代ヨーロッパ法のもっと

も大きな特色の一つは，法規範と道徳規範を厳格に区別する点にある。その区別の基準は，一般的には，法規範は外面的・物理的強制がともなう強制的命令であるのに対して，道徳規範は自発的に正しい行為へとうながす精神的規準であるという点に求められる。「強制をともなわない法は，燃えていない火のような，それ自体矛盾するものである」というのは，しばしば引用されることのある，19世紀のドイツの法学者イェーリングの言である。

もっとも，強制が具体的にどのようなものを指すかについてはさまざまな見解がある。法規範と道徳規範の区別を強制にのみ求めることができるかについては異論もある。また，道徳を個人道徳と社会道徳に区別するならば，法の基本的な部分は社会道徳と一致することが望ましいということからして，「法は最小限の道徳」（イェリネック）といわれることもある。

2　法規範と国際法規範

法にはさまざまな分類の仕方がある。公法と私法，実体法と手続法，民事法と刑事法，自然法と実定法などである。これらとは別に，基本的に国内関係を規律する国内法と，国際関係を規律する国際法という分類もある（この区別の詳細については第4章参照）。国際社会に妥当する法としての国際法規範も，社会規範の一つである法規範とみなされるという考え方に基づく分類である。

こうした考え方に対しては，いくつかの観点から異なる意見が出されている。一つは，国際法規範は，その強制という側面が未発達なことから，国内法と同じ意味での強制的命令とみなすことはできず，むしろ実定的な道徳にすぎないという見解である。また，国内社会と国際社会はその構造が異なっていることからして，国内法と国際法はそもそも存立基盤が異なるのであり，同じ意味での法規範とみなすこと自体が誤解を生み出すという見解もある（Ⅱも参照）。

3　法による支配と力による支配

1990年以降，湾岸戦争，コソヴォ紛争，9.11米国同時多発テロ，アフガニスタン問題などの事件が続発している。さらに，2008年8月には，グルジアとロシアとの武力衝突事件が起きた。これら一連の事象は，国連の集団安全保障体制，ひいては，国際法の権威そのものについて，専門家の間にも，一般市民の間にも，重大な疑義をもたらした。国際社会においては，法による支配ではなく，力による支配が行われているのではないかという疑義である。国際法

を勉強しようとしている若い人びとの間には，現実の国際社会においてこれだけ無力とみえる国際法をそもそも勉強する意義がはたしてあるのか，という疑問あるいは脱力感が芽生えているかもしれない。

「力が法を生み出す」あるいは「事実から法が生まれる」という原則が国際社会においてはあてはまるのではないかという疑問は，近代ヨーロッパ国際法の成立時点からずっと投げかけられつづけてきた。福沢諭吉が述べた，「百巻の万国公法は数門の大砲に若かず，幾冊の和親条約は一筐の弾薬に若かず」（『通俗国権論』，1878 年）という考えも同じ内容のものである。

それは，国際法規範がそもそも法規範としての性格を完全な形で具備していないのではないかという疑問である。そうした疑問は，国際法において戦争・武力行使の位置づけをどのような形で行うことができるかという問い，さらには，国際法と個々の国家の主権が両立しうるかという，国際法の存立そのものにかかわる問いに対して，国際法がどのような解答を出すことができるかという，古典的な課題と密接に関連している。

II 「国際法は法とみなすことができるか」

1 古典的論争

国際法を国内法と同じ意味での法とみなすことができるかについての論争は，19 世紀後半において，とくにドイツの学者たちを中心として行われた。その発端となったのが，ヘーゲルの『法の哲学』（1821 年）である。彼は，自由の理念を本質とする国家は他国に対して主権的に独立であるととらえた。そして，その関係を規律する国際法は普遍的な意思ではなく個々の国家の特殊な主権的意思に基づいているとし，国際法は「対外的国家法」，すなわち，対外関係を規律する国内法にほかならないとした。

その後，個別国家を超える権力による強制はなく，国内法と同じ意味での法規範とはみなせないということから，そもそも国際法は法とはいえない，あるいは，国際法は実定的な道徳である（オースティン）という立論が，一部の学者たちによって有力に主張された。

これに対して，客観的法としての国際法の法的拘束力を根拠づける理論として編み出されたのが，イェリネックの自己拘束理論である。その理論によれば，国際法は，国家の上位にある統一的意思をもつ共同体，つまり世界国家の法で

はなく，同位者間の法ととらえられ，その拘束力は個々の国家自身の意思に依存していることになる。

イェリネックと異なるアプローチをとるのが，トリーペルである。彼は，一つの国家にのみ帰属する法的意思から生じる国内法と，複数の国家の意思の合致からなる全体意思または共同意思から生じる国際法を区別する二元論を唱えた。これにより，国家の意思に基づく国際法独自の妥当根拠を論証しようとした。

これ以外にも，強制手段は国家の上に立つ政治組織によるものでなくとも，「自力救済（自助）」という形でありうるという考え，法の妥当性と実効性を区別する考え，国際法の拘束力の淵源を諸国の共同の合意に求め，さらにその基礎は「合意は拘束する」という公理におかれるという考えなど，いくつかの理論が主張されてきた。

「合意は拘束する（合意は守られなければならない）」という原則は，元来近世ヨーロッパにおいて，古代ローマ法上の厳格な形式主義（「裸の合意から義務は生じない」という原則）との関連のなかで生み出された，特殊な起源をもつものである。これが国際法にもち込まれたさいには，そうした特殊要因はいっさい捨て去られ，単に国際法上の合意は誠実に遵守しなければならないという一般原則とされた。

慣習国際法が黙示の合意に基づくと一般にとらえられていた時代にあっては，条約も慣習国際法も，その拘束力の基礎は，この原則に求められることに問題はなかった。しかし，現在においては，慣習国際法を黙示の合意ととらえることには異論もあるため，慣習国際法にこの原則を適用することができるかについては意見が一致していない。明示の合意である条約については，その拘束力がこの原則に求められることは実定国際法上確定している（条約法条約 26 条）。

2 現代における問題の意味

「これまで国際法に執拗にかけられてきた，法的性格への致命的な疑いから決定的に解放される」（祖川武夫）ことは現段階でも実現されていない。現在でも，国際法には有効な強制手段がない，あるいは，国際法は実際の場面で遵守されていないなどの理由から，法とはみなしがたいという主張がなされている。

ここで注意すべきなのは，そもそも国際法が国内法と同じ意味での法とみな

すことができるかという設問自体が有益であるかという疑問である。近代法システムは，中央集権的に整備された近代国家にもっとも適合するものとして発展してきた。そもそも拠って立つ社会基盤が異なる国際法について，同じ意味での法であるかどうかに拘泥することの危険性はあまりにも高い。完成した国内法秩序に対して，原始法秩序として国際法をとらえるという考え（ケルゼン）はその典型である。

「国際法の私法類推」（ラウターパクト）ということがいわれるように，19世紀中葉から20世紀前半にかけて国際法の各個別理論が整備されていくなかで，国内私法の個別理論が国際関係に類推適用されていったことはまちがいない（たとえば，領域権原論，海洋の自由，国際地役権，条約の解釈技法など）。しかしながら，そのことと，国際法の法的性格そのものの問題とはまったく別である。国内法とは異なる意味での，独自の「法」としての国際法のあり方を描き出すことが必要である。

Ⅲ 分権社会としての国際社会と国際法

1 国際社会の特質

国際法は国際社会を基盤として成り立っている法である。現在のような，平等な主権国家からなる国際社会は，1648年のウェストファリア条約を画期としてヨーロッパのなかで生まれたといわれる（「ウェストファリア体制」）。しかし，主権国家概念や勢力均衡概念は当時まだ確立していたとはいえず，国際社会として，その形が整ってくるのは，18世紀末から19世紀前半にかけてのことである。

そうした国際社会観とは，国家が他の国家との関係で拘束されるような原則はなく，国際社会は存在しないとする現実政策（レアール・ポリティーク）のマキャヴェッリ＝ホッブズ的伝統のものではない。あるいは，そうした現実政策を認めつつも，なおアナーキーを終結させ，永久平和を実現しようとする要求があるとする，カント的なコスモポリタン的理念のものでもない。それらのいずれでもなく，国家は，その相互関係において拘束される原則の存在を認め，そして，一つの社会，いわば「政府なき社会」を形成しているという考えに基づくものである。

そうした国際社会には，国内社会とは異なり，立法面でも，行政面でも，そ

して司法面でも，中央集権的な機関が存在しない。そのため，ときに国際社会は「分権社会」であるといわれる。

その一方で，とくに第2次世界大戦以降，集団安全保障，国際裁判，国際社会の一般的利益，強行規範などの制度が次第に導入されたことにともない，国際社会のあり方もまた変化してきているのは事実である。

2003年のイラク問題のさいに，とくに議論となったのは，各国家の主権平等と国家を越える判定者の不在という，戦争違法化にとっての「障害」が取り除かれ，武力不行使原則が有効に妥当する基盤としての「国際社会の執行機関」が存在するようになったのではないかという問いである。現時点で国連の集団安全保障体制は，「国際社会の執行機関」としての役割を果たしているといえるであろうか。そして，仮にそうした役割を十分に果たしていないとすれば，武力不行使原則は現実の国際社会で有効に機能し得る原則とみなすことができるのか，ということが問われていることになる。

しかし，国際社会の現状を見れば，平等な主権国家からなる，分権社会としての国際社会という基本構図は変わっておらず，「国際社会の執行機関」としての役割はなお十分には果たされていないといわざるを得ない。個別国家による権利実現のための「自力救済（自助）」が認められる余地は，国内社会と比較すると，かなり残されている（詳しくは第22章参照）。

2　国際社会における法としての国際法

分権社会としての国際社会を基盤として成立している国際法は，中央集権的な国内社会を基盤として成立している国内法とは，そのあり方が異なっている。国際法は，その形成・適用・解釈のいずれの側面においても，国内法とは異なる，独自の原理の下に運用されている。しかも，その形成・適用・解釈の3つの間の厳格な区別が，現実の場面においては曖昧となる局面もあるということは，国際法の大きな特徴の一つである（第5章参照）。

Ⅳ　さまざまな形態の「国際法」

1　古代オリエント

(1) 禿鷹の碑——世界最古の「条約」

国際法を広義の国家ないし政治体間の法という形で広義に定義すれば，古代

オリエント，古代中国，古代インド，そして中世イスラーム世界にも，国際法は存在した。19世紀の圧倒的多数の学者たちは，近代ヨーロッパ以外には国際法はそもそも存在しないという見解をとっていた。そうした見解となった理由の一つは，当時古代遺跡の発掘が進んでおらず，古代史の知識が不足していたことである。なによりも重要な点はしかし，国際法はみずからの文明により生み出されたものであるという，ヨーロッパ中心的な文明意識を彼らに見出すことができることである。

紀元前2454年頃（年代については諸説がある）に建立されたのが禿鷹の碑である。これは，シュメール初期王朝時代に繁栄した都市国家ラガシュの王エアンナトゥムが，隣接する都市国家ウンマとの戦いに勝利したことを記念する碑である。敵兵の死骸をついばむ禿鷹の姿が彫られていることから「禿鷹の碑」とよばれている（現在，ルーブル美術館所蔵）。この碑には両都市国家間の国境画定をめぐる記述があり，このことをとらえて世界最古の条約とみなす学者がいる。その一方で，国家の相互関係の不安定性，平等意識の欠如，法的権利義務意識の欠如などを理由として国際秩序の存在そのものを否定する見解もある。

(2) アマルナ時代

紀元前15世紀中葉，エジプト，ミタンニ，バビロニア，アッシリア，そしてヒッタイトというオリエント諸国の間に広い国際関係――「勢力均衡体系」――が生まれた。アマルナ時代の始まりである。これらの諸国間でかなりの数の条約が締結された。その多くは，20世紀初頭に発掘されたボアズキョイ文書により今日に伝えられている。そのうちでもっとも有名なのが，紀元前1270年（年代については諸説がある）の，エジプトのラアメス2世とヒッタイトのハットゥシリシュ3世との間の条約である。カデシュの戦いなどの両者間の争いを終結させ，アッシリアに対抗するための講和条約である。友好関係（＝兄弟関係）の樹立，侵略の相互放棄，犯罪人引渡しなど，その規定内容は多岐にわたる。

2　古代インド

古代インドにおいては――とくに，紀元前6世紀の16王国の時代，および，紀元前4世紀からのマウリヤ朝の時代において――，さまざまな政治体間を規律する法としてダルマが存在していたといわれる。ダルマは，宗教，倫理，法律，慣習，正義などの多様な意味をもつものである。近代ヨーロッパ法の概念

とは異なっている。カウティリヤ（紀元前4世紀の政治家）が編纂したとされる『アルタ＝シャーストラ』には，戦争，平和，中立，それに使節に関する規則が論じられている。また，『マヌ法典』（西暦前後）にもそうした規定がみられる。

3 東アジア世界

(1) 古代中国の礼

古代中国，とくに，紀元前8世紀から5世紀にかけての春秋時代においては，少なくとも理念的には諸侯は同格とみなされ，そこには，礼に基づく国際秩序が存在したといわれる。礼は，社会秩序維持のための規範であり，日常生活全般にわたるものである。この礼に基づき諸侯相互間の規律がなされた。たとえば，諸侯の不可侵は保障されていないこと，理由を付すことなく小国の併合が可能であること，諸侯間の結合は礼をもってすれば十分であり人質による保証は無用であること，使節は不可侵であること，などの規則である。

(2) 華夷思想

紀元前221年に秦の始皇帝により中国が統一されて「皇帝」支配が成立して以降，1911年の清朝滅亡まで，中国，さらには，日本，朝鮮，ベトナムなどを含む東アジア世界は，「天子」を中心とする華夷思想の支配下にあったといわれる。とくに，漢代以降は冊封体制という皇帝を中心とした国際関係として体現されていき，周辺諸国は中国王朝に臣従すべきものと位置づけられるようになった。周辺諸国が，皇帝の徳を慕って，臣従して貢物をもってくると（朝貢），皇帝は，これに回賜を与え，国王に任命した（冊封）。

こうした朝貢と冊封のシステムによって，皇帝はみずからの徳を誇示することができ，中国も周辺諸国もそれぞれの国内において支配の正統性を獲得することができた。それは，近代ヨーロッパ国際法の概念からすれば，不平等な国際関係である。しかし，すくなくとも理念としては，中国は，臣従してくる諸国を実質的に支配するということはなく，暦の使用などの儀礼の手続が遵守されれば足りるとする体制であった。

4 中世イスラーム世界

8世紀から9世紀にかけてイスラーム世界には4つの法学派が成立した。そのうちの一つハニーファ派に属するアル・シャイバーニー（804年没）は，イ

スラームの地域と戦争の地域との間を規律する法としてのスィヤルについてはじめて体系的に述べた学者であるといわれる。彼によれば、イスラームの地域と戦争の地域はつねに戦争状態にあり（ジハードが常態）、その間の条約はあくまでも暫定的なものとみなされた。

　もっとも、非イスラーム世界との平和関係や講和条約や同盟関係は数多くみられたのであり、スィヤルの理念が当時の現実や慣行とどれだけ一致していたかについては疑問もある。

　また、11世紀中葉のアッバース朝の衰退にともない、イスラーム世界の内部に複数の政治勢力が存在することになり、イスラームの地域と戦争の地域という厳格な二分法は維持できなくなった。そこで、イスラーム世界と長期間の条約関係に入ることのできる、第二のカテゴリーの非イスラーム世界を構想する考え、あるいは、イスラーム世界の中の異端者に対してジハードを拡大していく考え、などが唱えられるようになっていった。

5　近代ヨーロッパ国際法と現代国際法
(1)　近代ヨーロッパ国際法の成立過程

　主権概念、近代国家概念、近代的法観念、勢力均衡概念を基礎とする諸国家体系の考えなどを前提とする国際法、いいかえれば、主権国家の法的平等・自由を基礎とする国際法、つまり近代国際法は、近代ヨーロッパに固有のものである。近代国際法の成立過程は、形成期（15世紀末-1815年）と完成期（1815-1919年）に分けられる。

　15世紀末の東インド航路や新大陸の発見以後、ヨーロッパ諸国は、東方の諸国との国際関係を拡大する一方で、西方の新大陸を植民地化の対象としていった。そうしたなかで、植民地におけるヨーロッパ諸国の権利義務、海洋・通商の自由、戦争の規制などといった緊急の諸課題の解決策が当時の神学者や法学者たちに求められた。彼らは、カノン法（教会法）やローマ法や自然法論などに依拠しながら、それらの課題に取り組み、ユース・ゲンティウム（諸国民の法）論や正戦論を精緻化していった（代表的な学者がビトリアとグロティウス）。

　1648年のウェストファリア条約は、一般に国際法史上の一つの画期とみなされている。しかし、勢力均衡概念は、18世紀初頭のユトレヒト条約を始めとするそれ以降の条約を通じてはじめて成熟していった。そうしたなかで、ヨーロッパ諸国家体系は、18世紀のうちに、その範囲を東北・東南ヨーロッパ、

さらには西半球にまで拡大していった。また，通商条約の増加，常駐使節制度の発達など国家慣行の展開もみられた。さらには，法的人格としての国家概念，ユース・ゲンティウム（国際法）概念，国際社会，外交使節，通商・海洋の自由，戦争と平和などの理論的・実践的問題が，プーフェンドルフ，ヴォルフ，ヴァッテルなどの学者により活発に論じられた。

近代国際法の完成期には，交通・通信手段の進歩，国際貿易・金融の拡大，植民地をめぐる利害の対立などにより，国家間の相互依存関係は飛躍的に拡大した。ここに国際法は，主権を有する「国民国家」としての欧米諸国間の利害関係を調整する法ととらえられた。具体的には，仲裁制度の発展，多数の戦時法関連の条約の採択，制度的中立制度の確立などの国家慣行の展開がみられた。また，正戦論に代わって，無制限の戦争遂行権という考え，戦争の開始自体は国際法の規律対象外ととらえる考えなどが唱えられるようになっていった。

国際法はまた，「文明国」にのみ適用される法という排他的・欧米中心的性格を濃厚に有するようになっていった。理論的には条約と慣習法のみを国際法の法源とする実証主義的国際法理論が支配的となった。また，大量に蓄積されていった国家慣行を整理し理論化・体系化する作業が，幾人もの国際法学者（代表的な学者がオッペンハイム）によって，私法理論の国際関係への類推適用を軸としつつ，平時国際法と戦時国際法という二元論の枠組みに基づきなされた。

(2) 東アジアにおける近代ヨーロッパ国際法の受容過程

近代国際法はヨーロッパ諸国間の関係を規律するものとして歴史の場に登場し，19世紀中葉以降，いわゆる「ヨーロッパの世界化」として世界に広まっていった。その過程において，近代国際法はヨーロッパの国家行動を正当化・合理化する役割を果たした。無主地先占や征服の理論による植民地の取得，「文明国」概念を用いての不平等条約の強要などは，その典型的な例である。

非ヨーロッパ国としてヨーロッパの国際法を「受容」せざるを得なかった中国や朝鮮や日本に，初対面の国際法は不平等条約の姿で現れた。その意味で，これら3国にとって不平等条約は，いまだ経験したことのない文明との接触を象徴するものであったと同時に，それにどのように対応し，国際政治の激流をどのように乗り越えていくかという課題をも象徴するものであった。

一方で，東アジア世界においては，秦の始皇帝以来，伝統的な華夷秩序が妥当しており，独自の「国際秩序」が2千年近く続いていた。もっとも，わが国

がそうした華夷秩序の中にずっと組み込まれていたのか，あるいは平安時代以降の大半は華夷秩序の「辺境」と位置づけられていたのかは議論のあるところである。ともあれ，19世紀中葉から後半にかけて非ヨーロッパ国としてヨーロッパ国際法を受容せざるを得なかった中国や朝鮮や日本は，伝統的な華夷秩序と近代ヨーロッパ国際法との相克をいかに理論的に，かつ実践的に解決していくかという課題を背負わされた。

この近代ヨーロッパ国際法の受容についてわが国は成功し，中国と朝鮮は失敗した，その主たる原因は中国や朝鮮においては19世紀中葉においても華夷秩序の支配力が強かったからである，というのが現在の一般的なとらえ方である。もっとも，そもそもその当時の華夷秩序がいかなるものであり，とくに朝鮮においてそれはどのようにとらえられていたか，またそうした見方は中国側からの見方と一致するか，という点の探求は十分に行われているとはいえない。

(3) 現代国際法の成立

近代国際法は，第1次世界大戦後成立したヴェルサイユ体制以降，いくつかの点で根本的な変化をこうむっている。第一に，主権国家以外に，国際組織や個人や法人やNGOといった主体が，国際秩序に参加する傾向がしだいに強まってきている。とくに第2次世界大戦後，人権の国際的保障が飛躍的に進展した。

第二に，1919年の国際連盟，さらに1945年の国際連合の設立により，これまでの勢力均衡方式に代わり，集団安全保障体制が導入された。そして，戦争の違法化がしだいに拡大・強化されていき，国際連合憲章においては，「武力による威嚇又は武力の行使」が一般的な形で禁止された。また，自力救済（自助）に代わり，集団的制裁や国際裁判の制度が，いまだ不十分な形ではあるが，存在することになった。

第三に，とりわけ第2次世界大戦以降国際組織の増加・機能強化とともに，環境や経済など，さまざまな分野での国際協力が拡大してきている。さらに，強行規範や国際犯罪や普遍的義務（対世的義務）の概念に典型的に現れているように，国家間の利害調整だけではなく，国際社会全体の利益（国際社会の一般的利益，共通利益）を実現することもまた，国際法の任務の一つとみなされるようになってきている。国際社会を一つの「国際共同体」としてとらえることができるという考えにつながるものである。

これとは別に，近代国際法の根本的変化を求めているのが，ヨーロッパ文明

国のみからなっていた単一的・同質的な国際社会が,さまざまな文明の国々,さまざまな発展段階の国々からなる「多文化世界」へと変化してきたという事実である。そのなかで,自決の原則,先住民の権利,天然資源に対する永久主権,人類の共同遺産概念,新国際経済秩序,発展の権利など,近代国際法にはみられなかった諸原則が主張されている。

現代国際法はしかし,「国家間の国際法」という近代国際法の基本的性格を喪失したわけではない。現代国際法の基礎は,現段階においてもなお,主権平等原則である。

その一方で,前述したように,1990年代以降湾岸戦争やコソヴォ紛争やグルジア紛争などの事件が続発し,法規範としての国際法規範が主権平等原則を維持しながらも,なお存立しうるかという根源的な問いが深刻な課題となってきている。また,NGOなどの多くの非国家主体の活動の活発化,急速なグローバリゼーションの進展などもあり,新しい形での統一法や世界法やトランスナショナル法などの構想が展開されている。

現行の国際法が抱えている根源的な難問に答えることは容易ではない。そこには,「法の理想に合致した良法」はどのようなものでありうるか,「これまで国際法に執拗にかけられてきた,法的性格への致命的な疑いから決定的に解放される」ことはどのようにすれば可能か,さらに,「合法性と正当性」の乖離はそもそもありうるか,ありうるとすればそれを国際法の観点からどのようにとらえることができるか,などの諸課題についての,創造的で豊かな構想力が問われている。そのさいに,これまでのさまざまな形態の「国際法」のあり方,近代ヨーロッパ国際法の特徴,国内法規範との対比のうえでの国際法の法規範としての特色,そして,国際法の形成・適用・解釈のそれぞれの原理についての的確な理解が必要であることはいうまでもない。

確認質問

1 社会規範の一つとしての法規範は,他の社会規範とどのような基準によって区別されるか。

2 「法は最小限の道徳」という考えは,法規範と道徳規範を区別するとらえ方に矛盾しないか。

3 「力が法を生み出す」もしくは「事実から法が生まれる」という原則が，とくに国際社会において問題とされるのはどのような理由によるか。

4 国際法は法ではないとみなす考えが最初に唱えられたのはどのような理由によるか。

5 「合意は拘束する」という原則は現在の国際法についても有効に機能しているか。

6 国際社会が分権社会であることによって，国内法と比較した場合，国際法の立法・執行・司法過程にどのような特色があるか。

7 禿鷹の碑を世界最古の「条約」とみなす考えに反対する意見の論拠としては，どのようなものがありうるか。

8 近代ヨーロッパ国際法のもっとも特徴的な原則は，他の地域・時代に妥当していた「広義の国際法」と比較したとき，どのようなものであるか。

9 近代ヨーロッパ国際法と20世紀以降の現代国際法の相違点はどこにあるか。

10 現代国際法は「国家間の法」という基本的性格をなお維持しているといえるか。

第 2 章　国際法の法源

　統一的な立法機関をそなえていない国際社会の場合，法規範の形成はさまざまな過程をたどる。それは，伝統的には主として条約と慣習という形をとって現れた。しかし，現在では，国際組織の決議や国際裁判所の判例が果たす役割も重要になっている。われわれが国際法の問題に直面したとき，事案に適用できる法規範をどこから探し出せばよいのだろうか。

I　法源の意義

　それぞれの社会にはさまざまな規範が存在している。そのなかから法的な効力を有する規範を区別し，その内容を明らかにする役割を果たすのが法源である。何が法源として認められるかは，それぞれの社会と時代によって異なる。
　国際法では，19世紀を通じて，国家間の合意を拘束力の根拠とする見方が有力となる。これにともない，国家間の明示の合意たる条約に対し，慣習国際法を黙示の合意の表明ととらえ，この2つを国際法の主たる法源とする考え方が一般的となった。この場合の法源は，法の存在形式を意味し，形式的法源 (formal source) とよばれる。
　これを受け，1920年に採択された常設国際司法裁判所（PCIJ）規程38条は，裁判準則として，第一に条約，第二に慣習国際法をあげる一方，条約や慣習国際法の規則がない場合に備え，第三に補充的法源として法の一般原則を加えた。その後，国際司法裁判所（ICJ）規程38条1項もこの規定を継承し，現在では一般にこの3つは国際法の形式的法源と考えられている。
　この形式的法源に対し，実質的法源 (material source) の概念が用いられることがある。実質的法源のとらえ方は論者により異同があるが，一般には，国際法の形成をうながす要因であって，国際法の規範内容を確定し，解釈を行うさいに重要な役割を果たすと理解されている。たとえば慣習国際法の規則に関しては，種々の具体的な国家実行に加え，条約（草案や未発効の条約も含む），

国際組織の決議，国際裁判所の判例等を参照してその内容を確定することになる。

　国際法の規範内容の大きな変動期には，こうした実質的法源に注目することが必要となる。現代の国際法では，とくに国際組織の決議や判例が重要な役割を果たしており，実質的にはこれがあらたな形式的法源として機能しているという見方もある。ただし，ICJ規程38条1項(d)は，法源の補助手段として「裁判上の判決」と「学説」をあげるだけである。

II　各法源と成立条件

1　条　約
(1)　条約の意味

　条約は，国家間の合意（意思の合致）に基づいて成立し，合意した当事国間限りの権利義務を定める法源である。明白な意思により規則の設定をめざす条約は，慣習国際法と比較した場合，一般には，規定内容が明確・詳密であり，また，迅速な締結も可能である。人権，環境，通商，軍縮など，国際協力を実現するための国際的な制度の発展はもっぱら多数国間条約の締結による。

　ICJ規程38条1項(a)は，「一般又は特別の国際条約で係争国が明らかに認めた規則を確立しているもの」を適用する旨定めている。また，「条約法に関するウィーン条約（条約法条約，1969年）」は，2条(a)で，条約を「国の間において文書の形式により締結され，国際法によって規律される国際的な合意」と定義し，また，「単一の文書によるものであるか関連する二以上の文書によるものであるかを問わず，また，名称のいかんを問わない」としている。これらの定義に関しては若干の説明が必要である。

　第一に，条約法条約の定義は，条約を国家間の合意に限定しているが，国家と国際組織，国際組織と国際組織の間で締結される条約も存在する。これに関しては，1986年「国と国際機関との間又は国際機関相互の間の条約についての法に関するウィーン条約（国際組織条約法条約）」が締結された。他方，国家が外国企業と結ぶコンセッション協定（経済開発協定）とよばれる合意は，一般には条約の性格をもたないと理解されている（1952年アングロ・イラニアン石油会社事件）。

　第二に，条約法条約の定義は，条約を文書による合意に限定している。たし

かに,国際関係では重要な合意は文書の形式をとるが,口頭の約束が法的拘束力を認められる場合もある。東部グリーンランドの帰属に関し,国際会議でデンマーク代表が行った発言に対し,その後ノルウェー外務大臣が行った声明(イーレン宣言)に法的拘束力が認められた例がよく知られている(1933年東部グリーンランド事件)。ただし,この例を一方的宣言(約束)とする見方もある。

第三に,国家間の合意がすべて条約となるわけではない。条約法条約が定めるとおり,「国際法に規律される」合意のみが条約とされる。国家間の合意でも,いずれかの国の法に準拠した契約にすぎないものもある。また,単に共通の政策を表明したにすぎない文書(たとえば,先進国首脳会議での宣言や二国間の共同声明)は条約とはいえず,非法律的合意,非拘束的合意,紳士協定などとよばれる。ある文書が条約か非法律的合意かは,その文書の文言または締結の際の事情に基づいて判断することになる(1978年エーゲ海大陸棚事件)。

最後に,条約の名称は外交慣例などに基づきさまざまである。条約(treaty, convention),協定(agreement),憲章(charter),規約(covenant, pact),宣言(declaration),規程(statute),議定書(protocol),交換公文・交換書簡(exchange of notes, exchange of letters)といった名称が用いられる。

(2) 条約の法源性

条約には,多数の諸国が当事国となる一般条約と,限られた諸国のみが当事国となる特別条約の区別がある。一般条約の多くは,当事国間の一般的規則を定める立法条約で,いずれの国も当事国となることができる開放条約である。これに対し,特別条約の多くは,当事国間の相互的な権利義務を定める契約条約で,当事国が特定の諸国に限定される閉鎖条約である。

一般に,条約は国際法の形式的法源として扱われているが,これに対して異論がないわけではない。条約は,その当事国のみを拘束するもので,国際社会に一般に適用される規則を創設するものではないとの理由から,条約を形式的法源に含めない見解がある。これによれば,たとえ立法条約であっても,それは慣習国際法の内容を確定するさいの実質的法源にとどまる。

しかし,現代の国際法形成過程で条約が果たしている役割を考えると,条約を除外する形式的法源のとらえ方は妥当ではない。立法条約の当事国の立場からみれば,その規定は将来の行動を規律する法規範であり,それに違反すれば国際法に違反したと認識される。また,たとえば1968年核不拡散条約や1998年国際刑事裁判所(ICC)規程のように,立法条約に参加する諸国が多数にお

よべば，非当事国もその条約による事実上の影響を受け，それへの態度決定をせまられる。国際社会に一般に適用されないとの理由でこうした立法条約を形式的法源から除くのは有益とはいえない。

他方，特別条約，とくに二国間条約の場合，事情は異なる。犯罪人引渡条約のように，将来にわたり当事国の行動を規律する規範を設定するものもあるが，領土割譲条約や請求権処理条約のように，当事国間限りの個別の処分を行うための契約条約が多い。しかし，これらの条約も，裁判所の適用法規を提供するという点では，立法条約と何ら異なるものではない。

条約の締結手続，効力，解釈等の問題については，第3章で取り扱う。

2 慣習国際法
(1) 慣習国際法の法源性

慣習国際法（国際慣習法ともいう）は，19世紀以降，国際法の主たる法源として位置づけられてきた。外交関係法，条約法，海洋法，国家責任法といった分野の国際法の重要な原則は，時代の要請に応じて，不文の法である慣習国際法として成立し発展してきたものである。立法条約が，国際法の発展の主役となった現代でも，慣習国際法は国際社会のすべての国に対して適用される一般国際法を担うものとして重要な役割を果たしている。

ICJ規程38条1項(b)は，「法として認められた一般慣行の証拠としての国際慣習」を適用すべき国際法にあげている。慣習国際法は「一般慣行（general practice）」が形成され，それが「法として認められた」ときに成立すると考えてよい。これは，19世紀後半以降に形成された慣習国際法の理論を反映した規定である。

しかし，現在，慣習国際法のとらえ方をめぐり学説は大きく動揺している。国際法形成の場が諸国の個別の実行から国際会議や国際組織での実践に移行（組織化）している現象を踏まえ，慣習国際法の役割をどのようにとらえ，その成立要件を確定すべきかが問題となっている。この文脈において慣習国際法の本質をなすはずの「一般慣行」の要件を緩和，排除しようとする傾向もみられる。

なお，ICJ規程の慣習国際法の定義は，一定の地域または二国間で成立する特別慣習法を排除する趣旨ではない。ICJは，地域的慣習法が成立する可能性を否定しておらず（1950年庇護事件），また，実際に二国間慣習法の成立を認

めている（1960年インド領通行権事件）。ただし，一般慣習法の場合とは異なり，特別慣習法については，それを主張する側に証明責任があると考えられている。

(2) 慣習国際法と一般国際法

　かつて慣習国際法は，国家実行を通じた諸国の黙示の同意に基づき成立すると説明された。したがって，慣習国際法も，条約と同様に，同意した国のみを拘束するものと考えられた。しかし，慣習国際法の場合，多数の諸国が支持する一般慣行に関しては，その他の諸国の同意も推定されるとの理解がしだいに広まった。これにより慣習国際法が一般国際法を担うことになった。

　その後，実行に参加しない諸国，とくに新独立国にも当然に慣習国際法が適用されるとの主張が支持を集めるようになる。慣習国際法は事物の本性や社会的な必要性の認識に支えられているといった説明が行われた。これにより慣習国際法の拘束力の根拠は国家の意思から切り離される。すなわち，一定の成立要件を満たして成立した慣習国際法は，その実行に参加しなかった国も含め，国際社会のすべての国を拘束すると理解されるようになった。

　これに対して，一貫した反対国の法理とよばれる見解がある。これは，多数の諸国の一般慣行により慣習国際法の成立を認める一方，その成立に当初から一貫して反対している国をその適用から除外するものである。ICJが，漁業事件（1951年）で，たとえ湾口10カイリの規則が慣習国際法であるとしても，それに継続して反対をしめしてきたノルウェーはそれに拘束されないと述べたのをその有力な根拠としている。

　しかし，この法理を正面から支持する国家実行や判例は存在しない。一貫した反対国を除外して慣習国際法を認定しても，それは実際にはあまり意味をもたないだろう。また，現実に慣習国際法の規則に一貫して反対をつづける国の例も多くはない。国際社会の趨勢に対し反対の態度を取りつづければ，諸国の反発を招き，国際的な協力関係を損ないかねない。さらに，南西アフリカ事件（1966年）で問題となった人種差別禁止のように，国連憲章の原則に根ざした規範については，そもそも一貫した反対の主張自体が成り立たないであろう。

　このように一貫した反対国の法理は，現実にその適用が認められる可能性は低いであろうが，慣習国際法の形成過程の組織化が進むなかで，それが多数諸国の意思を押し付ける装置に成り下がることへの警鐘とみることはできよう。

(3) 慣習国際法の成立要件

　慣習国際法は，諸国の「一般慣行」と，それを法として認める「法的確信」

という2つの要件で成立すると考えられている（二要件論）。この立場は，ICJ規程の文言にも合致し，ICJも支持している。もっとも，2つの要件のどちらに重みを与えるかにより，慣習国際法の論証の仕方は大きく異なることになる。

(a) 一般慣行

慣習国際法の客観的要件（事実的要素）として一般慣行の成立が必要となる。一般慣行とは，一定の事項に関する国家実行（state practice）が，諸国一般の間で反復・継続し，「恒常的かつ均一の慣行（constant and uniform usage）」（庇護事件）となったものである。一般慣行は，慣習国際法の安定性・実効性を支えるもので，慣習国際法の本質的要素をなす。

国家実行は，外交書簡・外交声明の発出，条約その他の国際文書の締結・受諾，国内法令の制定，行政機関の決定・措置，裁判所の判決等，国家機関のさまざまな行為を通じて認識される。また，国家実行に加えて，国際組織の決議その他の行為，国際裁判所の判決が一般慣行の証拠とされることもある。これらの行為の重みは事案に応じて異なるが，一般にもっとも重視されるのは，船舶の拿捕，通行路の使用，境界の画定など，具体的な事態における国家の現実の行為である。これには裁判権の不行使のような不作為も含まれる。

国家実行の一貫性については，絶対に厳密な一致ではなく，当該規則に一般に合致していることが求められる。また，当該規則に矛盾した行為があっても，それがあらたな規範の承認ではなく，当該規則の違反として取り扱われていればよいとされる（1986年ニカラグァ事件）。他方，実行や公式見解のなかに不確実や矛盾，動揺や不一致があり，政治的便宜により影響されている場合には，恒常的かつ均一の慣行とは認められない（庇護事件）。

国家実行に求められる一般性の程度は，当該規範をめぐる状況によって異なる。ICJは，条約上の規則が短期間で慣習国際法と認められるための条件として，特別利害関係国を含めて，国家実行が広範かつ実質的に均一であることが必要と判示した（1969年北海大陸棚事件）。特別利害関係国の実行への参加は，一般性の重要な要素であるが，いずれの国がそれに該当するかは分野において異なる（たとえば宇宙や南極）。

かつては慣習国際法の形成は相当の時間の経過を要すると考えられていた。これに対し，ICJは，必要とされる時間の長さは主題に応じて異なるが，上記の一般性の条件を満たす限り，短期間の経過でも，慣習国際法の形成が認められるとの考えをしめした（北海大陸棚事件）。条約や国際組織の活動を通じた慣

行の形成過程の組織化は，慣習国際法の成立に必要な時間的要素の短縮をもたらしたと考えられる。

(b) 法的確信

慣習国際法の主観的要件（心理的要件）として，一般慣行に法的確信（または法的信念〔opinio juris〕）がともなうことが求められる。すなわち，一定の実行が，国際法上の義務または権能としての認識をともなって行われることが必要となる。この要件は，単に礼譲，便宜，伝統のために行われている慣行から慣習国際法を区別する役割を果たす。

国家がその実行に関して法的見解を表明することは多くない。そのため，法的確信は当該実行をめぐる状況から判断されることになる。一般慣行の存在そのものから，当該実行が法的に許容されていると推論される場合もある。しかし，一般慣行の存在だけでは，それが義務の意識によるものか判断できないとされる場合もある（北海大陸棚事件）。いかなる程度に法的確信の存在の証明が必要となるかは，当該規範の内容，慣行の定着度，主権の制限の程度などの事情を勘案して判断しなければならない。

他方，ICJ は，ニカラグァ事件で，具体的な国家実行を離れ，国連総会決議に対する諸国の態度から法的確信を導き出している。同様に，核兵器使用の合法性事件（1996 年）の勧告的意見では，総会決議がある規則の存在や法的確信の出現を証明する重要な証拠となることを認めた。ただし，核兵器の禁止を求める決議については，その採択が相当数の反対や棄権をともなっていることから，法的確信を証明するには足りないと判断し，法的確信の扱いに慎重な姿勢をしめした。

現在の国際社会では，国際組織の決議が国際法の形成において重要な役割を果たしている。裁判所は，そこに各国の法的確信を見出し，慣習国際法の成立要件にそれを取り込む方向をしめしてきた。これは，法的確信を国家実行から切り離すものであり，慣習国際法の立証を容易にする半面，その実効性を失わせる危険をともなう点に注意が必要である。

3 法の一般原則

(1) 法の一般原則の内容

PCIJ 規程を起草した法律家諮問委員会は，条約や慣習国際法の規則がない場合（法の欠缺の事態）に裁判所が適用すべき法について検討を重ねた。その

結果，提案されたのが「文明国が認めた法の一般原則」(ICJ 規程 38 条 1 項(c))であった。この採択の当時は，国家を文明国と非文明国とに区別する見方があったが，今日では，ここでの文明国は諸国一般を指すと考えてよい。

　この規定の提案者は，法の一般原則を各国の国内法に共通の原則と説明した。ただし，実際に採用された文言はそれよりも一般的であり（ICC 規程 21 条 1 項(c)との違いに注意)，諸国一般の法意識により支持された原則全般を含むという解釈も可能である。

　法の一般原則の例には，国家責任の諸原則，エストッペル（禁反言の原則)，信義誠実の原則，証明責任・証拠能力の諸原則，裁判手続の諸原則，既判力の原則などがある。ただし，裁判所がこれらを法の一般原則と明言することはまれであり，また，その認定にさいし国内法の詳細な検討を行うこともない。たとえば「一切の義務違反が賠償の義務をともなうことは国際法の原則であるばかりか，法の一般的概念でもある」(1928年ホルジョウ工場事件〔本案〕)とか，「間接証拠はすべての法体系で認められており，その利用は国際判決によって承認されている」(1949年コルフ海峡事件)と判示される。

　こうした原則の多くは，国内裁判から生まれた「法の格言」ともいうべき内容をもち，あらゆる法体系に妥当するものと考えられる。裁判所は，その任務を遂行するために必要と判断する場合，このように適宜，国内法に起源を有する原則に依拠する立場をとってきた。そのなかには，損害賠償を得る被害国の権利のように，すでに国際法の確立した規則として認められているものもある。

　これに対し，主権平等，領土保全，自決権といった，国際法に固有の原則を区別する必要がある。これらの原則は，条約や慣習国際法の個々の規則の骨組みを成すものであり，それらの解釈適用の指針となる。また，適用できる規則がない場合には，裁判所がこれらの原則に直接に依拠して判断を下すこともある。人道上の理由から類推的に規則を導くさいに援用される人道の基本的考慮（elementary considerations of humanity）もこの例である（コルフ海峡事件，ニカラグァ事件)。

(2) 法の一般原則の法源性

　法の一般原則については，その法源性をめぐって見解の対立がある。否定論によれば，法の一般原則は，あくまでも国内法上の法原則にすぎず，条約や慣習国際法の規則がない場合に裁判不能（non liquet）におちいることを防ぐため，裁判所規程が特別に裁判準則として採用したものとされる。

これに対して，肯定論は，ICJ規程が「国際法に従って」裁判を行うと明記し，その一つとして「法の一般原則」を定めている点を根拠とする。また，法の一般原則は，19世紀以来の仲裁裁判の実行において適用法として採用され，条約や慣習国際法とは異なる独自の法源として機能してきたことを指摘する。

上記のとおり，これまで法の一般原則として論じられてきたものをみても，肯定論が妥当であろう。法の一般原則は，国内法に由来する概念を適宜国際法に取り込むことにより裁判準則を提供する形式的法源といえる。

4 その他の法源の可能性

(1) 一方的行為

国家は，一定の国際法上の効果を発生させるために，一方的に意思表示を行うことがある。そのなかには，承認，抗議，放棄などの外交上の行為や，領海の設定や国籍の付与などの国内法令に基づく行為がある。これらの一方的行為は，国際法の既存の枠組み内のもので，あらたな規範を生み出すわけではない。

これに対し，国家が一方的宣言（約束）によりあらたな義務を負うことがある。ICJは，核実験事件（1974年）で，フランスの大統領や閣僚による大気圏内核実験禁止の声明について，「公に発せられ，かつ拘束される意図をもつ」宣言は信義誠実の原則に基づき法的拘束力を有するとの判断をしめした。しかし，このように対価なしに国際社会全体に対して表明された一方的宣言が真の確約としての性質をもつか疑問の声もある。その後の判例では，宣言が特定の名宛人に向けられることが求められている（ニカラグァ事件, 1986年ブルキナファソ＝マリ国境紛争事件）。

他方，国家が一方的宣言によりあらたな権利の設定をはかることもある。一定の主題につき，国際法上の要件や基準が不明確な状況，または，その変更が求められている状況において，国家が一方的に管轄権を設定するような場合である。たとえば，ノルウェーによる領海の設定における直線基線の採用（漁業事件）や米国のトルーマン宣言による大陸棚の設定がこれにあたる。

こうした行為は，他国の同意や黙認により，あるいは，実効性や信義誠実といった国際法の原則により，他国に対するその有効性（対抗力，第5章を参照）を認められることがある。また，それが一般慣行をうながし，あらたな慣習国際法上の制度の形成につながる場合も少なくない。これは国際法の欠缺を補充する行為であり，確定した要件・基準の下で行われる一方的行為と区別す

るため，一方的国内措置とよばれることもある。

　このように一方的行為があらたな国際法の形成をもたらすことがあるのは確かである。しかし，国際協力の原則の下で協議や交渉による解決が求められているような場合，一方的行為に依拠することは妥当ではない。また，そうでなくても，安定した関係を保つには条約による法の形成に努めるのが望ましい。一方的行為に訴えるのは，緊急の必要性がある場合や関係国の既存の権利を大きく損なわない場合に限定されるべきであろう。

(2) 国際組織の決議・国際文書

　国際組織の決議は，手続規則や補助機関の設置のような内部事項および連盟の委任統治や国連の信託統治のような専属的な権限事項を除き，一般には勧告的効力しかもたない。また，国際組織や国際会議が採択する宣言，行動綱領，議定書等の国際文書，たとえば欧州安保協力会議のヘルシンキ最終議定書（1975年）や国連環境開発会議のリオ宣言（1992年）は，条約ではなく法的拘束力を有しない。しかし，これらのなかには，条約や慣習国際法の形成に重要な役割を果たすものがあり，実質的法源として重要である。

　他方，国際組織のなかには，準立法的決議を採択する権限をもつものもある。国際民間航空機関（ICAO），世界保健機関（WHO），世界気象機関（WMO）といった専門機関が技術的事項に関して統一基準を設定する決議がこれに該当する。この種の決議は多数決により採択され，一定期間の後に加盟国に対し法的効力をもつ。ただし，その期間内に不適用，拒否または留保を通告した加盟国はその適用を免れるしくみ（適用除外〔contracting-out〕の方式）をとっている（たとえば国際民間航空条約37条，38条，54条(1)，90条）。

　安全保障理事会の決定は，国連憲章25条に基づき，すべての加盟国に対し拘束力を有する命令的決議で，加盟国の他の条約上の義務に優先する（憲章103条）。この種の決議は，本来，特定の紛争・事態につき個別の処分を行う決定であり，あらたな法を設定するものではない。ただし，最近では，国際テロリズム対策の一環として，緊急性を理由にあげて，条約を先取りした内容の決議（決議1373，1540）など，実質的に立法的性質の決定を行っている点が注目される。15の理事国から成る機関がこのような決定を行うことの正当性が問われよう。

　国連総会の決議のなかには，法原則宣言とよばれるものがある。たとえば，領域内庇護宣言（1967年），友好関係原則宣言（1970年），不干渉宣言（1981

年）のように，国連憲章や慣習国際法の内容の明確化をはかったり，世界人権宣言（1948年），植民地独立付与宣言（1960年）や深海底原則宣言（1970年）のように，将来の条約や慣習国際法の形成をうながす決議である。さらに，宇宙活動法原則宣言（1963年）のように，決議がただちに慣習国際法の形成をもたらしたと主張される場合もある（インスタント〔即時〕慣習国際法の主張）。

なお，国際組織の勧告的決議やその他の国際文書をソフト・ローとよび，その規範的価値を積極的に評価する立場がある。これらの国際文書が，国際法の形成にさまざまにかかわり，なかには国家の行動を実際に規律するものがあるのは確かである。また，これらの国際文書に従った行為は国際法違反の非難を受けないという効果をもちうる。しかし，国際裁判所は，原則として，これらの国際文書の規定を適用することはできない。その点でハード・ロー（形式的法源）とは区別しなければならない。ただし，たとえば国連公海漁業協定（1995年）30条5項にみられるように，条約規定を通じて，決議のなかの一般に認められた基準が裁判所の適用法規となる可能性はある。

(3) 衡 平

PCIJ規程の起草過程では，多くの委員が衡平の概念に言及した。衡平は，法の厳格な適用を緩和する原理として各国の国内法で認められてきたものである。しかし，衡平のようなあいまいな概念を適用法とすることへの懸念が表明され，結局，衡平の規定は見送られた。

しかし，その後，海洋境界画定の事件で衡平の概念が注目を集めることとなった。ICJは，北海大陸棚事件で，大陸棚の境界画定に関する法的確信を当初から反映している基本的法観念は，衡平原則（equitable principles）に従った合意による画定であるとし，それは単に抽象的正義として衡平を適用するのではなく，つねに大陸棚の法制度の発展の基礎にあった理念に従って，衡平原則の適用を求める法規則を適用することだと述べた。これは，裁判所の判決が公正かつ衡平でなければならないという，より一般的な根拠に基づくとも説明した。

衡平の概念は，ICJがブルキナファソ＝マリ国境紛争事件（1986年）で説明したように，3つに分類される。第一は，実定法に内在する衡平（equity infra legem）であり，これは実定法の解釈の規準となる衡平である。第二は，実定法の外の衡平（equity praeter legem）であり，条約や慣習国際法の規則がない場合にそれを補充する衡平である。第三は，実定法に反する衡平（equity contra legem）であり，実定法の適用を排除して衡平な結果を確保する概念で

ある。ICJ規程38条2項に定める「衡平及び善」も第三の衡平の一つと考えられる。この「衡平及び善」の適用は当事者が合意する場合に限られる。

　裁判所は，国境紛争事件では，みずからが適用できるのは第一の衡平だけだと述べた。しかし，上記の北海大陸棚事件判決は実質的には第二の衡平を適用したとみるべきであろう。裁判所は，境界画定に適用できる条約や慣習国際法の規則が存在しないなかで，大陸棚の法制度に照らして衡平な解決を導きうる規準（衡平原則）を提示し，そのうえで，事案の関連事情を考慮して境界画定を行うよう命じたのである。

　衡平の適用にさいしては，規準や関連事情の選別にさいし裁判所の裁量の働く余地が大きい。このため，衡平の適用と「衡平及び善」に基づく判断の相違がどこにあるかがつねに問題とされてきた。この両者の相違は，裁判所の判断が法制度の枠内か枠外かにある。たとえば，現在では大陸棚の範囲は基本的には海岸からの距離によって決まると考えられているため，境界画定のさいに考慮される関連事情はもっぱら海岸の地理的事情に限られる。この場合に，関係諸国の人口や経済発展の程度を考慮した画定を行えば，それは「衡平及び善」に基づく裁判ということになろう。

(4) 補助的手段

　ICJ規程38条1項(d)は，「法則決定の補助手段としての裁判上の判決及び諸国の最も優秀な国際法学者の学説」をあげている。

(a) 判　例

　ICJ規程59条は，判決は「当事者間において」かつ「その特定の事件に関してのみ拘束力を有する」と規定し，判決に先例拘束性がないことを明らかにしている。しかし，国内裁判の場合と同様，先例の考慮は，国際法の安定性と裁判の予見可能性を確保するうえで不可欠である。また，統一的な立法機関を欠く国際社会では，国際裁判所の判例は，さまざまな原則と規則の関係を明らかにし，国際法の体系性を確保するうえでも重要である。

　実際，ICJの判例法（case law）は実質的に形式的法源の役割を担ってきた。たとえば，ジェノサイド条約留保事件（1951年）の勧告的意見がしめした留保の許容性の原則は，あらたな国際法規則の創設とみることができる。また，海洋境界画定の分野でも，条約交渉の進展とともに，判例法や仲裁判例を通じて一般国際法の形成が進展した（1993年ヤン・マイエン事件）。その意味で，ICJ規程が裁判上の判決を「法則決定の補助手段」として位置づけたのは不適

切であり，第四の形式的法源とみるべきとの見解もある。

　たしかに，判例が国際法の形成に与える影響は大きいが，その役割を過大に評価することもできない。国際裁判による紛争解決の事例は増えてきたとはいえ，その数は国際紛争全体の数からみてまだ少ない。また，その対象となる国際法の分野も限られている。また，判例は，特定の事実関係を前提としており，その一般化は危険をともなうことにも留意すべきである。

　なお，ICJ 規程の文言は，国内裁判所の判決を排除していない。実際，主権免除，外交特権免除，海洋法といった分野の法形成に国内判例は一定の役割を果たしてきた。しかし，それは国際裁判所の判例に比べれば限定的である。

(b) 学　説

　かつては国際法の発展において学説は大きな役割を果たしていた。しかし，今日では，条約，国際組織の決議，判例に対して，学説の比重は低下した。ICJ が特定の学説を引用することはまれである。しかし，裁判所が現にある法を認識するさいの判断材料として，学説はいまも意義を有するし，また，国家実行に混乱がある場合，学説はあるべき法（lex ferenda）を理論的にしめすことにより，裁判所の判断形成に大きく影響をおよぼしうる。なお，赤十字国際委員会などの非政府組織や国際法の学会による研究報告や決議のなかには，条約の締結や慣習国際法の形成をうながすものもある。

III　各法源間の関係

1　一般的な優劣関係

　PCIJ 規程の審議過程では，列挙された法源に序列を与えるべく，規定どおりに「順次に」適用するとの文言の挿入が提案された。しかし，結局，それは採用されなかった。国内法の場合とは違い，国際法のそれぞれの法源は同等の価値をもつとみなされたからである。したがって，強行規範の場合を除き，慣習国際法に反する条約が無効になるとか，条約が慣習国際法の失効をただちにもたらすといった優劣関係はない。

　ただし，実際には裁判所は，特別な事情がない限り，規定どおり順次に法源の検討を行っている。まず当事者間の条約（一方的宣言の場合もある）が検討され，つぎに一般国際法である慣習国際法に移る。また，条約や慣習国際法の規則がない場合には，国際法の原則のほか，補充的法源である法の原則や衡平に

依拠することになる。このほか、法的拘束力をもつ国際組織の決議が適用されることもある（1971年ナミビア事件）。

　法源間に一般的な優劣関係はないが、それぞれの法源の規則間に抵触が生じた場合、その適用関係を決定する必要がある。後法の優先とか、特別法の優先といった規則や強行規範の問題がこれに関係する。この点は第5章で論じられる。

2　条約と慣習国際法の関係

　現代の国際法でとくに注目されるのは、条約と慣習国際法の関係である。一方では、宇宙や深海底の活動のように新しい事態にそなえ、条約により既存の慣習国際法の適用を排除しあらたな規則を設定することがある。また、既存の慣習国際法の内容が欧米先進諸国に有利であるとして、新興独立諸国が条約によりその変更を求めることもあった。この場合、当該条約の当事国が多数にのぼれば、既存の慣習国際法が効力を失い、あらたな慣習国際法の形成に向かうことになる（慣習国際法の変更）。

　他方では、条約が慣習国際法の形成に影響をおよぼす場合がある。第一に、条約のなかには既存の慣習国際法の内容を確認し成文化するもの（宣言的効果）がある。たとえば外交関係条約や条約法条約の多くの規定がこれにあたる。第二に、条約の締結にともない形成段階にあった慣習国際法の結晶化をもたらす場合（結晶化効果）がある。大陸棚条約（1958年）の基本的な規定はこの典型例である。第三に、条約のなかの規範創設的性質（合意を優先する二次的な基準とか曖昧な例外のある規定はこの性質を欠くとされる）をもつ規定が、その後に広範な諸国の実行を通じて慣習国際法として成立する場合（創設的効果）がある。これらの場合、当該条約規定は慣習国際法として非当事国にも適用される。

　なお、あらたな慣習国際法の成立により既存の条約規定が効力を失うことはまれである。たとえば大陸棚条約6条の境界画定の規定（等距離原則）は、その後、ICJが異なる原則（衡平原則の適用）を慣習国際法と認定したものの、条約当事国間では依然として有効である。ただし、あらたな慣習国際法の成立が既存の条約規定の解釈に変更をもたらす可能性はある。

Ⅳ 国際法の法典化

　19世紀後半以降，とくに戦争法の分野を中心に，国際会議の開催による国際法の法典化の動きがうまれる。国際法学者の間でも，不文の法である慣習国際法の規則を体系的に明確化する試みが活発になる。1873年には，国際法の法典化を目的とし，国際法学会と国際法協会が発足した。1899年と1907年のハーグ平和会議は，こうした流れの結実であり，国際紛争処理と戦争法の分野で重要な条約の締結に成功した。

　その後，国際連盟での法典化会議（1930年）は成果をあげることができなかったが，国連は「国際法の漸進的発達及び法典化」をその任務とし（憲章13条1項(a)），これに組織的，継続的に取り組んできた。1947年には，総会の補助機関として国際法委員会（ILC）が設置され，法典化条約の起草作業を担うことになった。

　ILC規程15条によれば，便宜上，国際法の漸進的発達は「いまだ国際法によって規律されていない事項または諸国の実行において法が十分に発達していない事項に関する条約案の準備」を意味する。他方，法典化は「すでに広範な国家実行，先例及び学説が存在する分野における国際法の規則の明確な定式化と体系化」を意味する（狭義の法典化）。実際の法典化作業は，狭義の法典化をめざす場合でも，漸進的発達の要素を含むことが少なくない。

　法典化は，多くの場合，多数国間条約の締結という形をとる。ILCは，国際法の法典化になじむ伝統的な分野から作業を進めてきた。たとえば，海洋法4条約（1958年），外交関係条約（1961年），条約法条約（1969年）などの重要な条約がある。しかし，その後，条約に関する国家承継条約（1978年），国連国際水路非航行的利用条約（1997年），国連裁判権免除条約（2004年）など，国家実行が未成熟で，動揺や不一致がみられる分野にも取り組んでいる。最近では，国家責任条文（2001年）のように，ただちに条約化に至らず，条文の採択にとどまる場合もある。

確認質問

1　形式的法源のほかに実質的法源を検討する必要があるのはなぜか。

2　国家がみずから同意していない国際法の規則に拘束されることはあるか。もしあるとすれば，それはなぜか。

3　ICJ規程38条は，現代の国際法の法源を網羅した規定とみることができるか。

4　法源としての条約の重要性はどこにあるか。また，その限界は。

5　慣習国際法の成立要件と効果を決めるのは誰か。学者か，裁判所か，国家か。

6　国際法の漸進的発達をめざした条約上の規則が，その後に慣習国際法として認められるのはどのような場合か。

7　法の一般原則は国際法の形式的法源とみることができるか。

8　法の欠缺を補充するさいに適用される衡平とICJ規程38条2項に規定される「衡平及び善」はどのように区別されるか。

9　ICJの裁判において「裁判上の判決」が「先例」として適用されることはいかなる意義を有するか。

10　国連総会決議のような国際組織の決議により，国家の国際的行動に関する規範的な内容をもつ文書が採択されるという現象は，法源論に対していかなる意味を有するか。

第 3 章　条　約　法

　国際関係を規律する手段として条約はますます重要となっている。このため，条約の締結，効力，解釈，改正，終了などの問題を十分に把握しておく必要がある。条約法条約は，この分野の慣習国際法を法典化したものとして，これらの問題に関する一般規則を提供している。しかし，条約をめぐるあらたな実行が蓄積するなかで，この条約法条約が十分に対応できていない問題も少なくない。そうした点も含めて，条約法に関する基本的な理解を得るのがここでの課題である。

I　条約法の意義

1　条約の増大
　条約は，古代から国際関係を規律する重要な手段であった。境界の画定，犯罪人の引渡し，同盟，講和などの条約が古くから結ばれていた。近代ヨーロッパでは，条約締結の慣行が蓄積し，19世紀には国際会議による条約を通じた国際法の法典化が始まった。
　現代では，条約の重要性はますます高まっている。国際関係が緊密化，複雑化，多様化するにともない，それを迅速，確実に処理するために条約という手段は不可欠である。簡略形式の条約，多数国間条約，国際組織締結条約など，多種多様な形態の条約の増大はこのことをしめしている。
　また，近年，条約は，人権や通商・投資に関する諸条約のように，国内法秩序にも深く浸透している。条約の締結は，単に外交関係の処理ではなく，国内法の整備に直接影響する。条約締結のための国際会議にいくつもの官庁から担当官が参加することも珍しくない。経済界その他の非政府組織（NGO）の代表が国の代表団に加わることもある。そこでは条約法に対する理解が重要となるのである。

2　条約法の特質

　条約法とは，条約に関する手続上および実体上の諸規則，すなわち，条約の締結，効力，解釈，改正，終了などに関する諸規則を指す。これらの諸規則の多くは従来から慣習国際法として確立していたが，国際法委員会（ILC）は，早くからこの法典化に取り組み，1969年「条約法に関するウィーン条約（条約法条約）」に結実した。

　条約法条約は，第2章でみたように，国家間で締結される書面の条約に適用される（2条1項(a)）。この条約は，多様な形態と機能をもつ条約を対象とし，基本的に同一の規則を提供することを目的とする点に特徴がある。もっとも，その規定の多くは任意規範であり，また，個別の条約の特質に配慮した規定もある（たとえば国際機関設立文書に関する留保の規定〔20条3項〕）。

　条約法条約の規定の多くは，既存の慣習国際法規を法典化したものである。しかし，伝統的な形式主義，すなわち，国家間の合意はいかなる内容でも条約として有効とみなす，という考え方はすでに過去のものとなった。武力行使の禁止や自決の原則などを受け，国際社会全体の法益保護の観点から形式主義の見直しが行われた。たとえば強行規範や強制による条約の無効の規定などがそれにあたる。条約法条約は「明らかに条約法の新しい時代の始まりを記した」（ルテール『条約法入門』）との指摘はこのことを指している。

　条約法は，国家の契約法の影響を受けながら発展してきた。このため非政治的であり，法曹の法といわれることがある。しかし，上記の強行規範や強制の問題のように，表面下には重要な政治的問題が横たわっている。条約法条約の採択（1969年）から発効（1980年）までに時間がかかり，また現在でも，この条約の当事国数が109（米国，フランス未批准）にとどまる一因である。

　なお，国際組織締結条約について，1986年「国と国際機関との間又は国際機関相互の間の条約についての法に関するウィーン条約」があるが，いまだに未発効である。

II　条約の締結

1　条約の締結手続

(1)　条約の締結能力

　条約法条約は「いずれの国も，条約を締結する能力を有する」（6条）と規

定する。個々の条約では，連邦国家の構成国，海外領土，自治権をもつ地域なども条約締結能力を認められることがある（たとえば1982年国連海洋法条約305条）。この条約締結能力を行使する国家機関を条約締結権者という。伝統的な条約締結交渉では，交渉にあたる代表者が条約締結権者から権限を委任されたものであることをしめすために全権委任状の提示が行われたが，最近では全権委任状の提示を必要としない方式も採用されている（条約法条約7条1項）。国家の元首，政府の長および外務大臣は，全権委任状の提示を要求されることなく，職務の性質により，自国を代表する者と認められる（同条2項(a)）。

(2) 条約文の採択・確定

交渉の結果作成された条約文は，原則として，作成に参加したすべての国の同意により採択される（条約法条約9条1項）。最近では，コンセンサス方式により表決なしで採択を行うことも多い。しかし，多数国間条約の場合，すべての国の同意を得るのは困難な場合もある。そのため，別段の合意がなければ，3分の2以上の多数による議決で採択される（同条2項）。

条約文は，交渉国が合意した手続，またはそれがない場合は署名により確定し（10条），それにより真正かつ最終的なものとなり，以後は条約の修正・変更は認められない。

(3) 条約への同意の表明

条約に拘束されることについての同意（以下，条約への同意）の表明には署名や批准などいくつかの方式がある（条約法条約11条）。交渉国は，条約内容や各国の事情を考慮して，同意の表明の方式を決定し，通常は条約のなかにそれを明記する。規定がない場合には，交渉国の意図に照らして判断される。

簡略形式の条約の場合，署名により同意の表明が行われる（12条）。交換公文や交換書簡などの条約構成文書の交換により表明することもできる（13条）。最近は，この方式をとる条約が増え，国連に登録される条約の3分の1を占めるといわれている。

同意の表明のもっとも厳格な方式は批准（14条）である。かつて常設国際司法裁判所（PCIJ）は，署名後の批准による同意が「国際法の通常の規則」であると述べた（1929年オーデル河国際委員会事件）。批准は，批准書を締約国間で交換するか，条約が定めた寄託者（たとえば国連事務総長）に寄託することにより行われる（16条）。

この方式は，国家の代表者が署名した条約について，その内容を慎重に審査

する機会を与えるものである。これは，かつては条約締結交渉を行った代表者が委任の範囲内でそれを行ったかを条約締結権者が確認するための手段であった。しかし，現在では，行政府による条約締結に対する立法府の統制のための手続として機能しており，各国の憲法上の要請となっている（外交の民主的統制）。

わが国では，憲法73条3号により，内閣に条約の締結権があるが，条約の締結にさいし，国会の承認を経ることが必要とされる。この承認を必要とする条約については，1974年の政府見解により，法律事項を含む国際約束，財政事項を含む国際約束，政治的に重要な国際約束の3種類の条約とされている。これ以外に，国会の承認をすでに経た条約の実施細目を定めた条約や既存の法律または予算の範囲内で実施できる条約は，外交関係の処理（憲法73条2号）の一環として，行政府限りで締結できる。こうした条約は行政取極とよばれる。

批准よりも簡易な国内手続で同意を表明する新しい方式として受諾や承認があり，これらは批准とまったく同じ効果をもつ（条約法条約14条2項）。また，加入は，条約の交渉に参加しなかったか，署名を行わなかった国が後から条約の当事国となるための方式である（15条）。

条約は，条約が定める日または交渉国が合意する日に効力が生ずる（24条1項）。それ以外の場合，条約への同意の表明が全交渉国について確定したときに効力を生ずる（同条2項）。多数国間条約の場合，一定数の国の批准・加入を発効の条件とする場合が多い（たとえば84条1項）。秘密条約の防止のため，効力発生後，条約は，登録のため国連事務局へ送付するよう求められる（80条，国連憲章102条）。

なお，批准・受諾・承認を条件として署名した場合，署名国は，信義誠実の原則により，条約の趣旨・目的を失わせる行為を差し控える義務を負う（条約法条約18条）。たとえば包括的核実験禁止条約（未発効）の場合，核実験の実施は条約の前提条件を損ない，条約の趣旨・目的を失わせるとの見方もある。署名による義務から免れるため，署名を撤回することもある（たとえば1998年国際刑事裁判所〔ICC〕規程に関する米国の署名撤回通告）。

2　条約の留保と解釈宣言
(1) 留保の概念
二国間条約の場合，規定の内容について合意ができない場合，通常は条約の

締結を断念することになる。これに対して，多数国間条約の場合，条約全体の趣旨や目的には賛成であるが，一部の規定が受け入れられない国の取扱いが問題となる。この場合に，その国が当該規定の適用を排除・変更して条約の当事国となることを認めるのが留保の制度である。

この留保の制度は，できる限り多数の国を条約の当事国として確保したいとの要請に基づくものである（普遍性の要請）。しかし，留保を認めることにより，条約上の義務が当事国ごとに異なるという状態が生じる。本来，条約はどの当事国に対しても同様に適用されるのが望ましい（一体性の要請）。このため，留保を認めるにしても，いかなる条件で留保を認めるかが問題となる。

国際連盟では，全締約国による受諾がない限り，留保は有効に成立しないとの厳格な方式が採用された。これに対し，同時期の汎米連合ではより柔軟な方式が採用された。すなわち，条約は，留保を付した国（留保国）と留保を受諾しなかった国（非受諾国）との間では効力をもたないが，留保を受諾した国（受諾国）との間では留保付きで効力をもつとされたのである。

国連では，1948年のジェノサイド条約の留保をめぐって問題が生じ，国際司法裁判所（ICJ）が勧告的意見をしめした。裁判所は，留保に対して一部の国から異議申立てがある場合でも，留保が条約の趣旨・目的と両立する場合には条約の当事国になりうるという見解をとった。そのさい，ジェノサイド条約が広範な諸国の参加をめざす，人道的かつ文明的目的をもつ条約であることが強調された。

(2) 条約法条約の留保制度

ILCは，条約法条約の起草にさいし，ICJの意見に基づき，留保の許容性について条約の趣旨・目的との両立性の基準を採用する一方，留保に対する受諾と異議申立ての効果についてあらたな規定を設けた。

2条(d)は，「留保」とは「国が，条約の特定の規定の自国への適用上その法的効果を排除し又は変更することを意図して，条約への署名，条約の批准，受諾若しくは承認又は条約への加入の際に単独に行う声明」と定義する。

19条は，留保の許容性に関し，(a)条約が当該留保を禁止している場合，(b)条約が当該留保を含まない特定の留保のみを認めている場合，(c)留保が条約の趣旨・目的と両立しない場合，に留保ができないと定め，許容性の一般的基準として両立性を採用した。

20条は，留保の受諾に関して規定する。第一に，条約が明示で認めている

留保は受諾を必要としない（20条1項）。第二に，全当事国間で条約を全体として適用することが不可欠の条件である場合，留保は全当事国の受諾を必要とする（同条2項）。第三に，国際機関の設立文書に関する留保は当該国際組織の権限ある内部機関による受諾を必要とする（同条3項）。

これ以外の場合，条約に別段の定めがない限り，留保をともなう同意を表明する行為は他の国が一国でも当該留保を受諾したときに有効となり（同条4項(c)），留保国は，受諾国との間で条約の当事国関係に入る（同条4項(a)）。また，異議申立国との関係でも，その国が別段の意図を明確に表明した場合を除き，条約の効力発生は妨げられない（同条4項(b)）。なお，留保の通告を受けてから12ヵ月以内に異議申立てがない場合，当該国は留保を受諾したとみなされる（同条5項）。

この規定は，留保の許容性と受諾・異議申立てとの関係を定めていないため，この点をめぐり解釈の対立が生じた。一方は，許容されない留保は無効であって受諾の余地はなく，許容される留保についてのみ受諾か異議申立てかの政策的判断が認められるとみる（許容性学派）。他方は，許容性の判断が各国に委ねられる以上，留保の有効性は受諾により決まり，両立性の基準はその判断の指針にすぎないとみる（対抗力学派）。この対立はまだ解決をみていない。

21条は，留保と異議の法的効果を規定する。第一に，留保国と受諾国との関係では，留保にかかわる規定は留保の限度で変更される（21条1項）。第二に，異議申立国で，条約の効力発生に反対しなかった国との関係では，留保にかかわる規定は留保の限度で適用がない（同条3項）。留保の受諾と単なる異議申立ての違いは，留保の限度での規定の変更か，不適用か，にある。ただし，条約規定の一部を排除するような留保の場合，実際には両者には違いがない。

以上のように，条約法条約の留保の制度は，異議申立国との関係でも，別段の意図の明確な表明がない限り，条約の効力発生を認めており，条約の普遍性確保を重視する姿勢をしめしているといえる。

(3) 人権条約の留保の問題

条約法条約の留保の制度は，国家間の権利義務の相互性を前提として，留保の取扱いを他の締約国の判断に委ねている。しかし，人権条約の場合，国家は基本的権利を保障する義務を個人に対して負うのであって，相互性の原則が働かず，留保の濫用を防止できないとの指摘がなされるようになった。

これとの関係で，人権条約の留保に関する判断権を条約の実施機関に認める

かが議論されている。欧州人権条約に関しては，ブリロ（ベリロス）事件（1988年）などを通じて，留保に関する欧州人権裁判所の判断権が確立した。自由権規約委員会も，一般的意見24（1994年）で，規約の留保に関する判断権が委員会にあるとの見解をしめした。しかし，これに対し，英・米・仏が反対意見を表明し，委員会には留保の判断権はないと反論している。

このほか，人権条約への留保の無効が条約への同意を無効にするかが問題となる。欧州人権裁判所は，ブリロ事件で，欧州人権条約にスイスが付した留保を無効と判断したが，他方，たとえ留保が無効でもスイスは当事国になる意図を有していたとして，条約への同意は有効と認めた（留保可分論）。しかし，留保は条約への同意の不可欠の部分であって，両者を切り離すことはできないとの立場もある（上記の一般的意見24に対する米国意見）。

(4) 解釈宣言

条約法条約に規定はないが，留保と同様に署名・批准等にさいして行われるものに解釈宣言がある。これは，条約の規定が複数の解釈の余地を残している場合に，国家がその規定をどのように解釈しているかを説明するもので，当該解釈について他の締約国の理解と同意を得ることを目的とする。これは，条約規定の適用を排除・変更するものではなく，留保とは区別される。

こうした宣言は，それが条約の批准・加入等の条件でない場合（単純解釈宣言）にはとくに問題はない。しかし，批准・加入等の条件として行われる解釈宣言の場合（条件付解釈宣言），名称のいかんにかかわりなく，それが正しい解釈を越えて留保に該当するものではないかが問題となる。とくに最近の条約実践として条約が留保を禁止している場合（たとえば国連海洋法条約309条，310条，環境保護に関する諸条約），しばしば解釈宣言と称して留保にあたる宣言が行われることがあるので注意が必要である。

III 条約の効力

1 「合意は拘束する」原則

条約法条約26条は，「合意は拘束する（pacta sunt servanda）」の原則に基づき，条約の誠実な履行を求める。条約の不履行は，当該国の国際責任をともなう。たとえその不履行が国内法に合致し，または，国内法により要求される場合でも，その正当化はできない（27条）。ただし，これには例外がある（46条，

この点は 4 (2)(a)を参照)。

2 条約の適用範囲

時間的適用範囲に関しては，別段の意図がある場合を除き，原則として不遡及と規定する（条約法条約 28 条）。ただし，条約の発効前に生じた事態が発効後もつづいている場合には，当該事態の発生時にさかのぼって適用される。なお，条約法条約自体も不遡及と規定している（4 条）。

地域的適用範囲に関しては，原則として当事国の領域全体と規定する（29 条）。条約のなかには，人権条約や軍縮条約のように，当事国の「管轄」や「管理」下の人や場所に適用されるものもある。この場合，たとえば当事国の在外公館や占領管理下の地域に対して当該条約の適用がおよぶと考えられる。

このほか，同一の事項に関する相前後する条約の適用関係に関し，当事国の意図と後法優先の原則を基調とする規定がおかれている（30 条）。

3 条約と第三国

「合意は拘束する」の原則の帰結として，「合意は第三者を害しも益しもしない（pacta tertiis nec nocent nec prosunt)」の原則が妥当する。これは，国家の主権と独立の原則に基づくものでもあり，PCIJ の上部サヴォワとジェックスの自由地帯事件（1932 年）などの国際判例によっても認められてきた。条約法条約 34 条は，この原則を確認し，「条約は，第三国の義務又は権利を当該第三国の同意なしに創設することはない」と規定した。これに関し，いかなる場合に第三国の同意の存在が認められるかが議論されてきた。

35 条は，条約の規定が第三国に義務を課すことを意図している場合には，第三国の「書面による同意」を要求する。これは厳格な同意の原則に従うもので，条約の当事国と第三国の間に「付帯的合意（collateral agreement)」が形成されたとみる立場である。この規定は，条約による義務の押付けを警戒する途上国の要求を反映している。なお，義務の撤回・変更にも第三国の同意が必要となる（37 条 1 項）。

36 条は，条約の規定が第三国に権利を与えることを意図している場合，「同意しない旨の意思表示がない限り」第三国の同意は推定されるとした。権利に関しては第三国の同意を不要とする立場もあり，上記の自由地帯事件でも，「軽々に推定されてはならない」と述べつつも，条約の規定が第三国に現実の

権利を創設する可能性を認めていた。しかし，条約法条約は，原則として同意の存在を必要とする立場をとった。権利の撤回・変更については，義務の場合と異なり，意図のいかんによって，第三国の同意なしに撤回・変更ができる余地を残している（37条2項）。

これらの規定の例外として，客観的制度（objective regime）を創設する条約を別個に取り扱うべきかが議論された。これは，一般利益のために，特定の領域の中立化・非武装化や特定の国際河川・運河の自由航行などを定める条約の問題である。たとえばスエズ運河の自由航行を認めた1888年コンスタンチノープル条約や1959年南極条約がこれに該当する。この種の条約はすべての国に対し対世的な（erga omnes）効果を有するという意見もあった。しかし，結局，こうした効果は，36条の適用の範囲内か，または，38条に定める条約の慣習国際法化（第2章Ⅲ2参照）により認められるにとどまるとされた。

4 条約の無効
(1) 条約の無効の概念

国家間の合意により形式上条約が成立した場合でも，その合意に瑕疵があるとき，あるいは，その合意が国際公序に反するときは，その条約は無効となる。条約法条約は，条約の安定性を確保するため網羅主義を採用し（42条1項），8つの無効原因を列挙した。

条約の無効原因は，当事国が無効原因として援用できるもの（相対的無効原因）と，条約を当初から（ab initio）無効とするもの（絶対的無効原因）に区別される。前者は，国家の同意の真正性の欠如に関係する無効原因であり，有効性を追認した場合は援用する権利を喪失する（45条）。これに対し，後者は，国際公序の違反に関係する無効原因であり，条約は全体として無効となる（44条5項）。

無効原因の援用は，他の締約国に対し理由を付した通告をもって行わなければならない。通告後，一定期間（原則3ヵ月）を経て異議がなかった場合はこれが認められたものとみなされる（65条1項・2項）。異議申立てをめぐる紛争は，強行規範に関するものはICJ，それ以外は調停手続への付託が予定されている（66条）。この手続は条約の終了にも適用される。

(2) 相対的無効
(a) 国内法違反

国内法（憲法）上の手続に違反して締結された条約については，その同意は無効とみる立場と，たとえ国内法に違反していても国際法上の手続に従って正式に表明された同意は有効とする立場の対立があった。条約法条約は，原則として後者の立場から，「違反が明白でありかつ基本的な重要性を有する国内法の規則に係るものである場合」にのみ，無効原因として援用できると規定した（条約法条約46条1項）。違反の明白性に関しては，「通常の慣行に従いかつ誠実に行動するいずれの国にとっても客観的に明らかであるような場合」と定めた（同条2項）。

(b) 代表者の権限踰越

　条約を締結する国家の代表者の権限に特別の制限が付されている場合，その制限があらかじめ相手国に通告されていない限り，当該代表者がその制限に従わず表明した同意について無効を主張することはできない（47条）。この規定は，代表者の署名によって効力が生ずる条約に適用される。

(c) 錯誤・詐欺・買収

　条約に関する錯誤（48条），詐欺（49条），買収（50条）は，無効の根拠として援用できる。国家は条約の締結にさいし慎重に検討を行うため，実際にこうした事由が生ずる可能性は少ない。ICJでは，国境線の地図に関し錯誤が主張されたことがある（1962年プレア・ビヘア寺院事件）が，裁判所は，みずからが当該錯誤の発生に寄与した場合または発生の可能性を事前に知ることができた場合には錯誤の抗弁は認められないと述べ，この主張をしりぞけた。この判示は条約法条約48条2項の規定につながった。

(3) 絶対的無効

(a) 国の代表者に対する強制

　条約への同意の表明が，国の代表者に対する強制の結果得られたものである場合，当該同意の表明は無効である（条約法条約51条）。1939年，ナチス政権がチェコスロヴァキア大統領に対してボヘミア・モラヴィアの保護関係設定条約の署名を強制したのはこの例とされる（これは国家に対する強制にもあたる）。

(b) 国に対する強制

　かつては武力の威嚇の下で結ばれた条約も有効とされた。しかし，いまでは「国際連合憲章に規定する国際法の諸原則に違反する武力による威嚇又は武力の行使（threat or use of force）の結果締結された条約は，無効である」（52条）。これは国際法上確立した原則と理解されている。

この原則は，ICJ の漁業管轄権事件（管轄権）（1973年）で問題となった。裁判所は，英国との交換公文が同国の海軍の圧力の下に締結されたというアイスランドの主張に関し，証拠の裏付けのない漠然とした一般的な非難に基づいてこの種の重大な訴えを判断することはできないと述べた。これは，強制の有無につき十分な証拠の提出が求められるとの趣旨である。

　条約法会議ではこの規定に関して二つの議論があった。一つは，ここでいう force に「経済的または政治的圧力」も含まれるかである。アジア・アフリカ諸国は，この種の圧力を含む趣旨を明確にする修正案を提出し，西欧諸国と厳しく対立した。結局，この修正案は表決に付されず，代わりにこの種の圧力の行使を非難する宣言（「条約の締結における軍事的，政治的または経済的強制の禁止に関する宣言」）を会議の最終議定書の一部として採択するにとどまった。こうした経緯に加え，国連憲章2条4項の force は武力と理解されていることからみて，ここでの force も武力以外の圧力を含まないと解される。

　もう一つは，この原則の成立時点である。ILC は，武力の威嚇・行使による条約の無効は現行国際法上の原則であり，すくなくとも国連憲章発効後のすべての条約に適用すべきとの見解をしめしていた。条約法会議では，この原則の確立が憲章以前にさかのぼるとの解釈を可能にするため，「国際連合憲章の諸原則に違反する」との文言から現在の文言への修正が行われた。ナチス政権による武力の威嚇の下，チェコスロヴァキア・ズデーデン地方のドイツへの割譲を押し付けた1938年のミュンヘン協定は，強制による条約として無効と理解されている。

　なお，この強制による無効の規定は，侵略国に対して国連憲章に基づいてとられる措置の結果として締結される条約については適用されない（条約法条約75条）。

(c) 強行規範の違反

　「締結の時に一般国際法の強行規範に抵触する条約は，無効である」（53条）。従来，国家は合意によりいかなる条約も自由に締結できると考えられてきたが，この規定はその考え方を大きく転換するものである。

　ここで強行規範とは，一般国際法上の規範で，いかなる逸脱も許されない規範である。そして，そのことが諸国により構成されている国際社会全体により承認されていることが必要である。「国際社会全体」の承認とは，すべての国ではなく，大多数の諸国の承認を指すとの立場が条約法会議で確認されている。

具体的に何が強行規範かについては,「国家実行と国際裁判所の判例」に委ねられた。一般には,国連憲章の原則に反する違法な武力行使の禁止,奴隷売買・海賊・ジェノサイド行為の禁止,自決の原則などがあげられる。ICJ は,最近のコンゴ領軍事活動事件（2006 年）やジェノサイド条約適用事件（本案）（2007 年）で,ジェノサイド行為の禁止につき強行規範性を認めるに至った。
　この強行規範の規定に対しては,その濫用の危険に対する強い危惧があった。そこで,強行規範をめぐる紛争は,前述のとおり,ICJ に一方的に付託しうるとした（66 条(a)）。これは,条約関係の安定性を確保するための手続的保証である。しかし,ICJ への義務的付託に留保（たとえば 1971 年のチュニジアの留保）を付している国もある。

Ⅳ　条約の解釈

1　解釈の一般規則

　条約を適用するさい,まず条約の文言の意味と範囲を確定する作業,すなわち,条約の解釈が必要になる。条約の解釈の基本的方法については,従来から,当事者の意思を重視する主観的解釈（意思主義）,条約の文言を重視する客観的解釈（文言主義）,条約の趣旨・目的を重視する目的論的解釈,に大別されてきた。条約の解釈は,条約の性質や内容に従って,これらの方法を適宜使い分けつつ行われる。
　条約法条約の起草過程では,条約の解釈方法が規範化になじむかが議論された。条約の解釈には,ときに相互に矛盾するさまざまな原則があり,その適用は「義務的というより裁量的」である。このため解釈方法の法典化には消極論もあった。しかし,ILC は,一つの指針にとどまるとしても,国際判例を通して確認される一定の共通原則を確定することが有意義と考えた。
　その結果,条約法条約は解釈の一般規則を提示した。すなわち,「条約は,文脈によりかつその趣旨及び目的に照らして与えられる用語の通常の意味に従い,誠実に解釈するものとする」（31 条 1 項）。これは,信義誠実の原則を確認し,「用語」「文脈」「趣旨及び目的」という三要素を盛り込んだものである。これに加えて,当事者の意思を探求するため,解釈の補足的な手段として条約の準備作業などを採用した（32 条）。
　こうして条約法条約は,基本的に文言を重視する立場にたちつつ,事情に応

じてさまざまな解釈方法を認める柔軟な規則を設定し，解釈の基本的方法に関する論争を回避することに成功したのである。

2 解釈基準相互の適用関係

条約法条約31条および32条の規定は慣習国際法を反映するものとされるが（1991年仲裁判決事件，1994年リビア＝チャド領土紛争事件），そこに含まれる解釈基準はいずれも絶対的ではあり得ず，基準相互の適用関係の検討が必要である。

(a) 用語の意味

用語は，単に文法的な意味ではなく，条文のなかでそれが占めている位置（文脈）に即してその通常の意味を考えなければならない（31条1項）。当事国が用語に特別の意味を与えることを意図していた場合にはそれに従う（同条4項）が，特別の意味を主張する側がその証明責任を負う（1933年東部グリーンランド事件）。

(b) 文　脈

文脈には，条約文（前文および附属書を含む）のほか，条約締結に関連する全当事国間の関係合意や文書，さらに，当事国間で適用される国際法の関連規則が含まれる（31条2項）。

国際法の関連規則は，当初は「締結時に有効な」規則とされ，時際法の法理をしめすものであった。これは，条約締結時に存在する国際法のみが締約国の意図に影響を与えるとの前提にたつ。しかし，条約の解釈にさいし法の発展を考慮する必要があるとの意見があり，「締結時に有効な」の文言は削除された。

ICJは，ナミビア事件（1971年）で発展的解釈を支持する意見を示した。連盟規約22条（委任統治）に具現された概念は，「神聖な信託」と同様，文字どおり発展的であり，その解釈は事後の法の発展に影響を受けずにはいられないと論じたのである。

文脈とともに，(a)条約の解釈または適用に関する当事国間の事後の合意，(b)条約の適用に関する事後の慣行で，条約の解釈に関する当事国の合意を確立するもの，が考慮される（条約法条約31条3項）。

(c) 趣旨・目的

条約の趣旨・目的は用語の通常の意味を決定するうえで重要である。ただし，それは用語の通常の意味を超えるような解釈を引き出すものではない。国際組

織の設立条約の場合には，条文に規定のない権限（黙示的権限）を目的論的解釈から引き出すこともある（たとえば1949年国連損害賠償事件）。

ILC は，条約の趣旨・目的に照らした誠実な解釈という要請は，実効性の原則，すなわち，「およそ事物はこれを無効ならしむるよりも有効ならしむるをもって可とする」（ut res magis valeat quam pereat）の法理を含意するとした。これにより，条約について2つの解釈の余地がある場合，条約の適切な効果を可能にする解釈が要求されるという。ただし，条約の文言と精神に反するような意味を条約規定に付与するのを正当化するものではない（1950年平和条約解釈事件）。

(d) 補足的な手段

条約法条約は，解釈の補足的な手段，「特に条約の準備作業及び条約の締結の際の事情」に依拠できると定めた（32条）。補足的な手段とは，単独では解釈の手段にはならないとの意味である。解釈の一般規則の適用により得られた意味を確認するため，または，一般規則による解釈では「意味があいまい又は不明確である」とか，「明らかに常識に反した又は不合理な結果がもたらされる場合」に用いられる。ICJ は，条約文がそれ自体で十分に明白である場合，補足的な手段に依拠すべき理由はないとの見解をしめしてきた。実際のところ，準備作業として提出される種々の文書に混乱や矛盾があり，条約文の解釈に役立たないことも多い。

3　複数言語の正文の解釈

条約が複数の言語により作成され，いずれも正文とされることがある。この場合，特段の定めがない限り，それぞれの正文が等しく権威を有し（条約法条約33条1項），各正文の間に意味の相違がある場合は，条約の趣旨・目的を考慮したうえで，最大の調和がはかられる意味を採用する（同条4項）。

V　条約の改正と終了

1　条約の改正・修正

改正（amendment）とは，有効に締結された条約の規定を全当事国の間で変更しようとする行為をいう。現代の国際社会では，その発展に応じて条約の改正が必要となる場合が少なくない。とくに通信・交通，通商，環境などの分野

ではそれぞれの条約のなかで改正手続を定めるものも多い。

条約法条約は，改正に関する現在の慣行がきわめて多様なため，一般的な規則を定めるにとどめた。すなわち，条約は当事国間の合意によって改正することができ，条約中に別段の規定がない限り，改正のための合意については，条約法条約第二部に定める条約締結の規則が適用されると規定した（39条）。改正の合意は，それを受諾しない原条約の当事国を拘束しない（40条4項）。

修正（modification）とは，多数国間条約を一部の当事国の間で変更しようとする行為をいい，他の当事国の条約上の権利の享有や義務の履行を妨げないなどの一定の条件の下で認められる（41条）。

2 条約の終了

(1) 条約の終了の概念

条約の終了（termination）とは，有効に成立した条約が国際法上の一定の根拠に基づいてその効力を失うことをいう。廃棄（denunciation）は，当事国が当該条約により拘束されない意思を一方的に表明する行為を指し，これが国際法の定める要件をみたすときは当該当事国について条約は終了する。多数国間条約の場合，これを脱退（withdrawal）とよぶことが多い。他方，運用停止（suspension of operation）とは，条約の当事国が国際法上の一定の根拠に基づいて一時的に条約の効力の全部または一部を停止することをさす。

条約の終了（廃棄，脱退を含む）により，当事国は条約を引き続き履行する義務を免除される（条約法条約70条1項(a)・2項）。他方，条約の終了前に条約の実施により生じていた当事国の権利，義務，法的状態は影響を受けない（同条1項(b)・2項）。条約の運用停止の場合，停止中は同様に義務を免除される一方，運用の再開を妨げるおそれのある行為をしてはならない義務を負う（72条1項・2項）。

条約の終了（運用停止も含む）原因には，当該条約の規定や当事国の合意によるものと，条約法の定める一定の事態に基づくものがある。条約法条約では，条約関係の安定性確保という観点から，終了原因を網羅的に列挙する立場をとっている（42条）。ただし，国の間の敵対行為の発生による条約の終了の問題が残されており（73条），これは現在ILCで検討が行われている。

(2) 合意による終了

(a) 終了規定のある場合

条約の終了は当該条約に基づき行われる（条約法条約54条(a), 57条(a)）。同盟，租借などに関する条約には，一定の有効期間を定めるものがある。一定の事態による条約の自動的な失効や一定期間の経過後の廃棄または脱退を規定するものもある（1960年日米安全保障条約10条）。

(b) 全当事国の合意による場合

条約に規定がない場合でも，全当事国の同意があれば，いかなる時点でも条約を終了できる（条約法条約54条(b), 57条(b)）。全当事国が同一の事項につきあらたな条約を締結した場合も同様である（59条1項・2項）。

(c) 黙示的権利の行使による場合

条約に規定がない場合でも，当事国の意図や条約の性質から廃棄が認められていると考えられる場合，廃棄の意図を廃棄の12ヵ月前までに通告することにより条約を廃棄できる（56条）。

(3) 合意によらない条約の終了

(a) 条約の重大な違反

二国間条約につき，一方の当事国の重大な義務違反があるときは，他の当事国はこれを条約の全部もしくは一部の運用停止または終了の根拠として援用できる（条約法条約60条1項）。これは「義務を履行しない者に対しては履行されるべきではない（inadimplenti non est adimplendum）」の法理を条約関係に適用したものである。ただし，条約関係の安定性確保のため，重大な違反のみを終了原因とした。

多数国間条約の場合，重大な違反の取扱いは複雑である。重大な違反について他の当事国の一致した合意があれば，(i)違反国と他の当事国の間，(ii)全当事国の間で，条約の全部もしくは一部の運用を停止し，または，終了させることができる（同条2項(a)）。また，「特に影響を受けた当事国」は，違反国との関係で当該条約違反を全部または一部の運用停止の根拠として援用できる（同項(b)）。さらに，軍縮条約のように，一当事国による重大な違反が全当事国の立場を根本的に変更するようなときは，違反国以外の当事国は当該違反を自国に関して条約の全部または一部の運用停止の根拠として援用できる（同項(c)）。

重大な違反（material breach）とは，(a)条約の否定であってこの条約により認められないもの，または，(b)条約の趣旨・目的の実現に不可欠な規定の違反とされる（同条3項）。ICJは，ナミビア事件で，南アフリカには委任統治協定の目的を破壊する「故意の一貫した義務違反」があったと認定したさいに，第

V 条約の改正と終了

60条の規定は多くの点で慣習国際法を法典化したものであると指摘した。

なお,以上の規定は,人道的性格をもつ条約に定められた身体の保護に関する規定には適用されない(同条5項)。

(b) 後発的履行不能

「条約の実施に不可欠である対象が永久的に消滅し又は破壊された結果条約が履行不能となった場合」,当事国は当該履行不能を条約の終了の根拠として援用できる。履行不能が一時的なときは,運用停止の根拠としてのみ援用できる(61条1項)。この規定が想定するのは,島の水没,河川の枯渇,ダム・水力発電施設の破壊などである。なお,みずからの義務違反により履行不能となったときは,それを終了の根拠として援用することはできない(同条2項)。

(c) 事情の根本的な変化

国際法でも一般に事情変更の原則が認められている。これは,各国の契約法上の事情存続約款(clausula rebus sic stantibus)の法理に由来する。すなわち,条約の効力は,締結時の事情の存続を条件とするものであり,その事情に予見不可能な根本的な変化が生じた場合,終了原因として援用できるという考え方である。ただし,この原則は,事情の変化の判断が各国に委ねられる結果,濫用の危険性が高く,条約関係の安定を損ねるおそれがある。

このため,条約法条約はこの原則の援用を厳しく制限している。すなわち,予見不可能な事情の根本的な変化について,(a)当該事情の存在が当事国の同意の不可欠の基礎を成し,(b)当該変化が履行すべき義務の範囲を根本的に変更する効果をもつことを条件としている(62条1項)。また,事情の根本的な変化は,(a)条約が境界を画定している場合,(b)当該変化がみずからの義務違反の結果生じた場合,条約の終了の根拠として援用できない(同条2項)。

ICJは,漁業管轄権事件(管轄権)やガブチコヴォ・ナジュマロシュ事件(1997年)において,この規定が慣習国際法を表明したものと認めたが,いずれの事件でも事情の根本的な変化の主張はしりぞけられた。

(d) 外交関係または領事関係の断絶

条約が外交関係または領事関係の存在を不可欠の前提としている場合に限り,条約の終了原因となる(63条)。

(e) 一般国際法の新たな強行規範の成立

一般国際法のあらたな強行規範が成立したときも,当該強行規範に抵触する条約は終了する(64条)。新強行規範の出現による終了の場合,当事国は条約

の履行義務を免除されるが，終了前に条約の実施により生じていた当事国の権利，義務，法的状態は影響を受けない。ただし，それらの権利，義務，法的状態は，あらたな強行規範と抵触しない限度において条約の終了後も維持できる（71条2項）。

確認質問

1　条約法条約は「条約法の新しい時代の始まり」との指摘はどのような意味をもつか。

2　批准を条件としてなされた署名にはいかなる効果があるのか。

3　条約への同意の表明にはどのような方式があるか。

4　条約の留保とはどのような要請に基づき発展してきた制度か。

5　客観的制度を設定する条約は第三国に対し効力をもつか。

6　経済的圧力の下で結ばれた条約が無効となることはあるか。

7　ある規範が強行規範と認められるための条件は何か。

8　条約法条約の解釈規則はどのような解釈方法を採用したか。

9　多数国間条約の一の当事国による重大な違反が生じた場合，他の当事国はどのような対応をとることができるか。

10　条約法条約は，事情変更の原則に関し，濫用の危険に対してどのような配慮を行ったか。

第 4 章　国際法と国内法の関係

　国際法と国内法という 2 つの法をどのように関係づけるかはいろいろな点から考察されてきた。この問題は国際法を国内法から独立した法とみるかどうかにもかかわる問題でもあった。両者はいったいどのような関係にあるのだろうか。国際法は国家間の法，国内法はそれぞれの国の法というように両者はまったくかかわりあいがなく，きれいに住みわけられているのだろうか。ある紛争において適用されるのはどちらの法なのだろう。両方の内容が食い違っている場合にはどうなるのだろうか。

I　国際法と国内法の関係についての学説対立

1　歴史的背景
　国際法と国内法の関係についての議論には，一元論，二元論の理論的対立ばかりでなくいくつかの問題が含まれている。しかし，そもそも学説の理論的対立が生じてきた背景をなすのは，国際法の拘束力の根拠をどのように法的に基礎づけて，自立した法として認識することができるかという問題であった。
　19 世紀，とくに後半以降，自然法に基づく理論が影響を失い，国際法の妥当根拠が問い直されるなかで，わけてもドイツの法学者を中心に国際法が拘束力をもつ根拠を国家の意思に求める議論が展開された。ヘーゲルによれば，国際法が妥当する根拠は主権をもつ個々の国家の意思である。そして，国際法は国家の対外的関係を規律する国内法にすぎないものとされた（対外的国家法）。その後，イェリネックは国家の自己拘束の理論を展開し，国家がみずからの意思に拘束されうることを論証しようとした。この理論は国際法の法的拘束力により客観的な基礎を与えようとしたものではあったが，拘束力の根拠を個々の国家それぞれの単独意思に求める点は変わらなかった。
　国際法と国内法との関係についての考察はトリーペルによって深められた。彼も国際法の拘束力の根拠を国家の意思に求めたが，その意思とは，国内法の

根拠となる一国の意思ではなく，複数の国家の共同の意思であり，この共同意思は複数の国家の意思の合致からなるものと構成した。彼はまた，法秩序の区別はその規律する対象の違いによるという見方から，国際法は国家間の関係を国内法は国家と私人間または私人相互間の関係を規律するものととらえた。そのため，両者は交わることのない別個の法秩序となる。

このようにみれば，まず登場したのは拘束力の根拠を国家単独の意思に基礎づける見方であり（国内法優位の一元論），また，トリーペルの理論（二元論）も，国家の共同意思に基礎づけることで，国際法を国内法から独立した別個の法として認識し，法としての独自の根拠を与えようとするものであった。トリーペルを批判して，一元論を展開したのはケルゼンである。彼は，純粋法学という彼の方法によったためそれまでの議論とは視点が違うが，国際法と国内法との妥当根拠の関係について探求したことに変わりはない。いずれにしても，国際法の拘束力の根拠という大きな問題と関連性を保ちながら，国際法と国内法との関係についての学説の理論的対立は展開されてきた。

その後も，国際法と国内法との関係についてはさまざまな議論が展開されてきた。しかし，そこでは，妥当根拠をめぐる論争が継続されてきたというより，現実に照らしてどの理論がより説明する力をもっているか，あるいは，より実際的な見地から国際法と国内法との関係が問われるようになっている。その点では，理論的対立の使命は終わったということができる。

2 一元論と二元論

(1) 一元論

一元論は，国際法と国内法との関係について，これを一つの統一的な法秩序ととらえる見解である。そして，この統一的法秩序の妥当根拠を国内法と国際法のどちらにおくかに応じて，国内法優位の一元論と国際法優位の一元論とに分けられる。

(a) 国内法優位の一元論

国内法優位の一元論は，国際法の妥当根拠を個別国家の単独の意思，あるいは，国内法に見出す考え方をいう。すでにみたようにイェリネックは国際法の拘束力を基礎づけるために「国家の自己拘束」の理論を展開した。また，ツォルン，ヴェンツエルなども国内法優位の一元論を主張したが，たとえば，条約を締結する権限が国内憲法により付与されることを主たる理由に条約の拘束力

の根拠を憲法規定に求めることで，国際法の妥当根拠を国内法に基礎づける。

こうした見解は，いくつかの批判を受け，現在では支持を受けていない。国際法を対外的な国家法と位置づけることになり国際法の否定を意味するとか，国際法が多元的秩序にしかなり得ない，国際法が革命やクーデターといった国内法の変更の影響を受けないことを説明できない，慣習国際法の妥当根拠をどこに求めるのか説明できないなどの批判である。

(b) 国際法優位の一元論

国際法優位の一元論は，まず，純粋法学の立場に立つウィーン学派のケルゼンにより主張された。彼によれば，国内法と国際法が同時に法として認識されているという現実の法経験を前提とすれば，これを法学的認識として成り立たせるには両者は同一の秩序に属していなければならない（同一の法秩序に属していなければ一方からみて他方は法と認識されず，両方を同時に法とみることはできない）。そして，同一の秩序に属するためには，両者の間には妥当性についての連関があり，一方から他方の妥当性が導き出されるか，さもなければ両者は等位で両者に上位する第三の法秩序がなければならないとする。しかし，第三の法秩序は存在していない以上，どちらかが他方に優位する委任の連関があるとする。ケルゼンは，両者の優劣関係については理論的にはどちらも考えられるとしつつも，国際法優位の立場を選択した。国際法優位の一元論は同じくウィーン学派のフェアドロス，クンツなどによっても説かれたが，彼らはケルゼンとは異なり，現実の法経験を重視して，国際法優位の一元論を主張した。

こうした一元論には，その方法論をめぐるもののほか，いくつかの批判がなされている。たとえば，国内法は国際法による委任に基づいて妥当性があるとするのは歴史的経験に反する，この立場では国際法に反する国内法は無効であるといわれるが，現実には無効とされていないなどである。

(2) 二元論

二元論は国際法と国内法とは別個独立の法秩序であるととらえる。国際法と国内法は別個の妥当根拠をもち，規律の対象も異なるとする考え方である。

たとえば，トリーペルによれば，すでにみたように，国際法は国家の共同の意思を根拠に妥当するものであるのに対し，国内法は国家の単独の意思を根拠に妥当する。また，国際法は国家間の関係を規律の対象とするのに対し，国内法は国家と私人間および私人相互間の関係を規律の対象とする。こうして，両者は別個独立の法秩序と構成された。アンチロッチは，ケルゼンの影響を受け

根本規範という概念を用いたが，国際法秩序の根本規範は「合意は拘束する」であるのに対し，国内法では立法者の命令とした。国際法と国内法では，妥当根拠が違うことを主張するものである。

　二元論のもとでは，国際法は国内的な効力をもたない。そのため，たとえば，条約に国内的効力を認めるようにみえる憲法体制がとられていても，これは条約がそのまま国内的に効力をもつことを意味するものではなく，国内で効力をもち妥当するのはあくまでその条約とは別に存在する国内法であるとする。そして，条約の内容は国内法に性質を変えられるとともにその規律の対象も変わる（国家間関係から国家と私人間または私人相互間へ）ととらえる（変型理論）。

　また，二元論では，国際法と国内法は別個独立の法秩序であるため，両者の間に法的な意味での抵触は生じえない。国内法に依拠して行われた行為が国際法に反するため国家責任が発生することは否定されていないが，それは国際法秩序のなかでの法現象であり国際法と国内法の間に法的に抵触が生じているものとみなさない。

　二元論に対する批判には，現在のように国際法の規律対象が国内におよぶようになってきていることを十分にとらえることができない，とか，国際法に国内的効力が認められている場合，国内法への変型がなされるとみるより国際法がそのまま効力をもつとみるのが現実に即している，などがある。

3　国際法上の義務と国内法上の義務の調整

　国際法と国内法との関係をめぐる議論は，その後，一元論と二元論のどちらが現実に適合的な理論であるかを各国の憲法規定や憲法慣行に即して実証的に論じることに重点が移行した。国際法の実質的な優位がどこまでどのようにはかられているかが論じられ，そして，国際法と国内法の妥当根拠や妥当の連関についてはさほど議論の対象とはされなくなった。

　こうして，国際的平面では国際法が国内法に優位するが国際法違反の国内法は無効とはならないことは共通の理解とされている。そのうえで，各国の国内法が国際法に国内的効力を認めているかどうか，認めているならば国際法と国内法のどちらが優位するとされているのかが注目されるようになった。そして，国内的効力を認める憲法体制を一元論，認めない体制を二元論というように，一元論，二元論は憲法体制を表す言葉として用いられるようにもなった。

　いずれにしても，現実に問題となるのは，国際法上の義務として国家に求め

られる行動と国内法上の義務として国家ないし国家機関に求められる行動に矛盾ないし抵触がある場合に，どのように調整がはかられるかである。

　矛盾ないし抵触が生じる場合には，たとえば，ハイジャックを抑止し処罰するため，締約国はこれを犯罪として重い刑罰を科すことができるようにするとともに，引渡し要求に応じるか自国で訴追のための措置をとることを約束しあう条約（1970年のハーグ条約）の締約国になったにもかかわらず，国内法上，刑罰法規等の整備が不十分であったという場合が考えられる。もしこの場合のように国際法上の義務を国内的に実現するのに必要な国内法が欠けていれば，裁判所をはじめ国内機関が国内法に従う限り国際法上の義務の国内的実現はできないことになる（義務の消極的抵触）。また，国際法上の根拠がないにもかかわらず，漁業資源の保存管理のため，公海上での外国漁船の操業を規制する国内法を制定してこれに従い外国漁船を拿捕するなどの執行措置をとるというように，国内法ないしそれに依拠してとられた行動が国際法上の義務に反する場合も考えられる。この場合も，国内法に従う限り国際法上の義務の国内的実現はできないことになる（義務の積極的抵触）。このように国家ないし国家機関が国内法に従って行動すれば国際法上の義務に反することが生じうるが，国際法上は，国家責任の法理等を通じて調整がはかられる。

　他方，国内法上は，国家は，国際法上の義務と国内法上の義務が矛盾し抵触するのを避けるため，国際法上の義務の内容を慎重に解釈し，国内法との調和をはかりながら，義務の抵触を調整するよう試みている。そのため，国家は条約を受け入れるにあたり必要に応じて国内法を改廃することになるし，後にもみるように，憲法体制上，条約や慣習国際法に国内的効力を付与し，さらにその自動執行力を認められる場合には，裁判所等の国家機関による条約や慣習国際法の解釈適用を通じて，抵触の調整が試みられることもある。

　とくに今日では，たとえば，人権関係の諸条約が国家と私人との間の関係や私人相互間の関係という以前であればもっぱら国内法に委ねられていた国内的事項を規律することにみられるように，国際法の規律対象が国内的な事項におよぶことは珍しくなくなったことに注意しなければならない。こうした現象は，経済関係，環境保護など多くの分野にみられることであり，国際法上の義務を国内的に実現していくため，義務の抵触を国内的に調整することが国家により一層求められるようになっている。

　なお，近時では，国際法と国内法との関係について等位理論ないし調整理論

とよばれる考え方がみられている。この理論では,国際法と国内法が同時に作用し適用される共通の場はなく,国際関係では国際法に従い国内関係では国内法に従うというように両者を等位の関係に立つものと位置づけている。そして,国際法に反する国内法を無効とする一般国際法はなく国際法に反する国内法をどのように解消するか,また国際法をどのように国内的に実現していくかはそれぞれの国家に委ねられることから,国際法を調整の法と性格づけて,国際法上の義務と国内法上の義務の抵触の調整のあり方に着目している。二元論との違いがなお明確でないといわれることがあるが,この理論は,義務の抵触を調整することが国家により一層求められるようになっている現在,支持を受けるようになってきている。

II 国際法秩序における国内法の地位

1 国内法援用禁止の原則

国際法秩序においては国際法が国内法に優位することは現在では確立している。そのため,国家は国内法を援用して国際法上の義務を免れることや国際法上の義務の不履行を正当化する根拠として国内法を援用することはできない。これは国内法援用禁止の原則とよばれている。この原則はアラバマ号事件の仲裁判決(1872年)をはじめ,常設国際司法裁判所(PCIJ)や国際司法裁判所(ICJ)で一貫して確認されてきた(1930年ギリシア=ブルガリア地域共同体事件,1988年国連本部事件など)。また,条約法条約(1969年)はこの原則を成文化し「当事国は,条約の不履行を正当化する根拠として自国の国内法を援用することはできない」と規定した(27条)。

この原則は,国際法に法的拘束力を認める以上,当然のことといえる。ただ,義務の履行の妨げになる国内法が国内において当然に無効であることを意味するものではない。義務の不履行から生じる問題は,たとえば,国家責任の法理による責任の追及,解除の問題として処理される。

2 国際裁判における国内法の地位

以上のように国内法を援用することで,国際法上の義務を免れることはできないが,さらに,国際裁判において国内法がどのような地位をもち,どのように扱われるかについては,つぎのようなことがいえる。

(a) まず，国内法は裁判所により法規範として適用されるのではなく，国家の行動を表す事実としての地位をもつものと考えられている（国内法の事実性）。

このことは，第一に，国家による国内法令の制定やその存在は，国家が国際法に適合して行動しているかどうかなどを裁判所が認定するさいの証拠にとどまることを意味する。PCIJ のいうところによれば，国際法やその機関である裁判所の観点からは，国内法は，国内裁判の判決や行政措置と同じように，国の意思を表明し，その活動を構成する単なる事実にすぎない（1926 年上部シレジアのドイツ人の利益に関する事件）。

また，第二に，国際裁判では，裁判所が国内法の解釈を独自に行ったり，当該国家による解釈や適用の当否を審査したりはしないことを意味する。国際裁判所は，通常，国内法を解釈適用することを任務とせず，国内法を解釈する権限はその国家にのみある。そのため，国際裁判所は，国内裁判所等が行う国内法の解釈をそのような行動が行われているものとして，そのまま受け取る。なお，裁判所は当然に国内法を知るものとはみなされず，国内法がどのように解釈・適用されるかは，当事者による立証・証明を必要とする。

もっとも，以上については，紛争主題や争点によっては，裁判所が国内法の解釈に踏み込むことが考えられるという見方もある。たとえば，国内救済手続が尽くされたかどうかが争われる場合には，尽くすべき救済手続が残されているかどうかを判断するには，国内法を解釈する必要に迫られるという。

また，国内法が国際裁判において適用を求められ，裁判所がその解釈適用を行う場合もないわけではない。PCIJ は，セルビア公債事件（1929 年）において，セルビア政府とフランス国民との間で生じた公債の有効性をめぐる問題に関し，セルビア法を準拠法としたうえでその解釈・適用に基づき判断をした。

(b) つぎに，国内法が国際法に適合しない場合には，国際法上対抗力をもつかどうかが問題となることがある。ICJ のノッテボーム事件では，リヒテンシュタインによるノッテボームに対する国籍付与は，「真正の連関」を欠き，外交的保護の行使の根拠としてグァテマラに対抗することはできないとされた（1955 年）。ここでは，国際法に適合していれば外交的保護の要件として国籍がもつはずの法的効果が否定されている。

国内法の国際法上の対抗力が問題となりうる例として，ほかには国家領域や国家管轄権の適用範囲を画定する国内法などをあげることができる。基線の引き方をめぐって問題となった ICJ の漁業事件（1951 年）や，漁業水域の一方的

拡大について争われた漁業管轄権事件（本案）(1974年) がそうした例である。

この場合，裁判所は国内法の無効宣言などその有効・無効について判断するものではなく，あくまで国際法上の法的効果を問題とするにとどまる。また，問われているのは他国に有効に主張できるどうかであるので，国際法上の義務の違反による国家責任の発生とその追及・解除とは別の現象である。

(c) 国際法上に概念のない国内法上の概念が問題となるとき，国内法が参照され，それが尊重されることがある。ICJ のバルセロナ・トラクション会社事件（第二段階）では，株主の外交的保護をめぐり株式会社の制度が問題となったが，裁判所は，株式会社の制度は国際法には存在しないとみたうえで，「この分野で国際法は，国内法の制度を承認することを求められている」と述べている (1970年)。

III　国内法秩序における国際法の地位

1　条約の国内的実現

国家は，締結した条約上の義務を履行することが求められるが，先に述べたように，現在では，条約が規定する内容は，経済関係や人権等，国家内部における国家と私人との関係や私人相互間の関係におよぶようになっている。そのため，国家は，義務を国内的に実現しなければならないのが普通の状況になっている。

(1)　条約の国内的編入手続

こうして条約の国内的実現のため国家はさまざまな手段を用いるようになっているが，憲法をはじめとする国内法体制の一般的な問題としては，その締結した条約を国内法に受け入れ国内的効力を認める体制をとっている国と国内的効力を認めずに国内法に作り変えることを必要とする体制をとっている国がある。義務の調整という観点からは，条約を国内的に適用して調整する余地を残すか，もっぱら国内法を通じて調整をはかるかの違いがあることになる。

(a)　自動的受容方式

条約に国内的効力を認める方式を受容という。普通念頭におかれているのは，締結した条約に，包括的または一般的に，そしてかつ自動的に国内的効力を認める自動的受容ないし一般的受容の方式である。この方式を採用する場合，通常，条約は締結され公布や公表がなされれば，それ以上の特段の措置を必要と

することなく，国内的効力が認められる。

　条約を自動的に受容する方式をとっている国は少なくないが，国際法上，その採用を義務づけられているわけではない。条約をどのように国内的に実現していくか，その方法の選択はそれぞれの国の国内管轄事項とされている。

　こうして，自動的受容の方式をとるかどうかは，それぞれの国の憲法や憲法慣行あるいは判例法により決定されているが，憲法で自動的受容の方式を採用した最初の例は，米国の連邦憲法であり，条約は「国の最高法規」とされている（6条2項）。規定の仕方はさまざまであるものの，今日では，憲法で条約の自動的受容を規定する国は多い。

　日本では，旧憲法にはこの種の規定はなかったが，憲法慣行上，自動的受容の方式をとり，条約に国内的効力を認めていたものとみられる。日本国憲法では，明文をもって，条約は「誠実に遵守することを必要とする」（98条2項）と規定した。依然として，憲法慣行上，自動的に受容されるとする見解もないではないが，98条2項を根拠にして条約は自動的に受容されると解するのが一般的である。条約は公布されれば国内的効力をもつ。

(b)　変型，あるいは，個別的変型方式

　英国や旧英国植民地諸国，スカンジナビア諸国のように，条約に自動的な受容を認めない国もある。これらの国では，条約が締結されても当然に国内的効力は認められない。そのため，条約を国内的に実現するには，既存の国内法によるか，条約規定を実施する特別立法をするなど立法措置を講じて国内法を改変することが必要である。法律の附則に条約の条文を掲げて，これに法としての効力を与える方法が選ばれることもある。この場合掲げられた条文規定は国内的に効力をもつ。

　この方法は変型方式とよばれている。条約の内容を国内法に作り変えて実現するものととらえてのことである。ただ，国際法と国内法の関係に関する二元論の立場では，条約の規定内容を自動的に受容する方式がとられていても国内で効力をもつのは国内法であるとされ，この国際法から国内法への性質変化を変型というため（この場合はいわば自動的・一般的な変型），変型という言葉の用語法には混乱が生じうる。そのため，この方式は個々の立法で条約の実現をはかっていることから，個別的変型とか個別的受容ということもある。

(2)　国会承認条約

　国会承認条約とは，国家が条約を締結するにあたり，国会の承認を必要とす

る条約のことをいう。国会承認を必要とするかどうかは、条約という名前をもつかどうかにかかわらず文書による国際合意一般について問題となる（日本の実務上、国際約束という言葉が用いられている）。

　条約の締結はかつては行政府の専権事項であると考えられていた。しかし、現在では、民主主義的な体制をとる国の多くで条約の締結に議会がかかわるようになった。すなわち、外交関係の処理を行政府の権限として維持する一方、議会に外交に対する民主的統制のための手段が与えられるようになっている。国会による条約の承認は、民主的統制手段として重要な役割をもつものの一つである。しかも、条約の内容は、今日、国家の国内事項におよぶことが多くなっている。そのため、その実現には、既存の法律で足りるか、それとも、新規の立法作業が必要かを検討することが必要となるものも少なくない。

　こうして、日本でも、憲法の規定で、条約の締結を内閣の職務としつつ、条約の締結にあたっては「事前に、時宜によっては事後に、国会の承認を経ることを必要とする」としている（73条2号・3号）。

　けれども、すべての条約がその締結に国会の承認を必要とするわけではない。現在では、国際関係の緊密化と国際協力の推進のため、国家は多様な分野にわたり数多くの条約を締結する必要に迫られている。しかし、条約の国会審議にはそれ相応の時間がかかる。そのため、すべての条約に国会の承認を要するものとすれば、迅速な条約締結の要請に応えることは困難である。そこで、各国さまざまな工夫をこらしているが、その一つとして、議会の承認を必要とせず、行政府がその権限に基づいて締結する条約も多く用いられ、行政取極あるいは行政協定と称されている。日本でも、内閣の外交関係を処理する権限（憲法73条2号）に基づいて交換公文などのおびただしい数の行政取極が締結されてきた。

　問題となるのは、どのような条約が国会承認条約にあたるかである。日本についていえば、憲法73条3号にいう条約の範囲の問題である。憲法はこの点についての明示の規定はなく、これを定める法律もない。そのため、慣行を通じて国会の承認を必要とする条約と必要としない行政取極を区別する基準が形成されてきた。これを明確にしたのが大平外務大臣の国会答弁（1974年）である。それによれば、国会承認条約にあたるのはつぎの3つのタイプである。第一に、法律事項を含む国際約束（日米地位協定など）、第二に、財政事項を含む国際約束（第2次大戦後の賠償協定、経済協力協定など）、第三に、国家間一般の基本的関係を規定するという意味で政治的に重要な国際約束で、そのため発効

に批准が要件とされているもの（日韓基本関係条約，日ソ共同宣言など）である。
　この基準は，法律事項は国会の立法権にかかわり（憲法41条），国費の支出は国会の議決を要することにかかわる（85条）というように行政府と立法府との間の権限配分のあり方や外交の民主的統制の要請に基づくものと考えられる。ただし，第三のタイプの条約については，発効に批准を必要とするかどうかは関係国の意思やその間の交渉のいかんにより定まるため，国会承認条約の基準として適切なものではないという批判がある。

2　慣習国際法の国内的実現

　慣習国際法についても，その国内的実現に関して国内での法的効力を認めるかどうかという問題が生じるが，多くの国ではこれを認める。英国では，古くはブラックストーンが述べたように「国際法は国法の一部である」とされ（1769年），実際，慣習国際法は裁判所により適用されてきた（この点条約とは扱いが違う）。慣習国際法が国法の一部であるという原則は米国においても判例を通じて認められている。
　慣習国際法の国内における法的効力について憲法で規定する国もある。初期の例として第1次大戦後のドイツのワイマール憲法が著名であり「一般的に承認された国際法の規則」に国内的効力を認めた（4条）。第2次大戦後，慣習国際法に国内的効力を認めることを憲法で規定する例は少なくなく，いずれにしても，ほとんどの国で慣習国際法に国内的効力が認められている。日本国憲法においても「確立された国際法規」の誠実な遵守を求めているが（98条2項），この「確立された国際法規」には慣習国際法が含まれるものと考えられ，この規定を根拠に国内的な法的効力を認めるものであると解釈されている。

3　国際法の国内的効力順位

　国際法に国内的効力が認められている場合には，国内法秩序内において，国際法と国内法との間に抵触が生じることがある。そのため，国際法と国内法の優劣関係を決めることが必要となる。このような国際法の国内的な優劣関係の問題は，国際法の国内的効力順位の問題という。
　国際法の国内的効力順位は国によって異なる。この問題も憲法をはじめとする各国の国内法制に委ねられる国内管轄事項である。

(1) 条約

(a) 法律との関係

　条約に法律と同等の効力順位を与えるにとどめる国がある。米国では連邦憲法で条約は州法に優位する効力が与えられているが，連邦法との関係についての規定はない。判例によって，条約と連邦法律は同等の順位にあるものとされている。この場合，後法は前法を廃する（前法に優先する）の一般原則が適用される。したがって，米国では，議会が条約と矛盾する法律を後から制定すれば，国内的に条約の適用が排除される。そうなると，国家責任等の国際法上の問題が生じうることになる。そこで，そうした結果を生じさせないよう，可能な場合には，条約と調和的に解釈することが試みられている。

　条約に法律より上位の効力順位を与える国は少なくない。その趣旨を憲法で明記する国も多い（フランスのように，憲法上，条約に法律に優位する順位を認めながらも，そのためには相互主義を条件とする国もある）。

　日本では，旧憲法のもとでは，学説に争いはあったが，実務上は条約と法律とを同等の順位にあるものと扱ってきたといわれている。日本国憲法では，条約の締結に国会の承認が必要とされていることや，条約の誠実遵守についての規定（98条2項）があることなどを理由として，条約に法律に優位する効力順位を認めているものと解されている。実際，国内裁判では，国内法令やそれに基づく行政措置等が，条約に違反するかどうかがしばしば論じられるが，これは条約が法律に優位することを前提としている。日本政府も条約の法律に対する優位を認めている。

(b) 憲法との関係

　条約に憲法と同等または優位する効力順位を認めている国は少なく，そうした例には，オーストリアやオランダをあげることができる。しかし，すべての条約に憲法と同等や憲法に優位する効力順位を認めているわけではない。いわば普通の条約とは区別したうえで，その締結に憲法改正と同様の要件を課している。オーストリアでは憲法の内容を変更する条約に憲法と同等の効力順位を認めているが，そのためには，憲法改正と同様の手続を必要とする（議会において3分の2以上の多数等）。オランダでは，条約に憲法に優位する効力を認めているが，そのためには，憲法改正と同様の手続を必要とする。

　こうした国を別にすると，一般に憲法が条約に優位するものとされているが，かならずしも憲法上明確な規定がおかれているわけではない。フランスのよう

に，条約の憲法への優位を否定し，かつ，憲法に抵触する規定が条約にある場合には憲法改正をすることなく条約を承認することを認めない趣旨の規定を憲法におくことで，条約の憲法適合性を確保しようとする例がある（54条。なお，憲法改正を排除する趣旨ではない）。また，この問題は違憲審査権ないし憲法適合性審査権が条約についてどこまでどのように認められるかといったこととかかわりうる問題であることにも注意しておかなければならない。

　日本では，学説上，条約優位説と憲法優位説がみられてきたが，現在では憲法優位説が支配的な見解である。国民主権の原則がとられていること，条約の国会承認手続と憲法改正手続を比較した場合，憲法改正手続の方が厳格であること等を理由とする。

　最高裁判例には，旧日米安全保障条約が憲法に反するかどうかが問題となった砂川事件がある（最大判昭34・12・16）。最高裁は，安全保障条約が高度に政治性をもつものであることを理由に司法的機能を逆行する司法裁判所の審査には原則としてなじまない性質のものであるとして「一見極めて明白に違憲無効であると認められない限り裁判所の司法審査権の範囲外」であると述べたが，さらに進んで，一見極めて明白に違憲であるかどうかについて審査したうえで，違憲性を否定した。この判決について議論はあるが，高度に政治性をもつ条約であっても違憲無効とする余地を認めたものと理解することができるため，憲法が条約に優位することが承認されている。もっとも，統治行為論ないしは政治問題の法理がとられ，また，慎重な検討を経て締結された条約が「一見極めて明白に違憲」ということは普通考えがたいので，高度に政治性をもつ条約の憲法適合性判断が回避される余地は残されていることになる。

　なお，日本政府は人種差別撤廃条約の批准のさいに，憲法の保障する表現の自由と抵触しない範囲で条約上の義務を履行するとする趣旨の留保を付した（1995年）。憲法との抵触が生じる可能性を排除することで，事実上憲法の優位（ないし憲法適合性）を確保しようとする趣旨とみられるが，論理的には，条約優位説を前提とするとも憲法優位説を前提とするともとれる。

(2) 慣習国際法

　英国では，先にみたように慣習国際法について国内的効力を認めているが，慣習国際法が議会制定法や確立した判例法と矛盾する場合には，議会制定法や判例が優位するものとされている（著名な事例として，1906年モルテンセン・ピータース事件）。米国では，慣習国際法は，州法には優位する地位をもつが，連

邦の制定法および連邦憲法には劣位するものとされている。

他方，慣習国際法の法律に対する優位を認める国は少なくない。たとえば，ドイツ基本法では「国際法の一般規則は法律に優先する」とする規定をおいている。慣習国際法の法律に対する優位を憲法上規定している国は多い。日本でも，憲法 98 条 2 項の誠実遵守義務を根拠として，慣習国際法に法律に優位する地位を認めている。

憲法との関係については，慣習国際法の内容によっては憲法に優位するという見方などはあるが，一般に，憲法が慣習国際法に優位すると考えられている。

IV　国際法上の義務の分類と国内的実現

1　義務の分類

義務の分類はさまざまな観点から行われるが，その国内的実現という点に関して，国内的な実施・方法について特定する義務（実施・方法の義務）と，国家に求められる行動の内容について，結果を確保することを求め，そのための手段・方法の選択は国家の選択に委ねるタイプの義務（結果の義務）との 2 つに分ける分類が着目されている。

両者の区別はかならずしも一義的に定まるようには思えず，また個々の条約規定がどちらに分類されるかについてもかならずしも明確にならないこともあるが，結果の義務は，国際法上の伝統的なタイプの義務とされてきたものであり，結果が達成されうると判断されればその実現手段は既存の国内法令に委ねてその活用で足りるものといえる（十分でなければ立法が必要）。これに対し，実施・方法の義務は，一定の内容をそなえた国内法令を用意すべきこと（あるいはなくすこと）を求めそれに見合った国内法令がなければ新規に立法措置をとらざるを得ないといった違いはある。たとえば，航空機の不法奪取等につき条約で処罰の対象となる行為を定め，これに重い刑罰を科すことができるようにすることを約束する条約（1970 年ハーグ条約）は，結果として処罰が確保されることもさることながら，これを目的として，条約所定の犯罪行為を処罰できる国内法令を整備することを求める点に特徴がある。しかも，何を犯罪行為とするかは条約で要件が定められているため，実際上，これを取り入れた刑罰規定をあらたに作ることにならざるをえない。実際，日本では，条約上求められている普遍主義への対応をも含めて，特別法が制定された。

現在なお，結果の義務が通常の義務であり，実施・方法の義務はそれに比べて例外的なものといわれる。とはいえ，こうした実施・方法の義務が用いられるようになったことは，現在の国際社会では，国際社会の共通利益の実現や国境を越えた活動の安定をはかるため，一定の内容をそなえた国内法をそなえるべきことが求められるようになってきたことをしめしているといえよう。それだけに義務の内容をどう解釈し分類するか，また国内法上，どのような措置が必要であるかの検討が必要となっている。

2　自動執行力による義務の国内的実現
(1)　条約の自動執行力

　自動的受容の方式をとっている国であっても，条約に国内的効力を認めるだけでは国内的実現には十分でないとして，あるいは国内法の概念との調和をはかるため，国内的実現のために立法措置がとられることは少なくない。先の航空機の不法奪取等に関する条約規定は，国内的効力を認めても，重い刑罰が特定されないため刑罰法規として十分な内容をそなえるものとはいいがたい。

　しかし，条約規定のなかには，特段の立法措置等を必要とすることなく，そのまま行政措置の根拠とされ，また裁判所によって適用・執行することが可能なものもあると考えられている。こうした条約（規定）を自動執行力のある条約といい，あるいは直接適用可能な条約という。こうした条約規定は，条約の国内的実現という観点からは，義務の抵触の調整をはかる役割をもちうる。

　まず，条約の国内的実現のため国内法を整備するにあたり，条約規定に自動執行力がある場合にはこれを直接に適用することで抵触の解消をはかることができる。

　また，裁判手続において条約規定に基づく主張がなされる場合もある。国際人権条約の規定をもとにして既存の国内法に基づく行政措置を条約に反するとして争い，その取消や国家賠償を求めるといった例である。裁判所が条約規定に自動執行力があると判断すれば，これを裁判規範に用いることができよう。

　こうして，どのような条約規定に自動執行力が認められるかは大きな問題となる。そして，その判断基準については争われている。かつては，国際法上，条約締約国の意思が当該規定に自動執行力を認めていることを必要とする見方がなされることがあったが，現在では，条約締約国の意思は，通常，積極的な意味をもたないと考えられている。そして，そのため，自動執行力が認められ

るかどうかの基準は，国ごとに違っているという見方が一般的である。

　これを前提に，日本では，条約に国内的効力が認められることから，条約には自動執行力があるものと推定すべきだとする見解がみられる。また，条約規定の規範内容が明確であるかどうかが重要な判断要素であるとする見解が近時では有力になっている。そして，この明確さの程度は，国内法制の状況，条約規定の適用形態，請求の文脈等に応じて変わりうると指摘されている。たとえば，もっぱら条約規定に基づく給付請求等は権利の詳細な内容が明確に定められていることを必要とするが，行政措置の違法取消等を求める場合には明確さの程度はそこまで要求されないと説かれる。

　こうした見解の背景には，内容に明確さを欠く規定は，それ自身として裁判基準等としての適格さがないということもあるが，わけても三権分立の見地から，内容に明確さが欠ける場合や国内的また国際的に実施方法や結果についての裁量がある場合には，条約の実施措置がとられていない以上，裁判所の解釈を通じて国内的に義務を実現するのではなく，立法府である国会による国内法令の整備に委ねるべきとする考えがあるものといえる。実際の裁判例では，たとえば自由権規約の諸規定は自動執行力があるとして裁判所が解釈適用を試みることが少なくないが（規約違反の結論となるかどうかは別論である），社会権規約の諸規定はそもそも国際法上国家に実現内容についての裁量権が認められたものであるなどの理由で自動執行力を否定することが少なくない（この点は社会権規約の理解として正当ではないとする批判は多い）。

　他方，自動執行力が排除される基準として，国内的な適用・執行のために必要な機関や手続が国内法上欠けている場合には自動的に執行することはできない（完全性）。また，刑罰規定など，憲法上，「法律」によるべきことが求められている場合にも，自動執行力は排除されると考えられている。

　なお，条約は国内法を解釈するさいに基準として参照されることもある。国内法の解釈のさいに条約規定の趣旨を取り入れたり，条約規定に適合的に解釈・適用を行う場合である。国内法を国際法に適合するよう解釈すべきとする原則は多くの国で認められているが，こうした場合は，通常，間接適用とよばれている。ただし間接適用の概念それ自体にはさまざまな問題があるといわれるようになっている。また，たとえば世界人権宣言などのように，それ自身としては法的拘束力をもたない文書も条約と並んで解釈基準を構成するため参照されることがある。

(2) 慣習国際法の自動執行力

　慣習国際法についても，自動執行力をもつのか，直接適用可能なのかという問題は生じる。慣習国際法は，条約とは異なり明文化されておらず，その内容も流動的でありうるため，その詳細な内容がかならずしも明確ではない。そのため，裁判において適用が求められる場合，裁判所は慣習国際法の存在からして認定をしなければならないことも多い。

　慣習国際法の規則や原則の自動執行力の基準は明確ではない。しかし，自動執行力が認められやすいと考えうるものとして，国家間の関係が国内法に反映するものがある。たとえば，外交関係法上の特権免除や国家の裁判権免除を例としてあげることができよう。これらは特段の法律が制定されずとも，行政措置や裁判所で適用されてきたものと考えられる。現在では条約や国内法で規定されるようになってきたが，国内裁判例等による国家実行が慣習国際法の形成に影響を与えてきたとみることのできる例でもある。

　慣習国際法の発展の結果，国家にあらたな権限が付与される場合に，既存の国内法令の範囲で受け止めることが可能な範囲で，特段の国内措置の制定をすることなく慣習国際法が適用されることもある。そのような例として，たとえば，日本では，大陸棚における掘削に関する課税処分が争われた事件において，大陸棚に対する主権的権利が慣習国際法上存在することから，大陸棚が法人税法の「施行法」になったとして，慣習国際法が国内法上課税処分を根拠づける作用を果たした。

　慣習国際法が国家に対する私人の権利を付与したものかどうか，あるいは私人から国家に対して援用できるかについては議論が多い。自動執行の基準をめぐり私人の権利が明確に定められていることを要するとする議論や，そもそも問題とされている慣習国際法の内容が私人の権利を定めたものであるかなどともかかわり問題とされる。日本の裁判例には，慣習国際法に依拠する補償請求に関連して，慣習国際法が直接に個人の権利や利益を規定するためには権利の発生，存続，消滅等についての実体的要件，権利行使等についての手続的要件，国内制度との整合性等について，詳密に規定されていることが必要として，その基準をしめしたものがある（シベリア抑留補償請求事件，東京高判平5・3・5）。これについては，一般的な基準としてみた場合，実際上充たすことが困難であるとして批判的な見方がある。

確認質問

1 国際法と国内法との関係に関して，国際法優位の一元論と二元論の間にはどのような違いがあるか。

2 国際法上の義務と国内法上の義務が抵触する場合にはどのような場合があるか，具体的な例をあげて説明しなさい。

3 国際法上の義務と国内法上の義務が抵触する場合，国際法上および国内法上，どのように調整がなされるか。

4 国際裁判における国内法の事実性のもつ意味を説明しなさい。

5 国際裁判において国際法に適合しない国内法はどのように扱われるか。

6 条約および慣習国際法の国内的編入手続にはどのようなものがあるか。

7 条約の締結になぜ国会の承認が必要とされるのか，また，国会承認条約と行政協定の区別の基準について説明しなさい。

8 結果の義務と実施・方法の義務にはどのような違いがあるか，その国内的実現にあたり国内法に与える影響の違いも含めて説明しなさい。

9 条約規定に自動執行力が認められるかどうかの判断基準が国ごとに違っていると考えられているのはなぜなのか，また，日本では，どのような基準で条約規定に自動執行力があるかどうかを判断しているか。

10 世界人権宣言のような法的拘束力がない国際文書は国内裁判においてどのような意味をもちうるのかについて説明しなさい。

第 5 章 国際法の形成と適用と解釈

　国際法は、その形成、適用、そして解釈が、国内法とはかなり異なった原理の下でなされている。また、国際法の形成と適用と解釈の3つの間の厳格な区別は、ときとして、現実の場面においては曖昧となることがありうる。こうした点を国際法の曖昧模糊さととらえてはならない。国際法の形成と適用と解釈に固有の原理を正確に理解することこそが、「国際法嫌い」を回避するための第一歩である。

I　国際法の形成

1　現にある法とあるべき法

(1)　現行国際法の不完全性

　国際法の形成は、国内法とは異なり、中央集権的な立法機関によってなされるわけではない。国際法の形成は、主として条約と慣習国際法によっている。第2次世界大戦以後、国連国際法委員会（ILC）を中心とする、国際法「の法典化」と「漸進的発達」の作業が進んだ。そのために、多数国間条約の数が圧倒的に増え、国際法のかなり多くの分野を規律するようになった。

　しかしながら、そうした多数国間条約の加盟国となり、その条約を遵守するかどうかはあくまでも個別国家の意思による。たとえば、国連海洋法条約にしろ、核不拡散条約にしろ、主要関係国（前者は米国、後者はイスラエル・インド・パキスタンなど）が当事国となっていないケースはかなりの数になる。

　また、条約のうちの圧倒的多数を占める二国間条約は、その規律内容がこのうえなく多様である。一つの国家が同じ事項について定めた二国間条約が、相手国によりその内容が異なることもある（たとえば、日米領事条約と日露領事条約）。そもそも、二国間条約は国内法と比較すれば、法律というよりは契約であり、法源とみなすべきではないという議論（立法条約と契約条約の区別）がかつてなされたこともあった（トリーペルなど）。

　第2次世界大戦以前は、慣習国際法が規律する分野が比較的多かった。しか

し，現在のように多様でダイナミックな国際社会にあっては，迅速な成立が困難であるということもあって，慣習国際法の有用性は薄れてきている。とくに，その成立要件をどのようなものにするかについては，後述するように，現在根本的な対立がみられる。

以上のように，現行の国際法は，その形成の仕方，多数国間条約のもつ制約性，二国間条約のもつ制約性，さらには慣習国際法成立の現代的問題点など，いずれをとっても，はなはだ不完全なものであり，断片化された法であるといわざるを得ない。

(2) 法の欠缺

以上のような不完全性のゆえに，国際法の分野では，法の欠缺(けんけつ)（不存在）が国内法に比して，はなはだ深刻な問題となる。法の欠缺とは，ある事項について，当事国間で適用できる国際法が存在しない状態をいう。たとえば，多数国間条約も慣習国際法もない事項について，A国とB国の間に二国間条約があっても，A国とC国の間に二国間条約がなければ，A国とC国の間では法の欠缺が生じることになる。

実証主義的国際法理論を集大成したと評価される，20世紀初頭の国際法学者オッペンハイムは，国際法学の任務として，現行のルールの確立，法の欠缺がある場合の新ルールの提示，そして現行の慣習・条約の批判，の3つがあると述べていた。「現行の慣習・条約の批判」という任務としては，単に現行法の批判だけではなく，現行法に代わる，新しいルールの提示もまた求められる。

真の意味の実証主義的国際法理論は，「現にある法（lex lata）」の記述のみをすればいいとする理論ではけっしてない。法の欠缺がある場合，また，現行法が批判されるべき場合には，「あるべき法（lex ferenda）」の提示をもしなければならない。問題は，それがどのような法理の下で実現できるかという点にある。

2 国際法形成のあり方
(1) 「事実から法が生まれる」

国際法の形成は，その成立形式からみれば，条約，慣習国際法，法の一般原則などによりなされる（「形式的法源」とよばれる）。これに対して，国際法を発生させる行為に着目して国際法の形成のあり方をとらえることもある（「実質的法源」とよばれることもある）。これについては第2章参照）。

「事実から法が生まれる」ということが国際法の分野ではあてはまるのでないかということが主張されるときには，実質的法源の側面をとらえているわけではない。「力が法を生み出す」といわれることがあるように，政治的・軍事的に有力な一部の国家が，一方的に条約や慣習国際法を作り出しているのではないか（「単独主義（ユニラテラリズム）」）という疑問である。

たとえば，条約，とくに二国間条約については，その内容が不平等である場合のみならず，締結そのものについて，一方の国家の側の権力性が垣間見られることがあるのではないかという疑問である。また，慣習国際法についても，一般慣行が成立要件の一つとされながら，実際にはごく一部の有力国のみの実行をもって一般慣行とみなされているのではないかという疑問である。

国際法の形成のあり方に対する，こうした根本的な疑問は，19世紀後半に近代国際法が完成した時点からずっとかけつづけられてきた（第1章参照）。そうした疑問は，国内法と異なる国際法の形成のあり方の独自性を十分に理解していないことから生まれているともいえる。

(2) 慣習国際法の問題点

19世紀後半から20世紀中葉にかけて，慣習国際法はもっとも重要な法源であった。慣習国際法は，ごく一部の地域的慣習国際法を除き，一般国際法（ないしは普遍国際法）とみなされた。いったん慣習国際法上の規則として成立すれば，国際社会全体に妥当する法とみなされていたことになる。

慣習国際法が一般国際法と等置されたことについての理論的根拠は，じつはそれほど明白ではない。諸国家の黙示的合意に基礎づけられてきたということに根拠を求めるのが多数の意見である。しかし，これについては異論もある。

慣習国際法の成立要件の一つである「一般慣行」の一般性についても注意しなければならない。ここでの「一般性」とは，当該事項の利害関係国の大多数の実行に一致がみられるということである。事項により，利害関係国の範囲は変化する。かならずしも地球上のすべての国家がかかわる必要はない。

一般性とは，その意味で，普遍性とは異なっている概念である。こうした一般慣行と法的確信の2つの要件が備わって成立した慣習国際法は，利害関係国の大多数だけではなく，また，利害関係国だけでもなく，すべての国家を拘束する一般国際法（普遍国際法）とみなされる。

多数国間条約の飛躍的な増加により，慣習国際法のみによって規律される分野は減ってきている。その役割は以前と比較すれば明らかに低下している。し

かしながら，その役割が完全に失われたわけではけっしてない。たとえば，国家承認や政府承認，領域の取得の仕方（領域権原），国籍，犯罪人引渡し，国家責任など，慣習国際法上の規則がなお重要である分野は少なくない。

(3) 国際法の漸進的発達と法典化——「国際立法」

国連憲章13条1項で「国際法の漸進的発達及び法典化」の奨励が規定されたのを受けて，国連国際法委員会は積極的に国際法の漸進的発達と法典化を推し進めてきた。この作業により，従来と比較して，飛躍的に多数国間条約の数が増大した。かつては慣習国際法により規律されていた，かなりの部分が条約により規定されることになった。

こうした現象をとらえて，「国際立法」とみなし，国際法の分野にも国内法に近い形での「立法」がみられるようになったとする見解もある。もっとも，当事国のみを拘束するという，条約そのものの法的性格は基本的には変化していないために，国内の立法とはその基本的性格が異なる。

国際立法についてはさらに，現行国際法の改変をも視野に入れた法の定立行為を意味するとする論者もいる。

(4) 一方的行為による国際法形成

国際法の形成のあり方について理論の面でも国家実行の面でももっとも大きな問題は，「一方的行為」による国際法形成である。大陸棚の設定に関する米国のトルーマン宣言（1945年），直線基線に関するノルウェーの宣言（1935年）などがその例である。

国家または国際機構の一方的行為による国際法形成については，現行法に違反する形での場合と，法の欠缺のある分野の場合とが想定される。参加国間のコンセンサスを得ることが困難であることから，現行の条約や慣習国際法を変更することは容易ではないし，また長期間を要することが圧倒的である。そのため，現行国際法を一方的に侵犯したうえで，他の国家が黙認すること，または積極的に追従してくることを待つというのが，前者の場合である。これについては，とくに，「不法から法は生じない」という原則が妥当するかが問題となる。さきに述べた「力が法を生み出す」という批判は，この点をとらえたものでもある。

また，後者の，法の欠缺の場合については，そもそも国家または国際機構の一方的行為のみによって国際法形成が認められるかという根本的問題に直面することになる。

ただし，実際の場面においては，現行法の存在そのものの確定がかならずしも明確でない場合に，こうした問題が生じるケースが多い。そのため，前者と後者の明白な区別をつけにくいことが多いのも事実である。それは，国際法の形成なのか，それとも国際法の適用なのかという区別そのものが明確ではないグレー・ゾーンが存在することを意味する（第2章参照）。

II 国際法の適用

1 適用法規
(1) 行為規範と裁判規範

国内法において法の適用という場合には，適用と執行（実施）を厳密に区分し，裁判所による法の適用が想定されることがほとんどである。法適用のメカニズム＝裁判という図式である。

これに対して，国際法の適用についてみると，国内社会における場合と国際裁判のあり方が異なることもあり，裁判所による国際法の適用だけではなく，国家などの国際法主体が具体的な場面でどのように国際法を適用して行動しているかということもまた，重要な問題領域とされる（国際法の「執行」は，国際法上の義務を強制し確保するための措置という，限定された意味で使われることが多い）。

このように，現行国際法の適用の場面については，国家などの国際法主体が国際的な場で行動するさいに国際法に準拠するかどうかというケースと，国際法の主体間で紛争となり裁判の場で国際法が適用されるケースという2つのケースが想定される。前者が行為規範としての国際法，後者が裁判規範としての国際法ということになる。

適用法規がどのようなものであるかの確定は，前者の場合には，個々の国際法主体，後者の場合には裁判所（国際裁判所あるいは国内裁判所）によって行われる。とくに慣習国際法の場合には，その確定はかならずしも容易ではないことがある。

確定を行う主体によって，適用法規の内容が異なるということも生じうる。裁判所については，国内のような審級性となっているわけでない。国際裁判所の判断と，ある国内裁判所の判断が異なる場合に，それを調整するしくみは存在しない。また，後述するように，現在では多様な国際裁判所が存在するが，

国際裁判所間で判断が異なる場合も同様である。

　国際法の適用機能を考えるときに,「違法性」の有無という視点と,「対抗力」の有無という視点の2つがあることには注意しなければならない。国際法主体のある行為が, 国際法に準拠していない場合には国際法違反行為とみなされ, その結果国際責任の問題が生じるというのが, 前者の「違法性」の視点である。この構図は, 違法行為の結果として, 民事責任や刑事責任が問われていく国内法と基本的に同一である。

　これに対して, 後者の「対抗性」の視点によれば, 国際法主体のある行為が, 対外的に有効であるかどうか, いいかえれば, 対抗力をもつかどうかということが問題となる。行為の相手方である国際法主体が, その行為を明示的に承認するか, あるいは黙認すれば, その行為は相手方の国際法主体に対して対抗力があることになる（1951年漁業事件 ICJ 判決, 1974年漁業管轄権事件 ICJ 判決）。

　この場合には, 国際責任の追及そのものは直接的には問題とされない。関係の国際法主体間でその主張が認められるかどうかということのみが問題とされる。

(2) 普遍国際法と一般国際法と特別国際法

　国際法の適用範囲を基準に国際法を分類すると, 一般国際法と特別国際法の2つに分類する考え方と, 普遍国際法・一般国際法・特別国際法の3つに分類する考え方とが, すでに20世紀初頭から並存して主張されてきた。

　二分類法は, 国際社会全体に妥当する国際法を一般国際法, それ以外の国際法を特別国際法とみなすものである。一般国際法は慣習国際法である。そのほかに, すべての国家を当事国とする条約であれば（現在のところは存在しない）, 一般国際法とみなされることになる。

　これに対して, 三分類法は, 国際社会全体に妥当するのが普遍国際法であり, 大多数の国家を拘束する国際法, いいかえれば, 大多数の国家を当事国とする多数国間条約を一般国際法とみなす。そして, 一般国際法は普遍国際法となる傾向にあるとみる。これ以上に, この一般国際法の役割をどのようにとらえるかは論者による。ある論者は, 一般国際法であれば, その適用範囲としては普遍的であるとみなす。もっとも, その一般国際法の拘束力の根拠は国家の意思の合致以外に求めざるを得ず, 普遍的な適用範囲の理論的な説明は容易ではない。

Ⅱ　国際法の適用

(3) 国際法の原則と衡平

裁判所が，国際法を適用解釈する過程で，国際法の欠缺を補充したり，現行国際法の適用の結果を実質的に修正したりするために，ときに用いる法理として，国際法の原則と衡平がある（これらについては第2章参照）。

(4) 「法」と「非法」

国際法の形成は，国内法のような中央集権的な立法機関によってなされるのではないために，形成途上の「国際法」をどのようにとらえるべきかという，国内法にはみられない，はなはだ困難な問題が存在する。

まず，効力が発生する以前の条約について，その条約に署名した国家はどのような態度をとるべきなのかが問題となる。条約そのものはまだ法的効果をもっていないのであるから，その条約に法的に拘束されることはない。ところが，条約法条約は，条約の署名国には，条約の効力発生前に条約の趣旨および目的を失わせてはならない義務があると規定した（18条）。この義務はその条約から生じるものではなく，国際法上の信義誠実の原則から導き出されるものとみなされる。効力発生前の条約そのものが，署名国にとって適用すべき国際法とみなされているわけではない（暫定的適用の場合はこれと異なる。25条）。

慣習国際法については，これに対応するようなとらえ方はない。法的確信をもって，ある一定の実行を繰り返す国家は，それについての慣習国際法が成立する以前であれば，それまでの実行と異なる実行を行うことは，国際法上問題はない。ただし，禁反言の原則（エストッペル）が適用されるケースはありうる。

これらと異なるのは，一般にソフト・ローとよばれることのあるものをどのようにとらえるかという問題である。ソフト・ローとは，厳密な意味での法規範とはいえないものの，限定された規範的価値をもつもののことである。国連総会決議がその例としてよくあげられる。形成途上の法といわれ，ときに法と非法の中間的段階であるとみなされることもある。

こうしたソフト・ローを法規範として認めることについては理論的に障壁が多い。現段階では実定国際法上の概念と認めることは難しい。国家にとってかならず適用すべき国際法規とはみなしがたい。

(5) 「主権と合意の原則」（「主権の残余原理」）

常設国際司法裁判所（PCIJ）は，ローチュス号事件（1927年）において，「国家の独立に対する制約は推定されてはならない」という国際法の大原則から，国

家管轄権について，それと反対の許容的な規則がない場合には，国家は他国の領域内ではいかなる形でも権力を行使してはならないという結論を導き出した。

これを一般化すれば，国家は原初的に自由であり，条約や慣習国際法などの合意がある場合にのみ制約されるという原則になる。合意による法的禁止以外の残余は，国家の自由が許容されているという意味で，「主権の残余原理」とよばれる。あるいは，「一般的許容原理」，「主権と合意の原則」などとよばれることもある。

この原則は，核兵器使用の合法性事件のさいにも問題となった。国際法上とくに禁止されていないことはすべて合法とみなされる，あるいは，国際法上とくに許可されていないことはすべて禁止されているとみなされる，ととらえてよいかという議論である。

この点についての国際司法裁判所（ICJ）の判断は曖昧である。核兵器使用・威嚇の合法性が認可規定に依拠するという国際法の原則がないことは明示した。しかしながら，禁止されていないことはすべて許容されるという原則が否定されているのかは明らかではない。

(6) 合法性と正当性・公正さの区別

2003年3月7日付けの英ガーディアン紙に，英仏の学者たち16名が，国際法の教育者という立場から，「戦争は違法である」という意見を掲載した。これは，「一般に入手可能な情報に基づけば，イラクに対する軍事力の行使は国際法上正当化できない」という趣旨の意見であった。

今回の軍事力行使は，国連憲章が求める武力不行使原則の2つの例外のいずれにも該当しているとはいえないという判断である。そして，国連安全保障理事会による権限付与がない限り，イラクでの軍事活動は国際法の原則を根本から侵害することになるし，また，仮に権限付与がなされて国際法に合致した形で戦争が行われたとしても，それは，「正当で，分別のある，あるいは人道的な」戦争とはかならずしもいえないというのが本意見の結論であった。

ここには，合法性と正当性ないしは公正さとを区別する考えが明瞭にうかがえる。現行の国際法に合致する行為であったとしても，正当性や公正さを欠く可能性を示したものである。現行の国際法規範以外の，何らかのもの——「正義」とか「公正」——に基づく評価がなされているのである。それは現行国際法の不完全さ，不十分さを補うための手段とみなされていることになる。「法の外にある衡平」，さらには「法に違反する衡平」という法理は，こうした議

Ⅱ 国際法の適用

論の枠組みのなかのものとしてもとらえることができよう。ただ，そうした基準を適用することが法規範としての国際法の存立そのものを危うくする可能性を含んでいることには十分に注意する必要がある。

2　適用法規の競合
(1)　適用法規の個別性
　国際法は元来国内法におけるような規範の階層性をもっていない。条約と慣習国際法の間に規範としての優劣関係は存在しないのである。また，条約のなかで，二国間条約と多数国間条約の間にも，規範としてみたときに，どちらかがかならず上位にあるということはない。国際法を適用する場面にあっては，それぞれの法規が個別に適用されることになる。

(2)　条約・慣習国際法の競合
　それでは，これらの法規を適用するさいに競合し，その間に抵触がある場合には，どのような扱いになるのであろうか。これについては，一般的には（つぎに述べる強行規範が存在しない場合には），「特別法は一般法を破る」と「後法は前法を廃す」という2つの原則が妥当する。

　前者の原則は，適用範囲に基づき，特別法と一般法を区別するものである。条約は一般に慣習国際法に優位する。また，条約相互間においても，特別の定めのない限り，相対的に当事国数の少ない条約のほうが優先することになる（たとえば，国連海洋法条約311条3項参照。なお，条約法条約41条をも参照）。

　後者の「後法は前法を廃す」という原則は，同一の締約国同士の条約の場合には問題はない（条約法条約59条）。締約国が異なる場合には事態は複雑となるが，当事国の合意を尊重する原則となっている（30条参照）。

　また，慣習国際法と異なる内容の条約が後に成立する場合には，その条約が条約当事国間においては慣習国際法に優先して適用される。ここには，2つの原則間に矛盾は存在しない。

　問題は，条約と異なる内容の慣習国際法が後に成立する場合である。これは，理論的にみれば，「特別法は一般法を破る」という原則と「後法は前法を廃す」という原則の，どちらが優先するかという問題である。これについては，「一般法の後法は特別法の前法を廃さない」といわれることがある。特別法優位の原則が優先するという考えである。ただし，このように単純にこれらの適用関係の優劣を考えてよいかについては異論もある。実際の場面では，条約当

事国間で条約の継続が確認されたり，条約の改廃の措置がとられたりすることが多い（第2章をも参照）。

なお，国連憲章は例外的な地位を有する。憲章上の義務が他の条約上の義務に優先するとされているからである（103条）。

国際法の国内的効力を認める国家において，条約と法律が同一の効力を認めている場合には，後法優位の原則が妥当することになる。

(3) 強行規範と任意法規

国際法規は元来すべて，基本的には任意法規とみなされてきた。しかしながら，1969年の条約法条約によってはじめて明文によって強行規範（ユース・コーゲンス）の存在が認められた。強行規範とは，どのような逸脱も許されない規範として，また，後に成立する同一性質の一般国際法規範によってのみ変更できる規範として，国際社会全体が承認したものである。この強行規範に抵触する条約は当然に無効とみなされる。

こうした規範の存在が認められたことは，国際法規範の根本的性格をゆるがすことになる。すなわち，国際法の基本的原理は国家の主権平等原則であり，国際法は国家の意思に基づき有効であるという性格である。

強行規範が，個々の国家の意思を否定する側面があるのはまちがいない。もっとも，分権社会という国際社会の状況は根本的には変わっていないために，強行規範の具体的な内容，抵触の認定手続などについては明確に定められておらず，今後の国家実行に委ねられている。

(4) 時際法

時際法とは，時間的に前後して存在する，複数の異なる法規則のうちのどれを適用法規とするかについての規則である。この問題は，とくに領域取得についての領域権原の場合に問題とされることが多い。領域紛争の場合には，数世紀以上にわたることが多いことがその要因である（第12章参照）。

ある行為の効果は，訴訟上の請求がなされた時点の法律によってではなく，その行為がなされた時点の法律によって決定されるべきであるというのが原則である。条約の適用については，条約の不遡及の原則が確立している（条約法条約28条）。

Ⅱ 国際法の適用

3　適用の場と適用機関

(1) 国際関係における国際法の適用

　国際法が現に適用される場面は，国際関係における適用と国内における適用に分けられる。国際関係における適用の場面としては，大別して2つのケースがある。国家などの国際法主体が，ある事態について，適用すべき現行国際法がどのようなものであるかを確定したうえで適用する場合が第一のケースである。第二のケースは，国際司法裁判所などの国際裁判所による国際法の適用である。

　現代国際法においては，個々の国家の主観的判断による国際法の適用にとどまらず，国際連合や国際裁判所による，ある程度客観化された国際法の適用を実現しようとする傾向がみられる。しかしながら，国際裁判所の管轄権についての制約は依然として大きい（第21章参照）。

(2) 国内における国際法の適用

　国内における国際法の適用としては，国家がその国内において国際法上の義務を履行するケースと，国内裁判所における国際法の適用のケースが考えられる。前者の義務としては，実施・方法の義務（たとえば，特定の国内法を制定・改廃する義務），ある特定の結果を国内において達成すべき義務（たとえば，人権条約に規定されている実体的な権利を国内において確保する義務）などがある。

　後者のケースにおいては，国際法の国内的実現の方式や国際法の国内的効力順位が国家により異なるため（第4章参照），国内裁判所はそれぞれに応じた形での国際法の適用を行うことになる。

Ⅲ　国際法の解釈

1　国際法解釈の必要性——適用と解釈の相違

　国際法規範をある事実に適用すれば，その結論は容易に導かれるようにみられる。機械的なあてはめによって，ことは済み，解釈の作業は必要ではないようにみえるかもしれない。しかし，国内法の場合でも，法規範は多かれ少なかれ抽象的であるということを主な原因として，適用される法規範の具体化のために，法の解釈が必要となる。国際法の場合にも，同様に，用語，条文などの解釈が必要となる。

　もっとも，現実の場面では，解釈宣言と留保の厳格な区別が困難な状況がま

まあることに象徴されるように（たとえば，不戦条約1条に対する日本の「解釈宣言」），解釈の範疇に入る行為なのか，それとも，解釈を超える行為であるかの判断は難しい場合がある。

また，条約は関係国間の妥協の産物として作成されることがときに存在する。その場合には，規定そのものを玉虫色の内容とし，いずれの当事国も自国に有利な内容と理解できるように規定することがみられる（たとえば，1965年の日韓基本条約2条。旧条約は「もはや無効である」）。こうした場合には，条約の解釈は本質的に困難な状況に追い込まれることになる。

2　条約の解釈とその他の国際法の「解釈」

国際法において解釈という場合には，通常，成文法である条約の解釈のみが想定される。しかし，慣習国際法についても「解釈」が必要であると主張されることがある（1986年ニカラグァ事件ICJ判決）。慣習国際法上の諸規則について，その内容や限界を明確化することが必要な場合があり，適用機関がそうした明確化の作業を行うことになる。

こうした作業を解釈とよぶかどうかは，言葉の定義の問題ともいえる。ただ注意すべきなのは，国内法においても国際法においても，解釈についての手続や規則は成文法を念頭に置いて発達してきたという事実である。これを不文法である慣習国際法にそのままの形で適用するのは困難である。

3　解釈の主体

条約を解釈する主体は，国際法の適用の場合と同様，国家などの国際法主体と裁判所（国内裁判所，国際裁判所）である。第一次的には，二国間条約については両当事国，多数国間条約については各当事国が解釈の権限をもつ（有権的解釈権）。

裁判所による解釈は，紛争当事者にとっては，守らなければならない，拘束的なものである。また，国際司法裁判所は，勧告的意見という固有の制度をもっており，あらゆる法律問題について意見を与えることができる。この勧告的意見のなかには，条約の解釈が含まれることもある。

現在国際社会には，国際司法裁判所，国際海洋法裁判所，国際刑事裁判所（ICC），ヨーロッパ人権裁判所など，多様な国際裁判所が存在する。これらの裁判所による国際法の解釈は，それぞれ個別に行われている。それらを統合す

るしくみは存在しない。ここに「国際法の断片化」とよばれる現象が生じているといわれることがある。

なお，国際法学者の学説は法則決定の補助手段とされており（ICJ 規程 38 条 1 項(d)），国際法学者による解釈が果たす役割も無視できない。

▰▰▰ 確認質問 ▰▰▰

1　国際法の形成という側面でとらえたときに，現行国際法の不完全性はどの点にあるか。

2　国際法において法の欠缺はどのような場合に生じるかについて，国内法との対比をも念頭におきつつ，説明しなさい。

3　現在の国際法の形成のあり方は，「国際立法」ととらえることができる側面があるか。

4　国家の一方的行為による国際法形成はどのような形で行われるか，またそうした行為が国際法違反であると主張されるのはどのような場合であるか。

5　国際法の適用機能について，「違法性」と「対抗力」という2つの視点はどのように区別されるか。

6　形成途上の「国際法」あるいはソフト・ローといわれることのあるものはどのようなものか，そうしたものを国際法の規範と認めることができるか。

7　「特別法は一般法を破る」という原則と「後法は前法を廃す」という原則はどちらが優先するか。

8　強行規範が伝統的な国際法規範の基本的性格をゆるがすといわれることがあるのはどのような意味においてか。

9　国際法の適用機関としてはどのようなものがあるかについて，国際関係に

おける場合と国内における場合に分けて説明しなさい。

10　国際法の適用と解釈は厳密に区別することができるかについて，具体的な状況を想定しながら，説明しなさい。

第6章　国際法の主体(1)
——国　家——

　国際法は現在もなお，基本的には国家間の関係を規律する法である。それでは，国際法上の国家，いいかえれば国際法の主体としての国家とはどのようなものを指すのであろうか。たとえば，古代ギリシアの都市国家，古代ローマ帝国，秦・漢・元・明・清などといった中国の諸王朝，明治維新以前の「日本」は，そうした国家に該当するのであろうか。また，国家のあり方が変更したとき（分離独立，分裂，政府の変更など），国際法上どのような問題が生じることになるのであろうか。

I　国際法主体

1　意義と種類

　近代ヨーロッパ国際法は，国家間の関係を規律する法として近代ヨーロッパに生まれた（第1章参照）。国際法の形成・適用・解釈にあたる直接の担い手は国家であり，国際法上の権利義務の直接の帰属者もまた，国家である。こうした意味で，国際法の主体は国家に限定されていた。

　もっとも，国家の具体的なあり方がどのようなものであるかについては，実際上も理論的にも，歴史的な変遷がみられる。近代初期には，君主と国家を同一視する家産国家観が一般的であった。当時の「条約」は，実態としては，君主同士の「契約」という性格を濃厚にもつものであった。たとえば，1648年のウェストファリア条約は，神聖ローマ皇帝，スウェーデン女王，スペイン国王，フランス国王などの君主間の条約であった（共通第1条）。

　しかし，しだいに，君主といった具体的な人格（「物理的人格」）ではなく，抽象的な人格（「倫理的人格」あるいは「法的人格」）として，国家はとらえられるようになっていった。ホッブズやプーフェンドルフ等がそうした理論の推進者であった。18世紀後半から19世紀初頭にかけて，抽象的な人格としての「主権国家」の関係を規律する法として国際法をとらえることは一般的となっ

た。

　もっとも，19世紀を通じても国家の実態をめぐる議論はつづいた。すなわち，「文明国」のみを国家として認め，「文明国間の法」として国際法をとらえるという考え方がヨーロッパの学者を中心として主張された。ここでいう文明とは明らかに近代ヨーロッパ文明を指している。近代以外の時代，また，ヨーロッパ以外の地域に存在した，広義での「国家」（＝「政治体」）は，こうした意味での文明国とはみなされない。「文明国」－「野蛮社会」（トルコ，ペルシア，中国，シャム，日本）－「未開人」という三分類を唱えた学者もいた（ロリマー，1883年）。

　しかし，国際社会は，とくに第2次世界大戦以降においては，さまざまな発展段階の国々からなる「多文化世界」へと変化してきている。現在では，近代ヨーロッパ文明国のみを国家とみなすという考え方はみられない。国際法は，多文化世界を構成する主権国家の関係を規律する法とみなされている。

　以上のように，国家のあり方をめぐっては歴史的に変遷がみられる。いずれにしろ，そもそも近代国際法が成立する時点で，実態として存在していた国家は，その存在がそもそも国際法の前提とされていた。国家の存在と国際法の存在は表裏一体である。一定の数の国家群が存在しなければ，国際法の存在をそもそも想定することができないとみなさざるを得ないのである。

　こうした国際法の主体のあり方について変化がみられるようになっていく大きな契機は，戦間期における個人の国際法主体性論争である。個人の直接の出訴権を認める国際裁判所の出現や個人の国際的な請願権・申立権を認める制度の発展などが，そうした論争の引き金となった。個人の国際法主体性が認められるためには，国際法上の権利義務が規定されているだけでよいのか，それとも，国際的な場面で権利義務を実現できる手続が整備されていることが必要か，という点をめぐって議論がなされた。

　また，とくに第1次世界大戦後の国際連盟や国際労働機関（ILO）の設立にともない，国際機構の国際法上の法主体性についての議論も，活発化していった。

　もっとも，現在でも，国家が生得的・根源的な国際法主体であることには変わりがない。国際組織や個人などは，あくまでも国家の意思に基づいて国際法上の権利義務を一定の範囲で取得する派生的な国際法主体である（個人および国際機構の国際法主体性については，第7章参照）。

2　国際法上の国家

　国家の資格要件としてよく引用されるのは，1933年のモンテヴィデオ条約1条である。この条項によれば，明確な領域，永久的住民，政府，他国と関係を取り結ぶ能力（外交能力あるいは独立），の4つが国家の資格要件とされる。この条約は米州諸国間のものにすぎず，当事国数も14ヵ国のみであるものの，この第1条については，国家の資格要件についての，国際社会におけるかなり一般的な見方を反映している。

　以上のような4つの要件のほかに，「正統性」という要件が必要とされるようになっているというとらえ方もある。その具体的な内容についてはいくつかの考えがあるが，とくに自決権の原則に合致する形で成立したかという基準が重要とされる（1965年の南ローデシアの例など）。もっとも，この要件は，国家の資格要件というよりは，国家承認のさいに考慮すべき要素とするとらえ方もある（後に述べる「非承認主義」参照）。

　こうした国家の資格要件をそなえれば自動的に国際法上の国家とみなされるのであろうか。この点は，Ⅱで述べる国家承認の効果をどのようにとらえるかという論点と密接に結びついている。国家承認の有無が，国際法上の国家としての認定に直接的に関連しているかという論点である。

　ともあれ，いったん国際法上の国家として成立すると，領域を完全に喪失しない限り（領域の一部の喪失・変更は生じうる），住民が1人も存在しなくならない限り（住民の世代交代は当然生じる），政府が存在しなくならない限り（非合法な形での政府変更の場合には「政府承認」が必要となる），さらには，他国と関係を取り結ぶ能力を失わない限り（全面的に他国にその能力が移行する場合には「被保護国」という特別な形態の国家とみなされることになる），国家は同一のものとして存続しつづける。

　逆に，国家の消滅は，合併，吸収合併，分裂などの場合に生じる。近年では，北イエメンと南イエメンの合併，西ドイツによる東ドイツの吸収合併，チェコスロヴァキアの分裂，ソ連邦やユーゴスラヴィア連邦の解体などの例がある。

　国家の存在形態はさまざまである。単一（主権）国がもっとも一般的なものである。一つの中央政府あるいは君主が国家を統治し，対外的にその国家を代表する資格をもつ場合である。こうした単一国の特殊な形態として，永世中立の義務を負う永世中立国（スイス，トルクメニスタンなど），ローマ法王庁の下

に服すヴァチカン市国（1929年のイタリアとのラテラノ条約により主権が承認された）などがある。現在では国家領域をもたない「マルタ騎士団」を国際法上の国家とみなすことができるかは議論のあるところである。

　国家結合の形態としては，同君連合（複数の国家が同一の者を君主とする），国家連合，連邦，保護国，コモンウェルス（英連邦）などがある。国家連合は，外交問題など一定の事項について共同で処理することを約束する，国家同士の結合である。国家連合それ自体は，国際法の主体となるわけではない。連邦は，複数の国家が憲法を基本として一つの主権国家として結合するものである。米国，ドイツ，旧ソ連などかなりの数にのぼる。もっとも，連邦の構成国（州）が具体的にどのような権限（たとえば，条約締結権）をもつかは，連邦により異なる。

3　非国家主体の意義の増大

　第2次世界大戦以降，国家以外の主体，つまり「非国家主体」——とくに，個人，法人，NGO——が国際社会の中で果たす役割が増大してきている。現代国際法の基礎が現段階においても主権平等原則であり，生得的・根源的な国際法主体が国家であるという事実は変わっていない。そうであるとしても，非国家主体が国際社会において果たしている役割を無視して国際社会の現状を語ることができなくなっていることもまた，事実である（詳細は第7章参照）。

II　国家承認と政府承認

1　国家承認

(1)　国家承認の意義——創設的効果説と宣言的効果説

　国家承認論は，19世紀前半に中南米地域につぎつぎと新国家が成立していく状況において，それらの新国家を国際法の主体と認定できるかどうかの選択権をヨーロッパ諸国が確保しようという意図の下に整備されていった理論であった（本制度の嚆矢としては1778年のフランスによるアメリカ合衆国の承認の事例がある）。その理論の主眼点は，そもそもそうした新国家を国際法の主体として認めるかどうか，いいかえれば，ヨーロッパ的基準での国家＝文明国であるかどうか，という点にあった。そうした基準に合致する国家であれば，いわば「社交クラブ」としての諸国家共同体への加入が認められるということであっ

た。

　こうした国家承認論の目的からすれば，国家承認が行われてはじめて新国家は国際法上の国家とみなされる。国家承認を受けていない国家は，仮に国家の資格要件を満たしていたとしても，国際法の主体としての国家とはみなされないことになる。「創設的効果説」と現在よばれている考え方である。

　こうした国家承認論は，19世紀前半の理論としては，その政治的意図の妥当性は別として，十分に首肯できるものであろう。しかしながら，このような考え方が現在においても理論的に維持できるかははなはだ疑問である。とりわけ，創設的効果説の最大の難点は，未承認国が現実に一般国際法上の権利義務を享受することがあるという事実をどのように説明できるかに窮する点にある。

　第2次世界大戦後，とくに1960年代において，旧植民地地域の分離・独立が相次ぎ，アジア・アフリカ地域に，多くの新独立国が生まれた。現在においても，国家領域の一部の分離・独立，連邦の分裂・解体，複数の既存国家の合併などという形で，新国家が成立する。既存の国家は，こうした新国家の成立に対してどのような態度をとるべきなのであろうか。

　一つの極端なとらえ方は，新国家は国家の資格要件を満たせば自動的に国際法上の国家とみなされるのであり，既存の国家による国家承認はまったく必要ないというものである。

　こうした「国家承認不要論」はしかし，国家慣行のうえでも国際法理論のうえでも，一般的ではない。現在でもなお，国家承認は必要な行為とみなされている（たとえば，2008年のコソヴォの例）。その場合国家承認の効果はかつてのような創設的効果説とは異なるものとしてとらえられている。すなわち，新国家は，国家の資格要件を備えたときにただちに国際法の主体となるのであり，国家承認はそうした事実を確認し，宣言するという効果をもつにすぎないとみなされる。「宣言的効果説」とよばれる考え方である。国家慣行上も国際法理論上も，現在一般的なとらえ方である。

　もっとも，このように国家承認に宣言的効果しか認めないのであれば，そもそも国家承認不要論と実態としてどこが異なるのかということが問題となるかもしれない。これについては，国家承認を行うことにより，被承認国が国際法の主体であることについての，確定的な証拠になるとみなされること，そして，承認行為は二国間での外交関係の設定や条約締結などのための前提とみなされること，という点に，国家承認の実質的意味があると解されている。

それでは，国家承認は既存の国家の義務であろうか。新国家が国家の資格要件をすべて満たしているときにはかならず行うべき行為であり，行わない場合には国際法違反行為を行っているとみなされるのであろうか。一部の学者にはそのような考え方を主張する者もいた。しかし，国家実行のうえではそうした考え方はみられない。国家承認を行うかどうかはあくまでも各国家の判断に委ねられているとみなされる。

　そうであるとすれば，宣言的効果説をとった場合でも，承認を行う国々により，国家承認の時点が異なり（あるいは国家承認が行われず），新国家が国際法の主体であると確定的にみなされる時点が，承認を行う国家によって異なってくるという事態は避けがたいことになる。「被承認国が国際法の主体であることについての確定的な証拠」としての国家承認の意義は，あくまでも各国家の個別的判断ないしは裁量に依拠しているのであり，国家承認の恣意性の要素を完全に払拭できるわけではないのである。

(2) 国家承認の要件

　新国家が国家の資格要件を満たした後にはじめて，各国は国家承認を行うことができる。資格要件を満たしていない場合に行われた国家承認は，「尚早の承認」とみなされ，国際法上違法である。国内問題に対する違法な干渉とみなされることになる。

　新国家が国家承認を受けるためには，国家の資格要件だけではなく，その成立が国際法上適法な方法で行われていなければならないという主張がなされることがある。新国家が国際法に違反する形で成立する場合は，既存の国家は，一般国際法上の義務として，これに国家承認を与えてはならないという考え方である。非承認主義とよばれる主張である。

　もっとも代表的なのが，1932年の満州国の建国に対する，米国国務長官スチムソンの通告である。不戦条約に違反する形での新国家の成立については国家承認をしないという考え方を表明したものである（スチムソン主義）。今日では，武力不行使原則に反する方法での国家の設立については，国家承認をすべきではないという慣習国際法が成立しているとみなされている（1971年ナミビア事件勧告的意見）。

　また，ヨーロッパ共同体（ECs）は，1991年に東欧およびソ連の新国家の承認に関する指針についての宣言を発表した。とくにユーゴスラヴィアの解体により成立した新国家にはこれが厳格に適用された。法の支配と民主主義と人権

に関する国連憲章やヘルシンキ最終議定書やパリ憲章の尊重，人種・民族集団と少数民族の権利の保障，あらゆる国境の不可侵の尊重，軍縮・核不拡散や安全保障・地域的安定に関する約束の受諾，国家承継や地域紛争に関するあらゆる問題の平和的解決の約束，という条件を満たさなければ，国家承認できないという指針である。この指針のなかでは，自決権の原則がとりわけ重要視されている。伝統的な，国家の4つの資格要件以外の，いくつもの要件を必要とする，新しい主張である。

2 承認の方式と効果

以下に述べる承認の方式と効果は，国家承認にも政府承認にも基本的には同様に適用される。

(1) 承認の方式

どのような方式で国家承認や政府承認を行うべきであるかについては，国際法上特定されていない。その方式はそれぞれの国家に委ねられている。国家慣行上，以下のような方式の分類が存在する。

明示的承認とは，書簡や宣言などにより，承認の意思を直接的に表明する方式である。これに対して，外交使節・領事の派遣・接受，包括的な関係を樹立する二国間条約の署名などといった行為は，間接的に承認の意思を示すことになるものとみなされる。黙示的承認とよばれる行為である。

これと異なる承認の方式としてあげられることのあるのが，法律上の承認と事実上の承認である。

法律上の承認とは正式の承認であり，取消や撤回はできないとみなされる。国家が通常行う承認は，この形式である。

これに対して，事実上の承認は，主として承認国の政治的な意図からとられる方式で，事後に取消ができる，いわば暫定的な性格をもつ承認行為とみなされる（たとえば，2006年の中国によるタイ政府の承認）。事実上の承認は，のちに，法律上の承認に切り替えられ，承認国の正式の承認となることが多い（たとえば，英国による，旧ソ連の事実上の承認が1921年，法律上の承認が1924年になされた）。

法律上の承認がなされた後でも，特定の場合には撤回がなされることがある。承認の対象となった国家（あるいは政府）がその実体を失った場合である（たとえば，1979年の英国によるカンボジアのポル・ポト政権に対する承認の撤回）。

今日では，法律上の承認と事実上の承認の区別は曖昧であることから，とりわけ，事実上の承認の性格付けをどのようにするかについては異論もあることから，こうした区別を否定する考え方も存在する。

(2) 一方的行為であることと効果の相対性

承認は，既存の国家が行う一方的行為であり，その効果が慣習国際法上定まっているものである。国家が承認行為を行えば，一定の国際法上の効果が自動的に生じることになる。承認行為がこうした，国際法上の一方的行為であり，しかも，前述したように，国家承認・政府承認の義務はないと一般には解されていることから，既存の国家による承認は，それぞれ個別に行われることになる。ある国家にとっては承認国（承認政府）であるが，他の国家にとっては未承認国（未承認政府）であるという事態が，現実に比較的長い期間存続することがあり得ることになる。

また，承認はあくまでも既存の国家による一方的な行為であり，新国家の受諾を必要とするような双方的行為ではない。その意味で，外交関係の開設と国家承認は別個の行為とみなされる。外交関係の開設は相互の同意によって行われる行為であるからである（外交関係条約2条）。

未承認国（あるいは未承認政府）は，いまだ承認を与えていない国家に対しても，一般国際法上の権利義務を，包括的な形ではないものの，一定の範囲では，主張できるとみなされている（領域への無許可侵入の禁止，公海での自由航行，無害通航権など）。また，とくに，国際社会全体に対して負う義務（「対世的義務」）に関しては，未承認国にも適用されると考えられる（北朝鮮ベルヌ条約事件，東京地判平19・12・16参照）。

承認と国内裁判の関係は，実務上もはなはだ大きな問題となる論点である。未承認国の制定した法令の適用可能性，当事者適格（原告適格と被告適格），国家（主権）免除などが問題となる。

こうした問題については国際法上確立したルールは存在しない。各国家の対応に委ねられていると解される。そして，各国家の対応の仕方はかならずしも一様ではない。従来英米の裁判所は，承認は行政の専権事項であるとの立場から，自国が承認していない限り，法令の適用などはいっさい認めないという立場をとってきた（「司法の自己制限」）。しかし，最近ではそのような状況は変化してきている。わが国の裁判例でも，未承認国（あるいは未承認政府）の国家免除や制定法を認めた判決が多くみられる。

II　国家承認と政府承認

いったん承認がなされるとその効力は，新国家（あるいは新政府）が成立した時点にまで遡及するかという問題がある。承認の遡及効をどこまで認めるかについては意見は一致していない。

(3) 多数国間条約締結や国際組織加入と承認との関係

多数国間条約の締結が，ただちに条約当事国にとって，未承認国の承認を意味するとはみなされない。多数国間条約は多くの国々との間で締結されるため，特定の未承認国を承認する意思とみなすことは困難であるからである。

また，第2次世界大戦後，国際連合が設立されたことにともない，国連への加盟の承認が国家承認と直結するかが問題とされるようになった。集団的承認とよばれる方式である（複数の国家が共同で行う承認も集団的承認とよばれることがある）。これについては，加盟承認と国家承認とは，その手続・要件などがまったく異なっており，加盟承認がただちに国家承認につながるわけではないというとらえ方が一般的である。ただし，加盟に賛成した国家は事実上の承認あるいは黙示的承認を与えたとするとらえ方もある。

3 政府承認

(1) 政府承認の意義

ある政治的主体が国家の資格要件を備えたときに，既存の国家により国家承認が行われることは2で述べたとおりである。そうした国家の資格要件の一つとして「政府」の存在がある。この要件は現在では，どのような統治組織であろうとも問題とされず，実効的支配の確立という事実のみが基準とされる。国家承認を行うということは，そうした政府の存在を承認するということをも含意する。

これに対して，「政府承認」という行為が行われるのは，国際法上の既存の国家において，革命やクーデターなど，憲法の規定に反する形での政府の交替が生じた場合である。こうした状況においては，「政府の形態が変更しても国家は変更しない」（「国家同一性の原則」）といわれることがあるように，国家は従前通り存続する（国家承認の効力には影響がない）。国内憲法に違反する形での政府の交替は，その国家の国内法には違反するが，国際法には違反するとはみなされないという考えがその背景にある。

こうした新政府に対して，他の国家が政府承認を行うのは，新政権がその国家を対外的に代表する資格を有することを認定し，そして，その国家との間に，

一般国際法および特別国際法上の権利義務関係が存在することを再確認するという効果をもつ。

(2) 政府承認の要件

政府承認の要件としては，実効的支配の原則があげられる。新政府が，国家領域のほぼ全域についての実効的支配を事実上確立していることを意味する。

こうしたとらえ方は，「事実主義」とよばれることがある。これに対して，従来から，実効的支配の確立という事実のほかに，他の，異なる要因も必要であるとの主張が繰り返されてきた。人民による支持の表明（たとえば，自由選挙により憲法制定議会が成立しない限り承認しないとするトバール主義〔1907年〕），民主主義的価値観，人権の保障などといった要因である。一般に「正統主義」とよばれるとらえ方である。

国連が新政府の不承認に積極的に関与しようとしたのが，ハイチ問題である。1991年の軍事クーデター政権を，違法な事態から生まれた実体であるとみなし，受け入れることはできないとの総会決議が採択された。人権侵害を行い，民主主義に反する新政府を認めることはできないという表明と受け取られる。その後，安保理は対ハイチ経済制裁の決議を採択した（1993年，1994年）。ここにも，実効的支配以外の要素が承認には必要であり，そうした要素に欠けるときには承認してはならないという考えが明確に示されている。

政府承認は，国家承認と同様，国際法上の義務とはみなされていない。政府承認の条件である「実効的支配」の認定そのものが，基本的には各国家の個別的な判断に委ねられている。そこには，国家の裁量が大きく働くことになる。そして，仮に実効的支配が確立していると判断されたとしても，ただちに政府承認を行わなければ，国際法違反行為を行っているとみなされるわけではない。政府承認はあくまでも国家の裁量行為なのである。

事実主義ではなく，正統主義の考え方をとるとすれば，なおいっそう国家の裁量性が大きな意味をもつことになる。

以上のような意味において，事実主義をとるにしろ，正統主義をとるにしろ，政府承認の行為がはなはだ政治的な性格を帯びていることはまちがいない。戦間期の旧ソ連，また近年では中国・台湾の事例において，そうした事実が顕著にうかがえた。

(3) 政府承認廃止論

以上のような政府承認行為の本質からして，政府承認方式そのものを廃止す

べきであるという議論が生まれることになる。1930年代にメキシコが採用したエストラーダ主義はその先駆的な主張である。

近年では、米国（1977年）や英国（1982年）などいくつかの国家が、政府承認廃止政策を明確にしている。こうした政策が採用された背景には、カンボジア内戦の影響がある。内戦の結果成立したポル・ポト政権に対して政府承認（1976年の英国の法律上の承認）がなされた。しかし、その後当政権が国内において大量虐殺を行っていたという事実が判明した。さらにまた、1979年からはベトナム軍の支援を受けたヘン・サムリン政権が領域の大部分を支配するという事態となり、承認の撤回がなされるという結果につながった。

もっとも、この政府承認廃止論の本質をどのようにとらえるべきなのかについては、かならずしも意見の一致がみられるわけではない。政府承認行為をいっさい行わないということはいいとして、当該国家の新政府との公式の関係はどのようにして行われるのかという問題は依然として残るからである。実効的支配がなされている段階で新政府として存在することになり、その新政府と公式関係を樹立することになるとすれば、それはいわば、黙示的な政府承認にほかならないのではないかというとらえ方もできる。

III 国家承継

1 国家承継の意義

既存の国家が分離独立、分裂、合併・結合、割譲などを行うことにより、その国家（先行国）の国際法上の権利義務や法制度や国家財産・債務などが、どのような形で承継国に引き継がれるかという問題が、国家承継である。19世紀においては、国際地役の問題として認識されていたものである。その後、とくに1960年代以降、植民地の独立が相次ぐなかで、実際上も大きな問題としてクローズアップされるようになった。また、1990年代には、ソ連邦やユーゴスラヴィア連邦の解体、チェコスロヴァキアの分裂、西ドイツによる東ドイツの吸収合併など、多くの重要な事例が生まれた。

なお、国家の領域の変動をともなうのではなく、単に政府の交替が行われた場合に、前政府の権利義務をどのように継承するかという問題は、「政府承継」とよばれる。国家承継の場合とは異なり、前政府の権利義務は原則としてすべて新政府に承継されるとみなされる。ただし、前政府が国家領域の一部に

おいて実効的な支配を継続するケースについては，どこまで前政府の権利義務を継承するかが問題となる（「政府の不完全承継」）。中華人民共和国政府と中華民国政府をめぐる光華寮事件がこれに該当する（大阪高裁は，国家権力行使のための財産でなければ旧政府の権利が継続すると判断した。大阪高判昭62・2・26）。

2　条約の国家承継

　国家承継についてはいくつかの事項が問題となるが，そのうち従来とくに問題となってきたのが，条約の承継である。これについては，国連国際法委員会の作業の下，1978年に条約に関する国家承継条約が採択された。領域の一部移転，新独立国（主として植民地からの独立国を指す），そして国家の結合および分離，という3つの形態に分けて規定している。もっとも，本条約は発効したものの，なお批准国は20ヵ国余りにすぎない。とりわけ，3つの形態への分類は，国家実行に合致しないとして，批判が多い。

　条約の承継のみならず，すべての国家承継について，従来国際法上のルールは明確ではなかった。過去の諸事例はそれぞれに固有な事情の下に，個別的な形で処理されてきたからである。

　条約の承継をめぐっては，先行国の条約はすべて承継国に承継されるという包括的承継説と，先行国の条約を承継するかどうかは承継国の意思によるとする「クリーン・スレート（きれいな経歴）原則」，という2つの原則の根本的な対立が存在した。条約国家承継条約では，新独立国については，クリーン・スレート原則の適用を原則として認めた（16条）。

　領域の一部移転については，「条約境界移動の原則」が妥当し，先行国の条約の適用は自動的に終了する（15条）。また，国家の結合・分離の場合には，「継続性の原則」が妥当し，先行国の条約が基本的に承継される（31条，34条1項）

　また，条約国家承継条約は，条約によって設定された境界や領域的制度（「客観的制度」とよばれることがある）については，そのまま承継されると規定した（11条，12条）。

　国家実行上大きな問題となるのは，国際組織の加盟国の地位の承継である。とくにソ連邦とユーゴスラヴィア連邦の解体のさいに問題となった。ロシア連邦は旧ソ連の国際的な地位を全面的に承継し，国連加盟国の地位もそのまま継続して認められた（「継続国家」としての承認）。しかし，新ユーゴ連邦はそのよ

うな地位が認められず,国連への加盟申請が必要とされた。この2つの事例の相違について,法的に合理的な形で説明することは困難である。

3　国家財産等の承継

条約の国家承継以外にも多くの事項について国家承継が問題となる。これらのうち,国家財産・国家文書・国家債務について規定したのが,1983年の国の財産,公文書および債務についての国家承継条約である。もっとも,本条約は未発効である。新独立国についての天然資源に対する恒久主権の規定（15条4項）が,多くの国家が未批准である主たる原因である。

以上の2つの承継条約が規定した事項以外で,もっとも大きな問題の一つである住民の国籍については,1999年に国連国際法委員会が「国家承継との関連における自然人の国籍に関する条文草案」を採択した。属地主義原則を基本とし,住民の国籍選択権を認めている。しかし,条約としてはいまだ採択されていない。これ以外には,国家契約やコンセッション,私人の権利,国際不法行為の賠償責任などが問題となる。

■■■■ 確認質問 ■■■■

1　国際法上の国家が「文明国」でなければならないという考えは,現在も妥当するか。国家のあり方の歴史的変遷を踏まえて説明しなさい。

2　国際法主体についての,生得的主体と派生的主体の区別は,どの点を基準としているか。また,派生的主体であるための要件についての,これまでの議論についても説明しなさい。

3　国家の資格要件に関するモンテヴィデオ条約1条の規定は,一般国際法上のルールであるといってよいか,「正統性」の要件は必要ではないか。

4　国家承認の効果について,創設的効果説と宣言的効果説は,どの点にもっとも大きな相違があるか。

5　国家の資格要件だけではなく,国家の成立そのものが国際法上適法な方法

で行われなければならないということが，国家承認の要件とみなされるか。

6　法律上の承認と事実上の承認の区別は，現在でも維持できる合理的なものであるか。

7　国家同一性の原則とはどのような考えを背景として唱えられているものであるか。

8　政府承認廃止論は，実際上黙示的な政府承認にほかならないというとらえ方は可能であるか。

9　国家承継と政府承継はどの点が異なるか，また政府の不完全承継とはどのようなものか。

10　包括的承継説とクリーン・スレート原則はどの点が異なるか。

第7章　国際法の主体(2)
──準国家団体・国際組織・個人・その他──

　現代においても国家が国際法主体の中心を占めることに疑いはない。しかし，国際関係において国家以外の行為体（non-state actors）がしだいに重要な役割を担うようになっているのも確かである。このなかには，権力闘争をつづける国家に準じた団体から，一定の目的のために設立される国際組織，国際的に権利を主張し責任をとわれる個人が含まれる。現代の国際法は，これら行為体に対して，その目的と必要に応じて一定の権利義務を設定し，国際法主体としての地位を認めるようになっている。本章では，これらの主体が国際法上いかなる根拠に基づきいかなる権利義務を有するかを明らかにする。また，近年ますますその重要性が高まりつつある非政府組織（NGO）の国際法上の地位についても考える。

I　準国家団体

1　準国家団体の主体性
　国家は，ときに武力行使を含む闘争をともないつつ，解体・分離や併合・統合を繰り返してきた。この過程のなかで，国家の要件を欠くが，一定の領域の実効的支配，憲法上の継続性，人民の支持などにより，国家に準じた団体として一定の権利義務を認められるものがある。ここではこのような団体として，交戦団体，亡命政府，民族解放団体を取りあげる。

2　交戦団体（belligerency）
　一国内で革命や内戦などの武力抗争が生じ，反徒が一定地域を支配下におくことがある。この場合，当該地域に自国民が居住し事業活動などを行っている第三国は，その生命・財産を保護するため，反乱団体と交渉を行い，一定の取極を結ぶ必要に迫られる。他方，合法政府の側も，当該地域に実効的支配がおよんでいない以上，そうした交渉・取極を容認せざるを得ず，また，反乱団体の行為には国家責任を負わないものとされる。ただし，この抗争がたんなる反乱状態にとどまる段階では，合法政府は反徒をあくまでも国内法上の内乱罪や

反逆罪などの犯罪人として取り扱うことができる。

　武力抗争がさらに発展し，反乱団体が一定地域に事実上の政府を樹立する場合，かつてはこれを交戦団体として承認する国家実行がみられた。米国南北戦争のさいの英国の中立宣言（1861年）はその例とされる。この承認を行うと，第三国は，両当事者に対し中立国としての義務を負う一方，交戦団体に対し在留自国民の生命・財産の保護や中立通商の自由を要求することができる。他方，合法政府が承認を行うと，当該抗争に対しては国内法に代わり武力紛争法が適用されることになる。また，交戦団体が国の新政府となる場合またはあらたな国を樹立した場合，当該団体が行った国際法上の違法行為については当該新政府または新国家が国際責任を負う（2001年国家責任条文10条参照）。こうして交戦団体には国際法上の限定的な主体としての地位が与えられたのである。

　第1次世界大戦以後，内戦の国際化などの事情により，交戦団体承認は行われなくなった。しかし，現在では，承認の有無にかかわらず，内戦（国際的性質を有しない武力紛争）に適用されるべき武力紛争法の規則が発展をとげつつある（1949年ジュネーヴ諸条約の共通3条，1977年同諸条約第2追加議定書。第24章参照）。これにより，武力抗争が一定の烈度や期間に達した場合，交戦している団体は，武力紛争法上の最低限の規則の適用を受けるものと理解されている（1986年ニカラグァ事件）。

3　亡命政府（government in exile）

　亡命政府とは，外国軍の占領や内戦などのために，国家元首・首相などの政府機関が国外に脱出して第三国に本拠を移し，その国の承認を得つつ，一定の政府機能を行使するものである。第2次世界大戦中にドイツ軍に占領された諸国（オランダ，ノルウェー，ベルギー，ポーランド，ルクセンブルグ，ユーゴスラヴィアなど）が英国に設置した政府はその例である。また最近では，1990年から91年の湾岸戦争のさいにクウェートがサウジアラビアに設置した政府の例がある。亡命政府は，領域に対する実効的支配を欠くにもかかわらず，当該国の合法政府としての地位を認められてきた。

　亡命政府として一般に認められるには，憲法上の継続性により，受入国によって政府として承認されており，実効的支配の回復をめざし亡命先で政府としての一定の機能を維持していることが必要とされる。とくに，違法な武力行使など強行規範の違反の結果として国外に追われる場合には，比較的容易に亡命

政府の樹立が認められ，他方，敵対勢力の行為については国連などを通じて不承認が求められることもある（たとえば，上記の湾岸戦争）。脱出前にすでに国民の支持・承認を失い，敵対勢力が本国の領域で政府を樹立しているような場合，亡命政府の承認は本国政府に対する違法な干渉となるおそれがある。なお，政府としての承認は認められない場合でも，国際礼譲などの理由から，当該団体に一定の待遇を保障することがある（たとえば，いわゆるチベット亡命政府）。

　亡命政府が政府機能を行使するためには受入国の同意と協力が必要である。第2次世界大戦中の欧州諸国の亡命政府は，外交特権免除の享受，外交使節の派遣，条約の締結，在外自国民の財産・活動の規制，在外自国民の徴兵を含む軍隊の維持，軍律違反に関する裁判権の行使などの広範な権限を行使した。ただし，亡命政府は，明示の同意がない限り，受入国で人の逮捕や財産の差押えのような執行管轄権を行使することはできない。

4　民族解放団体（national liberation movement）

　民族解放団体とは，国家としての独立と一体性を求めて，外国の植民地支配，占領および人種的差別に対して武力をもって抵抗している人民の団体を指す。フランスからの独立を求めたアルジェリア民族解放戦線（FLN）からアフリカ・アジア各地の植民地の解放戦線にひろがり，さらに，南アフリカで人種差別政権からの解放を主張したアフリカ民族会議（ANC），パレスチナ国家の樹立をめざしたパレスチナ解放機構（PLO）などが生まれた。こうした解放団体は，従来の交戦団体とは異なり，領域の支配がない場合でも人民の自決権の担い手としての承認を得て，国際法上の限定的な主体としての地位を認められる。

　解放団体は，人民の支持を得て実効的な闘争を遂行することにより，国家に準ずる代表権を主張し，相手国との間で和平協定や独立協定を締結してきた。また，アフリカ統一機構（OAU，現アフリカ連合〔AU〕）やアラブ諸国連盟（LAS）の承認を得た解放団体は，国連や専門機関およびその主催する国際会議（たとえば，第3次国連海洋法会議）においてしだいにオブザーバー資格を与えられるようになった（総会決議2918〔XXVII〕，3237〔XXIX〕，3247〔XXIX〕参照）。さらに，1974年から77年の国際人道法会議では，西側諸国の反対はあったものの，解放団体に提案権や修正権も付与された。国際組織や会議における解放団体の代表には，通常，その任務の遂行のため受入国により一定の便宜や特権免除が付与される。

武力紛争法の適用に関しても解放団体の特別の地位が問題となった。国連総会決議では，解放団体はその目的達成のため武力行使を含む「一切の必要な手段」に訴える権利を認められ（総会決議3070〔XXVIII〕，3103〔XXVIII〕），第三国は人民の自決権を奪ういかなる強制行動も差し控える義務を負う（1970年友好関係原則宣言）。また，1977年のジュネーヴ諸条約第1追加議定書は，民族解放戦争が国際的武力紛争にあたるとしたうえで（1条4項），議定書の適用を求める解放団体は，一方的宣言により締約国と対等な権利義務を有する旨定めた（96条3項，なお1980年特定通常兵器使用禁止制限条約7条4項も参照）。

　これらに対して，西側諸国は，自衛権として武力行使に訴える解放団体の権利を否認し，民族解放戦争は内戦にすぎないという立場をとった。また，解放団体に対し第三国が軍事援助を行うことができるかをめぐっても東側諸国・非同盟諸国と西側諸国の見解は対立した。解放団体には闘争のための精神的・物質的な支援を受ける権利があるとの立場に対し，他国の内戦に対する干渉禁止の原則を維持する立場からの強い抵抗があったのである。

II　国際組織

1　国際組織の主体性

　市民革命や産業革命の結果，19世紀に国際関係が急速に発展し緊密化するにともなって国際組織が誕生した。ライン河やダニューブ河などの国際河川委員会と万国電信連合（後の国際電気通信連合〔ITU〕）や万国郵便連合などの国際行政連合がその先駆であった。20世紀に入ると，安全保障を含む広範な活動分野をもつ国際連盟や国際連合が創設され，国際組織が国際関係において重要な役割を占めるようになった。現在では，すくなくとも500以上の国際組織が活動を行っていると考えられる。こうした国際組織は，派生的な国際法主体性を認められ，限定的な条約締結権も有している。

2　国際組織の定義と分類

　国際組織（international organization）は，国際機構とよばれたり，条約の公定訳では国際機関と訳されることもある。その定義について詳細な規定をもつ条約はいまのところ存在しない。1969年条約法条約は，「『国際機関』とは，政府間機関をいう。」とのみ定め，1986年国際組織条約法条約（未発効）もこ

の定義を踏襲している。現在，国際法委員会（ILC）で第一読を終えた「国際組織の責任」の条文草案も，国際組織とは「条約または国際法により規律されるその他の文書によって設立され，それみずからの国際法人格を有する組織」とし，その構成員は国家その他の団体（entity）であると説明するにとどまる。このような状況は，多様な形態をとる国際組織につき一律の定義を設けることが困難であることをしめしている。

学説では国際組織についてさまざまな定義が行われている。それらにほぼ共通する国際組織の要素として，設立条約などの基本文書における「国家間の合意」を基礎とすること，「共通目的」を達成するための「機能的団体」（領域的団体の対概念）であること，総会・理事会・事務局等の「固有の常設的機関」を有すること，「国家の集合体（結合体）」であること（国際組織が構成員となることもある），をあげることができる。これらの要素をそなえた国際組織は，加盟国の意思とは区別される「固有の意思決定能力」をもつことになる。常設的機関をもたない条約の締約国会議，個人を構成員とする国際委員会，非政府組織（NGO），国際共同企業などは，国際組織からは除外される。

国際組織は，加盟国の範囲，活動の目的，権限の強さから分類することができる。

第一に，加盟国の範囲からみると，加盟国の資格がすべての国に開放されている「普遍的国際組織」（国連や世界保健機関〔WHO〕・国連教育科学文化機関〔UNESCO〕などの国連の専門機関）と加盟国の資格が地域的に限定されている「地域的国際組織」（欧州連合〔EU〕，米州機構〔OAS〕，アフリカ連合〔AU〕，東南アジア諸国連合〔ASEAN〕，北大西洋条約機構〔NATO〕など）に分類できる。国連と地域的国際組織の間には，安全保障などにつき，前者の優位（国連憲章103条）を前提とした協力関係の構築がはかられることもある。

第二に，活動の目的からみると，安全保障，経済，社会，文化など全般におよぶ「一般的国際組織」（国連，OAS，AUなど）と特定の専門分野を活動の目的とする「専門的国際組織」（国連の専門機関のほか，国際原子力機関〔IAEA〕，世界貿易機関〔WTO〕など）に分類できる。国連とその専門機関の間には連携協定（国連憲章63条）が締結されており，緊密な関係が保たれているが，組織としては別個の存在である。EUは，当初，欧州石炭鉄鋼共同体（ECSC），欧州経済共同体（EEC），欧州原子力共同体（EURATOM）という3つの専門的組織から出発したが，その後1992年の欧州連合条約（マーストリヒト条約）によ

り統合をとげ，さらに 2007 年の欧州連合条約および欧州共同体設立条約を改定するリスボン条約（2009 年 12 月発効）を通じて全体的な再編が行われている。

　第三に，権限の強さからみると，加盟国間の協力を促進するために一定の勧告的な権限を有する「協力的（cooperative）国際組織」と加盟国の権限の一部の移譲を受けて加盟国を法的に拘束する決定を行う権限を有する「超国家的（supranational）国際組織」に分類できる。国連をはじめとするほとんどの国際組織は加盟国間の協力をうながすものであり，国家を超える権限をもつものではない。現在のところ超国家的国際組織とみることができるのは EU のみである（ただし，EU の共通外交・安全保障政策の分野は除く）。EU 諸機関の定立する規則・命令・決定（二次法規）は加盟国を拘束し，とくに規則は一般的適用性を有し，加盟国の管轄下の私人に対しても直接に効力がおよぶ。

3　国際組織の権利能力の法的根拠と効果

　国際組織の国際法上の権利能力はこれまで国際組織の法人格の問題として議論されてきた。第 1 次世界大戦後国際連盟が誕生するとともに，国際組織が法人格を有するかが議論されるようになるが，当初は国家のみが法人格を有するという考え方が優勢であった。しかし，国連発足直後，国際司法裁判所（ICJ）は，国連の勤務中こうむった損害の賠償に関する事件（1949 年国連損害賠償事件）の勧告的意見で国連の法人格を認める画期的な意見をしめした。

　この事件では国連が派遣した調停官（ベルナドッテ伯）の殺害について国連が賠償請求権をもつかが問題となった。ICJ は，この問題に答えるには国連が「国際人格」を有するかを検討する必要があるとしたうえで，「国連が国際法の主体であり，国際的権利義務を享受することができ，そして，国際請求を提起することによりその権利を維持する能力を有する」と結論した。その後，この勧告的意見は一般に受け入れられ，WHO＝エジプト間協定解釈事件（1980 年）の勧告的意見では，「国際組織は国際法の主体である」との一般的な見解が表明されるに至っている。

　しかし，損害賠償事件の勧告的意見はその判断のなかにさまざまな要素を取り込んだため，その後の学説の展開において法人格の根拠をめぐり見解の対立が生じた。一方は，法人格の根拠を創設者の意思に求める主観説（派生的法人格説）である。これは，国際法の源泉を国家の意思とする実証主義国際法の観

念に合致し，当初から有力な立場であった。ただし，設立条約などの基本文書に当該組織の国際法上の法人格について明確な規定を設けるのはまれである。また，時間の経過とともに発展をつづける国際組織の場合，その法人格を創設者の意思に求めるのは妥当ではない。さらに，この説では，国際組織の法人格は加盟国以外の国家その他の第三者に対してはその承認がない限り対抗できないことになる。

　他方は，法人格の根拠を組織構造などの客観的事実の存在に求める客観説（客観的法人格説）である。この立場をとると，法人格の判断にさいして国際組織の発展を考慮することができ，また，国際組織の法人格が第三者に対しても対抗できるとの説明が可能となる。最近ではこの説がしだいに有力になりつつある。しかし，国際組織の法人格に関する一般国際法上の確立した基準が存在するとはいい難い現状では，創設者は国際組織をいかようにも設立できるという主観説の立場を完全に論駁することは困難であろう。

　国際組織の法人格の効果についても見解の対立がある。一方には，法人格を有するという事実から国際組織の具体的な権限が導かれるわけではなく，法人格は記述的な概念にすぎないとの立場がある。これによれば，国際組織がどのような権限を有するかはその基本文書により決定される。他方，法人格を認められた国際組織は，それによって，国際請求，交渉，条約の締結，調査の要求などを行う一般的な固有の権限をもつという立場がある。これによれば，国際組織はその基本文書に反しないかぎりこれらの権限を最大限に行使できることになる。

　こうした見解の対立は，実際上はさほど大きな相違をもたらしていない。当初，前者のなかには，国際組織は基本文書で明示に規定された権限のみを行使できるという考え方（授与権限論）をとるものもあった（1927年ダニューブ河ヨーロッパ委員会管轄権事件）。しかし，その後ICJは，上記の国連損害賠償事件において，憲章に明示に規定されていなくても，国連は「必要な推論（necessary implication）」によりその任務の遂行に不可欠な権限を付与されているとの見解（黙示的権限〔implied power〕論）をしめした（1954年国連行政裁判所の補償裁定の効果事件も同様）。さらに，国連経費事件（1962年）の勧告的意見では，国連が「明白に規定された目的を達成するために適切な行動をとることを決めた場合，かかる行動は権限踰越ではないと推定される」との見解をしめすに至った。これは，むしろ固有権限論に近い立場をとったとの評価もなさ

れている。

　しかし，黙示的権限論に対しては，国際組織の合理的な目的・任務の範囲をこえて濫用される懸念がしめされてきた。国連損害賠償事件でハックワース判事は，黙示的権限は基本文書で明示に付与された権限の行使に必要なものに限定されるとの反対意見をしめしていた。この点で注目されるのは，WHOによる勧告的意見の要請をしりぞけた，核兵器使用の合法性事件（1996年）である。この事件でICJは，国際組織は国家と異なり一般的権能をもたず，国家が国際組織に委ねた共通利益の促進という任務の範囲内で権限を付与されると指摘したうえで，加盟国がWHOに与えた目的に照らして，核兵器の合法性の問題をWHOの黙示的権限に含めることは国際組織の専門性の原則（principle of specialty）を無視することになるとの見解をしめした。国際組織は，国家の意思に基づいて特定の任務につき国際法上の権利能力を取得する派生的な主体である点に留意すべきであろう。

4　国際組織の権利能力
(1)　国際法上の権利能力

　国際組織に認められる国際法上の主要な権利能力には，条約締結権，特権免除，国際責任に関する能力がある。

(a)　条約締結権

　国際組織がみずからの権能を行使してその設立目的を達成するためには条約を締結することが必要となる。連盟の時代には，条約締結能力は主権と不可分の関係にあるとみられ，国際組織の条約締結権を否定する議論があった。しかし，委任統治（連盟規約22条）をめぐる委任状の締結などの実行を通じて肯定説が優勢となった。国際組織条約法条約は，その前文で国際組織は「その任務および目的の達成に必要な条約締結能力を有する」と表明している。

　しかし，条約締結権の根拠をめぐっては，さきにみたように，一般国際法上の固有の権限とみる立場と国際組織の基本文書により授与された権限とみる立場の対立がある。国際組織条約法条約6条は，両者の妥協として，「国際機関が条約を締結する能力は，当該国際機関の規則によるものとする」と定めた。この「国際機関の規則」とは「特に，当該機関の設立文書，当該文書に従って採択された決定および決議並びに当該機関の確立した慣行」（2条1(j)）とされ，当該組織の関連規則や確立した慣行を考慮する余地を残した。

基本文書のなかで国際組織が条約を締結する権能を明文で定める場合がある。たとえば国連憲章の場合，国連軍に関する特別協定（43条），国連と専門機関との連携協定（57条，63条），信託統治協定（第12章），特権免除条約（105条）が規定されている。しかし，国連では，明文の規定がない場合でも，たとえば本部協定や平和維持活動に関する協定など，黙示的権限により条約の締結が行われてきた。他の国際組織の場合も同様で，基本文書に規定がなくとも，その目的・任務の遂行に必要な範囲で条約の締結が認められている。

(b) 特権免除

国際組織は，その任務の効果的な遂行のために一定の特権免除を付与される。これは，主権国家による国際組織への干渉（課税等による不当な財政上の利得も含む）を排除する必要から認められるもので，国際組織自体のほか，国際組織に派遣される加盟国の代表，国際組織の職員や専門家に対しても付与される。この特権免除は，任務遂行のために必要な範囲内に限定されるものであるが，加盟国の代表や国際組織の上級職員（家族も含む）には国家の外交官並みの特権免除が付与されている。

国際組織の特権免除は通常は条約により定められる。国際組織の設立条約で詳細な規定を設けるのはまれであり（たとえば，例外として1945年国際復興開発銀行協定7条），原則的な規定を設けるだけのものが多い（たとえば，国連憲章105条）。特権免除に関する一般条約として，1946年国連特権免除条約，1947年専門機関特権免除条約があり，これらは多くの国際組織の特権免除にさいして一般に参照されている。さらに，本部協定（たとえば，1947年国連本部協定），特別協定（たとえば，1957年国連緊急軍に関する国連・エジプト協定）などの特別条約により特権免除が詳細に定められ，各国の国内法令を通じて実施される。

国連特権免除条約では，特権免除の内容は，国際組織自体，国際組織の加盟国の代表，職員，専門家に分けて定められている。国際組織自体に関しては，裁判権免除，財産の没収や課税からの免除，構内および文書の不可侵，公用通信の検閲の禁止などが認められている（2条，3条）。加盟国代表者（4条），職員（5条），専門家（6条）に関しては，任務遂行中の陳述や行為についての訴訟手続の免除を中心として，それぞれの任務に応じて特権免除が付与されている。ICJは，マジール事件（1989年）とクマラスワミ事件（1999年）の勧告的意見で，国連人権委員会の特別報告者に専門家としての特権免除の享受を認める判断を下した。

(c) 国際責任

　国際組織は，国際違法行為により法益の侵害を受けた場合，国際法上の請求を提起する資格が認められる。国連損害賠償事件では，国連の職員が任務遂行中にこうむった損害につき，国連が機能的保護権に基づき国際請求を行うことができると結論された。これは，被害者本国の外交的保護権とは別個のものとして，国際組織の国際請求能力を認めたものである。

　これに対し，国際組織が他の国際法主体の権利を侵害した場合には国際法上の責任（国際責任）を負う。ILCの「国際組織の責任」条文草案3条は，国家責任条文（1条）にならって，一般原則として「国際組織のすべての国際違法行為は国際組織の責任を伴う」と規定した。しかし，国際組織の責任の場合，国家責任とは異なり，国際組織と加盟国の責任配分という問題を考慮する必要がある。

　第一に，国際組織が専属的に責任を負う場合がある。たとえば国連の平和維持活動にともなう国際違法行為（違法な土地の占拠・使用や武力紛争法規違反など）については，通常，国連自体が責任主体として賠償請求の処理を行ってきた。ただし，この場合，国際組織に十分な財政的基盤がないときは加盟国からの追加的拠出金が必要となることも考えられる。

　第二に，国際組織と加盟国が責任を分担する場合がある。これには，国際組織と加盟国が共同で行動する場合に連帯して責任を負うと定めるが，分担方式を明確にしていないもの（国連海洋法条約139条）のほか，国際組織が一次的責任を負うが，国際組織が十分な救済を果たさない場合に加盟国が二次的責任を分担するもの（宇宙損害責任条約22条）などがある。

　このほか，国際組織が債務超過により破産したり，予期せず解散する場合，加盟国がその債務を弁済する義務を負うかが問題となる。国際すず理事会破産事件（1985年）をめぐる英国での一連の訴訟では加盟国は責任を負わないとの判断がしめされた。しかし，判決後，加盟国が債権者に一定額の支払いを行うという形で事件は収拾された。国際組織に関する加盟国の責任については国際法は未成熟であり，諸事情を考慮して衡平な解決をはかる必要がある。

(2) **国内法上の権利能力**

　国際組織はいずれかの国において活動を行うため，その国内法上の権利能力を認められる必要がある。多くの設立条約は当該国際組織の国内法上の法人格または法律上の能力について規定を設けている。たとえば国連憲章104条は，

「この機構は，その任務の遂行およびその目的の達成のために必要な法律上の能力を享有する」と規定する。これを受けて，各国は国内法令（たとえば，米国の1945年国際組織免除法や英国の1968年国際組織法）その他を通じて国際組織に対し国内法上の法人格を付与している。わが国では，国際組織の設立条約などの国会承認により当該国際組織の法人格が認められる。

　国際組織は，国内法上，契約締結能力，不動産および動産を取得および処分する能力，訴訟提起能力などの法律上の行為能力を認められる（国連特権免除条約1条参照）。また，国際組織は，前述のとおり，各国の国内法において条約に定められた特権免除を享有する。たとえば，国際組織の雇用契約をめぐる訴訟については，通常は裁判権免除が認められている（国連大学事件，東京地決昭52・9・21参照）。

Ⅲ　個　　人

1　個人の主体性

　伝統的国際法は個人の国際法主体性を否定した。しかし，現在では，個人が自己の名で国際法に基づく請求を提起することも珍しくなく，個人に限定的な国際法上の権利能力が認められるようになっている。また，最近では，個人が国際裁判所により直接に国際法違反の犯罪につき責任を追及されるようにもなっている。ただし，いかなる場合に個人に国際法主体性が与えられたとみるべきかについてまだ見解の一致をみていない。

2　個人の国際法上の権利能力

　伝統的国際法においては国家のみが主体であって，個人（自然人および法人）は国際法の客体とみなされていた。たとえば通商航海条約のように，個人の利害事項を条約で規律する場合でも，それは国内法を通じて実施すべき国家の義務とされてきたのである。したがって，締約国の義務違反により利益を侵害された個人は，当該締約国の国内手続により救済を求めることができるだけである。これにより救済が得られない場合，本国の外交的保護を求めるほかないが，外交的保護権の行使はあくまでも国家自身の権利であり，個人の代理人としてなされるものではない。

　しかし，20世紀に入ると，個人の出訴権や請願権を認める条約が結ばれる

ようになる。たとえば，1908年から1918年まで活動した中米司法裁判所，1919年ヴェルサイユ条約により設立された混合仲裁裁判所などでは，個人が国家を相手どって国際裁判所に請求を提起する資格を与えられた。また，1922年の上部シレジアに関するドイツ・ポーランド条約は，少数者たる個人の請願手続を設け，個人がみずから参加して自己の主張を行うことを認めた。こうして限定的ながら，個人が自己の名で権利を請求できる国際的手続が登場したのである。

　これにともない個人の国際法主体性をめぐる論争が展開された。一方の側には，一般法理論の観点から，国家ではなく，個人を国際法の主体とみる見解があった。社会学的な立場から法の究極の担い手を個人とするフランス社会学派（デュギー，ジョルジュ・セル等）や，純粋法学の立場から法を人間集団の行為を規律する規範としてとらえるケルゼンがこの例である。他方，この対極には，国家主権を強調し，国家のみを国際法主体とするソビエト国際法学も存在した。これらのなかには，国際法の構造理解に関し理論的貢献を果たすものもあったが，上記のような国際法の現象の説明に役立つものではなかった。

　その後の学説では，むしろ現実に即して，個人の請求権を認める国際的手続の有無を基準として国際法主体性を判断するとの立場（国際的手続説）が有力になる（日本の裁判例として原爆判決〔下田事件〕，東京地判昭38・12・7）。実際，第2次世界大戦後，多くの人権条約が個人の出訴権（たとえば欧州人権条約）や通報・申立権（たとえば自由権規約選択議定書）を定めるようになった。また，二国間投資協定や1965年の「国家と他の国家の国民との間の投資紛争の解決に関する条約」では，投資家が投資受入国に対し請求を提起できる仲裁裁判制度を設けている。国際的手続説は，こうした現象をとらえて，従来の通商航海条約などにおける個人の地位との相違を明らかにしようとしたのである。

　これに対して，条約が個人の法的地位や権利義務を明確に定めている場合には個人の国際法主体性を認めるべきだとの立場（実体法基準説）からの批判がある。その理由の一つとして，たとえば，自由権規約の個人通報制度を利用できるのは自由権規約選択議定書の締約国の管轄下にある個人だけであり，国際的手続説によれば，この条件に該当する個人にのみ権利能力が認められることになるが，同じ人権条約上の個人の地位をこのような理由で区別するのは不自然だとされる。したがって，たとえ国際的手続がなくても，関連する国際法の規定の趣旨が，国家の自由処分に委ねられない権利を個人に与えるものであ

る場合には，個人に国際法主体性を認めるべきだと主張される。

　他方，国内裁判所が国際法上の問題に関し国際法に準拠して管轄権を行使している側面に注目しつつ，国内裁判所も個人の国際法上の権利の執行を担保できるとの立場もある。常設国際司法裁判所（PCIJ）は，ダンチッヒ裁判所の管轄に関する事件（1928年）の勧告的意見において，「国際法の十分に確立した原則によれば，職員協定は国際協定であって，それ自体は私人の直接の権利義務を創設し得ないことは容易に認められよう。しかし，当事者の意図によれば，国際協定の目的がまさに国内裁判所により執行可能な個人の権利義務を創設する明確な規定の採択であり得ることも疑う余地がない。」との見解をしめした。これは，限定的ながら，条約の当事国が国内裁判所での執行を想定して個人に権利を付与する意図をもつ可能性を肯定したものである。

　しかし，国際法の関連規定が個人の権利を認める趣旨のものか否かをめぐって解釈の対立が生ずることもある。この点に関して，逮捕された国民と領事との通信を保障したウィーン領事関係条約36条1項(b)の解釈が争われたICJのラグラン事件（2001年）がある。この事件では，当該条項が領事派遣国の国民の「権利」という文言を使用していることから，これが個人の国際法上の権利，さらには人権を保障したものであるとの主張がなされた。裁判所は，人権の主張には触れなかったが，この規定が「個人の権利」を創設したものとの判断を下し，その後のアヴェーナ事件（2004年）でもこれを確認している。しかし，この判断に対しては，条約の性質や目的を考慮せず，ただ条文を形式的に文理解釈しただけであり，当該条項の妥当な解釈とはいえないとの批判が少なくない。

　このような問題がないわけではないが，現在では，個人の国際法上の権利能力の承認に関し国際的手続の存在を条件としない立場が有力である。しかしながら，やはり国際的手続の有無により権利保障の程度が大きく左右されるのも事実である。また，国際的手続がある場合でも，適正手続を保障され法的拘束力ある判決を下す国際裁判と法的拘束力のない個人通報制度の場合では事情は異なる。国内裁判所などによる執行の可能性を考慮して個人の国際法上の権利能力を認めるとしても，手続上の保障の相違に留意することが必要であろう。

3　個人の国際法上の義務と国際犯罪

　個人の国際法上の義務についても権利の場合と同様の問題がある。たとえば

航空機の領空侵犯の事件で，領域国がその責任者を処罰する場合，その根拠は国際法上の領空主権にあるのは確かであるが，処罰自体は国内法に基づき国内裁判所で行われる。この場合，国際法は国家の管轄権行使を規律しているにすぎず，それをもって個人の国際法上の義務（領空侵犯をしてはならない義務）を設定したとみることはできない。

しかし，現在では疑いなく，多数の国際法の規則が個人に対して直接義務を課すようになっている。戦争犯罪，人道に対する犯罪，集団殺害罪など，武力紛争法や国際刑事法の分野において確立した規則がそれに当たる。こうした規則はすべての個人に対し義務を課し，その規則に違反した個人は国内法を介さずにその責任を追及される。また，その違反が国内当局の命令に従って行われた場合でも個人は免責を主張できない。多大な生命の喪失をもたらす暴力行為を抑制するためには，国家を通してではなく，国際法により個人の行為を直接規制する必要があると認識された結果である。

ある犯罪が国内法上の犯罪から国際法違反の犯罪へ移行した例として戦争犯罪がある。当初，戦争犯罪は，交戦国の権利を確保するため，国内法に基づき国内裁判所で処罰される犯罪にすぎなかった。その後，1949年ジュネーヴ諸条約は，各条約の「重大な違反行為」につき，締約国に対し処罰のために必要な立法を行うよう義務づけ，また，被疑者の国籍のいかんを問わず自国の裁判所で公訴する義務を課し，希望する場合には他の関係締約国に引き渡すことができると規定した（第1条約49条など）。これは，諸国に共通する利益の保護のため，条約により犯罪の定義を行い，締約国に被疑者の「引渡しか訴追か」の義務を設定するものである。この方式は，その後，国際テロリズムに関する諸条約において一般に採用される。しかし，この段階では，まだ裁判と処罰の実施は国内法に委ねており，国際法が個人の義務を直接設定したとみるのは難しい。

しかし，いまでは戦争犯罪は，国内法上の犯罪であるか否かを問わず，国際法に基づき国際裁判所によって処罰されうる国際法違反の犯罪へと格上げされた。1990年代に国連安全保障理事会によって設置された旧ユーゴやルワンダに関する国際裁判所は，ジュネーヴ諸条約の重大な違反行為につき個人の刑事責任を追及する権限を付与された（ただし，これらの裁判所は，崩壊国家が国家の機能を回復するまでの国内裁判所の代替的機能を果たすにすぎないとの見方もある）。これを契機として，1998年には国際刑事裁判所（ICC）規程が採択され，

その対象犯罪の一つとして戦争犯罪が明記された。戦争犯罪は，国際社会の一般利益を害する犯罪であり，国内法を介さずに国際裁判による処罰の対象となることが承認されたのである。

国際刑事裁判所による個人の処罰を最初に定めたのは1948年の「集団殺害罪の防止および処罰に関する条約（ジェノサイド条約）」である。この条約は，集団殺害を国際法上の犯罪としてその行為を定義し，犯行地国の裁判所と，将来設置されるべき国際刑事裁判所を管轄裁判所とすることを定めた。この場合，国内裁判所は国際刑事裁判所とならんで国際法により直接に犯罪行為の処罰を義務づけられたとみるのが妥当であろう。したがって，権利の場合と同様，まだ実際には国際的手続が存在していなくとも，国内裁判所による国際法の執行可能性を条件に個人の国際法上の主体性が認められたと考えるべきである（第16章参照）。

4　国際刑事裁判所（ICC）

ICCは，国際社会全体の関心事であるもっとも重大な犯罪に対し管轄権を行使する国際裁判所である。対象犯罪は，集団殺害罪，人道に対する犯罪，戦争犯罪，侵略犯罪（ICC規程5条）である（ただし，侵略犯罪についてはまだ定義がなされておらず，現在審議が継続中である）。ICCは，まさに国際法上の義務違反に関する個人の責任を追及するものであり，個人の国際法主体性を前提としている。

ただし，ICCの管轄権は，国連安全保障理事会が付託する場合（13条(b)）を除き，ICC規程の締約国で行われた犯罪および犯罪の被疑者が締約国の国民の場合に限定される（12条2項）。また，ICCは，国家の刑事裁判権を補完するもの（1条）であり，管轄権を有する国が犯罪の捜査や訴追を真に行う意思や能力がない場合（17条）などに，その国に代わって管轄権を行使するものと位置づけられている（補完性の原則）。したがって，この種の犯罪の処罰についても各国の国内裁判所が国際法に準拠して行うという考え方が依然として維持されているのである。

このほかICCでは，犯罪被害者の救済制度が設けられている。裁判所は，被害者の受けた損害・損失・傷害の範囲および程度を決定することができ，有罪の判決を受けた者に対し，被害者に対する賠償を命ずることができる（75条1項・2項）。これは，国際法違反の犯罪を行った個人に対して国際法上の

賠償義務を負わせる新しい制度として注目されている。なお，ICCでは被害者の救済のために信託基金を設置しており（79条），裁判所はこれに対して賠償額の支払いを命ずることもできる（75条2項）。

Ⅳ　その他の非国家主体

近年，非政府組織（NGO）が国際関係において果たす役割はますます高まっており，その国際法主体性が議論されるまでになっている。代表的なNGOとして，人権分野のヒューマン・ウォッチ，アムネスティ・インターナショナル，環境分野の国際自然保護連合（IUCN），グリーンピース，人道分野の赤十字国際委員会（ICRC），国境なき医師団などがある。これらは，政府間の協定ではなくいずれかの国内法に基づき創設されたもので，国境を越えて会員ないし支援者をもち，国際的な公共目的のために活動を行う非営利団体である。その専門的知見，情報収集能力・分析力，臨機応変な活動体制などによって，NGOは国際社会に大きな貢献を果たしてきた。

（政府間）国際組織とNGOは緊密な協力関係を保っている。国連憲章71条は，経済社会理事会がNGOと協議するために取極を結ぶことができると定め，これに基づき現在（2009年11月）3200を超えるNGOに協議資格などが認められている。これらNGOは，それぞれの資格に応じて経済社会理事会やその補助機関の会議にオブザーバーとして参加し，意見書を提出することができる。このような協議の実行はいまでは国連を通じて広がっており，総会やときには安全保障理事会でもNGOの代表に発言の機会が与えられている。ヨーロッパ審議会や米州機構（OAS）なども，NGOに一定の協議資格を認めている。

最近では，NGOは条約の定立・解釈・履行に関しても重要な役割を果たすようになっている。NGOのなかには，条約交渉のオブザーバーとして条約草案に意見を述べる資格を認められるものがある。また，条約の解釈や実施のための締約国会議にオブザーバーとして参加したり，履行監視を任務とする委員会に委員候補を指名する権利をもつNGOもある。さらに，司法的ないし準司法的な手続において，NGOに対して法廷の友（amicus curiae）として意見書の提出を認める例も増えてきている（たとえば，欧州人権裁判所，WTO紛争解決手続，ICC，ICJ〔勧告的意見手続につき限定〕）。

このようにNGOのなかには国際法上の一定の役割が与えられているものが

ある。しかし，NGOの組織や活動の実態はきわめて多様であり，独立した一つの類型としてNGOの国際法主体性を論ずるのは困難である。また，NGO側にも，国際法の規制を受けることにより，その活動の柔軟性が損なわれることへの懸念がある。さらに，NGOは先進国に偏在しており，市民社会を真に代表しているといえるか，また，その活動に対して責任を果たしうるか，について疑念の声もある。NGOのなかには，調査捕鯨に対する妨害活動のように，国際的に有害な行為に組織的にかかわるものもある。現状では，個々の国際組織や紛争解決機関ごとに，その必要に応じて一定のNGOと関係を設定するにとどまるものと考えられる。

確認質問

1　国家と国家以外の国際法主体はいかなる点で異なるか。

2　交戦団体の承認には，どのような意義があったのか。

3　交戦団体と民族解放団体を区別するものは何か。

4　国際組織の法人格に関する主観説と客観説にはそれぞれどのような問題点があるか。

5　国際組織の権限について考えるさいに基本的に考慮すべき点は何か。

6　国際組織の条約締結能力はいかなる事項におよぶか。

7　国際組織が弁済できない債務についてその加盟国は責任を負うか。

8　個人の国際法主体性に関する学説のいずれが国際法秩序の構造理解にとって有益か。

9　個人が国際法上の義務違反につき責任を追及されるのはどのような場合か。

10 NGOに国際法の主体性は認められるか。

第 8 章　国家の基本的権利義務

　国家は主権・独立権・自衛権・自己保存権などの基本的権利をもつとされるが，基本的とはいかなる意味か。なかでも，国家はおしなべて主権をもつ主体であるため，相互に独立で対等であり，国際社会では主権国家が並存する。上位者をもたない主権と国際法との関係は，どう説明されるのか。北朝鮮は，ミサイル発射を主権の行使としたが，そのような主張は認められるか。国連安全保障理事会の表決手続で，5大国がいわゆる拒否権をもつことは平等に反しないか。相互に独立を尊重するために，国家は，他国の国内管轄事項に干渉しない義務を負う。情報伝達が迅速・緊密である現代で，第四の権利とされるメディアを通じて他国の経済政策を公式に批判すれば，干渉にあたるだろうか。

I　国家の権利義務の「基本的」性質

1　「基本的」権利の意味

　主権・独立権・自衛権・自己保存権などは，国家の基本的権利とされる。けれども，「基本的」であることの説明はさまざまであり一義的とはいえない。おおむね，つぎのような意味で「基本的」権利とされている。

　第一に，国際法の価値や特徴を具現している権利であり，国際法の支柱をなす権利である，第二に，国家が「生まれながらにして」「固有に」もつ権利であり，国際法に当然に服することはなく，国際法との関係が問題となりうる権利である，第三に，とくにその法的根拠を確認する必要はなく，慣習国際法により根拠づけられている権利である，などである。もっとも，各々の説明は相互に排除する関係にはなく，複数の意味で権利の「基本的」性質を説明することもありうる。

　また，ここにあげた権利が「基本的」権利であるのは，第一の説明のように内容を理由とすることもあるが，これらの権利の内容や相互の区別も，時代や学説によって変わっている。ゆえに，権利の「基本的」性質については，その文脈のなかで，かつ，権利の具体的な内容を確認して理解することが重要であ

る。

2 基本的権利に対応する義務

　基本的権利には対応する義務を想定することができ，これを基本的義務とよぶこともできる。基本的権利として保護される内容を同定して，それらを保護する義務が国家の基本的義務であるということはできる。けれども，基本的権利とされるすべてについて，同じように考えて基本的義務が成立しているわけではない。

　主権や独立権については，それに対応して他国の主権や独立権を尊重する義務があり，国家の基本的義務ともされる。もっとも，後にくわしくみるように，主権は対内的側面と対外的側面をもち，後者が対外的独立を意味することには一般的な承認があることからすれば，独立権を主権と区別してとらえる必要はない。これに比して，他国の主権を尊重する義務には，国家が国内事項に関して決定する権利を侵害しないことが含まれるが，この義務は不干渉義務として独自の要件と内容をそなえてきている。

　自衛権や自己保存権については，これに対応する義務として，他国の自衛権や自己保存権を尊重する義務があるとはいわれない。自衛権や自己保存権として保護される内容は時代や学説により異なっているし，しかも，それらの権利や利益は重複したり交錯している。自衛権は他国の違法な武力攻撃から自らを守るために行使されるのか，「違法な」「武力攻撃」という要件を充足しなくても，国家の本質的な利益に差し迫った重大な危険があれば，自衛権行使が認められるのかなどについては，学説が変遷してきている（第22章参照）。自己保存権として保護される内容は，国家の本質的な利益とされる。実践に例をとると，1967年のトリーキャニオン号事件で英国は，公海上で座礁したリベリア船籍トリーキャニオン号から漏出する原油が英国沿岸におよぶ状態になったために，自国沿岸への深刻な汚染の危険を最小化するために，同船を公海上で爆沈した。英国は，この行為は自己保存権の行使であると主張した。自己保存権として保護される内容は，自衛権だけでなく，主権，とくにその一部といえる領域主権のそれとも重複する。

　自衛権は，武力行使違法化の文脈で国連憲章2条4項と51条がこれを規定しており，国家の権利であることに疑問はない。けれども，自己保存権についてはその内容が確定しておらず，むしろ主権や領域主権のなかに吸収されてい

る。かつ，自己保存権の行使が認められるときに国家が直面している事態は，行為や措置の違法性ないしは国家責任を阻却する事由である「緊急事態」と大部分において重複する。もっとも緊急事態についても，内容が特定できないことや事由の存否に関する判断が恣意的・主観的になる点が危惧されている（阻却事由について，第 11 章参照）。

このように，基本的であることの意味はともかく，国家の基本的権利として独自の内容をもつものとして確立しているのは，主権と自衛権である。自衛権は第 22 章で説明されるので，以下では，独立権を含めて国家主権につきその特有の性質とともに説明して，つづいて，国家主権と密接に関連するが独自の内容や要件をそなえている国家の平等権と不干渉義務を説明する。

II 国家主権

1 国家の基本的権利としての主権

(1) 国家主権の諸相

主権が国家の重要な権利であり，国家主権尊重の原則が国際法の構造の支柱をなすことは，一般的に認められている。

たとえば，国連憲章 2 条 1 項は主権平等原則を謳う。1970 年に国連総会決議の形で採択された友好関係原則宣言は，いくつかの原則群を諸国間の友好関係と協力に関する原則とみなし，そこには武力不行使原則，国際紛争の平和的解決の原則，国内管轄事項不干渉原則，自決原則などとともに，主権平等原則を含め，国家が完全な主権に固有の権利を享有することを宣言している。これらの原則には，「国際法の基本原則」とされるものもあるが，その意味は，国際法の価値観や特徴を具現しており，国際法の構造の支柱をなすということである。

それにとどまらず，国家主権は，国際法上の権利の根拠となったり，国際法上の義務や責任の根拠になったりもする。一方で，主権はその内容を特定した権利，たとえば，開発主権，経済主権，通信主権というようなあらたな権利の根拠となる。他方で，領域に対して国家がもつ領域主権を根拠として，領域国は外国人を適当に処遇する義務や国際損害を発生させないように領域を使用する義務を課され，それに違反すれば国家責任が発生する。

(2) 国家の根源的で固有の権利としての主権

国家主権は，国際法との関係で国際法の規律を否定しこれに抵抗するなど，緊張関係を生むこともある。

国家主権が，国際法に対して特有の地位をもつのは，国家主権は根源的な権利であり，国家が生まれながらにしてもつ固有の権利であると考えられることに密接に関わっている。そして，国家主権の内容や，国家主権と国際法との関係は，それぞれの時代および社会の背景やその時代に隆盛をみた思想を反映して，歴史的に変遷してきた。先に国家主権の内容を踏まえたうえで，つづいて，国際法と国家主権の関係をみていこう。

2 国家主権の内容

(1) 国家主権の 2 つの側面

国家主権には，対内的側面と対外的側面がある。国家主権は，対内的には，中央集権化された国家権力を意味し，対外的には，主権国家相互の関係において，独立で対等であることを意味する。国家主権をこの2つの側面でとらえることは，現在，一般的に承認されている。

国家主権は，領域主権と重複する面をもつが（第12章参照），領域に対する国家の権利には解消されない内容として，国家の独立の権利，平等の権利，他から干渉を受けない権利というように，国家主権に固有の内容がある。また，国家主権の具体的な機能や作用に注目すると，国家の管轄権（立法・執行・裁判管轄権）という概念で説明されうる（第9章参照）。

ここでは，国家主権の固有の内容に焦点をあてて，対内的側面と対外的側面をとりあげる。もっとも，この2つの側面が法思想や政治思想により，同じ比重をもって同時期に唱えられたというわけではない。

(2) 国家主権の内容に関する歴史的変遷

近代の法思想では，17世紀のボダンにみるように，どちらかといえば国家主権の対内的側面に重点があった。それは，つぎの時代背景による。中央集権化された国家権力を意味する国家主権の観念は，中世の封建制の終焉から近代中央集権国家体制への転換期に，絶対君主の権力が封建諸侯の権力に対抗しこれに凌駕することを明らかにした。これに比べて対外的側面では，国家主権は，ローマ教皇および神聖ローマ皇帝からの支配や介入を排除した独立国家たることをしめした。

18世紀になると，たしかに，ヨーロッパ諸国にあっては，キリスト教やローマ教皇の象徴的存在による精神的な紐帯が残存していたけれども，それはともかく政治的には，ヨーロッパ諸国は主権国家として相互に拮抗する状況であった。そこで，ヴァッテルにみるように，国家主権の対外的な側面として，主権国家相互の関係において対等で独立であることが強調されるようになった。ヴァッテルの理論は，国民国家が絶対君主国家による介入や干渉を排除することを念頭においたが，国家主権の個別性を強調しており，原子論的国際法などと評されもした。

3 国家主権と国際法との関係

(1) 国家主権と国際法との関係に関する学説

(a) 現在の国際法は，近代ヨーロッパで主権国家体制が形成されて，それを所与として成立した近代国際法を，その核心部分において継承している（第1章参照）。近代国際法の成立期には，主権国家体制は近代国際法に先行してすでに存在していたのであり，それに鑑みると，国家主権は，国際法がその根拠を与え国家に授与した権利であるとはいいがたい。

このような国家主権が法に服するかという問題に関して，自然法の学説は，主権は国家が生まれながらにしてもつ固有の権利であるとしながら，主権が自然法に服することを想定していた。国際法が自然法に含まれるか，実定法として形成される国際法であるか，あるいはそれ以外の法であるかについては，自然法の学説においても時代により考え方に相違がある。ただし，実定国際法が主権国家の合意による国際法を意味していれば，国家はこれに拘束されると考えられるし，国際法が自然法の一部であるにせよ実定法であるにせよ，またはそれ以外の法であるとしても，国家主権は国際法に服すると考えられた。

(b) 19世紀になると，とくにドイツにおけるヘーゲルの理論に典型的であるように，国家理性・自己保存権などを基軸として国家主権の絶対性が強調され，国家主権は国際法を破ることも許されるのであり，国際法に上位すると考えられることがあった。

同じくドイツでも，主権が実際に国際法に服していることを説明する学説が現れた（「自己拘束説」など）。もっとも，主権みずからの意思により国際法に合意してこれに拘束されるとしても，同じくみずからの意思によりこれを破棄することができるとすれば，国際法の法としての効力は否定されることにもな

りうるので，国家主権が国際法に服するといいきれるわけではない。そこで，トリーペルにみるように，主権国家の個々の意思を越える集団的な意思，すなわち，諸国の合同行為から導かれる共通意思を根拠として，国際法の主権国家に対する拘束力を説明する理論も現れた。いずれにせよ，国家主権が国際法に上位するという考え方は継続しなかった。

(2) 20世紀における社会主義国や途上国による主権の主張

国家としての能力に事実上格差があり国家体制の異なる国家を含む国際社会で，途上国や国家体制の点で少数をなす国家が，先進国や多数をなす資本主義諸国の主張に抵抗するために，国家主権を盾として用いることがある。かつては，社会主義諸国が，西欧資本主義諸国が作り上げた国際法に抵抗をしめし，その拘束力を回避するために，資本主義諸国と社会主義諸国との間には，共通の一般国際法は成立しないとした。現在では，社会主義諸国の体制変化もあり，国際法を否定するような主権に基づく主張はみられず，下記の途上国による主権主張と同様に，個別具体的な場面で国際法の規律に抵抗することがあるにとどまる。

途上国は，たとえば，先進国が国際環境保護をはかるための国際規律を発展させようとすることに抵抗して，経済発展のための行為を権利として設定するために，開発主権を主張した。開発主権は，1972年ストックホルム人間環境宣言（第21原則）や1992年環境と開発に関するリオ宣言（第2原則），さらには，これを踏まえたいくつかの条約に明記されている。

(3) 国際法に根拠をもつ主権とそれから派生する権利

現在では，個別具体的な場面での途上国や社会主義諸国の主権主張などがあるものの，国家主権が国際法に上位するという主張はみられず，国家主権も国際法に服するとみなされている。むしろ，国家主権はその根拠を国際法にもつ権利であるとされる。国家主権は，一般国際法上の権利であるとか，国家主権尊重の原則は慣習国際法上の原則であるという説明は，これを反映してもいる。

たしかに，法的に拘束力のある文書であるかはともかく，国際文書のなかに国家主権が明記されることは，国家主権が国際法に根拠をもつ権利であり，その尊重を国際法が要求する権利であることをしめしている。たとえば，先にみた友好関係原則宣言がこれを宣言しているし，国連憲章2条1項は主権平等原則を謳い，1933年米州諸国間のモンテヴィデオ条約は，国家の基本的権利を宣言している（5条）。

さらに，主権侵害と不干渉義務違反との区別は明確ではないものの，裁判所が主権侵害や干渉義務違反を認定した例は，主権の内容を具体的に明らかにするとともに，それが国際法により保護される権利であることを裏づける。たとえば，1949年コルフ海峡事件（本案）で国際司法裁判所（ICJ）は，領域主権国の合意も得ずに領海内で外国が（敷設した主体は不明の）機雷の探査・除去作業を実行したことは，アルバニアの主権への侵害であるとした。1986年ニカラグァ事件（本案）では，ニカラグァは，アメリカによるニカラグァ領域内での機雷敷設や反政府集団であるコントラへの訓練・武装・装備・資金などの援助は主権侵害にあたると主張したが，ICJは，これらが不干渉義務違反にあたるとした。

(4) 現代における国家主権の機能

(a) 国家主権は国際法に服するとしても，国際法による国家主権への規律の在り方をどうとらえるかにより，国家主権の位置づけは変わりうる。

　国際法が国家主権をいかに規律しているかという点で，1927年ローチュス号事件でPCIJは，国際法が明示に禁止しない限り，主権国家は行為の自由を保障されているという考えをしめした。この考え方は，国家主権の残余原理ともよばれる。

　残余原理に従って，国際法が明示に禁止しない限り主権国家は行為の自由をもつならば，主権はそもそも国際法には服しておらず，主権国家が合意した限りにおいてのみ国際法に服すると説明しても，実質的な相違は大きくない。

(b) 他方で，国家主権がその根拠を国際法に求め，国際法により行為の自由の保障を得ようとする実践も増えてきている。上でみた条約・国際文書や裁判例は，主権が国際法上の権利でありその保護を受ける権利であることをしめす。くわえて，科学技術の発展などによりあらたに可能になった行為態様に関して，それを主権から派生した権利ないしは自由として定義し，その国際法上の権利性や国際法による保護を主張する実践がある。

　たとえば，宇宙活動や海底資源開発が科学技術の発展により現実に可能となった時期に，宇宙活動や海底資源開発の能力をもつ諸国は，活動の自由や資源開発の権利を主張して行為を実現した。そして，それを追うように，国際法は宇宙活動の自由の原則や大陸棚資源の開発に関する主権的権利を条約により定式化するとともに，それらを規律する規則群を形成していった（1966年宇宙条約1条，1958年大陸棚条約2条）。

主権やそれから派生した権利を定義して，国際法に根拠を求めて国際法による行為の正当化をはかることは，その限りでも，主権や類似の権利は国際法による規律を受け入れているのであり，国際法の発展をうながす契機となっている。ただし，実質的に，主権や類似の権利が無制約に国際法上の権利として認められているのか，国際法がこれに対する規律をおよぼしており国際法による制限に服する権利であるかは，具体的な規律の実現のいかんによる。

　(c)　ごく最近の例をみると，北朝鮮は，2006年のミサイル発射にさいして，これを国家の最高利益と朝鮮民族の安全を守るものとし，主権と民族の尊厳を守るための必要な対応措置であるとした。かつ，同年に核実験を実施し，これは国防力強化のための軍事訓練の一環であり，主権国家としての合法な権利の行使であると主張した。北朝鮮は2003年に核不拡散条約を脱退したと宣言しているので，これらの行為を制限する条約で北朝鮮を拘束するものはないとしても，国際社会の規範意識の要請に反する行為を，主権の行使として正当化できるかは疑問である。事実，国連安全保障理事会は，同国によるミサイル発射に対しても，核実験に対しても，これらを非難し，加盟国により同国に対する不利益措置を実施するように要請した（2006年安全保障理事会決議1695，安全保障理事会決議1718）。

　国家主権と国際法の関係については，国家主権が国際法に服するか否かという一般論により議論してもあまり意義はない。むしろ，個別具体的な事象において，主権やそれから派生していかなる権利が認められているか，それに対して国際法による規律がどの程度に実現しているかを確認していくことが重要となる。そして，国家主権は，国家主権やそれから派生する権利の根拠を国際法に求めること，かつ，主権や類似の権利に関連して，国際法の規律が実現する契機を与えることのいずれによっても，国際法に動態的に働きかける機能をもっている。

4　国家主権の対外的側面——独立の意味

　主権国家は，相互に対等で独立である。対等であることについては，国家平等の問題として後述するが，先に国家が独立した存在であることをみておこう。

　独立が問題になった1931年ドイツ＝オーストリア関税同盟事件で，PCIJの多数意見は，オーストリアが条約によりドイツと関税同盟を結び，相互の貿易には関税を免除し第三国には共通関税を設定したことは，オーストリアの独立

を害するとした。反対意見は，法的な意味で国家が独立を失うのは，国家が他国に従属する状況に置かれたり，自国領域内で主権の行使をみずから停止したりする場合であるとし，みずからの合意により行為の自由に対する制限を受け入れてもそれは主権の侵害や放棄にはあたらないとした。1923年ウィンブルドン号事件で常設国際司法裁判所（PCIJ）は，ドイツが，条約を結び国際運河であるキール運河の自由航行を受諾して，同運河の航行に対する主権を制限されるとしても，国家主権の侵害にはあたらないとした。

　みずからの合意によるにせよ，法的に他国に従属する地位を受け入れたり，主権の一部を他国に譲渡すれば，従属国となりあるいは主権を譲渡した範囲で独立は失われる。それ以外には，主権国家は条約締結権を持つ以上，条約による制限を受け入れるのはむしろ当然の事象であり，主権の放棄や消滅とはいえない。

　同様に，国際組織を設立する条約の当事国となれば同国際組織の加盟国としての義務を負うが，それも国家みずからの意思によるのであり主権の放棄や消滅ではない。もっとも，国際組織が加盟国の意思に基づかない権限をもちうるか，その限りで国際組織は主権国家に上位し主権国家の独立性と背反するかは，設立条約の解釈と国際組織の固有の権限に関する理論による（第7章参照）。

III　国家平等

1　国家平等の意味
(1)　法の前の平等

　主権国家は，相互に対等である。国家平等の原則は，経済体制や政治体制，宗教や文化，軍事・経済・政治の観点からの国力などを理由として，法的に国家を差別的に扱うことは許されないことを意味する。

　国際法の主体の殆どがヨーロッパ諸国であった時期には，国家の政治体制や経済体制，それらの発展の度合い，文化的・宗教的要因の点で，諸国はある程度には類似の水準や同質性を保っていた。けれども，20世紀以降，社会主義国が登場しかつての植民地が大量に独立を果たすと，国際社会を構成する諸国は，国家体制や経済的力および政治的力などの事実的な要因群において，相当に多様性をしめすようになった。事実要因群において諸国は多様であっても，国際法は国家主権間の平等を原則としており，事実上の相違は法の平面での国

家の重みに影響しない。

(2) 形式的平等

　もっともわかりやすい平等の態様は形式的な平等であり，たとえば，国際組織や国際会議での表決手続で，1国1票の原則として現れる。国際会議での表決手続には，1国が1票を投じ，3分の2の多数決でこれを決定するというものがある。国際連合の総会をはじめとして，国際組織でも同じく，1国が1票を投じ，決定事項の性質にもよるが，3分の2の多数決で決定するという方式を採用するものがある（国連憲章18条）。

2　その他の平等観念
(1) 権利義務の内容における実質的平等

　(a)　1国1票という形式平等は維持しつつも，実質的にはその1票の重みを差別的に扱う表決手続がある。国連安全保障理事会の実質事項に関する表決手続では，常任理事国である5大国の1国でも反対すれば，決定はならない。つまり1国1票ではあるが，5大国のもつ1票は「拒否権（Veto）」の効果をもち，5大国がもつ1票の重みは，非常任理事国のもつそれよりもはるかに重い。

　また，経済的事項をその権限とする国際組織では，出資額や株式所有額などの財政的貢献度に応じて，投票数を配分するしくみを採用する。たとえば，国際通貨基金（国際通貨基金協定12条5項），国際復興開発銀行（国際復興開発銀行協定5条3項）の表決手続では，そのような加重投票制度を採用している。

　(b)　ここでみた投票制度は，形式平等には明白に反している。けれども，一票の重みが異なるとか加重投票権が認められる事情に注目してみると，むしろ，実質的には平等であるとされる。

　安全保障理事会が担う国際社会の平和と安全の維持という機能について，常任理事国である5大国は，政治力や軍事力などの点で他の諸国よりも大きな貢献をなしうるのであり，それは大きな負担をも意味する。これは一応，国連発足時における5大国の総合的国力を基準としているといえよう。同様に，国際経済組織では，出資額や株式所有額の大きさに応じて，諸国は貢献を果たし負担を担っている。それゆえに，その貢献と負担の程度に比例して，他の諸国よりも重みの大きい投票権や多くの投票権をもつ。貢献と負担に釣り合う投票の権利をもつことは，実質的には平等を意味するということである。

(2) 衡平の観点からみた平等

(a) 先進国の植民地支配を一つの要因として，独立後も経済的発展を十分になしえないでいる途上国は，途上国が先進国に比肩しうるようになるまでは，むしろ途上国を優遇する国際法が必要であるとして，権利義務の内容の点で不平等な国際法規則を主張する。

たとえば，国際環境保護の分野では，「共通だが差異のある責任」が唱えられている。この観念によれば，諸国は環境保護のために対処が必要であるという認識は共有するが，経済発展を喫緊の課題とする途上国よりも，すでに経済発展をはたし環境汚染の原因行為を行ってきた先進国は，一層重い責任を担うべきと考えられている。また，環境保護や資源保存のための規制，資源やその開発利益の配分において，途上国の事情を考慮する規定群（国連海洋法条約62条3項，82条3項，119条1項(a)，国連気候変動枠組条約3条，4条など）があり，そのような考慮を衡平に基づく考慮と規定する例もある（国連海洋法条約82条4項，国連気候変動枠組条約3条など）。

このような考え方は，いわば衡平の観点からみた平等ともいえる。先進国と途上国とでは権利義務や受ける利益の内容に違いがあり，実質的に不平等な扱いを受ける。それは，現状では経済力や技術力などの格差を考慮するとともに，格差の拡大を阻止して，将来的に途上国が先進国に比肩しうるように格差を是正するために実施される差異のある処遇である。

(b) もっとも，格差がなくなれば途上国を優遇する差別的処遇は正当化が困難になる。

地球温暖化に対処するために，温室効果ガスの排出を削減しなければならないが，「共通だが差異のある責任」の観念に基づき，京都議定書では，先進国こそが削減義務を負い，途上国にはこれを免除している（京都議定書2条，3条）。けれども，途上国が一定の経済発展を遂げ，しかも温室効果ガスを大量に排出するようになれば，削減義務を負うはずである。この点で，先進国と途上国の間で合意が成立せず，京都議定書の規律が期限を終えた後の2013年以降の諸国の削減義務については，2009年11月現在，基本的な方針が定まっていない。

Ⅳ　不干渉義務

1　不干渉義務の意味と意義

　不干渉義務は，国家の国内管轄事項（国内問題ともいう）に対して，他国や国際組織が強制的な方法で関与や介入をしてはならない義務をいう。

　不干渉義務は，国家は対外的に他国との関係で対等で独立であるため，みずからの国内管轄事項には干渉を受けるべきではないこと，対内的に排他的権力をもち他国はこれに介入する権利はないことを根拠として説明されうる。ゆえに，不干渉義務は国家主権の論理的な帰結として導かれる義務であるともされる。

　国家主権が国家の基本的権利である以上，これを相互に尊重する義務が同時に発生し国家主権尊重の原則が成立する。つまり，国家は国家主権という権利をもつと同時に，これと表裏をなす義務を負うのであり，不干渉義務をその一環と考えることもできる。両者の密接な関連は，先にみたコルフ海峡事件やニカラグァ事件における原告の主張や裁判所の認定で，同じ行為が主権侵害としても不干渉義務の違反としても非難されたことに現れている。

　けれども，不干渉義務は，国内管轄事項の範囲や強制的な関与の態様について，独自の内容をそなえている。

2　国内管轄事項
(1)　国内管轄事項の歴史的展開

　(a)　国内管轄事項は，国家が単独で自由に決定できる事項をいう。国内管轄事項の範囲は，19世紀に国家主権の絶対性が強調された時期には，国家にとって重大で決定的な事項がそれにあたるとされた。ここでは事項の本質が判断基準であると解せるが，国内管轄事項としてたとえば，国家の政治制度・安全保障・国籍付与条件，関税，移民政策などが考えられる。けれども，本質による判断は恣意的で主観的になる余地が大きく，客観的基準により国内管轄事項の範囲が特定されるとはいいにくい。

　紛争を第三者解決に付託するさいにも，重大で決定的な事項に関する紛争については留保するのが通常であり，しかも，その判断権は当該国家がもつとされた。たとえば，20世紀になってもICJ規程36条2項に基づくICJ管轄権受

諾宣言に，自己の判断により本質上国内管轄に属する事項については留保を付した例として，フランスの留保がある。この留保は，1957年ノルウェー公債事件で相手国ノルウェーにより援用された。

(b) 20世紀の戦間期には，リーガリズムの高揚のもとで，国際法の網の目が普くすべての事象を覆っていくという理想を背景にもち，国際法に規律されない事項（留保された事項範囲，reserved domain）が国内管轄事項であるとされた。1923年チュニス＝モロッコ国籍法事件では，国内管轄事項は国際法により規律されていない事項であるとし，国際関係の発展に依存して相対的に決定されるとして，留保された事項範囲の考え方をしめしている。

国際法はすべての事象を規律すべく発展していくが，それでもなお国際法が国家の管轄に属する事項として規律をおよぼさない事項があり，それが国内管轄事項となる。ここでは，事項の本質という基準は背後に退き，国際法が基準となり，国際法が規律をおよぼさない事項であれば，国内事項であれ対外事項であれ，国内管轄事項となる。

国際連盟規約15条8項が，国内管轄事項を「国際法上専ら」当該国の管轄に属する事項と規定したことも，同じ趣旨である。

(c) 第2次大戦以後は，つぎのように相互に密接に関連する2つの要因が，国際法による国家の内部的事項への規律を促した。第一に，国際人権保障，国際環境保護，国際自由経済などの国際社会の共通利益の認識とその実現のために，従来は国内管轄事項であった事項にも，国際規律が求められるようになった。すでに19世紀後半以降，行政的・技術的事項に関する国際組織が数多く設立され，国際河川の航行制度，郵便制度，著作権保護，度量衡などの国際化による共通利益の実現を目指した。20世紀後半には，この傾向が一層強まった。第二に，個人の国際交流や国際経済活動が活発化し，個人の活動が対外的側面や対外的影響をもつようになり，個人に対して国内規律だけではなく国際規律もはかられるようになった。

国連憲章は，国連の活動との関係で国内管轄事項を「本質上」加盟国の国内管轄権に属する事項であるとした（2条7項）。これは，後述のように，国内管轄事項を限定するという趣旨で適用されており，かつてのように本質を基準として国家の恣意や主観による判断を認めるものではない。とはいえ，国内管轄事項の範囲が，国際法の規律の有無という客観的な基準によってのみ判断されるのではなく，現代における国内管轄事項をあらためて特定することが必要

となる。

(2) 国際法による国内管轄事項の明示

このように，現代では国内管轄事項の範囲が狭められていくが，それと対応して，国際法により，国内管轄事項として保護されるべき事項の範囲が確保されることがある。

たとえば，先にみた友好関係原則宣言のⅠ原則は，国家の人格性，政治体制や経済体制，文化，公権力の組織などの要因は，国家が単独で自由に決定する国内管轄事項であることを明確化する（および国家の経済的権利義務憲章1条）。条約規定によっては，当事国の「自国の憲法上の手続...に従って」（国際人権B規約2条2項）とか，「自国における利用可能な手段を最大限用いる」（国際人権A規約2条1項）とか，多くの規定例があるが「適当な措置をとる」「適当な方法により」というように，各国の裁量判断に委ねる範囲を明確にして，これと国際規律のおよぶ範囲とを分けることで，国内管轄事項の範囲を確保することもある。

3 干渉の態様とその再構成

(1) 強制的介入

干渉とは強制的な介入であって，かつては，武力の行使や武力による威嚇がこれに該当した。けれども，国連憲章（2条4項）下では一般的に武力の行使と武力を用いた威嚇が禁止されており，それは慣習国際法でもあると承認されている。したがって，あえて干渉にあたるとして不干渉義務の違反を問わなくても，それらの行為は違法となる。

そこで，武力行使や武力による威嚇にはあたらないが，軍事力を用いた干渉行為，それ以外の干渉行為が再構成されつつある。

(2) 干渉に当たる行為の拡大

武力の行使や武力を用いた威嚇にはあたらないが，それらがもっていた強制的性質を軍事力の使用や類似の行為のなかに見出して，干渉とみなされた行為の例としてはつぎがある。

すでにみたコルフ海峡事件では，主権侵害と不干渉義務違反とが明確に区別されてはいないものの，外国が軍艦を派遣して，他国の領海内の（敷設した主体は不明の）機雷を探査・除去する作業が干渉にあたるとされた。

軍事力の使用とは限らないが，自国の領域内で他国の反政府武装集団や国際

テロリスト集団を組織すること，さらには，そうした組織に支援や財政・軍備その他の援助を与えることも干渉にあたると考えられている（友好関係原則宣言Ⅲ原則）。

(3) 国内管轄事項との結びつきにおける干渉行為の再構成

(a) 国家主権とそれを具体化した内容をもつ権利に対して侵害があるときに，その権利の内容を明確にすると同時に，その権利を侵害する行為が干渉にあたると主張される。そこでは，強制という性質は減殺されており，むしろ，保護される権利に対する侵害，主には主権やそれらの権利をもつ国の合意を得ていないことによって，干渉とみなされている。

技術発展により可能となった国家の行為態様との関連では，つぎの例がある。たとえば，核実験事件での原告の主張にみるように，自国領域における放射性物質の滞留の程度等については領域主権国が決定権をもち，外国の核実験により自国領域に放射性物質が降下・堆積することは，その決定権に対する侵害であるという主張がある。ICJ は，この点につき判断しなかった。

また，通信・放送の技術が発達して外国が領域外で発出した放送や通信を領域内で受信できると，それらは，自国の文化的一体性や公序良俗を侵すという主張がある。さらに，衛星を用いて他国の領域に関する情報を入手したり開示したりすることは，領域国の軍事機密や軍事情報の入手・開示にあたり，領域国の安全を脅かすものとして干渉であると主張される。これらの行為の自由を主張する先進国と，反対する途上国との間で見解の対立がある。

(b) このような不干渉義務違反を主張する実践では，国家主権ないしそれを特定した内容をもつ権利を国内管轄事項とし，同時に干渉の態様をも同定する点で，国内管轄事項と干渉行為とが密接に結び付いている。干渉とされる行為は，干渉のもともとの要素であった強制的介入という性質をかならずしもともなわず，主権ないしそれを特定した内容の権利をもつ国の合意を得ていないことにより干渉とみなされている。主権国や決定権をもつ国の合意を得ずに結果が生じており，主権や決定権を行使する余地を奪われたこと自体が強制と解されており，権利の侵害であるとともに干渉とみなされている。

それでは，情報伝達が緊密化した現在，第四の権力といわれるメディアを利用して他国のある行為に対して非難を繰り返すことは，干渉にあたるだろうか。強制的介入という要素がかならずしもともなわなくても，侵害される権利によっては干渉と主張される実践があることからすれば，非難が強制的介入の性質

をもたないから干渉にはあたらないとはいえない。あるいは，非難であっても，その反復・執拗性・集団性などの態様によっては，国家の意思を強制するに匹敵する圧力になる可能性も否定はできない。けれども，非難により国家の主権や決定権の行使の機会が奪われたわけではないこと，国際組織の決議による非難は干渉とは考えられていないこと，そもそも，見解の相違や対立を繰り返すことによってこそ国際規範意識が収斂していくことを重視すれば，非難を干渉とみなすべきではない。

4 人道的干渉
(1) 人道的干渉の意味

人道的干渉は，かつては大国が他国に干渉することの正当化に用いられた。最近では，とくにつぎの状況で人道的干渉が問題となる。領域主権国が領域に実効的な支配をおよぼしきれず，領域内の武力闘争の鎮圧，人民への被害の阻止や回復，民族対立のなかで遂行される大量虐殺への対処などを行えないときに，他国や国際組織が領域主権国の合意なくして介入できるかということである。

自然災害による被害に対する人道的支援として，食糧・医療・医薬の援助が行われることもある。たとえば，1990年国連総会決議に基づくスーダンへの援助，1990年国連総会決議に基づくクロアティアへの援助，1991年安保理決議に基づくイラク・クルド族およびソマリアへの援助がある。

人権保護の観点からは，領域主権国の合意を得ずとも，介入により被害を抑え，回復と復興の支援をなすべきと考えられる。けれども，とりわけ他国による介入が武力行使をともなうときには，個別国家による判断では人道の名が乱用されることを危惧して，国際組織による決定を経るべきであるという主張もある（第22章Ⅲ参照）。

(2) 保護責任の観念

最近では，人道的「干渉」という否定的な含意のある概念にかえて，保護責任（responsibility to protect）の観念が唱えられている。人道のために他国や国際組織が介入して人権保護をはかるべきであり，被害や人権侵害をこうむっている者を保護する責任があるという発想である。保護の義務があるといえるか，とりわけ武力行使をともなってでも保護の義務があるといえるかについては，学説でも諸国の見解においても，まだ議論の端緒についた段階である。

2007年より国連国際法委員会（ILC）は、災害の場合に限定して「自然災害における人の保護（Protection of Persons in the Event of Disasters）」と題する条約草案の起草に着手した。

5 国際組織と不干渉義務
(1) 国連憲章2条7項
(a) 先にみたように、国連に先行する国際連盟では、国際連盟規約15条8項により「国際法上専ら」国内管轄に属する事項を国内管轄事項としていたが、同項は、国際連盟による紛争解決の文脈での規定である。仲裁裁判か司法的解決に紛争を付託しないときに、紛争当事国である加盟国は、連盟理事会に紛争を付託する義務を負う。ただし、15条8項にいう国内管轄事項に属する事項にかかわる紛争には、連盟理事会は介入し得ない。

(b) 国連憲章2条7項においては、「本質上」加盟国の国内管轄事項に属する事項については、国連は干渉する権限を持たない。2条7項は、国連の原則を規定する規定群の一環にあり、紛争解決や集団安全保障に関する国連の権限行使だけではなく、およそすべての国連の権限行使との関係で、加盟国は国内管轄事項を理由に介入を拒める。なお、国連憲章第7章に基づく強制措置は、2条7項の制限を受けない。

事項の本質による国内管轄事項の判断については上でみた通りであるが、国家間で国内管轄事項が再構成されつつあるのと同じく、国連の実践を通じて国内管轄事項が構成されてきている。2条7項は、紛争解決や集団安全保障以外にも国連の権限がおよぶ事項が多様化したことに対して干渉を防ぐ趣旨をもつが、国際共通利益の実現のために国内管轄事項に国際規律がおよぶ傾向において、国連も国内管轄事項を限定してとらえる実践をしめしている。従来は国内管轄事項とされた、人権保障・植民地運営・国内での武力衝突などにつき、関連する国際法の規律が進むと、国連もその目的（国連憲章1条）の実現のために介入し、これらの事項は「国際関心事項（matters of international concern）」であるとして介入を正当化している。

(2) 国際連合による国内管轄事項への介入
(a) 論理的には、対象事項が国際関心事項であれば、それはすでに国内管轄事項ではないのであるから、国連が強制的な介入を行っても、不干渉義務の違反にはあたらない。けれども、たとえば国際人権保障のための国連の介入をみ

ると，そうした論理に従ってはいない。

　(b)　国際人権保障が国内管轄事項ではなく国際関心事項であることには，一般的な承認がある。それならば，国連は第7章の強制措置とは別の態様で，強制的に介入できると考えうる。第7章に基づかない強制的介入の態様としては，勧告（国連総会の決議はすべて勧告であり，安全保障理事会の決議も法的拘束力をもたない勧告にとどまることがある）による特定国に向けられた命令を挙げる学説もある。けれども，「勧告」による「命令」の意義が不明であるし，それを強制といえるかも疑問である。なお，南アフリカの人種差別政策に対しては，国連憲章第7章の強制措置として経済措置が決定された。

　それ以外の介入の態様には，国連総会や安全保障理事会が当該問題を討議の議題とする，事実調査を行う，勧告や非難を内容とする決議を採択するなどがあるが，これらは強制的とはみなされない。しかも，国内管轄事項についてであっても，具体的な是正方法を提示することで方法や手段に関する国家の裁量を奪わなければ，干渉にはあたらないとの考えもある。

　(c)　国連の実践では，国内管轄事項と干渉行為という2つの要件を，それぞれ独立に発展させてきているとはみなせない。国際関心事項として国際規律がおよぶ事項については，加盟国が負う義務の内容と国連の介入の態様や程度により，干渉にあたるか否かが判断される。国内管轄事項については，国連憲章第7章に基づく強制措置とは別に，国連の介入が強制的といえる態様が特定されれば，干渉にあたる行為や措置が具体化するであろう。

▰▰▰　確認質問　▰▰▰

1　主権・独立権・自衛権などはなぜ基本的権利とされるか。

2　20世紀において，社会主義国や途上国が国家主権をみずからの主張の根拠にしたのは，どのような背景によるか。

3　国家主権と国際法との関係は，学説によりどのように考えられてきたか。

4　国家主権からその内容を特定して主張されたり実定化されたりしている権利には，どのような例があり，それが主張され実定化された経緯はなにか。

5 国連安全保障理事会で常任理事国が拒否権をもつことは，国家平等の観点からどのように正当化されるか。

6 「共通だが差異のある責任」の観念は，国家平等の観点からどのような意義をもつか。

7 国内管轄事項の判断基準は，どのように変遷してきたか。

8 武力行使や武力を用いた威嚇が禁止されている現状で，干渉にあたる行為および干渉にあたると主張されている行為には，どのような例があるか。

9 国際関心事項の意味や具体例はなにか。

10 国連の実践では，干渉にあたる行為，および，干渉にあたらない行為は，どのように考えられているか。

第9章 国家管轄権

　国家は国内統治のために管轄権を行使するが、それが従来は原則として国境でとどまった。ボーダレスな今日の世界では、国家管轄権が国境を越えて伸びていき国際紛争の要因となる。外国で殺人を犯した日本人を、日本が逮捕し処罰できるのはどのような場合だろうか。国外で外国企業が北朝鮮に軍事物資を輸出するとき、かりに日本はそれを禁止する法を適用して外国企業に出頭を命じて裁判審理できるだろうか。他方で、管轄権を行使する最も重要な基盤である領域の内であっても、外国の行為や外国の国有財産に対しては、なぜ国家は管轄権を行使できないのだろうか。

I　国家管轄権に対する国際法による規制の成立

1　国家管轄権の意味と意義
(1) 国家管轄権の意味
　国家の管轄権とは、国家が人や事物に対して行使する権限を、その作用に注目してとらえた概念である。いわゆる三権に即して、国家の管轄権は、立法管轄権・執行管轄権・裁判管轄権に分けることができるし、後二者が共通にもつ特徴をとらえて強制管轄権ということもある。三種の管轄権は、それぞれ、人や事物に対して国家が国内法を立法してこれに照らして法的評価を与え、法を執行し、法を具体的な事案に即して適用して審理し決定する権限をいう。
　執行管轄権や裁判管轄権の作用は、捜査や抑留と逮捕、裁判審理や判決の言い渡しと強制執行など、両者の区別は各国内法制により異なりうるものの、具体的な事実としてわかりやすい。これに比べて立法管轄権の作用は、とくに人や事物について法的な評価を行う基準として国内法の効力をおよぼす点は、抽象的にとらえられる。
　立法管轄権がおよぶとか法の適用がおよぶというが、人や事物に対してある国内法の規定がおよんでいる現象だけが独立に認識されることはあまりない。具体的な場面や事案で、この法規定が執行されたり裁判で適用されたりしては

じめて，この法規定が当該人や事物におよんでいたことが具体的な事実として確認されやすい。強制管轄権の観点からすれば，そもそもこの法規定が人や事物に効力をおよぼしていなければその執行や適用はありえないのであって，つまりは立法管轄権がおよんでいることは強制管轄権を行使するための前提条件である。このように立法管轄権と強制管轄権の作用の性質が異なっていることは，後述のように，国際法による国家の管轄権行使に対する規律を考えるさいにも留意すべき点となる。

(2) 管轄権と国家主権ならびに領域主権との関係

(a) 国家がもつ権利としては主権があるが（第8章参照），国家主権は対外的側面と対内的側面をもつ。管轄権は，国家が対内的側面で人や事物に対して主権を行使する態様を説明する概念といえる。また，そのような管轄権は，国家主権とは別個の権利というよりも，いわば国家主権を根拠として行使される権利ともいえる。そして，国家が管轄権を行使する理由やその背後にある国家利益の追求は，主権国家であれば想定されるそれらである。つまり，国家が人や事物に対して管轄権を行使するのは，主権国家としての行動に基づくのであるから，国家は，自国の安全をはかり，政治的秩序や経済的秩序の実現と安定や社会的・文化的一体性などを維持しようとし，国家利益を追求するために管轄権を行使する。国家による管轄権行使が国家の対内的側面にとどまるとすれば，そうであるにもかかわらず，それが国際的側面をもち国際法の規律が期待され必要とされるのはなぜだろうか。

(b) 管轄権と領域主権との関係に注目すると，領域主権は領域に関しておよび領域において国家がもつ権利であるという点で，両者の間に密接な関係がある。管轄権が領域にある人や事物に対して行使される場面に特定すれば，領域主権がおよぶ範囲と管轄権がおよぶ範囲は同一であり，国家の「対内的側面」とはつまりは「領域内」の人や事物である。

けれども，主権国家としての存立維持や国益追求のためには，国家はみずからの領域を越えて管轄権を行使しようとしてきているし，また，国家の管轄権行使がその対内的側面におけるものであるとしても，これに対する国際法による規律がはかられてきている。それが，国際法が国家の管轄権行使を規律するための素地を与えてきているのである。以下に，この点をみておこう。

2 管轄権に対する国際規律の要請

(1) 国家の管轄権行使の脱領域化にともなう対立

(a) おそくとも19世紀には，国際法上の国家は領域を基盤とすることが確立した。国家が領域を基盤とする以上，何よりもまず，みずからの領域にある人や事物をその対内的側面を構成するものとし，国家の管轄権行使も第一次的には領域に向けられる。

ところで，19世紀後半には，先進国国民が途上国で活発に経済活動を行うようになり，それらの外国人を保護するために外交的保護の制度が生まれた（第11章参照）。外交的保護の国際法上の制度をめぐり，外国人の処遇に関する国際法上の基準が先進国と途上国との間で対立の焦点となった。ここには，領域内での国家の管轄権行使であっても，国際法の規律対象となるという契機がある。同じように20世紀になると，人権，自決権，環境保護といった国内事項について国際法が規律するようになってきた（第8章参照）。

(b) 20世紀には人や物の国境を越える移動が飛躍的に増大し，この傾向は将来も加速的につづいていくであろう。こうした状況で，対内的側面における人や事物に対してではあっても，国家はかならずしも領域内の国家規律に終始することはできなくなる。

国家は，みずからの存立を確保し一体性を維持するために，国外で活動する自国民や自国籍企業に対しても，たとえば刑法上の自国民による国外犯規定に典型的なように，これらをみずからの国家政策の拘束の下におこうとする。さらに場合によっては，国外における外国人に対してであっても，その行為が自国の国益追求を阻害したり国家政策に反すれば，やはりこれに対してもみずからの国家政策の拘束をおよぼそうとする。たとえば，国外の外国企業の自由競争を阻害する行為が自国市場に効果をおよぼすとして，これに自由競争の市場原理を維持する国内法の効力をおよぼそうとするのである。

同様に，国家の領域内にある外国人に対する統治や管理は，当該人の国籍国からみれば，やはり同じ理由で国籍国にとっての関心事であり，国籍国も在外自国民に対して管轄権を行使しようとする。その結果，一方で，A国がB国にある個人や企業に対して，それが自国籍であるか否かにかかわらず管轄権を行使しようとし，他方で，B国は自国領域内の個人や企業に対して管轄権を行使すると，両国の管轄権が競合する。しかも，両者の国内法の内容が抵触すれば，管轄権が競合するだけでなく抵触する。

I 国家管轄権に対する国際法による規制の成立

(c) そして，国際法による管轄権行使をめぐる紛争回避・解決が求められるのは，とくに国家の公法規制の側面である。私法と公法の区別は，管轄権行使をめぐる紛争でよく問題となる独占禁止法をみてもわかるように，各国の国内法にもよるが，形式的には民事法であってもその実体は公的規制であるという例もあり，つねに絶対的なものではない。けれども，国家の管轄権行使をめぐる紛争は，主権国家が行政法・刑法・財政関係法などの公法を中心として国家政策を国外におよぼそうとし，それと関係する外国の国家政策とが衝突するという状況が典型的である。

(d) このように，2つの点で，国家の管轄権行使に対して国際法による規律を要求する素地ができ上がる。第一に，国家の領域内での管轄権行使であっても国際法の規律を受けることは，領域内外国人の処遇が国際法に従うように要求されることにも明らかである。第二に，国家の管轄権行使は対内的側面に関わるものであってもその領域を越えていき，たとえば領域国と国籍国との間で管轄権の競合や抵触を生む。

ここで国際法は，国家の管轄権行使の競合や抵触に対して，管轄権の配分や管轄権相互の優劣を決定することで，関係国間の紛争を回避し解決する機能を要請される。加えてもう一つ，国際法が国家管轄権を規律することで果たすつぎの機能がある。

(2) 国家管轄権の行使を通じた国際規律の実現

(a) 国家の対内的側面における人や事物に国際法が規律をおよぼす例は，国内管轄事項の議論をみたように（第8章参照），古くは国内の少数民族保護や在留外国人の保護，現在では，自決権や人権保障や環境保護などがある。これらについては，国家が国際法に従って管轄権を行使することを通じて，国際法の目的であり諸国の共通利益が実現される。国家は，対内的側面を統治する主体であると同時に，国際法を実現する責務や役割を国際社会に対して分担する単位となる。ここに国際法が国家の管轄権行使を規律する第二の局面が現れる。

(b) 国際法は国家による管轄権行使を利用して，共通利益を実現するために国際法上の義務の履行を確保する。国際法は，共通利益を反映する実体的義務を定め，それの履行を確保するために，たとえば領域国や国籍国が領域や国民について国際法上の義務を履行するように，管轄権を配分する。そこでは国際法は，各国家の管轄権の根拠や複数の国家の管轄権相互の優先順位といった手続的な規律だけに終始するのではなく，国際法の実体規則の趣旨目的をもっと

も適切で実効的に実現するために国家管轄権を配分する。

つづいて，管轄権行使の根拠や優劣に関する基準，国際法を適切かつ実効的に実現するための管轄権の配分を順にみていこう。

II　国家管轄権に関する国際法の基準

1　国家管轄権の行使の根拠や優劣に関する基準
(1)　属地主義

(a)　管轄権行使の根拠としてもっとも確立した原則は，場所を基準とする属地主義である。これは，国際法上の国家が領域を基盤とするようになったことと符号する。

人や物の国境を越える移動がさほど頻繁ではなく，国境もかならずしも明確ではなかった近代にかけての時代では，現在と同じ意味での国家管轄権ではないが，国境を越えて当時の国家の権限が人におよぶこともあった（第16章参照）。その後，国家が明確な領域を基盤とするようになると，国家主権の「対内」的側面とはつまりは「領域内」の事象であり，ここで国家の管轄権行使の基準として場所が第一次的地位を占めることになる。日本国刑法1条1項も，属地主義を規定する。

もっとも，属地主義が第一次的地位を占めることには，実際上の理由もある。対象となる人や事物を支配下に有する国家が管轄権を行使することは，便宜であり実効的であると期待できるのである。

(b)　実際的な判断が介入して，属地主義が相対化されることもある。

たとえば，人がその国の領域に財産を有していること，経営を行っていること，外国企業が支店を有していることをもって，これらの人や企業に対する領域国の属地的管轄権行使が認められる。

属地主義が相対化され拡大適用される典型例は，犯罪の構成要件の一部が自国領域内で行われた場合に，その国の属地管轄権を認める例である。これには，自国で犯罪が開始され外国で完成する場合「主観的属地主義」と，外国で犯罪が開始され自国で完成する場合「客観的属地主義」がある。多くの国の刑法が，これらの拡大属地主義を規定している。

ローチュス号事件では，公海上でフランス船籍船とトルコ船籍船が衝突して，トルコ船舶側で死傷者がでた。常設国際司法裁判所（PCIJ）は，この衝突に対

してトルコの立法管轄権がおよぶことを認めたが、それはトルコ船舶で損害が発生したことをトルコ「領域内」で発生したとみなして、客観的属地主義を採用したと解しうる。

日本国刑法1条2項でも、船舶や航空機に刑法がおよぶことを規定し、これは船舶や航空機を領域とみなした属地主義の適用という解釈もないではない。けれども、船舶についていえば、海上での独自の組織体ととらえられ、国際法は旗国主義によりその支配や管理を認めている（第13章参照）。国際法学説では、船舶を領域とみなす説（船舶領域説）は支持を失っている。

(c) 客観的属地主義の変種にもみえるが属地主義をさらに拡張する考え方には、効果理論（effective theory）がある。これは犯罪の構成要件の一部が自国領域内で完成したのではなく、国外の外国人や外国企業の行為の「直接、実質的で予見可能な『効果』」が自国領域におよぶことに管轄権行使を根拠づけようとする。効果理論は、国外の外国企業の行為が米国反トラスト法に違反するとして米国裁判所が採用した（1945年アルコア事件）。「効果」の解釈を通じて属地主義が主観的に拡張される危険があり、批判が強い。米国もその後の国内判決で、慣習国際法上の個人の権利の侵害や他国の主権侵害を回避するように考慮するなど、効果理論の採用には制限的な姿勢に転じた（1976年ティンバーレン事件）。

(2) 属人主義

属人主義は、国籍を基準として個人や企業などに国家が管轄権をおよぼす基準であり、属地主義につづき確立している。船舶に対する旗国主義や航空機に対する登録国の管轄権行使は、属人主義に類似する考え方によるともいえるが、国際法上で独自の制度に基づくものとみるのが適当である。

属人主義と属地主義との関係では、属地主義に基づく管轄権行使が優先する。領域国A国にB国国民Xが在留している場合には、属地主義に基づくXに対するA国の管轄権が属人主義に基づくB国の管轄権に対して優先する。

もっとも、属地主義が適用されない場合には、属人主義に基づく管轄権行使を求めないと管轄権の空白状態が生じうる。たとえば、南極では、いずれの国も領域主権を設定できない以上、属地主義は適用できない。

属人主義の拡張として、自国民の国外犯に対する能動的（または積極的）属人主義と、国外の外国人による行為であってもその被害者を自国民とする国籍国が管轄権をおよぼす受動的（または消極的）属人主義がある。日本国刑法も、

3条が特定の犯罪につき日本国民による国外犯規定をおき，公海上の外国船舶内で外国人により日本人が殺害された事件を契機とした改正により（3条の2），殺人や傷害罪など一定の重大犯罪につき受動的属人主義をあらためて採用した。多くの国が特定の犯罪につき自国民の国外犯規定をもつが，受動的属人主義に対しては，保護主義や普遍主義の適用で自国民が保護される範囲にとどめるべきであるという反対もある。

(3) 保護主義

保護主義は国外で外国人が行う行為でも，自国の安全や存続などにかかわる重大な法益を侵害する場合に管轄権を行使する考え方である。内乱，外患誘致，破壊活動，通貨・公印・印紙・有価証券・旅券などの偽造やそれらの利用といった，政治的あるいは経済的な国家の根本的秩序を害する行為が保護主義の適用対象である。

一方で，その適用対象となる犯罪やそれに類する行為が，多くの国家にとって国家の重大利益を侵害すると考えられる共通の犯罪である限り，それらに対しては一般的に諸国が保護主義を採用している。他方で，A国が保護主義の対象とする犯罪が行われても，犯罪行為地の領域国Bや，実行者がA国にとって外国人である場合にその国籍国Cに対しては，かならずしも法益侵害を与えない。ゆえに，B国やC国などの関係国が当該犯罪について管轄権行使を主張する必然性は少なく，管轄権の競合や抵触が起こりにくい。これらの事情もあり，保護主義は実践も多く一般的に確立しているといえる。

(4) 普遍主義

(a) 普遍主義はいずれの場所でいずれの国籍の者により行われた行為についてであっても，被疑者の身柄をもつ国が管轄権を行使できるという原則である。被疑者の身柄をもつことが条件とされるのには，その国が管轄権を行使するのが便宜であるという理由がある。普遍主義に基づく管轄権行使は，国際法の根拠がある場合に認められる。

学説では，対象となる犯罪が諸国の国内法上で共通に犯罪とされるものか，国際社会の共通利益を侵害する犯罪かを区別して，普遍主義の意味を後者に限定する見解もある。いずれにしても，普遍主義の対象犯罪として慣習国際法により成立しているのは，ローマ法時代から「人類共通の敵（hostis humani generis）」とみなされてきた海賊だけである（公海条約19条，国連海洋法条約105条）。

Ⅱ　国家管轄権に関する国際法の基準

(b) 普遍主義は自国に身柄をもつことを条件に管轄権を行使することを認めるが，1993年法と1999年に改正されたベルギー法「国際人道法の重大な違反の処罰に関する法」は，身柄をもつという連結点がなくても，当該法の定める犯罪が国外で外国人により実行された場合にも管轄権を行使するとした。これに対しては諸外国からの批判が相次ぎ，ベルギー国内でも膨大な数の訴訟が提起されて司法運営破綻の危険をみた。結局ベルギーは2003年に同法をさらに改正して，これに手続的制限を課したが，同年，独立法としては廃止して，関連規定群を刑法典などに挿入した。

(c) 条約が規定する犯罪行為を国家が国内法で処罰できるようにするとともに，条約による配分に従って強制管轄権を行使する例がある。条約で容疑者の身柄をもつ国のすべてに管轄権行使を義務づける例には，戦争犯罪に関する1949年ジュネーヴ第1～第4条約の共通規定がある（第1条約49条，第2条約50条，第3条約129条，第4条約146条）。条約当事国は，条約が規定する犯罪行為を国内法で処罰できるようにするべく立法措置をとり，強制管轄権を行使しなければならない。それ以外にも，以下の3(1)(b)や3(2)で説明する条約群のように，国際法が諸国の共通利益に対する侵害を犯罪として実体的に定めている点で，管轄権行使をめぐる関係国間の紛争の回避や解決だけではなく，国際法を適切かつ実効的に実現するために関係諸国間に管轄権を配分する意義ももつものがある。

2　国家管轄権の適用基準

(1) 管轄権の種類と適用基準

(a) ここでみてきた管轄権の適用基準は，管轄権の種類により一律に適用されるわけではない。それぞれの管轄権の種類について，つぎのように考えられている。

(b) 執行管轄権を行使して強制措置をとることができるのは，原則として属地主義に基づき自国領域内に限られる。たとえば，日本国刑法3条は自国民の国外犯を定めるが，外国で殺人を犯した容疑者につき，日本が当該外国領域内で逮捕や捜査を実施することはできず，容疑者が日本領域に入ってはじめてそれを実施できる。

(c) 裁判管轄権では，とくに強制措置をともなう裁判管轄権の行使は，一般に属地主義に基づくと考えられる。国外の行為に対する裁判管轄権の行使は，

領域を越えて強制措置をおよぼそうとすると国際法紛争の原因となる。実際に国際対立を招いた例としては，先にみた効果理論に基づく米国の裁判管轄権行使がある。米国は，国外において外国人や外国企業が米国反トラスト法違反を行ったことに対して，外国企業の特許権や財産の処分，外国産業の再編，文書提出などに関する命令を発出した。

米国の管轄権行使は，行為がその領域で行われた国家の属地主義に基づく管轄権と競合し抵触した。関係諸国が米国の管轄権行使を批判し対立が生じたが，それは，裁判管轄権の行使だけではなく，前提となる立法管轄権の行使をめぐる対立にもおよんだ。

(2) 立法管轄権の適用基準

(a) 外国領域の人や事物に立法管轄権をおよぼすことは，それだけで領域主権の侵害になるという主張もないではない。

一方で，他国国内法の効力がおよんでいるというのは抽象的な現象であり，一般には主権ないしは領域主権の侵害とはいいにくい。他方で，管轄権をめぐる対立は，私法ではなくむしろ公法のそれであり，同じ人や事物に対して複数の国家がそれぞれの国家政策の拘束をおよぼそうとすることから生ずる。この点を重視すれば，一国の国家政策の反映としての国内法がおよんでいることをもって，他国の主権ないし領域主権の侵害とみなすことにも理由はないとはいいきれない。

(b) 国内法の域外適用が対立を招いた例として，つぎがある。経済分野で，国外での外国企業等による自由貿易や自由競争を制限する制限的貿易慣行に対して，米国が効果理論に基づく反トラスト法の域外適用を行った。政治分野では，旧ソ連のアフガニスタン侵攻を批判して，米国は自国の安全保障政策を遂行するために対ソ連輸出規制措置をとり，関係国内諸法の域外適用を行った。米国は，米国製品の輸出に限らず，米国民が支配する外国企業による輸出，米国の技術を用いて外国で製造された商品の輸出も規制した（シベリア・パイプライン事件）。関係諸国は，日本も含めて，米国国内法の域外適用それ自体が主権侵害であるという批判も行い，国によっては対抗立法により自国企業が米国法の命令に従わないように命じたものもある。さらに，米国は国際テロ支援国に対する輸出規制措置として国内法（ヘルムス・バートン法）を域外適用し，EU諸国などの批判や対抗立法を招いている。

(c) これらに比して，仮説的にではあるが，先進国企業が環境保護規制の緩

やかな途上国で操業するような事態では，企業の利潤追求行動による抵抗は受けようが，国外で操業する企業に対して先進国の環境保護法が域外適用されることは，かならずしも否定されないといえる。制限的貿易慣行にせよ武力進攻や国際テロにせよ，あるいは環境保護にせよ，国際共通利益が国際法により設定されその実現のための管轄権配分が実現すれば，論理的には，国家が単独決定により一方的に管轄権を域外適用する動機は消滅する。もっとも，主権国家の国家政策および国益追求と国際社会の共通利益とは，つねに対立関係にありうる。ゆえに，自国の国家政策を対外的におよぼすための管轄権の域外適用とそれをめぐる紛争は，容易には回避できない。

3 国際法による管轄権の配分
(1) 領域を越える空間に関する管轄権の配分

(a)　空間が領域と公域に二分された時代には，国家の管轄権は第一次的には領域に向けられた。今日では，国際法は空間を二元制度よりもはるかに複雑に区分して，領域を越える範囲に国家の管轄権行使を認め，関係国間に管轄権を配分している。典型的には，海洋法の発展がそれをしめす。

海域はかつて領域と公海に二分されたが，現在では領海を越える海域や海底に沿岸国の権利を認める特別な制度群が成立している。接続水域，排他的経済水域，大陸棚では，沿岸国は国際法の限定する事項につき特別な権利をもち，実際の作用として管轄権を行使する（第13章，第14章参照）。これらは，一般的には沿岸国利益の実現および保護のための管轄権配分である。排他的経済水域の200カイリという広大な海域については，沿岸国は漁業資源保存管理のための主権的権利や海洋環境保護のための管轄権を行使して，国際社会に対して責務を果たすという側面もある。が，実践では，排他的経済水域はもっぱら沿岸国利益実現のための制度となりつつある。

(b)　公海では，原則として旗国主義による秩序維持が想定されるが，特定の犯罪については国際法がこれを定めて関係諸国に管轄権を配分し，公海秩序の回復と維持をはかっている（第13章参照）。海賊には普遍主義の適用があり，いずれの国もこれに対して執行管轄権を行使し，自国の港などに引致して裁判管轄権を行使することができる（国連海洋法条約105条）。それ以外には，国連海洋法条約は公海上の無許可放送について関係諸国に裁判管轄権を配分し（109条），海賊・無許可放送とともに奴隷輸送・自国籍を疑われる船舶・無国

籍船舶に対しては，すべての国に公海上での臨検を認める（110条）。

(2) 個人の国際犯罪に関する管轄権配分

国際法による管轄権配分は，個人の国際犯罪の分野でも発展している（第16章参照）。そこでは，属地主義，能動的属人主義，受動的属人主義や，後二者に優位する普遍主義により管轄権を行使することが認められる。対象犯罪は，航空機の不法奪取，航空機の安全に対する阻害，外交官など国際的に保護される者を人質にとる行為，アパルトヘイト，船舶の航行安全に対する阻害，麻薬や向精神薬の違法取引などである。日本国刑法4条の2は，多様な条約上の刑事管轄権を行使する根拠を，包括的に規定している。

国際法は，国際社会の法益を設定し犯罪による侵害からの回復と維持を目的とし，その実効的な実現のために関係諸国に管轄権を配分する。犯罪人が地球上のいずれに逃れようともこれを逮捕し処罰することが肝要であり，これらの条約は，犯罪人引渡制度を活用する。条約が対象犯罪を引渡犯罪と規定して，容疑者の身柄をもつ当事国は，自ら逮捕・処罰するか，条約の配分する管轄権をもつ他国に引き渡してその処遇に委ねるかを選択する義務を負うと規定することが多い。

以上のように，国際法は国家の管轄権行使を規律するが，異なる根拠により管轄権行使を否定する場合がある。そのような原則として，つぎにみる国家免除原則がある。

III 国家免除

1 国家免除原則

(1) 国家免除原則の内容

国家は，みずから合意しない限り他国の管轄権に服することはなく，これを国家免除原則という。とくに，諸国の国内裁判所の実践で発展してきた原則は，国家はみずから原告として他国の裁判所に提訴したり応訴する場合を除いて，他国の裁判所に被告として出廷して裁判権行使の対象となることはないというものである。内容を特定して，裁判権免除ということもある。ただし，軍艦や非商業的役務を果たす公船は，他国による執行措置からも免除され，近年の中国公船や韓国公船による日本近海での海洋科学調査について問題となり得たように，執行権からの免除が重要となる状況もある。

国家元首や政府高官の身体や行為も外国の管轄権行使から免除されるが，国家免除は国家という観念体についての免除である。国家元首や政府高官の免除は，免除を受ける主体の範囲や免除の適用がある行為の範囲につき，かならずしも原則は定まっていない。2002年逮捕令状事件（本案）は，コンゴの外務大臣がその就任前に行った演説が国際人道法違反であるとして，同人に対する逮捕令状を発したことをめぐるベルギーとコンゴ間の紛争を対象とする。本件で国際司法裁判所（ICJ）は，国家元首・政府の長・上級国家公務員が他国の民事および刑事裁判権からの免除をもつとし，その在任中は同人が逮捕されれば任務遂行に支障が生ずるとして，在任中の行為か否かとか公的か私的資格においての行為かの区別にかかわりなく，外国における裁判権からの免除が認められるとした。また，同事件も含めて今日的問題として，大量殺害や国家による大規模な人権侵害につき，そのような国際人道法上の普遍的義務違反を行った国家元首や政府高官に免除を認めるべきかが論じられている（英国滞在中の元国家元首の引渡しが問題となった1999年ピノチェト事件，国家免除の事例として，ドイツがナチスの行為につき免除が認められるかが争点となった1994年プリンツ事件など）。

(2) 国家免除原則の根拠

(a) 国家免除原則は，19世紀以降に諸国の国内裁判所の実践から生じたが，類似の原則である国家元首免除や外交官免除（第10章参照）とはかならずしも一致することはなかった。国家免除の根拠は，主権国家相互の平等に基づき「対等なる者は対等なる者に対して裁判権をもたない」という法諺にあるとされる。

　19世紀に国家主権が強調され，また，私的自治原則の下で国家機能が縮減していわば公権力行使に特化された時期に，主権を有する主体たる外国に対して，対等な主体たる国家が管轄権を行使することはありえず，それは主権国家の独立・平等・威厳を侵すと考えられた。こうした背景で，19世紀に国家免除原則は，主権国家の平等に基づき一応の根拠をもって成立にむかった。

(b) もっとも，諸国の裁判所の実践では，君主無問責や連邦の管轄権からの州の免除などの原則を外国に類推して国家免除を認めることもあるし，外国の内政に干渉することを控えたり司法判断になじまないとして受理可能性を否定する例もある。諸国の裁判所はかならずしも一律の根拠に従って外国に免除を与えてはいないし，一国の裁判所の実践でも一貫してはいない。それは，裁判

所が外交機関に見解を仰ぎその都度処理することにも起因する。

現代でも，学説には国家免除原則を批判して，国家も自国法に服するように法治国家が発展してきているのに，外国の裁判所の管轄権から国家が免除されるのは適当ではないと主張する例もある。さらに，国家免除原則への疑問は，諸国の裁判所による実践が一致してはおらず，国際法の原則を導きだせないことにも向けられる。つまりは，諸国の裁判所の裁量判断に委ねられるのであり，国際法の原則としての成立は認められないという指摘である。

(c)　これらの見解の相違や実践のばらつきはあるものの，国家には免除が与えられるという点は，原則として諸国に認められており慣習法化しているとされる。たとえば，領域に対する管轄権との関係で，古くは19世紀に領域主権の絶対性・排他性を原則としながら，その例外として国家免除原則を認めた実践（1812年スクーナーエクスチェンジ号事件）がある。

2004年の国連裁判権免除条約は，前文で，国および国の財産の裁判権免除が慣習国際法の原則として一般に受け入れられているとし，裁判権免除を一般原則群の冒頭に規定する（5条）。かつ，同条約は裁判権免除が実効的になるように確保することを義務づけており（6条），裁判権免除が国際義務であることを明定した。

国家免除が国際法の原則であることは確立しているが，免除の適用範囲については一般化できる原則は成立しておらず，諸国の裁量の余地がある。このことは，後でみるように，絶対免除主義から相対免除主義（または制限免除主義）へと移行すると，一層重大な課題として浮上する。

(3)　免除を受ける主体と事項

(a)　国家免除を受ける主体は国家であるから，国家免除を適用する前提として，何が国家にあたるかが判断されることがある。

被保護国や未承認国であっても国家免除の対象とされているが，連邦構成国や地方公共団体については，諸国の裁判所の処理は一致していない。さらに，国有企業・国立銀行・公社などについては，政府からは独立の事業体であるために見解の対立がある。

免除をうける主体の範囲の問題は，後述の相対免除主義に従って免除を受ける事項を分類する場合であっても，別個に存立しうる。たとえば中央銀行につき，政府の一部局ではなく独立した事業体であり，法貨の発行や貨幣の国内的価値の防衛などは政府の代理機関として行われてきたものであるとして，主権

免除を受ける主体とは認めなかったが，それとともに，かりに中央銀行が政府の一部局であるとしても，相対免除主義に従えば，その行為には免除の対象とそうではないものがあることも論じた国内裁判例がある（1977年スイス・トレンテックス社対ナイジェリア中央銀行事件）。

(b) 国家免除の適用範囲については，国家のいかなる行為が免除の対象かという事項を基準とする決定が行われる。これは，後述の相対免除主義のもとで核心をなす問題となる。

2 免除の適用に関する原則

(1) 絶対免除主義

(a) 国家免除が国際法の原則として成立した19世紀後半は，上述のように国家主権が強調され私的自治が尊重されたために，国家機能は公権力行使に特化された。そこでは，国家の独立・平等・威厳を尊重するために，およそ国家の行為であれば免除の対象とすべきであると考えられた。

(b) 絶対免除主義に基づいても，免除の適用範囲につき例外がないわけではない。典型的には，外国が法廷地国の領域内にもつ不動産に関して権利関係が争われる訴訟では，免除は認められないとされる。これは，免除原則に対して領域（土）主権が優位しているとみなすこともできる。日本の裁判所も，絶対免除主義をとった事件で，この例外を認めた（1928年松山哲雄ら対中華民国事件，大決昭3・12・28）。

(2) 相対免除主義

(a) 今日では，国家の行為は公権力の行使に特化されるわけではなく，個人と同じように商工業に関する活動を行い営利活動の管理・運営を行う。また，旧ソ連をはじめ社会主義国では，すべての行為が公社や国営企業によるものとなれば，国家免除の対象となりえてしまう。そこでおよそ国家の行為におしなべて免除を認めると，国家の営利活動の相手方，つまりは取引の相手方となる個人や企業は，紛争が生じた場合に国内裁判所で救済の途を閉ざされることになる。それは，個人や企業にとって取引の安全を害されるのみならず，国家にとっても取引を回避されるという不利益を生ずる。さらに，個人と国家との紛争を容易に国際法平面に移行させずに国内裁判所で処理するためには，裁判権免除の範囲が適当に限定されることが望ましいともいえる。

こうした現状に即して，国家の行為を公権力の行使にあたる主権的行為と，

それ以外の業務管理行為とに分けて，前者にだけ免除を認める相対免除主義を採用する諸国が増えてきている。国連裁判権免除条約も相対免除主義を採用して，前文で，裁判権免除に関する国際条約が，国と自然人または法人との関係において法の支配および法的安定性を高めることを謳う。

(b) 旧社会主義国やチリ，ブラジルなどが絶対免除主義をとっているが，ベルギーやイタリアは19世紀末から20世紀はじめに，英・米・旧西ドイツは20世紀後半に相対免除主義に転じた。それ以外にも，オランダ・オーストリア・アルゼンチンなどが同様である。国内法で相対免除主義をとる例には，米国の1976年外国主権免除法，英国の1978年国家免除法がある。

条約例では，1972年のヨーロッパ国家免除条約は，免除を請求できない場合を列挙するという方式をとり，相対免除主義の原則に従う。伝統的に裁判権免除の一つの主題であった公船につき，国連海洋法条約は，条文により若干の表記の差異はあるものの，非商業的目的のために運行する政府船舶ないしは非商業的役務にのみ使用される政府船舶にだけ免除を適用するという方針を採用する（32条，96条）。国連裁判権免除条約も，起草過程では絶対免除主義を主張する国もあったが，相対免除主義を採用した。同条約は，裁判権行使に対する同意を，免除原則の例外とは位置づけていない。本来存在しない裁判権が同意により生ずるというのではなく，同条約は相対免除主義の立場に立って，潜在的に存在する裁判権の行使が同意により許容されるという論理を採用した。さらに同条約は，第三部で免除が認められない訴訟手続として，以下の事項に関する訴訟で，裁判権免除を援用できない場合を規定する。商取引・雇用契約・人の身体への傷害および財産への損害・財産の所有，占有および使用・知的財産権および工業所有権・会社またはその他の団体への参加・国が所有または運航する船舶・仲裁合意の効果である。

(c) 日本の裁判所は，先述の1928年松山哲雄ら対中華民国事件で絶対免除主義の立場を明らかにして以来，絶対免除主義をとってきた。横田基地夜間飛行差止等請求事件で，第一審（東京地八王子支判平9・3・14）は先例に従い絶対免除主義を採って免除を認めたが，控訴審（東京高判平10・12・25）がこれを覆した。控訴審は，結論としては，在日米軍地位協定18条の適用と類推適用により免除を認めたが，1928年の判決以来，国際社会の動向が相対免除主義に移行しているにもかかわらず，日本が絶対免除主義を採用してきたとされるのはその機会が得られなかったからであるとし，相対免除主義への肯定的な

言及を行い，実質的に相対免除主義に判例変更したとされる（最高裁判決〔最判平 14・4・12〕も相対免除主義への肯定的言及を含む）。その後，不当利得返還請求事件（東京高判平 12・12・19）等で，下級審が相対免除主義をとる例がつづき，2006 年パキスタン貸金請求事件（最判平 18・7・21）で，最高裁も相対免除主義をとり判例変更した。

(d) 相対免除主義が生みだした課題

相対免除主義を採用すると，免除の適用範囲を決定する基準の設定が必要となる。これに関する見解の対立や諸国の実践のばらつきが，国家免除原則に対する疑問の理由となっていることは上述のとおりである。それは，相対免除主義のもとでは根本的な欠陥にもなりかねない。

絶対免除主義では免除が原則として認められ，見解や実践が一致しないのは，例外として管轄権が行使される対象となる事項についてである。これに比して相対免除主義は，国家行為を免除の対象となるものとそうでないものに区別して，後者については本来的に裁判権が存在し行使される。つまり，相対免除主義では，免除原則それ自体が免除の適用範囲の問題を内包しているので，それに関する見解や実践の対立は，そのまま免除原則自体への対立になりうるのである。

3 相対免除主義における免除の適用基準

(1) 目的説と性質説

免除の適用がある主権的行為と免除の適用がない業務管理行為の区別として，行為の目的を基準とする目的説と行為の性質を基準とする性質説がある。

目的説は，国家行為の目的が公権力の行使や国家統治のためである場合に国家免除を認める。しかし，国家行為である以上，なにがしか公共・福祉的な意図や目的を帯びるのが通常であり，目的を基準として行為を類別するのは意義に乏しい。また目的についての判断は恣意や主観に左右されやすいため，目的説は支持されにくい。

これに対して性質説は，行為の性質や生ずる法律関係を基準とし，公法か私法のいずれの関係での行為かを判断する。目的説における欠点や懸念がないために，性質説が有力である。

(2) 性質説による行為の分類

性質説を適用して国家行為を分類すると，たとえば，立法行為・外国人追放

などの行政行為・裁判拒否などが免除の適用を受け，商工業・金融業・海運業などの事業・不動産の賃借などは免除の適用を受けない。

　もっとも，性質説による行為の分類が免除の適用可否を決めるための万全な基準であるとは限らない。私法的な性質をもつとみられる行為でも，軍事・外交その他の国家権力の行使と結びついている場合に，私法行為として免除の適用を否定できるかにつき，国内裁判実践は一致していない。たとえば，行政権行使にともなう補償支払いのための国家による約束手形の振り出し，大使館の修理契約の締結，軍隊への物品・役務提供の契約締結などである。

　国連裁判権免除条約は，上述のようにいくつかの訴訟手続につき免除を援用できない場合を規定し，性質説に依拠するといえるが，それにはとどまらないような考慮を認めている。2条2項では，「商取引」の決定につき性質によるとしつつも，目的の考慮も規定する。さらに，個人の解雇や雇用の終了で安全保障上の利益と抵触する訴訟では免除を適用する，雇用国と被雇用者の合意があれば免除を適用するが，公序の考慮から法廷地国の裁判所に排他的な裁判権が与えられる場合には免除を適用しない，国有船舶で非商業用「目的」の使用を基準とするなどである。

4　強制執行の免除

　論理的には，裁判権につき免除の適用がない以上，強制執行につきあらためて外国の同意を求める必要はない。また，強制執行による判決履行の担保がなければ，裁判権の免除を制限しても実際上の意義が乏しいとの指摘もある。

　けれども実際には，多くの国内裁判実践では，外国が免除の適用を受けずに裁判権に服しても，判決前の保全処分の強制や，判決後の強制執行は当然にはできず，あらためて外国の同意が必要であるという立場をとる。被告として外国を裁判審理することよりも，強制執行を課することは，当該外国にも法廷地国との外交関係にも重大な影響をもつという実際上の外交的考慮にもよろう。かつ，裁判権行使よりも強制執行の場面では，国家主権・独立・平等・威厳の尊重が領域主権に対して優位するとみることもできる。

　もっとも，領域内の外国財産の性質によっては，強制執行・保全処分を認める例もある。たとえば，商業目的に運航される政府船舶・政府航空機は強制執行の免除の適用がないとされる。これは，強制執行についても相対免除主義免除がとられているともいえるが，判断が容易ではない場合もある。外国の国有

財産（法廷地国の銀行にある外国の預金など）や大使館の預金が，主権的あるいは業務的目的のいずれに使用されるかなどである。

国連裁判権免除条約は，裁判権行使についての同意と判決の前後の強制措置についての同意とを区別して（20条），判決の前後のいずれでも強制措置をとることは禁止する。強制措置が許されるのは，関係国の同意や，訴訟目的の請求を満足させる財産が留保されている場合，国が法廷地国領域内に非商業目的以外に使用する財産で訴訟の対象とされた団体と関連を有する財産である場合などである（18条，19条）。

■■■ 確認質問 ■■■

1　国家管轄権にはどのような種類があり，それぞれの作用は何か。

2　国家管轄権が競合し抵触する場合を，具体例を用いて説明しなさい。

3　国家管轄権の行使を国際法が規律する目的や機能を，具体的な国際法規則を用いて説明しなさい。

4　国家管轄権の根拠となる基準群と，それらの国際法としての成立の程度はどのようなものか。

5　国家管轄権の根拠となる基準群のうちで，その拡大適用が考えられているものを説明しなさい。

6　立法管轄権の域外適用が関係国間の対立を招いた実践には，どのようなものがあるか。

7　国家免除原則の根拠には，どのようなものがあるか。

8　国家免除の適用範囲についての考え方は，どのように変遷してきたか。

9　相対免除主義をとり，免除の適用範囲を限定するための基準は，どう考え

られるか。

10 裁判権免除の放棄は，裁判をめぐる強制措置の免除の放棄とみなせるか，また，裁判にかかわる強制措置の免除は実践でどのように処理されているか。

第 10 章 外交・領事関係法

　外交関係法は，国際法および国際関係の構築に関する手続的な枠組みであり，歴史的に古くから慣習法として発展してきた。今日では，主要な規則は外交関係条約で明文化されている。この条約は締結国も多く，今日の外交関係法で中心的な位置を占めている。他方で，領事関係は主に二国間条約により規律されてきた。現在でも特別法としての二国間条約が，一般法としての領事関係条約に優位する。外交関係および領事関係はいかにして設定されるのか。外交官および領事官はいかなる特権免除を享有するのか。その濫用があったとき，接受国は何をできるのか。本章では，国際関係の基礎にある外交・領事関係法について説明する。

I　外交関係制度

1　歴史的展開

　外交関係の中心は，国家が相互に外交使節団を交換し，それを通して相互の外交上の問題を処理することである。したがって，外交使節団の交換と，その職員が広い特権をもつことは，外交関係に関する主要な問題である。

　外交使節の派遣や接受は，歴史的に古くから行われていた。それは13世紀のイタリアにさかのぼる。イタリアには相互に同盟または対抗する多くの都市国家があったため，使節を常駐的に派遣しておくのが便宜であり，必要であったからである。その後15世紀には，イタリアの多くの都市国家は欧州諸国にもこれを派遣するようになった。やがて17世紀にウェストファリア講和会議を経て近代領域主権国家体系が成立すると，常駐の使節の交換は一般的な慣行となった。そして，18世紀から19世紀にかけて諸国の国家実行を通じて本格的に発展した。

　外交関係に関する国際法の規則は，歴史的にその多くが慣習国際法として発展した。19世紀はじめに外交使節の階級と席次に関する一般規則（1815年「外交使節の席次に関する規則」，1818年「弁理公使の席次に関する規則」）が作成されたが，これは18世紀までに外交使節の階級と席次をめぐり国家間で争い

が激化したことによる。それ以外では，1960年代に「外交関係に関するウィーン条約」（外交関係条約）が採択されるまで，外交関係に関する一般的な成文規則は存在しなかった。ただし，法典化の試みがなかったわけではない。一つは，万国国際法学会（Institut de Droit International）が採択した2つの決議（1895年「外交特権に関する規則」と1929年の修正規則）である。もう一つはハーバード大学草案である。ハーバード大学法学部は1932年に外交関係と外交特権につき詳細な規定を作成した。国際連盟も外交特権免除と外交使節の階級につき法典化を検討したが，法典化会議の議題には上らなかった。ただし米州諸国間では，1929年にハバナ条約が締結された。

　第2次世界大戦後になると，国連国際法委員会（ILC）における法典化作業を受けて，1961年に外交関係条約（1964年発効）が，外交関係に関するはじめての一般条約として採択された。さらに1969年には，臨時外交使節について「特別使節団に関するニューヨーク条約」が，また1973年には「国際的に保護される者（外交官を含む）に対する犯罪の防止及び処罰に関する条約」が採択されている。

　外交関係条約は，現代の外交関係に関する国際法規則の主要部分を定める。採択当時すでに確立していた慣習法規則の法典化と，国際法の漸進的発達という2つの側面をもつが，発効後の国家実行の集積により，現在ではそのほとんどが慣習法となっている。そして，参加国の普遍性（2008年1月1日現在で187ヵ国）も高く，一般に締約国によってよく守られているといわれている。

2　外交関係

(1)　外交関係の設定

　外交関係の設定は当事国の相互の合意による（外交関係条約2条）。これは常置外交使節団の派遣とは区別される。国家は外交関係の設定に合意しても，かならずしも使節団を派遣するとは限らない。また，当事国が相互に相手国を主権国家として認めていることが外交関係の設定の前提であるが，国家承認を行ったからといって，かならず外交関係が設定されるとも限らない。

　常置外交使節団の派遣は，通常は外交関係の設定につづいて行われるが，これも当事国間の相互の合意による（2条）。国際法上，国家は他国からの常駐使節団や臨時の外交使節団を受け入れる義務を負わない。

(2) 外交機関（外交使節団）

外交使節団には2つの種類がある。臨時外交使節団と常駐外交使節団（常置使節団）である。前者は特定の外交上の任務のために派遣され，後者は派遣先の国に常置される。ただし，その地位や特権免除には差異はない。

外交使節団は，使節団の長と使節団の職員から構成される。まず，外交使節団の長には，大使，公使および代理公使という3つの階級がある。大使と公使は国の元首に対して派遣され，代理公使は外務大臣に対して派遣される（外交関係条約14条）。外交関係条約ではこれらの階級の間に任務・特権上の差異はないが，今日では大使の派遣が一般的である。つぎに，外交使節団の職員とは，外交職員，事務・技術職員および役務職員を含む。外交職員は，参事官や一等書記官など，使節団の職員で外交官の身分をもつ者である。外交官とは，外交使節団の長または使節団の外交職員をいう（1条(c)）。原則として外交職員は派遣国の国民でなくてはならず，接受国の同意がなければ接受国の国民を外交職員に任命することはできない（8条1項・2項）。事務・技術職員とは，使節団の事務的業務または技術的業務のために雇用された職員である。役務職員とは，使節団の役務に従事する職員である。外交関係条約は，外交官とそれ以外の使節団の職員（事務・技術職員および役務職員）を大別して，その任務や特権免除などについて具体的に定めている。

派遣国は本来，外交使節団の規模を自由に決めることができる。けれども，接受国は派遣国に対して，使節団の構成員の数を，接受国が自国内の諸事情および当該使節団の必要を考慮して合理的かつ正常と認める範囲内のものとするよう要求することができる（11条）。なぜなら，派遣国は情報収集などの目的で不自然に規模の大きな使節団を派遣することがあるが，それでも接受国はその使節団に特権免除を認めなくてはならないため，それでは接受国にとって過重な負担となるからである。

派遣国は使節団の構成員を自由に任命できるが，接受国との関係でつぎに掲げる制約を受ける。まず，外交使節団の長については，あらかじめ接受国のアグレマン（同意）を得なくてはならない（4条）。接受国は，アグレマンを拒否した場合にその理由をしめす必要はない。ただし一般に国家実行では，拒否の理由は派遣国と接受国との関係ではなく，任命される者に関するものであるべきとされている。つぎに，外交使節団の職員については，あらかじめ接受国のアグレマンを得る必要はない。けれども，接受国はペルソナ・ノン・グラータ

の通告により，外交官について受入れを拒否することができる。

(3) 外交使節団の任務

外交使節団の任務は，臨時外交使節団と常駐外交使節団とで異なる。前者については，その派遣目的により決まる。後者については，外交関係条約がつぎに掲げる5つの任務を定める。派遣国およびその国民の利益の保護（保護），接受国との交渉（交渉），情報の収集（観察），接受国における派遣国の代表，および，接受国との友好・協力の推進である（3条1項）。はじめの3つは伝統的に認められてきたものであり，外交関係条約はそれに加えてあとの2つを明記した。

外交使節団は，派遣国およびその国民の利益保護の任務を遂行するにさいして，国際法の規則，とくに国内問題不干渉義務と国内救済手続完了の原則に従わなくてはならない。そして接受国は，使節団による任務の遂行のために十分な便宜を与える義務を負う（25条）。また，外交使節団の長および職員は接受国の法令を遵守し，接受国の国内問題に介入してはならず（41条），スパイ活動，接受国の国内反政府勢力への支援，自国民の拉致，密輸等をしてはならない。また，外交官は，接受国内で，個人的な利得を目的とするいかなる職業活動または商業活動も行ってはならない（42条）。

II 領事関係制度

1 歴史的展開

領事関係制度の歴史は非常に古い。原始的なものは古代ギリシャにさかのぼるが，現在の領事制度により近いものは十字軍の頃に生じた。すなわち，中世後期のイタリア，スペイン，フランスなどの商業都市における伝統（商業上の紛争の仲裁と商人の利益保護のために，商人団体で仲裁人を選出すること）が，十字軍の遠征以降，シリア，パレスチナ，エジプトなど東方諸国におけるこれらの居留地の慣行となったものである。つまり，これら商業都市の居留地では，商人間で領事を選出し，領事裁判権の行使による商人間の紛争を処理したり，滞在国政府と交渉したりする慣行があった。そして，こうした領事制度は15世紀に欧州諸国間でも普及した。

けれども17世紀から18世紀にかけて，近代主権国家の隆盛とともに領事制度は変貌した。領事は本国政府から直接任命されるようになった。また西欧

諸国では，領域主権原則の確立にともない外国の商人は滞在国の裁判権に服することになり，領事裁判制度は廃止された。さらに，外交使節制度の普及により，派遣国を代表して交渉する資格や権限が外交使節の側に移ったため，領事制度の役割は自国の通商上の利益や自国民の保護などに限定され，その意義は低下した。ただし東方諸国では，領事裁判条約に基づき片務的領事裁判が承認され，欧州の領事は領事裁判権を保持した。そして19世紀になると，国際的通商交易の隆盛にともない領事任務の重要性はあらためて注目され，また，タイ，中国，日本なども含めた東方諸国における領事裁判制度も，19世紀末以降しだいに廃止されるまで存続した。

以上の歴史のなかで，領事関係を規律する法，すなわち領事関係法は，多くの二国間条約（領事条約，通商航海条約）と国内法による個別の規制を中心に発展した。領事関係に関する国際規則の法典化の試みもいろいろとあったが，条約の採択には至らなかった。多国間条約としては，米州諸国間で「領事に関するハバナ条約」（1928年）があったにすぎない。こうして，現実の領事関係は主に個別の二国間条約に基づいていた。したがって，慣習法として発展した外交関係法に比べて，領事関係に関する一般国際法の発展は遅れた。

領事関係法の法典化の試みとしては，第一に，国際法学会が1896年に「領事特権に関する規則」と題する決議を採択した。第二に，万国国際法学会に提出された領事に関する法典案があるが，最終的に採択されなかった。第三に，ハーバード大学法学部が1932年に発表した領事に関する草案がある。第四に日本国際法学会が作成した「領事官の職務および特権に関する規程」がある。これは1926年に作成され，国際連盟理事会に提出された。さらに，1925年には米国国際法学会も草案を作成し，米州諸国に送付した。国際連盟も領事の法的地位に関する法典化を検討したが，連盟総会はこれを議題として取り上げずに終わった。

やがて第2次世界大戦後には，ILCの起草作業を経て1963年に「領事関係に関するウィーン条約」（領事関係条約）が採択された（1967年発効）。これは領事関係に関するはじめての一般条約である。この条約は，国際法の法典化および漸進的発達という2つの側面をもつ。また，諸国間の妥協の産物でもある。起草過程では，とくに領事の特権免除の範囲をめぐり英米諸国と旧社会主義国間で激しい対立があった。

以上のことも反映し，領事関係については，一般法としての領事関係条約に

対して，特別法として今なお多くの二国間条約が存在する。たとえば，日本は米国（1963年），英国（1964年），ロシア（旧ソ連，1966年）の各々と二国間条約を締結している。また，地域的に限定された条約として「領事任務に関する欧州条約」（1967年）もある。これらの特別法と領事関係条約は，部分的に異なる規定を有し，相互に抵触する規定もある。領事関係条約はこのことを認め，個別条約があるときは，その条約の適用を認めることを明記している（73条）。このようにして，今日の領事関係法は，一般法としての領事関係条約および特別法としての多くの二国間条約と地域的条約により構成されている。

2　領事関係
(1) 領事関係の設定

領事関係は，当事国間の合意により設定される（領事関係条約2条1項）。ただし外交関係の設定は，特段の表明がない限り，領事関係の開設の同意を含むものとみなされる。その一方で，外交関係の断絶は当然に領事関係の断絶をもたらすものではない。なお今日では，領事関係の設定がかならずしも領事機関（総領事館，領事館など）の新規設置をともなわないこともある。外交使節団が領事任務を遂行できるためである。

領事機関の設置には接受国の同意が必要である。また，その所在地，種類ならびに領事管轄区域の決定および変更は，接受国の承認を受けなくてはならない。そして，領事機関は通常一定の管轄区域（領事管轄区域）をもつため，同じ接受国内に複数の領事機関が設置される場合が多い。

(2) 領事機関の構成員

領事機関の構成員は領事官（領事機関の長を含む），事務技術職員，役務職員から成る。領事官には，本務領事官と名誉領事官という2つの種類がある。前者は本国から派遣される領事であり，一般に領事というとこちらを指す。後者は，派遣国における有力者などの関係者が任命される。両者間では特権免除に差異がある。

領事機関の長には，総領事，領事，副領事，代理領事という4種類の階級がある（領事関係条約9条）。その任命については，外交使節団の長におけるようなアグレマンの制度はない。その者の資格などをしめした委任状が派遣国から出され，これに対する接受国の認可状の交付により，任務の遂行が承認される。ただし，接受国は理由をしめすことなく認可状の付与を拒否できる（12条）。

また，接受国は，その者がペルソナ・ノン・グラータであることをいつでも派遣国に通告できる（23条1項）。

外交使節団の領事部が当然に領事機関として認められるか，また，そこで任務をとる領事部の長が領事機関の長としての資格をもつかどうかについては，領事関係条約に規定はない。70条2項の解釈からは，外交使節団による領事任務の遂行は，接受国による特段の禁止や制限がない限り可能と解されるが，領事部を領事機関として承認するか否かは接受国の裁量によるといえよう。

(3) 領事機関の任務

領事機関の任務は多岐にわたる。領事関係条約は主な任務としてつぎのものを掲げる。接受国における派遣国ならびに在留自国民の利益の保護，接受国と派遣国間の通商・経済・文化・科学上の関係発展の助長と友好関係の促進，接受国の通商・経済・文化・科学上の活動の進展の把握と本国政府への報告，旅券・査証の発給，在留自国民の出生・死亡・婚姻届の受理，および，自国船舶・航空機ならびに乗組員の監督や検査である（5条）。

ただし，本国を代表して接受国と外交交渉を行うことは領事官の任務ではない。そして，領事官は任務の遂行にあたり，その領事管轄区域内の権限ある地方当局と通信できるが，接受国の法令および慣習または関係のある国際協定により許容される場合を除いて，接受国の中央当局と通信できない（38条）。

接受国は，領事任務を保障する義務を負う。接受国は領事機関の任務の遂行のために十分な便益を与えなくてはならない（28条）。また，接受国の権限ある当局は，派遣国の国民が逮捕，留置，勾留または拘禁された場合に，その国民の要請があれば，その旨を遅滞なく当該領事機関に通報しなければならない（36条1項(b)）。ラグラン事件ではこの点が問題になった。原告ドイツは，米国は自国でドイツ国民のラグラン兄弟が殺人罪により逮捕されたことについて，領事関係条約の定める通報義務に反してドイツ領事への通報を怠ったのであり，死刑を含む有罪判決以前の状態に戻すべきであると主張し，国際司法裁判所（ICJ）に提訴した。ICJは，米国は逮捕後ラグラン兄弟に同条約の下での権利を遅滞なく告知せず，またドイツから自国民に対する訴訟援助の機会を奪ったとして，米国の義務違反を認定した（2001年ラグラン事件ICJ判決）。

III 特権免除

1 外交使節団の特権免除
(1) 特権免除の根拠

外交使節団の長および職員に認められる特権免除の根拠については，歴史的に異なる説が主張されてきた。治外法権説，代表説および機能説である。まず治外法権説とは，外交使節団の長および職員が派遣国の機関である以上，それらに対しては接受国の管轄権はおよばず，もっぱら派遣国の管轄権の下にあるというものである。この立場によれば，特権免除はかなり広範囲に認められる。けれども，この説は近代の主権概念と相容れず19世紀末に批判され，今日は支持されていない。つぎに代表説とは，外交使節団が派遣国を代表している以上，国家代表にふさわしい特権免除が与えられるべきであるというものである。これによれば，外交使節団の長および職員には接受国の管轄権がおよぶことを前提に，その一部が免除され，また特権が与えられる。この立場は古くから主張され，19世紀以降も支持されてきた。最後に機能説とは，外交使節団を接受する以上，その職務を遂行するために必要な特権免除が接受国から与えられるべきとの発想に立つ。これは，接受国の管轄権を前提にその一部が免除され特権が付与されるととらえる点では代表説と同じだが，特権免除の範囲は外交使節団の職務遂行に必要な範囲に限定されるため，代表説よりも狭くなる。この説も代表説と同様，19世紀以降も支持されている。

外交関係条約は，基本的に機能説の立場に立ちつつ（前文），代表説の要素を取り込んで特権免除の範囲を若干拡大する方針をとっている。すなわち，前文では，特権免除の目的は「国を代表する外交使節団の任務の能率的な遂行」の確保にあると明記しており，機能説の立場に立つ。その一方で，事務・技術職員に外交官なみの特権を認めるなど，個々の構成員の職務よりも国を代表する外交使節団の全体としての活動を重視し，特権免除の範囲を拡大している。

(2) 特権免除の種類
(a) 公館の不可侵

外交使節団の公館（大使館，公使館など）は，外交使節の任務を遂行するための拠点として不可侵である。使節団の長が同意した場合を除いて，接受国の官憲は公館に立ち入ることができない（外交関係条約22条）。公館の不可侵は

絶対的であり，国家の安全保障に対する深刻な脅威または外交特権の明白な濫用に直面したときでも，接受国は強制的に公館に立ち入ることはできない。なお，一般国際法上きわめて例外的に，自衛権の発動として正当化されうる場合もあるのではないか，という議論もあるが，外交関係条約では濫用の危惧を重視し明記されていない。国家責任に関するILC条文も，国際法違反への対抗措置として，外交使節団の公館の不可侵性を尊重する義務に反することを禁止している（50条）。

火災や伝染病の発生などの緊急時の立入りについても，条約の起草過程で問題となったものの従来からそれを認める国家実行はなく，起草の経緯からも認められないと解すべきである。この点は，緊急時の立入り可能性を明記する領事関係条約（31条2項）と対照的である。なお，外交官の個人的住居も公館と同様の不可侵と保護を享有する（外交関係条約30条1項）。

外交的庇護権（外国の公館が逃げ込んだ犯罪人を庇護する権限）については争いがあるが，今日では，一般国際法上認められていないという見解が有力である。ICJは，庇護事件の判決において，通常の領域的庇護（逃亡先の別の国による庇護）とは異なり，外交的庇護の場合に避難者は犯罪を行った国の領域内におり，外交的庇護の供与はその国の主権の侵害を意味するのであって，それは，犯罪人を領域国の裁判権から免れさせ，また当該国の排他的管轄事項に対する干渉を構成するとした（1950年庇護事件ICJ判決）。他方で，外交関係条約の起草過程では，外交的庇護の問題には激しい論争があることを考慮して意図的に議論から外したため，条約に明文規定はない。ただし，少なくとも避難者の生命または安全に急迫した危険がある場合には，派遣国は慣習法上，外交的庇護に関する限定的かつ一時的な権利を主張する余地があると主張する論者もいる。そして，現実にこの種の事件が発生したときには，派遣国は人道的見地から接受国の要請に素直に応じることは少なく，派遣国と接受国間の協議により解決される例がほとんどである。

接受国は公館を保護する義務を負う。外交関係条約によれば，接受国は公館の保護や侵害の防止のために適当なすべての措置を執る特別の責務（special duty）を有する（22条2項）。これは積極的な排除措置をともなう義務である。ICJは米国大使館人質事件の判決において，これは侵害の完成に至る前にそれを防止ないし阻止する義務であると同時に，万が一侵害が発生したときは，その迅速な終了と現状の回復をはかる義務をともなうとした。そして，接受国イ

ランはいずれの措置もとらなかったことを理由に，とりわけ22条2項の重大な義務に違反したと認定した（1980年米国大使館人質事件ICJ判決〔本案〕）。

(b) 身体の不可侵

外交官の身体は不可侵である。外交官は，いかなる方法によっても抑留または拘禁することができない（外交関係条約29条）。これは慣習法上古くから確立している規則である。この点につきICJは，国家間の関係を進めるための基本的前提として外交使節と大使館の不可侵性ほど重要なものはなく，外交官の身体の安全および訴追からの自由は不可欠かつ無制限なものであると明言した（1979年米国大使館人質事件ICJ〔仮保全措置命令〕）。

接受国は，外交官の身体，自由に対する侵害を防止するためすべての適当な措置をとらなければならない（同条）。この点について，ICJは，米国大使館職員の長期の人質拘束行為にさいしてのイラン政府の不作為は，外交関係条約29条の明白かつ深刻な違反を構成し，また，ホメイニ氏および他の国家機関による当該状況の追認は，人質拘束行為をイランの国際違法行為に転換させ，かつイランによる外交関係条約の反復かつ複数の違反を構成するとした（1980年米国大使館人質事件ICJ判決〔本案〕）。

さらに，外国公館または外交官自身を対象とした犯罪行為の増加に対処すべく，特別条約も採択されている。前述した国際的に保護される者（外交官を含む）に対する犯罪防止条約では，容疑者が領域内に所在する締約国に対して，訴追または引渡しの義務を課している。

(c) 裁判権の免除

外交官は，接受国の刑事裁判権からの完全な免除を享有する（31条1項）。この免除は絶対的であり，犯罪の種類・軽重を問わず，任務遂行中か否かを問わない。これは19世紀後半以来支配的な立場であり，慣習法上も確立している。

その一方で，外交官が享受する民事・行政裁判権の免除は制限されている。接受国領域内にある個人の不動産に関する訴訟，個人としての相続に関する訴訟，公の任務外で行う職業・商業活動に関する訴訟は免除されない（同項）。

また，外交官は証人として証言を行う義務も免除される（同条2項）。ただし，みずから進んで証人として証言することはでき，裁判所はその証言を証拠として採用することができる。外交官に対して訴状の送達をできるかという問題があるが，実際には，訴状の送達以前に外務省を通じて応訴の意思が確認さ

れることが多い。そして，接受国は証言の拒否を，ペルソナ・ノン・グラータまたは受け入れ難い者の根拠にすることができる。

　裁判権の免除は立法管轄権の適用を排除するものではなく，外交官は接受国の国内法を遵守する義務を負う。けれども，たとえば外交官が交通事故を起こした場合には，派遣国が特権免除を放棄しない限り，被害者は司法的救済を得ることができない。現実にも，多くの国で外交官の交通事故（飲酒運転など）は頻発し問題となっているが，被害者の救済は保険制度による場合が多い。たとえばアヤトリ事件（1964年）では，マレーシアの外交官が東京で起こした交通事故に関して，賠償交渉中に当該外交官本人が帰国したため，被害者の遺族は本人から賠償金を得ることができなかった。ただし，裁判権の免除は加害者が契約していた保険会社にはおよばないため，被害者は保険会社を相手取って接受国の裁判所で損害賠償を請求し，遺族と保険会社との間の和解で解決された。

　派遣国は，裁判権の免除を放棄することができる（32条1項）。これは派遣国にだけ認められ，外交官本人には認められない。そして，このような裁判権の放棄は慣習法上も確立している。ただし，その放棄は，刑事および民事・行政裁判権のいずれについても明示的になされなければならない（32条2項）。また，裁判権の免除は執行の免除の放棄をともなわない（同条4項）。この規定は刑事裁判権については触れないが，条約の起草過程の経緯から刑事裁判権についても同様と解すべきである。なお，英国やフランスなどの接受国における近年の状況に着目し，すくなくとも民事・刑事裁判の公正性が保証される接受国では，派遣国は，特権免除の濫用に関する公衆の懸念を考慮して，以前に比べて裁判権免除の放棄が与えられるようになってきている，との指摘もある。

　(d)　課税免除

　派遣国と外交使節団の長は，公館について，国または地方公共団体のすべての賦課金または租税を免除される。ただし，提供された特定の役務に対する給付としての性質を有するものは免除されない（23条）。また，外交官は原則として，人，動産または不動産に関して国または地方公共団体のすべての賦課金および租税を免除される。けれども，外交関係条約に明記された6つのものは免除されない（34条）。このようにして外交関係条約は，伝統的に国家により異なっていた課税免除について，統一的な一般規則を明記した。外交官の課税免除の例外とされるのは，特権免除の機能的必要性の観点から，外交官の公的

活動とは無関係で日常生活に関係するもの,提供されるサービスへの対価としての性質のもの,および非課税扱いが行政上不便なものの3つである。

(e) 通信の自由・文書の不可侵

接受国は,すべての公の目的のためにする外交使節団の自由な通信を許可し,かつ,これを保護しなければならない。外交使節団は,通信にあたり外交伝書使,暗号,符号等すべての適当な手段を用いることができる。ただし,無線送信機の設置と使用は,接受国の許可が必要である(27条1項)。また,外交使節団の公用通信は不可侵である(同条2項)。そして,外交伝書使の身体は不可侵であり,逮捕や留置をされることはない(同条5項)。

さらに,外交使節団の公文書および書類(私的なものも含む)は,いずれの時,またいずれの場所においても不可侵である(24条)。接受国の官憲は,これを捜査または押収してはならない。外交関係条約はここにいう「公文書および書類」の定義を明記しないが,起草過程では広範囲のものを含むことが意図されていた。そして国家実行では,領事関係条約における「領事公文書」の広い定義(1条1項(k))――領事機関に属するすべての書類,文書,通信文,書籍,フィルム,テープおよび登録簿ならびに符号および暗号,索引カードならびにこれらを保護しまたは保管するための家具を含む――が類推適用されている。外交使節団は領事機関よりも一般に広い特権を享有するのだから,保護されるべき外交公文書の範囲が領事公文書の場合よりも狭いというのは合理的ではないからである。また,この規定の趣旨からは,コンピュータ・ディスクのような現代的な保存媒体も含むと解されるべきであろう。

(f) 移動・旅行の自由

外交使節団のすべての構成員に対して,接受国は,自国領域内における自由な移動および旅行の自由を確保しなければならない(外交関係条約26条)。この自由は,情報収集という外交使節団の任務遂行にとって不可欠である。この規則にかかわらず,冷戦時代には旧ソ連と東欧の旧社会主義国は,西側諸国に対して広範囲の領域につき旅行制限を維持しつづけた。そして,多くの西側諸国はこれを26条違反とは主張せず,他方で,旧ソ連と東欧の社会主義国に類似の制限を課すことで対抗した。ただし,その法的根拠については論者の間で議論がある。冷戦終結後はこのような実行は消滅しつつある。

(g) 外交官以外の職員・家族等の特権

外交官以外の職員,すなわち事務・技術職員およびその家族で世帯をともに

する者は，その者が接受国の国民でないときには外交官と同様の特権免除を有する。ただし，民事・行政裁判権の免除は，その者が公の任務の範囲外で行った行為にはおよばない（37条2項）。

外交官の家族で世帯をともにする者についても，その者が接受国の国民でないときは，外交官と同様の特権免除を有する（同条1項）。

(3) 特権免除の享有期間，特権免除の放棄

特権免除の享有期間は，その者が接受国の領域に入ったときから始まり，任期が終了したときも，通常その者が接受国の領土を去るに必要な相当の期間は享有が認められる。これは，任務の開始および終了の時期とはかならずしも一致しない。さらに，その者が任務遂行中に行った行為に関する裁判権からの免除は，任務終了後も存続する（外交関係条約39条1項・2項）。

外交関係条約は，裁判権免除の放棄については規定をおく（32条）が，他の特権免除の放棄については明示していない。けれども，特権免除が派遣国の権利であること，また，特権免除の根拠は今日では主に機能的必要性にあることに鑑みれば，他の特権免除——公館，文書，通信，身体，住居などの不可侵——も派遣国によって放棄されうると解すべきである。そして，そのさいには32条の基本原則が適用されることになる。

(4) 特権免除の濫用

外交関係法は，特権免除の濫用に直面した接受国がとるべき対抗措置を，つぎのように想定している。第一に，接受国は理由をしめすことなく，その者をペルソナ・ノン・グラータとして派遣国に通告することができる。そして通告を受けた派遣国は，その者を召還し，または，その者の任務を終了させなくてはならない（外交関係条約9条1項）。第二に，派遣国が上記の義務の履行を拒否した場合，または適当な期間内にこれを履行しなかった場合には，接受国はその者を使節団の構成員として認めることを拒否することにより（同条2項），外交官の身分を剥奪することができる。そしてこれより強硬な手段として第三には，接受国は派遣国との外交関係を断絶することができる。

このようにして，外交関係法の諸規則は，一方で使節団に与えられるべき便宜，特権免除に関する接受国の義務を包括的に定めると同時に，他方で使節団の構成員による濫用を予見し，接受国がそのような濫用に対抗するためにとる手段を特定している。ただし，外交関係法の想定する前述した措置では十分に対処できないような場合について，つねに，関係国家相互間で違法行為に均衡

した対抗措置の行使が排除されているわけではないだろう。

　以上の点について，ICJ は外交・領事関係法を，原則としてそれ自体で完結した制度を構成する「自己完結的制度」(self-contained regime) とし，外交・領事関係法は違法行為に対する固有の措置を定めているため，米国による内政干渉行為への対抗措置として大使館員・領事館員の監禁容認を正当化するイランの主張をしりぞけた（1980 年米国大使館人質事件 ICJ 判決〔本案〕）。前述のように国家責任に関する ILC 条文も，国際法違反への対抗措置として，外交官もしくは領事官，またはそれらの公館，公文書もしくは書類の不可侵性の尊重義務に反する措置をとることを禁止している（50 条）。

2　領事機関の特権免除
(1)　特権免除の根拠

　領事機関に認められる特権免除は，外交使節団の場合と異なり，もっぱら機能的必要性の観点から一般に捉えられている。その背景には，以下のような領事特権をめぐる歴史的な経緯がある。すなわち，近代においては，領事は国家機関ではあるものの外交使節団のような特別な特権を有しておらず，その必要性が強調されることもなかった。なぜならば，領事は国家を代表して元首の威厳を代表する資格をもたず，また，その任務は基本的には自国民の通商利益の保護に限定されていたからである。その一方で，東方諸国に派遣される欧米の領事は，不平等な通商条約や領事裁判条約等により特別の地位を有していたが，慣行上領事特権は十分に統一化されておらず，個別の領事条約における取扱いも一定ではなかった。

　したがって，領事関係条約の起草過程では国家間で激しい対立があった。英米諸国が原則として領事に特段の特権は不要とするのに対して，国家による通商活動の実施体制をとる旧社会主義国は，外交官並みの特権を要求した。その結果として採択された領事関係条約は，両者間の妥協の産物としての性格が強く，かならずしも慣習法を法典化したものとはいえない。

　領事関係条約は，領事の特権免除を規定したはじめての一般条約である。そして特権免除の根拠を，「領事機関が自国のために行う任務の能率的な遂行を確保すること」（前文）とし，機能的必要性を強調している。この観点から，認められる特権免除は接受国の管轄権からの免除を主なものとし，不可侵権はきわめて制限的にしか認められていない。とはいうものの，特権の内容は当初

Ⅲ　特権免除

の条文草案よりも大幅に拡げられている。

この条約に加えて，領事機関の特権免除については地域的に限定された条約もある。前述した領事に関するハバナ条約と領事任務に関する欧州条約である。

(2) 特権免除の種類
(a) 領事機関に認められる特権免除

まず，領事機関（総領事館等）の公館は不可侵である。長の同意がある場合を除いて，接受国の立入りは認められない（領事関係条約31条1項）。ただし，火災などの緊急時には長の許可なくして立ち入ることができる（同条2項）。これが明記されている点は，前述したように外交関係条約と異なる。公館の不可侵が問題になった事例として，日本を当事国とする瀋陽事件（2002年）がある。これは，中国瀋陽市の日本総領事館に亡命目的の北朝鮮の脱出者5名が駆け込みをはかり，うち2名について，中国の警察当局が建物に入り込んで連れ去ったものである。日本側はこれを公館の不可侵の侵害であると抗議し，彼らの引渡しを要求したが，中国側は日本側の同意があったと反論した。結局，5名はフィリピン経由で韓国への亡命が認められたが，公館の不可侵権の侵害については不明確なままである。

接受国は公館を保護する義務を負う（同条3項）。公館の保護や侵害の防止のために適当なすべての措置をとる特別の責務であり，積極的な排除措置をともなう義務である。

つぎに，領事機関の公館および本務の領事機関の長の住居は，国または地方公共団体のすべての賦課金および租税を免除される（同条4項）。また，領事機関の公文書および書類は，いずれの時およびいずれの場所でも不可侵である（33条）。ここにいう公文書および書類は，前述の通りかなり広く定義されている。

さらに，接受国はすべての公の目的のためにする領事機関の自由な通信を許し，かつ，これを保護しなければならない。また，領事機関は通信にあたり，外交伝書使または領事伝書使，外交封印袋および暗号または符号による通信を含むすべての適当な手段を用いることができる（35条1項）。そして，領事機関およびその任務に関するすべての通信は不可侵である（同条2項）。

(b) 領事官に認められる特権免除

領事官に認められる特権免除は，外交官のそれよりも範囲が制限されている。まず，領事官の身体は不可侵である。領事は原則として抑留・拘禁されない。

ただし，重大な犯罪であって司法当局の決定がある場合には別である（41条1項）。これは，外交官の身体不可侵が絶対的であることと異なる。

つぎに，領事任務の遂行にあたり行った行為に関して，領事官は事務・技術職員を含めて接受国の裁判権から免除される（43条1項）。刑事裁判権については，任務遂行中のものである限り全面的に免除されるが，民事裁判権についてはその例外となる場合もある（同条2項）。また，任務と無関係な私的行為については免除されない点で，外交官の裁判権免除よりも制限的である。

(3) 特権免除の放棄・特権免除の享有期間

派遣国は，領事機関の構成員について，身体の不可侵，裁判権免除，証言の免除を，接受国に対する書面の通告により放棄できる（領事関係条約45条1項・2項）。ただし，判決の執行については別に放棄が必要である（同条4項）。

領事機関の特権免除の享有期間は，外交官のそれに類似する（53条）。

(4) 名誉領事官および名誉領事官を長とする領事機関の特権免除

名誉領事官の享有する特権免除は，本務領事官に比べてかなり制限されている。また，名誉領事官が接受国の国民である場合，または接受国に常居所を有している場合には，特権免除はさらに制限される。

そして，接受国は，名誉領事官を長とする領事機関の公館への侵入または損壊からの保護および領事機関の安寧の妨害または威厳の侵害を防止するための必要な措置をとればよい（領事関係条約59条）。

また，名誉領事官を長とする領事機関の公文書および書類は，いずれの時およびいずれの場所でも不可侵である。ただし，当該公文書および書類が，他の文書と区別して保管されていることを条件とする（61条）。課税についても，領事機関の公の使用に供されるもののみ，関税および租税が免除される（60条）。

名誉領事官の特権免除の放棄については，領事機関の構成員の特権免除の規定が準用される。

確認質問

1 国家承認，外交関係の設定，常置外交使節団の派遣，領事関係の設定および領事機関の設置は相互にいかなる関係に立つか。

2 外交使節団の特権免除はいかなる根拠により認められてきたか。

3 外交使節団の特権免除と領事機関の特権免除との違いを整理せよ。

4 火災や伝染病の発生などの緊急時に，接受国の官憲は外交使節団の長の同意なく外交使節団の公館に立ち入ることができるか。

5 外交的庇護権は国際法上確立しているか。

6 接受国は外交使節団および領事機関の公館の保護に関していかなる義務を負っているか。

7 外交官が接受国で交通事故を起こした場合に，接受国は当該外交官に対して裁判権を行使できるか。

8 接受国は，外交使節団または領事機関の公館の外に駐車してある，当該公館の所有する自動車のなかにあるUSBメモリを押収することができるか。

9 外交官による明白な特権免除の濫用が認められる場合に，接受国はいかなる措置をとることができるか。

10 領事官が接受国で休暇旅行中に飲酒運転により交通事故を起こした場合に，接受国はいかなる措置をとることができるか。

第 11 章　国家の国際責任

　すべての法体系は，法違反により法益侵害が発生したときの結果を規律する法（責任法）を内包するという。相互に対等で独立の主権国家が並存する国際社会では，法実証主義の理論により主権国家の責任観念を独自に発達させてきた。国家責任は民事責任との類似でとらえられてきたが，刑事責任のような観念を含むことがあるだろうか。現代では，9.11 同時多発テロのように，国家以外の行為体が甚大な国際損害を発生させる。これに対して，国家責任法は実効的機能を果たせるのか。

I　主権国家の国際責任の観念

1　国際「違法」行為責任
(1)　外交的保護の実践と国際違法行為責任原則の成立

　(a)　国際社会は，近代以来，相互に対等で独立の主権国家からなり上位の存在をもたない。国家主権と責任という 2 つの観念は，整合的にとらえられうるのか。

　近代自然法学者が国家責任に関わる原則を論ずるときは，主権国家も自然法に従うという前提に基づけば，主権と責任という両観念の整合性の問題にかならずしも直面しなかった。法実証主義が有力となり主権の絶対性が強調された時期には，絶対主権と責任の観念とは相容れないとの説もあった。けれども，法実証主義は主権国家の意思を重視し，むしろ主権国家がみずからの意思で合意した義務に，みずから違反したのだから責任を負うと説明されるようになった。

　(b)　現在の国家責任法の基本は，19 世紀後半から 20 世紀はじめにできた。当時の歴史的・経済的背景のなかで主に外交的保護（III 参照）の実践と理論化により，外国人が在留国で損害を受けるという特定の文脈で，国家責任法の原則が発達した。

19世紀に私人の国際経済活動が活発となり，先進国国民が途上国で企業経営や工場運営等を行った。外国人が，在留国の行為により身体・生命・財産に損害をこうむる例が多発した。外国人排斥運動にともなう有害行為とそれに関する在留国官憲の放置や加担，正当な理由のない逮捕や虐待，在留国裁判所の裁判拒否等である。そこで，外国人の本国が外交的保護権を行使し，在留国の国家責任を追及する実践が集積した。それを基礎に法実証主義の学説が国家責任法を理論化し，領域主権国は領域内事象に排他的支配をおよぼすから，領域内外国人を国際法に従い適当に処遇する国際義務を負い，その違反があれば国家責任を負うという原則が確立した。

(2)　法典化の過程における国家責任法の総則的法理化

　(a)　19世紀後半より国際実践が集積しており，すでに1930年の国際法典編纂会議で国家責任法の法典化が試みられた。その後，国際連合の国際法委員会（ILC）は，長年にわたり法典化を進めた。

　ILCの最初の方針では，外国人のこうむった損害に起因する国家責任の問題に特定して法典化を行おうとした。けれども，領域主権にともなう義務として，在留国が外国人に与えるべき処遇の基準や程度につき，国際的水準を主張する先進国（国際標準主義）と，自国民と同等の処遇を主張する途上国（国内標準主義）との対立が激しく，法典化は進展しなかった。

　(b)　ILCは，1963年よりあらたな方針をとった。国家責任法を国家が国際法上で負う義務を規定する「一次規則」から区別し，あらゆる一次規則上の義務の違反や不履行の法的結果を定める「二次規則」とした（1996年暫定条文草案〔1996年暫定条文〕採択，2001年国家責任条文〔2001年条文〕採択）。ここで国家責任法は，外国人の処遇という文脈の限定を解かれ，すべての国際義務違反の法的結果を定める総則的法理となる。

　なお，1996年暫定条文や2001年条文は，1997年ガブチコヴォ・ナジュマロシュ事件や2007年ジェノサイド条約適用事件（本案）など，国際司法裁判所（ICJ）の判決で参照される事例は増えているが，条約化への目途は確定的ではない。（個人や国際組織の責任は第16章，第7章参照）。

2　国際責任のさまざまな考え方

(1)　国家責任法の機能——救済と合法状態回復のバランス

　国家責任法は，国内法とは違い個々の法分野での責任法の発達という経緯を

もたず，民事・刑事・行政法上の責任という分化がない。いいかえれば，国家責任は多様な責任観念の機能を包む可能性をもつ。もっとも，相互に対等な主権国家からなる国際社会では，国家責任は，対等な私人間の利益調整をはかる民事責任と同様の性質をもつと考えられてきた。そこで，国家責任法の機能は法益侵害救済と合法性回復だが，法益侵害（とくに物理的損害）救済が主に想定された。

(2) 国際「違法」行為の差別化

国際組織の発達や国際協力の進展とともに，国際社会の共通利益や普遍的価値（人権保障，国際平和と安全の維持等）が承認されるようになると，それらを規定する義務の価値も他から区別されるようになった。国家責任法もそれらの義務の違反と他とは差異ある結果を認めるべき，という見解が現れた。

1996年暫定条文19条は，国際社会の基本的利益を保護する国際義務の重大な違反を国家の国際犯罪とし，通常の国際違法行為とは異なる法的効果を付加的に設定した。けれども，国家主権の観念と刑事責任の観念は適合しない，国際社会では，集権性と実効性をともなって国際犯罪の認定や責任の履行確保をはかる制度がないなどのように，疑問も多い。2001年条文は，部分的に同旨の条文群（40～42条，48条）を残し，国際犯罪の関連規定群を削除した。

(3) 「合法」行為責任

(a) 20世紀後半には，違法行為責任とは異なる責任観念の主張も現れた。国内法では，高度の危険をともない複雑な技術要因が絡む原因行為等につき，過失責任に代えて危険責任・客観責任の観念が発達した。国際法でも，危険だが有用な活動を違法として禁止せず，生ずる損害につき違法性も過失も要件としない（合法行為）責任が議論された。

(b) ILCは1978年以来，「国際法に禁止されない活動から生ずる有害な結果に対する国際責任（international liability）」に関する法典化作業をつづけた。現在は，損害防止義務に関する条文起草に焦点が移行している。理論上，合法行為責任と違法行為責任の区別に疑問が強く実践もほとんどない。あえて合法行為責任の観念を導入しなくても，違法責任の要件の工夫により，危険責任の趣旨を活かすこともできる。

3　国際違法行為責任をめぐる関係国の権利義務

(1)　合意による責任決定か一方的な責任追及か

(a)　国家責任をめぐる関係国の権利義務のとらえ方につき，大別して，第一説は，合意による救済義務およびそれに対応する権利がある（適法関係説。救済義務を強調する見解もある）とし，第二説は，責任追及国が責任国に対して行使する一方的制裁とする。

(b)　適法関係説は，国際法が主権国家間の合意からなることを基本とする。現実には救済義務に関する合意は成立しないことも多い。ただ，国際違法行為の法的結果として，救済義務と対応する権利という法関係が発生することには一般的な承認があり，慣習国際法とされる（1927年ホルジョウ工場事件〔管轄権〕）。

第二説は，（国際）法の本質を強制に求めるという特殊な法観念に基づき，一方的制裁を強調する。これは，国際法と国際社会の構造がもつつぎの本質的危険を露わにする。国際社会では，違法行為や国家責任の認定はさしあたり個々の主権国家の判断に委ねられる。強制的紛争解決手続もなく，関係国間で合意が成らなければ被害国は救済を得られずに復仇に訴え，その結果，国際紛争が激化する。ただ，こうした危険に対する国家責任法からの工夫がありうるのであって，責任発生要件，関係国の権利義務の内容，責任追及要件や認定手続等の整備により対処すべきともいえる。

(2)　ILC の立場

(a)　ILC は第一説と第二説の中間的立場をとり，1996年暫定条文は復仇に代えて「対抗措置」の語を用い，被害国の対抗措置も国家責任法の一環に含めた。2001年条文は，国家責任法の実施の問題として簡略化された条文のみを残した（49条以下）。国家責任法が対抗措置を内包するならば，それは国家責任追及を目的とする対抗措置に限られる。

2001年条文上の国家責任の観念や，責任国の義務内容が諸国の一般的な承認を受けて，国家責任法上の対抗措置，すなわち，国家責任法上の救済の履行を確保するための対抗措置の意味が定着するかは，まだ予測できる段階ではない。実際には，それ以外の目的の対抗措置もある。たとえば，1969年「条約法に関するウィーン条約」60条は多数国間条約の重大な違反につき特別な措置を規定する。また，個別の条約が，その違反に対する固有の措置を定める例もある（自己完結制度）。

(b) さらに，つぎの点には慎重な考慮を要する。後述するが，個別具体的な法益侵害を受けない国家も国家責任を追及でき対抗措置をとりうるとするならば，国家責任法上の関係国が増加するし，利害関係も多様化するために，責任と対抗措置をめぐる対立の増加が予測されることである。

II 国際違法行為責任の発生要件

1 客観的要件

(1) 国際違法行為の意味

(a) 国際違法行為は国際義務の不履行・違反であり，作為も不作為もある。国際法がこれを判断し，国内法上の判断はかかわらない（2001年条文3条）。国家行為の無効や対抗力の有無は，違法とは異なる（第5章参照）。

(b) 国際違法行為には，国際義務の法源（条約か慣習国際法か等）による区別はない。ただ，条約や慣習国際法等の国際法網はすべての事象を規律してはおらず，条約は当事国しか拘束しないことに注意しなければならない。

たとえば，A国における原子力発電所の事故により近隣国Bに放射性汚染を生じたとき，原子力施設による国際損害防止義務を定める条約Xがあり，B国はその当事国であってもA国が非当事国ならば，A国にはXの適用はなくXの義務違反はとえない。条約と同様の内容の慣習国際法がなければ，A国の国際義務違反をいう根拠がない。これは，1989年のチェルノブイリ事故を想定した仮設例である。

当該国に課される国際義務がなければ，義務違反を根拠とする国家責任の追及はできない。そこで，国際損害を防止するという一般的内容の慣習国際法が，国際「違法」行為責任を追及する根拠を与える意義をもつ。仮説例では，領域使用の管理責任原則（「国家は国際損害を発生させるように領域を使用したり使用を許可してはならない」1941年トレイル熔鉱所事件〔最終判決〕，1949年コルフ海峡事件〔本案〕）の適用があり得た。くわえて，領域主権国の義務（在留外国人を国際法に従い処遇する義務），国際環境損害防止原則（1992年環境と開発に関するリオ宣言原則2）上の義務等の違反を問う可能性もある。

(2) いつどのように義務違反が発生するかに関する義務の分類

(a) 義務の分類基準には，性質，時間，重大性（上述）等がある。性質による分類では，結果の義務，方法・実施の義務，特定事態発生防止の義務がある

とされる（1996年暫定条文20〜23条）。2001年条文は，この分類を採択しなかった。

(b) 結果の義務は，結果達成を要求し方法や手段は国家の裁量に委ねる。特定事態発生防止の義務は結果の義務の一環だが，「結果」は国家が達成するのに対し「特定事態」は国家が関与しない私人行為や自然災害に起因し，国家はその防止や事後処罰等に関与する。たとえば，ウィーン外交関係条約22条の公館の不可侵義務につき，国家行為が公館侵害にあたれば22条1項違反（不可侵という結果達成の義務の違反）だが，私人による公館の襲撃・占拠（特定事態）に対し国家が適当な防止措置を講じなければ，22条2項違反であり特定事態発生防止の義務の違反となる。

方法・実施の義務は，達成すべき結果ではなく，特定の方法・手段（立法措置，許可制設定，相当の注意等）をとることを要求する。

義務の解釈において，たとえば立法措置は結果か方法かについて解釈や見解は分かれうるし，相当の注意を方法・実施と解してもその内容は特定しにくい。それゆえに，性質による義務の分類は，義務違反認定を客観化したり容易にするともいえず，あまり有益ではないともいえる。他方でこの分類は，結果達成以外には主権国家に裁量の余地を残すのか，方法・実施の内容まで主権国家を拘束するのかという，国際法が主権国家を規律して国内に浸透していく程度や態様という視点を与える意義をもっている。

(c) 時間による義務の分類として，1996年暫定条文は詳細な規定をおいたが，2001年条文は，継続性のない行為と継続性のある行為の区別（14条）と一連の行為の集積により義務違反となる行為に関する規定（15条）を残した。継続的違法行為の概念は，後述のように，違法行為の中止請求に関して意義をもつ。

2 主体的要件
(1) 国家行為要件の意義

国際違法行為の主体は，国際法の法主体（第6章参照）を主権国家とする以上，主権国家であり（2001年条文2条，4条），「行為が国家に帰属する」ともいう。国家という観念体の行為を特定することは，国家責任法にもっとも特徴的でむずかしい問題である。

対等で独立な主権国家が拮抗していることが現実であった時代と異なり，現

在は，一方で，反乱団体や2001年の9.11同時多発テロ行為体のように国家に匹敵する能力をもつ行為体があり，他方で，崩壊国家のように国家の名はもつが支配能力を欠く国家がある。そこで，国家行為の同定にも，国家行為を要件とする国家責任法にも根本的な見直しが迫られうる。

(2) 国家行為

(a) 明確に国家行為といえるのは国家機関の行為であり，国家機関は国内法が決める。国際法と国内法の関係に関する二元論（第4章参照）は，つぎの論理操作を用いる。「国家機関は国内法が定めるが，それを国家行為と定めるのは，国際法の国家責任法である」（2001年条文4条）。しかし，現在は国家以外の行為体が国際損害を起こす事象が増大しているし，国家に匹敵する能力をもつ行為体による有害行為が懸念されてもいる。それを反映して，最近の裁判例でも，「事実上の国家機関」の行為や，私人行為が国家行為に転換する場合の認定が重要になっている。国内法が国家機関を定めるのとは異なり，それらを国家行為と認定するのは，実質的に国際法であり，国家責任を追及すべき場合の基準はまさに国家責任法が確立すべきである。

(b) 国家機関の行為であれば，権限の種類（外交権限をもつか），地位の高低等にかかわらない。国際法益侵害行為である以上，区別の必要はないからである（2001年条文4条，5条）。

(c) 具体的には，立法機関につき国際義務の履行に必要な国内法を制定しない，条約に違反して外国人に税金を課す法律や外国人の財産権を廃棄した法律の制定等がある。司法機関につき，裁判拒否（denial of justice）があり，外国人への裁判上の保護の制限（出訴権の否定や制限），裁判手続の不当な遅延，差別や偏見に影響された判決，外国人に有利な判決の執行の拒否等がある。執行機関は多様な場面で外国や外国人と接触するために，多様な行為例がある。たとえば，外国人との契約の破棄で契約上の義務や財産権保護の義務にも違反するもの，外国人の恣意的な追放，適正手続を欠いた逮捕や虐待，船舶の捕獲や抑留等がある。

(3) 国家機関の権限逸脱や法違反

国家機関の権限逸脱や法違反行為が国家行為となるかにつき，かつてはそれらの行為により国家責任が発生するならば，責任の根拠はそのような国家機関を選任・監督した国家の過失か，それとも過失を根拠としない客観（厳格）責任かという議論があった。

実践では，外観上その権限で行為を行っているか，その資格にともなう権限や方法を用いて行動していることが必要とされた（外観論。1929年ケール事件）。命令に違反した軍隊構成員の行為でも，私人の資格での行為とはせずに国家責任を認めた例（1926年ヨーマンズ事件）もある。2001年条文7条の規定する要件「その資格で行動する場合」は，外観論より要件を緩和したと解せるが，同条文の条約化と実践による解釈を待つ段階にある。

本質的な点は，権限逸脱や国内法違反行為でも国家行為として責任を認めるに際しての，責任国と責任追及国（および実際の被害者）との利益均衡にある。

(4) 事実上の国家行為

(a) 正規の機関が機能しないときに，(i)事実上統治機能の一部を行使する私人の行為（2001年条文9条），(ii)国内法令上の国家機関ではないが，国際法により事実上の国家機関とみなされる私人や集団の行為（4条の解釈による），(iii)国家の指示に基づきまたは国家の指揮もしくは命令で行動する私人の行為（8条）を，国家行為とみなす実践がある。

(i)につき，イラン革命政府樹立2日後に民間集団が米国人を強制退去させたが，政府の了知があるか少なくとも政府の反対がなく，民間集団が政府権力の一部を行使すれば，事実上の政府権力の行使が推定されるとした例がある（1987年イェーガー対イラン事件）。国内法令により統治権能の一部の権限を授与された者の行為も，国家行為とみなされる（5条）。

(b) 上記(ii)に対応して，1986年ニカラグァ事件（本案）でICJは，私人集団の行為が，事実上の国家機関となりその行為が国家行為とみなされるためには，一方の支配（control）と他方の依存という関係により私人が国家機関とみなされるほど，すなわち，完全な依存関係（complete independence）といえる程度の関係が必要とし，国家が当該私人集団を創設したか，財政・訓練を越える支援で完全な依存といえる程度のものがあったか，国家が私人集団に支援を通じて支配をおよぼしうるというだけでなく実際に支配していたかなどを判断要因とした。上記(iii)に対応しては，私人の特定の行為に関する実効的支配（effective control）が必要であるとした。ニカラグァの反政府団体コントラの行為につき，同裁判所は，(ii)と(iii)のいずれについても，コントラの行為の米国への帰属は否定した。

上記(iii)につき，国家責任を認定する文脈ではないが，1999年タジッチ事件控訴審判決は，武装集団のように組織化され階級的構造をもつ集団では，その

行為が国家に帰属するには，特定行為の指示は不要であり，全般的支配（財政支援・装備供与だけではなく，軍事行動の組織，調整，計画への介入）で足りるとした。2007年ジェノサイド条約適用事件（本案）でICJは，上記(ii)および(iii)のいずれについてもニカラグァ事件を踏襲して，私人集団によるジェノサイドが旧ユーゴ（セルビア）に帰属することは認めなかった。

(5) 国家による授権・是認——私人行為の国家行為への転換

(a) 1980年米国大使館人質事件（本案）でICJは，イランの政治最高指導者ホメイニ師をはじめ政府高官が，政府政策と合致するとの支持および是認を示す公式声明を繰り返したことを理由に，学生集団による大使館襲撃「後」の人質抑留と大使館占拠の継続を，事実上の国家機関の行為とみなした。同事件判決を基礎として，2001年条文11条は，国家が自己の行為として認めかつ採用した私人行為が国家に帰属するとする。

(b) この(4)および(5)にみる国家行為の拡大による「私人行為」の縮小が適当かという疑問，また，国家責任を回避するために私人行為に対する国家介入が強まるのではないかという懸念がある。

(6) 反乱団体の行為

内戦や革命中の反乱団体の行為は，国家行為とみなされない。新政府は，内戦中の団体構成員の行為につき遡及的に責任を負う。革命に成功して樹立される新政府に，内戦発生以降の旧政府の行為についても責任を認めた例もある（1928年ジョージピンソン事件）。それ以外には，反乱団体の行為は私人行為となる。

(7) 私人行為に関して国家はなぜ国際法上の責任を負うか

(a) 中世の集団責任観念では，私人行為につき当該人の所属集団が責任を負った。近代の過失責任主義（ローマ法原則「過失なくして責任なし」に基づく）では，国家（君主）は，臣下や臣民の有害行為につき，事前防止あるいは事後の処理等に懈怠がある場合にのみ，同行為に国家が「加担」したことになる。そこで当該行為が国家に帰属し国家責任が発生する。

(b) 法実証主義では，二元論に基づくと国家と私人とは国際法と国内法という異なる法秩序に服し，国家による私人行為への加担という観念は成立しない。私人行為が国家に帰属することはなく，国家は，私人行為に関連したみずからの国際義務違反につき国家責任を負う。

たとえば先の米国大使館人質事件では，襲撃までの段階の有害行為は私人行

為であるが，それに関してイランは，ウィーン外交関係条約22条2項の適当な措置をとる義務等に違反した。同じくニカラグァ事件では，反政府集団コントラの人道法違反の行為は米国の行為ではないが，コントラによる人道法違反行為に関連して米国はこれを扇動しており，その米国自身の行為が人道法上の義務の履行を確保する義務に違反したと判断された。

(8) 私人行為と国家行為の二分論の変質

法実証主義は，国内法が国家機関を定め国家責任法がこれを国家行為の主体と定めるという形式論理により，国家と私人，国際法と国内法の二分法を維持した。けれども上記の実践にみるように，現在では，私人行為や事実上の国家機関の行為の認定にさいして，国家と有害行為（体）とのかかわり方（指示・指揮・支配）という実態が重要な要因になってきている。

コルフ海峡事件でICJは，領海への何者かによる機雷敷設につき領域国の了知があったとして，領域使用管理責任原則上の義務違反により領域国の責任を認めた。けれども，「私人行為に関連する領域国の了知と不作為」が国家行為か，それとも機雷敷設主体と領域国との「共謀ないしは共同行為」か，その区別が実質的に適当であり可能か（ウニアルスキ判事およびバダヴィ・パシャ判事の反対意見）という疑問も，私人行為と国家行為との二分法それ自体の見直しを迫る。ジェノサイド条約適用事件でICJは，同条約3条の適用の枠内においてではあるが，ジェノサイドにおいて旧ユーゴと行為体との「共犯」があるかを検討して，結論としてはこれを否定した。

3 故意・過失要件（「主観的要件」）

(1) 「過失なくして責任なし」か

(a)　近代理論では，ローマ法原則「過失なくして責任なし」に従い過失が要件とされ（過失責任論），19世紀以降の仲裁裁判や混合請求委員会の実践でも同様であった。けれども，法実証主義では，過失は国際義務違反に包摂されるという見解が有力で（客観説），過失の欠如は客観的規則・基準の違反に反映されるので，過失要件は不要とされる。2001年条文も，過失の要否は一次規則の問題であるとし，国家責任の発生要件とはしない。

(b)　「過失」とは心理的な懈怠なのか，それとも注意基準の違反なのか。グロティウスは過失を君主個人の心理的要因とし，臣下・臣民の侵害行為に君主が容認（patientia）あるいは寛恕（receptus）を与えると，国家が加担した行為

とみなした。現代の過失責任論では，過失を(i)国家の意思選択や意図的要因とする説と，(ii)（個別具体的な状況で当該国家に要求される）注意基準の未充足とする説がある。

　過失の要件性を否定する客観説は過失論を批判するが，「過失」の意味が異なれば議論がかみ合わない。また，現代過失責任論における(i)と(ii)のいずれによっても，過失の認定結果は大きく相違しない。国家が意思選択できない状況（不可抗力・遭難・緊急避難等）は，国家の注意能力を越える状況である可能性が高く，いずれの意味で過失をとらえても過失なしという結論になりやすいからである。

　(c)　国際法が，義務を具体的で明確に規定していれば，過失の機能は表面化しない。義務規定の内容と国家行為との事実上の乖離により義務違反を認定できれば，客観説による国家責任認定が適当である。ただし，客観説の重点は，過失は客観的に定義・認定できることにあり，過失があるから責めに値するという趣旨をかならずしも否定してはいない。

(2)　国際法規則の特徴と実践

　実際に多くの国際法規則は，適当な措置や必要な措置をとる義務や，相当の注意を払う義務など，具体的な状況や国家の個別事情を考慮する余地を残すように規定する。その点で，過失の要否は一次規則の問題といえようが，責任を認定する一環としてかかる義務の違反認定にさいして，過失がもつ固有の機能は残る。

　米国大使館人質事件で，ウィーン外交関係条約22条2項の適当な措置をとる義務の違反（適当な措置をとらない不作為）を認定するにさいしICJは，義務の認識・手段の保持・損害の増大の予見可能性を考慮した。ニカラグァ事件でもICJは，国際人道法上の義務違反認定で，同様の考慮を行った。くわえて，ジェノサイド条約適用事件では，ジェノサイドに対する旧ユーゴの防止義務違反の認定にさいして，確実性はなくても深刻な危険の認識があれば，防止義務の不履行・違反があるとされた。

4　法益侵害要件

(1)　法益侵害要件の意義

　(a)　2001年条文では，法益侵害（法に根拠をもつ権利や利益の侵害）を国家責任の発生要件とするか否かが一つの争点であった。あらゆる義務違反にはつね

に対応する主観的権利の侵害がともなうので，法益侵害を独立の要件とすることは不要というのが2001年条文の趣旨である。

「法的損害」論という学説は，あらゆる義務違反には「義務の履行を請求する法益」の侵害がともなうとする。この説では，国家の非有体法益侵害であり固有の内容をもつ名誉・威信・主権の侵害とは異なり，A国の義務違反がありA国はB国に対しその義務を負っていれば，B国は法的損害を受けA国の国家責任を追及できる。B国は，普遍的義務では国際社会のすべての国，多数国間条約上の義務で二国間に還元できない義務では条約当事国すべてとなる。けれども，法的損害論は義務違反を法的損害といいかえているにすぎないともいえる。

(b) 法益侵害が国家責任の独立の発生要件か否かは，実際には，とくに非有体法益侵害につき問題になる。実践では，領域主権侵害（1949年コルフ海峡事件，1986年レインボーウォーリア号事件国連事務総長裁定等），領空侵犯（1955年エル・アル航空機撃墜事件），旗国の名誉の侵害（1913年シャルタージュ号事件およびマヌーヴァ号事件）が，国家責任法上の救済の対象となった。

(2) 国家責任の機能との関連

(a) 法益侵害の要件性は，国家責任法の機能に影響するとされる。法益侵害を国家責任発生要件としなければ，法益侵害の救済だけでなく合法性回復が一層表面化するとはいえる。ただ，法益侵害の救済機能が顕著な例でも，大使館の不可侵義務違反による大使館損壊につきその原状回復は，同時に合法状態も回復する。非有体法益侵害の例でも，固有の意味（国家の名誉・威信・主権への侵害等）に注目すれば，救済はこれらの法益侵害の救済であると同時に合法状態の回復でもある。ゆえに，いずれにせよ国家責任法は2つの機能をもち，事例により比重が相違しうるのみといえる。

(b) 普遍的義務や多数国間条約上で二国間に還元できない義務の違反では，個別具体的な法益侵害を受けない国にも，「法的損害」を根拠に国家責任追求を認めれば，国家責任法の機能につき合法性回復の比重が高まる。ただし，諸国の意識では，国際犯罪観念に対し批判が強かったことに留意すべきである。

多国間的性質をもつ義務や普遍的義務の違反では，個別具体的な法益侵害を受けない国家が，義務の履行を求める根拠となるような法益侵害を受けるか（法的損害）が問題になりえた事例として，1923年ウィンブルドン号事件，1966年南西アフリカ事件（本案），1970年バルセロナ・トラクション会社事件

(第二段階), 1995年東ティモール事件 (先決的抗弁) 等がある。けれども, いずれも国家の法的損害につき国家責任とその救済が問題となった例とは解しにくい。個別具体的な法益侵害を受けない国家は, 義務規定の権威的解釈を請求する法益をもつとか (ウィンブルドン号事件, 南西アフリカ事件におけるジェサップ判事の反対意見, 同コレッキー判事の反対意見), 国際運河の自由航行制度についての共同履行監視の一貫としての義務違反認定を請求する法益を認められた (ウィンブルドン号事件) と解される。バルセロナ・トラクション会社事件でICJは普遍的義務を定義したが, それが国家責任法の救済の対象となる法益侵害であるとは述べていない。

5 違法性阻却事由

(1) 違法阻却か責任阻却か

国家責任発生という結果を除く事由が, 違法性と責任のいずれを阻却するかにつき, 学説は分かれる。2001年条文第5章は, 違法性阻却の立場をとる。

違法性がないとするか, 成立した違法性の効果である責任の抹消を認めるかは, 責任発生という効果はなくなる点で区別の意義はない。ただし, 裁判所のような機関により権威的に違法と認定されることの, 主権国家にとっての不利益は軽視できない。

(2) 阻却事由

阻却事由としては, 同意・自衛・対抗措置・不可抗力・遭難 (当該行為の実行者が, 遭難事態で自己の生命またはその者に保護を委ねられた他の者の生命を守るため他の合理的な方法をもたない場合)・緊急事態 (当該行為が, 重大かつ差し迫った危険か国家の根本的利益を守るための唯一の方法であり, 義務の相手国または国際共同体全体の根本的利益を大きく損なうものではない場合) があげられる (2001年条文20〜25条)。緊急事態は, 国家の主観的判断に左右されやすいという批判もある。

自衛や対抗措置を阻却事由とすることは, 同じ一つの事実が, 違法な措置ではなく, 自衛や対抗措置ととらえられるということであろう。あるいは自衛については, 自衛それ自体がかならずしも合法とはいえないので, 自衛は違法であるがそれが阻却されると解されるかは, 国連憲章 (2条4項, 51条) の解釈問題になるということであろう。相手国同意は, 強行規範違反では阻却事由ではない (2001年条文26条)。

Ⅲ 国家責任の追及要件

1 法益侵害

法益侵害の責任発生要件性については上述した。個別具体的な法益侵害を国家責任の発生・追及のいずれの要件ともしなければ，上述を想起すればよい。

法益侵害は国家責任発生要件ではないが，追及の要件とする説もある。けれども，そうすると，論理的には，責任は発生しているが追及主体がないという適当とはいえない事態が生じうる。

2 外交的保護

(1) 外交的保護権

(a) 外国人が在留国で被害を受けその国内手続で適当な救済を得られないときに，当該人の国籍国が自国民のために在留国の国家責任を追及することを，外交的保護という。ILC は 2006 年に外交的保護に関する条約草案を採択した（2006 年草案）。外交的保護の定義，国籍要件，国内救済原則等についての条文草案である。

(b) 外交的保護は国家の権利であり，その行使は国家の裁量である。国際法がこれを義務づけるとか，被害者個人は自国に外交的保護を請求する国際法上の権利をもつわけではない。

このような考え方は，法実証主義の二元論に立脚すると，国家のみが国際法主体であることに基づく。国家は自国民の被害を介して，みずからの国際法上の権利に侵害を受けるが，その国家の権利とは，「自国民が在留国で国際法に従う適当な処遇を受けることを請求する」権利である。裁判実践でも，常設国際司法裁判所（PCIJ）と ICJ は，一貫してこの論理を確認してきた（1924 年マヴロマティス事件〔管轄権〕，1928 年ホルジョウ工場事件〔本案〕，バルセロナ・トラクション会社事件，1989 年シシリー電子工業会社事件〔特別裁判部・本案〕等）。

個人の法主体性に関する議論や国際人権保障の発展をみると，この論理が現在でも通用するかは再考の余地が多分にある。2006 年草案のコメンタリーでもこの点に留意すると同時に，国内法によっては個人が国家に外交的保護を請求することを認めるような実践があることを指摘している。

(2) 外交的保護権の行使の根拠となる法益侵害

 外交的保護権は国家の権利への侵害を根拠とする以上，たとえば個人が受けた被害は被害「国」への金銭賠償の算定にさいし考慮されるにすぎない（ホルジョウ工場事件〔本案〕）。

 国家は，自国民の被害を介してみずからの権利に侵害をうけるが，この自国民の被害は，権利もしくは法的に保護される利益の侵害でなければならない（バルセロナトラクション事件，1934年オスカー・チン事件）。けれども，その根拠となる法が国際法か国内法かという問題は，裁判実践で明確な整理がなされていない。

(3) 外交的保護権を行使する要件——国籍継続の原則と国内救済完了原則

 (a) 第一の要件として，外交的保護権は，被害を受けた私人の国籍国が行使する。当該私人（自然人・法人・船舶・航空機）は，法益侵害を受けた時点から国際請求の時点まで継続してこの国籍を有している必要がある。

 国籍付与の要件は国家が裁量により決めるが，外交的保護権行使の要件として国際的対抗力をもつためには，「真正結合」を反映する国籍でなければならない（1955年ノッテボーム事件〔第二段階〕）。外国人株主の国籍国については，外交的保護権を否定した例（バルセロナ・トラクション会社事件）も肯定した例（シシリー電子工業会社事件）もある。

 (b) 第二の要件は，外交的保護権行使の前に，被害者である私人が加害国の国内法上で利用できるすべての救済手段（local remedies）を尽くしていることである。これは，容易に国家間での紛争を発生させないための原則で，裁判実践でも繰り返し確認されている（たとえば，1959年インターハンデル事件〔先決的抗弁〕）。例外は，上級審で原判決の破棄を期待できない（1939年パネベジス＝サルヅチスキス鉄道事件），裁判官の偏見や差別ゆえに国内救済を期待できない等の場合である。

(4) カルボー条項

 コンセッション付与等の外国人と国家との契約で，国内救済を求めるものとし本国の外交的保護を援用しないとする条項を，カルボー条項という。先進国からの介入を回避するために，中南米諸国がその国際法上の意義を主張した。外交的保護権が国家の権利ならば行使もその裁量であり，私人による放棄はありえず，かかる条項は国際法上無効となる。

 現在では，個人が国家との契約等における両者の紛争につき，国際手続（投

資紛争解決国際センター〔ICSID〕）が活発に機能しており，個人への救済の途が発展している。

Ⅳ 回復および救済による国家責任の履行

1 回復および救済の方法
(1) 回復・救済の意味
　回復・救済の意味は，国家責任の機能にかかわる。国家責任法が相互に対等で独立の主権国家間の法であり私人間の責任法との類似でとらえられれば，救済に重点がある。他方で，普遍的義務や多数国間義務の違反では，個別具体的な法益侵害を受けない国家にも国家責任追及を認めると，これらの国家はみずからの法益侵害の救済ではなく違反された義務の履行を請求することもありえ，合法性回復機能の比重が高まる。かかる場面での救済として，元来，非有体法益侵害の救済方法であったサティスファクションが注目される。

　救済の対象となる法益侵害は，国際違法行為と相当因果関係により結ばれる法益侵害（直接損害）であり，それから派生した間接損害は救済の対象とはならない（シシリー電子工業会社事件）。

(2) 回復・救済の方法
　(a) 回復・救済の態様には，原状回復，金銭賠償（等価賠償），サティスファクション（精神的満足，非有形的弁済等と訳される）がある。原状回復が優先性をもつとされる（ホルジョウ工場事件〔本案〕）。2001年条文も，原状回復，金銭賠償，サティスファクションの順に優先性を規定する（35条，36条，37条）。裁判実践や交渉などの実践では，金銭賠償の例が多い。

　(b) 原状回復は，法的原状回復（合法状態の回復。国内法に違反する国内法の改廃や行政行為および国内裁判判決の取消等）と物的原状回復（違法に破壊した対象物の復旧や違法に逮捕した個人の解放等）がある。もっとも，外国大使館の不可侵義務に違反して破壊した建物の復旧や，違法に抑留した外国人の解放等の物的原状回復は，同時に合法状態の回復でもある。

　(c) 金銭賠償は頻繁に用いられるが，裁判例では裁判所が賠償金額まで算定する例（ウィンブルドン号事件，ホルジョウ工場事件，コルフ海峡事件，1990年レインボーウォーリア号事件仲裁裁判等），金銭賠償義務を認定するが具体的な金額の特定等については別の手続に委ねた例（米国大使館人質事件，ニカラグァ事

件等）がある。

(d) サティスファクションは，従来，非有体法益侵害（国家の名誉・威信・威厳の侵害，領域主権侵害や主権免除違反による侵害等）の救済として採用された。責任国による陳謝，名目的な金銭賠償，裁判機関による違法認定と宣言（シャルタージュ号事件，マヌーヴァ号事件，コルフ海峡事件，核実験事件での原告の請求，レインボーウォーリア号事件仲裁裁判，2002年逮捕令状事件〔本案〕等）がある。

2 違法行為中止と再発防止保証
(1) 違法行為の中止

(a) 違法行為の中止を国家責任法上の救済とすることには，つぎの理由による反対もある。(i)違法行為中止義務は国家責任法ではなく一次規則の効果である，(ii)違法行為の中止を救済の一つに含めてそれ以外の救済との間で選択を認めれば，一次規則上の義務が履行されなくなる，(iii)違法に抑留した外国人の解放（違法行為の中止）だけでは，救済として十分ではない（外国人の身体や財産への損害など）ということである。

実際に違法行為が継続しているときに，被害国がその中止を求めるのは当然だし（米国大使館人質事件の原告の請求，国家責任事例かは別として南アフリカのナミビアへの違法な居座りに対する原告の請求，南西アフリカ事件〔管轄権〕），原状回復でも合法状態回復を含み，それは一次規則の効果の実現ともいえる。違法行為中止に「代えて」金銭賠償を認めても，一次規則の効力には影響しない。違法行為中止だけでは救済として不十分ならば，別の救済を付加しうる。だから，あえて救済の方法から違法行為中止を排除する理由はない。2001年条文は，一次規則上の義務継続を確認し（29条）違法行為の中止義務を規定する。

(b) 実践では，義務違反と国家責任の認定とともに違法状態を終了する義務を宣言し，その上で金銭賠償義務を認定した例（米国大使館人質事件），義務違反を認定するとともに違法行為の中止義務と金銭賠償義務を認定した例（ニカラグァ事件），違法行為の継続期間中は当該義務も効力をもっていたが，違法行為の期間後に義務が終了したので，違法行為の中止請求には法的根拠がないとして却下した例（レインボーウォーリア号事件仲裁裁判）がある。

(c) 違法行為の中止は，違法行為が継続しているときに意義をもつ。違法行為の継続性は「行為」のそれであり（条約に適合しない国内法の維持，外国官僚

Ⅳ 回復および救済による国家責任の履行

の違法な抑留，植民地の武力による占領，外国の沿岸の違法な封鎖等），行為の「効果や結果」の継続性（警察や軍隊による外国人の身体への傷害における傷害という効果や，外国人に対する略奪による外国人財産の暫時あるいは永久の消滅や，中立船舶あるいは航空機の破壊の結果等）ではない。もっとも，両者の区別がつねに明確ともいえない。

(2) 再発防止保証

責任追及国が責任国に再発防止の保証を求める実践はあるし，学説でも，これをサティスファクションの一環ととらえるものがある。論理的にはつぎの疑問もある。過去の違法行為の法的結果を規律する国家責任法が，将来の義務の履行保証を与える義務を射程に含むか，保証を与えたのに将来，義務の不履行や違反があれば，この保証がない場合の義務の不履行・違反に加えて，保証に反したことが付加的な法的効果をもつかなどである。

2001年ラグラン事件でICJは，領事関係条約36条1項(b)の通報および通告義務の不履行につき，陳謝だけでは救済として不十分という原告の主張を受け入れたが，国家責任法上の救済の一環であるとは明示せず，再発防止の保証義務を認定した。ただしICJは，再発防止のための具体的手段の選定は国家の裁量によるとした。

■■■ 確認質問 ■■■

1 国家の国際法上の責任が，国際「違法」行為責任として発展したのはなぜか。

2 国家責任は義務違反を要件とするため，個別の条約規定の違反が問えない場合に，どのような義務違反を問えるか，そして国家責任法はどのように適用が確保されるか。

3 国際違法行為の法的結果として，救済義務と対応する権利という法関係の発生には一般的承認があるのに，国家責任をめぐる紛争が多発するのはなぜか。

4 「一次規則」と「二次規則」の意味は何か，また，二次規則として国家責

任法が総則的法理であるといわれることの意味は何か。

5 国家責任法は国内法の各種責任法のような分化をもたないが，刑事責任の機能を持つかという点に関連して，どのような議論や経緯があったか。

6 義務の分類では何がありそれぞれどのような意味をもつか，義務の分類の国家責任法上とそれ以外の視点からみた意義は何か。

7 私人の有害行為により外国や外国人が法益侵害を受けたときに，有害行為の領域国や私人の国籍国などが国家責任を負う論理は何か。

8 国家につき故意・過失といった主観的要件の要否は，どう考えられるか。学説の変遷を踏まえるとともに裁判例や国際法規定の特徴などに注目して考えなさい。

9 2001年国家責任条文が法益侵害を国家責任の独立の発生要件としないことは，国家責任法の機能や追及主体につきどのような効果をもつか。

10 国家責任法上の回復や救済について，サティスファクションが適用される事例を設定して，サティスファクションとして具体的に考えられる救済の態様を説明しなさい。

第 12 章　国家領域

　国家の権限行使の重複を回避することで，国際紛争の発生を防止することが国際法の伝統的な役割であり，その権限行使の主要基盤は領域である。本章では，領域がどのようなものから構成され，そこにおよぶ国家権限がいかなる性質と内容をもつかを明らかにしたうえで，各国家の領域の範囲がどのようにして決定されるかという問題を検討する。

I　領域と領域に対する国家の権利

1　領域観念の成立

　国際法上，領域（territory）ということばは国家領域（state territory）と同義で用いられる。国家領域とは，地球上の地域および空間のうち，国家によって領有され，その国の排他的な支配に服する部分のことである。近代国際法の黎明期には，国家の人格と君主の人格が区別されない家産国家観の下で，国家もその領域も君主の私有財産とされていた。しかし 18 世紀に入ると，私法上の所有権のおよぶ土地とは明確に区別されたかたちで，「国家」が排他的かつ包括的な権利をおよぼす「領域」という観念が生まれ，19 世紀前半にはほぼ確立するに至った。国家が領域におよぼす国際法に固有のこの権利は，領域主権（territorial sovereignty）とよばれる。領域観念の成立にともなって，いずれの国も領域主権をおよぼすことのできない地域および空間としての「国際公域」の存在も確立した。

　領域は，領土，領水，領空から構成される。陸地部分を意味する領土は，国家の成立そのものに不可欠な要素として，領域の基本かつ中心をなす。領水と領空は領土の従物とされ，領土から独立には存在し得ない。領水は，領土の内部にある河川や湖沼などの水域すなわち内水と，基線から一定幅の海洋部分に認められる領海に区分される。さらに，1982 年の国連海洋法条約によって，群島国家の周囲に設定される群島水域も領水に加えられた（49 条）。領空は領

土と領水の上空部分である。本書では，内水を除く領水について第12，第13章，領空については第12，第15章で，それぞれ詳説する。

　国家領域の限界を表す線を国境という。国境は，①領土と領土の境界線，②領水と領水の境界線，③領水と公海の境界線，④領空と領空の境界線，⑤領空と公空の境界線など，当該国家の地理的状況によって異なる形態をとりうる。狭義には①のみを国境とよぶ。国境線の位置は一般に，境界画定（delimitation）と具体的境界設定（demarcation）の2つの過程を通して明示される。前者は言葉を用いて境界線を定義し，あるいは地図上に線を表示することであり，後者はその定義を実際に地上ないし海上にあてはめて，境界柱や海上標識などの物理的手段によって具体化することである。

2　領域主権の法的性質と内容

　領域主権をめぐっては，それが本質的にどのような権利であり，領域と国家の間にどのような関係を措定するものであるかが，長く議論されてきた。いくつかの立場を混合する論者もいるため，学説状況の整理はかならずしも容易ではないものの，ごく簡略化すれば，領域主権の本質を私法上の所有権に類似する対物的権利（dominium）ととらえ，領域は国家にとって権利の「客体」であるとする立場に対して，領域主権の本質は領域内の人や物に対する支配権（imperium）であって，領域はその支配権が行使される空間ないし枠組みとする見方がしめされてきたといえる。前者は客体説，後者は空間説とよばれることが多い。

　しかし現在では，領域主権はdominiumとimperiumの両面をあわせもっており，いずれか一方のみを本質とするのは適切ではないとの考えが一般的になっている。すなわち領域主権は，国家が自国領域を排他的に使用・収益・処分する権利と，自国領域内のすべての人と物に対して排他的かつ包括的な支配をおよぼす権利から構成される，複合的な性質のものとして理解されている。

　領域主権が排他性と包括性を特徴とすることの帰結として，一つの地域ないし空間には単一の国家の領域主権のみがおよぶという原則が導かれる。ただし実際には，コンドミニウム（共同領有・共同統治）のように，2つ以上の国家が同一の領域に同時に領域主権をもつとされる場合が存在する。米国統治下の沖縄の法的状況を説明するために用いられた残存主権の理論も，領域主権を分割可能なものととらえたうえで，一つの領域に複数の国家による領域主権の設

定を例外的に認める考え方といえる。

　領域主権の排他性と包括性については，それが領域主権に対する国際法による規制の可能性を否定するものではないことも，ここで確認しておく必要があるだろう。たとえば，領海については外国船舶の無害通航権が慣習国際法上確立しているので，領域国は外国による権限行使を，その限りにおいて受忍しなければならない（第12章参照）。あるいは，領域の一部に，関係諸国の共通利益を確保するために必要な範囲で，領域国の支配権や使用・処分権の排他的かつ包括的な行使を制限する地域が，条約によって設定される場合もある（第15章Ⅰ2参照）。

　さらに，領域主権にはそうした外在的な制約のみならず，内在的な制約ないしコロラリーとしての義務も存在する。すなわち，領域主権が領域内における排他的な支配権の側面をもつということは，各国が自国領域内において他国の権利を保護する義務を付随して負っていることを意味する（1928年パルマス島事件仲裁判決）。それは見方を変えれば，国家の領域主権に排他性が認められるためには，すくなくとも他国の権利保護が可能となる程度の実効的な領域支配が必要であることを示唆する。近年，国家機能を実質上果たせない状態に陥った「破綻国家」の領域内で，他国および他国の国民の権利が侵害される事例が相つぎ，他国ないし国際社会の対応が問題となっている。そこでは，実効的な領域支配の欠如によって，当該国家の領域主権の排他性がどのような影響を受けるのかが，具体的なかたちで問われているといえよう。

3　領域主権にかかわる原則
(1)　領土保全原則

　領土保全とは，国家領域の現状がそのまま維持されることをいう。この概念は，戦争ないし武力行使および武力による威嚇が国際法上禁止されるのにともなって，それらを用いた侵害行為から保護されるべき法益を，領域主権の対物的権利（dominium）の側面について定式化するものとして形成された。すなわち，各国は主権平等の原則に基づいて相互に他国の領土保全を尊重し，武力による介入や妨害を差し控える義務を負う。この領土保全原則は，領域主権の非有体的側面（imperium）を保護する法益とされる政治的独立の概念とともに，国連憲章2条4項に明記され，現在では一般国際法上の義務として確立している。

他方で,「他国」による「武力を用いた」侵害からの「国家領域」の保護という上記の射程を越えるかたちでも,領土保全概念の適用が主張され,一部は承認されるに至っている。第一に,従属からの独立を達成する権利を行使する植民地人民については,いまだ国家を形成していない段階であっても,領土保全原則の適用が認められた(1960年「植民地独立付与宣言」第4項)。第二に,他国からの侵害に対してではなく,自国内部との関係において,領土保全原則が援用される場合がある。すなわち,植民地の独立以外に,主権国家内部の人民が国家からの分離独立権を有するのかという問いは,国家の領土保全原則に反するとして否定されるのが一般的である。第三に,武力行使に該当しないかたちでの領域侵犯や,越境環境損害の原因となる領域使用などを,領土保全の侵害と位置づける主張も展開されている。

(2) 領域使用の管理責任原則

国家の領域主権には,その排他的支配権としての性質上,自国領域内において他国および他国の国民の権利を保護すべき義務が内包されることはすでに述べた。それと同時に,領域主権の対物的権利としての側面,すなわち領域を排他的かつ自由に使用・収益・処分できる国家の権能にも,一定の制約が存在する。領域使用の管理責任原則とよばれるもので,国家は領域をみずから使用し,または私人にその利用を許可するさいには,他国の領域および権利を侵害する結果にならないように配慮する特別の注意義務を負う。したがって,たとえばA国領域内の民間熔鉱所から排出された有害物質によって,隣接するB国の領域で森林や農作物への損害が発生した場合(トレイル熔鉱所事件)や,C国領海内に敷設された機雷によってD国の軍艦に損害が発生した場合(コルフ海峡事件)は,AおよびCに注意義務違反を根拠とした損害賠償責任が認められる可能性がある。

領域使用の管理責任原則は,上記のトレイル熔鉱所事件仲裁判決(1941年)で越境環境汚染の規律に適用されて以来,国際環境法の分野で独自の展開をみせている。たとえば,1972年の人間環境宣言第21原則や,1992年の環境と開発に関するリオ宣言第2原則は,国家が自国の管轄内または管理下の活動によって,他国の環境または国家の管轄権の範囲を超えた地域の環境に損害を発生させないよう確保する責任を負うことを規定している。これは一般に「保証責任」とよばれる(第20章Ⅱ参照)。保証責任については,第一に,保護の対象として他国の環境のみならず,いずれの国家の領域でもない地域ないし空間

の環境を包含している点が，従来の領域使用の管理責任原則からの拡大といえる。第二に，損害の原因行為として，国籍を基準とした属人的管轄権の行使を意味する「自国の管理」下の活動が規定されている点に注目する必要がある。なぜならばそれは，責任の根拠が，国家による領域の排他的使用すなわち領域主権の排他性を越えるものに拡大されたことをしめしているからである。

II 伝統的国際法による領域変動の規律

1 方式論としての領域権原論

　国際法上，ある一定の地域がどの国家に帰属するか，あるいは国家はどのようにして当該地域が自国の領域主権のおよぶ国家領域であることを主張できるかという問題は，領域権原（title to territory）という概念を用いて論じられる。この概念は複数の異なる意味をもちうるものの，第一義的には，領域主権を創設するものと国際法が認める特定の事実を指す。

　伝統的な国際法理論は，領域関係の明確化と安定化をはかるにあたり，国家によって領域主権が取得または喪失される時点に着目した規律枠組みを構築してきた。具体的には，領域主権の取得および喪失が発生する方式（mode）というかたちで，領域権原をあらかじめ類型化して特定し，各方式の要件を明示することで，いずれの国家が要件を充たして領域主権を有効に設定したかを客観的に確定しようとしてきた。個々の方式の要件は複数の国家が同時に充足できないようなかたちで定められるとともに，各方式は相互に排他的なものとして，複数の国家が異なる方式の要件を同時に充たすことも想定されない。それゆえ，ある国家がいずれかの方式の要件を充足して確定した領域権原には，取得要件が充足された時点で即座に，すべての国家に有効に主張できる「対世的効力」が認められることになる。いったん確定的に領域権原が成立したのちに，他国が当該領域に領域主権を主張するには，いずれかの喪失方式の充足によって原領域国の権原が失われたことを証明しなければならない。

　このような「方式論」の生成と発展には，「新大陸の発見」以来のヨーロッパ諸国による植民地獲得競争が重要な役割を果たした。ヨーロッパ諸国が植民地化を遂行するには，ヨーロッパによる非ヨーロッパの支配を正当化するとともに，自国による取得を他のヨーロッパ諸国に対して正当化するという，すくなくとも二重の法的正当化が必要だったからである。

「植民地取得の法」という歴史的背景は，方式論の射程につぎのようなかたちで投影されている。第一に，植民地の独立などによって新国家が成立する場合に，当該新国家の領域がどのようにして「取得」されたかは，一般に方式論では説明されてこなかった。新国家の成立については領域変動よりも新しい国際法主体の発生という点を重視して，領域論ではなく国家承認論によって処理してきた。第二に，近代国際法が成立した時点ですでに存在していた国家の固有の領域も原則として方式論の枠外におかれ，領域主権がどのようにして取得されたか，領域主権の取得の根拠が何かが問われることは一般的にはない。

　従来の学説は，以上のような方式論の枠組みのもとで，領域主権の取得および喪失の具体的方式としては何があるか，要件はどのようなものかということを中心に，領域権原論ひいては領域法を論じてきた。多くの論者が取得方式としてあげてきたのは，先占，添付，割譲，時効，征服の5つである。喪失方式はそれに対応するかたちで，放棄，自然作用，割譲，消滅時効，征服，反乱などがあげられてきた。もっとも，喪失方式には言及がなされない場合も多い。

　各取得方式は原始取得と承継取得のいずれかに分類されるのが一般的である。原始取得は従前いずれの国家にも帰属していなかった地域に領域主権を設定することであり，承継取得は他国の領域を自国領域にすることである。以下では，上記の5つの取得方式を原始取得と承継取得に区分したうえで個別に概説する。

2　原始取得の方式
(1) 先　占

　先占は，植民地獲得競争に遅れて参入したオランダや英国などの諸国が，先発のスペインおよびポルトガルによる教皇勅書と「発見」に基づく植民地化を否定するために，ローマ法の無主物先占の法理を類推して導入した取得方式で，まさに「植民地取得の法」として生成・発展したものである。先占の対象となるのは，いかなる国家の領域主権もおよんでいない陸地であり，これを無主地とよぶ。国家は無主地を取得の意思をもって実効的に支配することで，領域主権を取得することができる。

　無主地概念をめぐっては，ある程度の社会的・政治的な組織を備えた原住民が居住している地域の位置づけが問題となる。伝統的学説では，原住民のそうした組織はヨーロッパの設定する「文明」基準を満たさない限り国家とは認められないことから，彼らの居住する土地に領域主権はおよんでいないとして，

それを無主地に含める見解が支配的であった。ところが実際には，原住民の王と締結した協定に基づく植民地の獲得や支配は頻繁に行われており，そうした協定のなかには，対外的および対内的な権利・権限のすべてを委譲する旨の「割譲」規定をもつものも存在した。1975年の西サハラ事件ICJ勧告的意見はこの点をとらえて，19世紀末の国家実行では，「社会的・政治的組織を有する部族や人民の居住する諸地域が，無主地とはみなされていなかった」のであり，それらの地域は原始取得ではなく承継取得の対象と考えられていたと断定している。

先占の要件としての実効的支配とは，主権を現実に表示して地方的支配権を確立することと理解されている。無主地の「発見」のみを行った場合は，当該地域に実効的支配を確立するのに必要な期間，他国による先占を排除する効果をもつ「未成熟権原」を得るにとどまるとされる。実効的支配を構成する国家活動の具体的な態様や程度は，本土との距離や居住者の有無といった対象地域の地理的・社会的状況に応じて，相当に異なる可能性が認められている（1931年クリッパートン島事件仲裁判決など）。

先占の範囲は実効的支配がおよぶ範囲に原則として一致する。歴史的には，諸々の地理的な事実をもって，実効的支配の存在しない地域にも領域主権の設定を認める「隣接性の原則」が，さまざまなかたちで主張されてきた。たとえば，海岸の一定部分を占有すれば，そこに河口をもつすべての河川の水源地までの流域を取得できるとする「流域の理論」，海岸の一定部分を占有すれば，背後にある内陸部の領有が認められるとする「背後地の理論」，占有していない島の領有を，近接する大陸部または別の島の領有を根拠に主張する「従属物の理論」などがある。隣接性の原則は，現代では南極地域での適用が問題となっている（第15章Ⅰ3参照）。

(2) 添 付

添付は新しく形成された陸地に対する領域主権の取得方式である。陸地形成が自然現象による場合を自然的添付といい，人為的に行われる場合を人工的添付という。前者の例としては，海岸や河岸が漸次の寄洲作用によって埋め立てられる堆積，海岸や河岸の一部が急激に移動する分離，領水内での新島の形成などがあげられる。後者は20世紀以降論じられるようになってきたもので，河岸や海岸における築堤，干拓，埋立て，あるいは沖合での人工島の建設などがあるといわれる。

添付が他の取得方式と比べて特異なのは，領域主権を設定するための国家の特段の行為が必要とされないことである。すなわち，添付においては，陸地が増加したという事実そのものによって領域取得の効果が発生するとされる。

3　承継取得の方式
(1)　割　譲
　国家は領域主権に含まれる領域の排他的処分権に基づいて，他国に領域を譲渡することや，譲渡先を特定せずに一方的に領域主権を手放すことがある。前者は「割譲」，後者は「放棄」とよばれ，ともに領域主権の喪失方式を構成する。割譲は譲渡国の側からみれば，領域主権取得の一方式になる。取得方式としての割譲とは，国家が他国との合意に基づいて当該他国の領域を譲り受けることである。

　ただし，割譲の対象となる領域の範囲については，譲渡国の領域全体の移転をどうみるかによって3つの異なる理解が存在する。第一は，合意による譲渡国領域の一部ないし全部の移転として，割譲を広く定義する説である。第二は，他国領域全体の譲受を，割譲とは異なる「併合」という（第六の）取得方式で説明する立場である。第三は，第二と同様に割譲の対象を他国領域の一部に限定しつつ，他国領域全体の譲受については取得方式を論じない立場である。

　割譲における領域移転の合意は一般に条約の形式をとる。条約は第三者効をもたないのが原則であるが，割譲の方式の要件を充たして確定した領域権原には，前述の通り対世的効力が認められる。合意による限り，有償・無償・交換などの条件は当事国が自由に決定できる。1867年に米国が財政難のロシアから720万ドルでアラスカを買収したのは，有償による割譲の典型的事例である。

　割譲を規定する条約のうち，とくに問題となるのが戦後の講和条約である。歴史上，戦後の講和条約によって，敗戦国領域の戦勝国への移転がしばしば行われてきた。しかしながら，譲受国が当該領域を実効的に軍事占領していて，講和条約を敗戦国の領域移転への同意とみるのが行き過ぎた法的擬制となるような場合には，割譲ではなく後述する征服に該当するとの考えが有力に主張されている。

　講和条約についてはさらに，武力不行使原則との関係にも留意しなければならない。現代国際法において，同原則に違反する行為の結果として締結された条約が無効であることは確立している（条約法条約52条）。しかし，このこと

によって，武力で強制された条約に基づく過去の領域移転がすべて無効となるわけではない。法が変化した場合の適用法を決定する規則である時際法の原則によれば，ある行為の法的評価は，行為時に有効であった法規則に照らして行われなければならないからである。

(2) 時　効

無主地ではない陸地，すなわち他国の領土や帰属が明確でない地域を，相当期間にわたり領有の意思をもって実効的に支配することで，当該地域に対する領域主権を取得する方式を時効ないし取得時効という。もっとも，国内法における時効制度の中核である時効期間の定めと，その統一的な判定機能が国際法には欠けていることから，国際法における時効制度の存在を否定する見解も根づよい。国際社会の秩序維持と安定性確保のためには，長期間継続した事実状態に一定の法的保護を与える必要があるとしても，それを実現する法概念としては，時効よりも黙認に依拠する方が適切ではないかという指摘もある。

国際司法裁判所（ICJ）は一方当事国が取得時効を援用した事件において，両当事国が一致してあげた取得時効の要件を，「占有が主権者による支配として，平和的で中断なく公に一定期間継続して行われること」と定式化したうえで，当該要件の未充足を理由に取得時効の主張を退けた。つまり裁判所は，時効という取得方式の国際法上の位置づけに関する一般的考察には立ち入らなかった（1999年カシキリ／セドゥドゥ島事件ICJ判決）。

(3) 征　服

20世紀初頭までの伝統的な国際法では，戦争によって敵国領土を占領したうえで一方的に自国領に編入する「征服」が，領域主権の正当な取得方式の一つとされていた。力と法は矛盾するとして，征服の権原性を認めない学説も有力に存在したが，しかし多くの論者は，国際法において戦争が否定されていない以上，一定の規則や制約に服する法制度としての征服から権利を発生させることは可能との立場をとった。

征服の要件として一般にあげられるのはつぎの3点である。

①戦時における敵国領域の一部または全部の占領に基づくものであること。つまり，平時の武力行使によって征服の効果を発生させることはできない。

②被征服国とその同盟国による奪回可能性を否定するに足る実効的な支配が，被征服地について確立していること。これは結局のところ，戦争の終結を意味すると解されている。

③領有の意思がしめされること。意思表示は，領有宣言などの明示的方法だけでなく，自国領土として扱っていることを意味する立法的・行政的な国家行為を，被征服地について行うという黙示的方法でもなされうる。講和条約に規定された割譲条項を明示的方法の一つとする立場もあり，そこからは征服と割譲が，本質的に相互排他的な方式として国家に提示されていたわけではないことがうかがえる。

戦争が違法化された現代国際法において，上述のような征服による領域主権の取得がもはや認められないことに学説上異論はない。過去に征服の方式で取得された領域については，時際法の原則が適用されるために，領域主権の正当性がただちに否定されるわけではないことも確立している。しかし，戦争の違法化と征服の権原性の否定はいつ確定したのか，征服の否定は武力を用いた他国領域の取得可能性の否定と同一視できるのかなど，現在においても問題となる論点が多く存在することにも注意しなければならない。

III 領域紛争とその解決

1 国際裁判における領域紛争の解決
(1) 紛争解決における方式論の限界

伝統的な方式論のもとでは，国家は国際法の定める領域主権の取得方式のいずれかに従うことによってのみ，一定地域に対して有効に領域主権を設定することができる。したがって，複数の国家がある地域の帰属をめぐって争っている場合には，取得方式の要件を完全に充足して対世的権原を確定した国はどこかを判断したうえで，その権原が喪失方式の成立によって消滅していないかを検討することになるはずである。

ところが，実際の領域紛争をめぐる国際裁判では，かならずしもそうしたかたちで解決がはかられてきたわけではない。具体的な事実関係は複雑かつ多様であるため，定型的かつ限定的な取得方式にあてはめることには，じつは多大な困難がともなう。たとえば，先占と時効は対象地域が無主地であるか否かによって区別されるが，しかしその判定に必要な過去の事実が不明だからこそ紛争が生じている場合もすくなくない。その一方で，理念上は相互に排他的なものでなければならないはずの各方式の境界線が，実際は非常に曖昧であるために，一つの事実に複数の評価が成立する可能性が生じるという問題もある。さ

らに，紛争解決において重要な役割を果たす当事国および他国による承認や黙認が，方式論では時効に関連して扱われるにすぎないことも，方式論が紛争事例になじみにくい原因といわれる。

(2) 「領域主権の継続的かつ平穏な表示」の重視

それでは，裁判所はどのようにして帰属判断を行ってきたのだろうか。この分野のリーディング・ケースとされるのは，1928年のパルマス島事件仲裁判決である。米国とオランダがアジアに位置する小島の領有を争った本件で，単独裁判官を務めたマックス・フーバーは，「領域主権の継続的かつ平穏な表示は権原に値する」として，国家が係争地域において実効的に展開する主権者としての活動が，方式論の定める取得方式に優越する決定的要素であるとした。その理由としてあげられたのは，領域主権のコロラリーとしての義務を果たすためには領域の実効的支配が不可欠であることと，国内社会における所有権と異なり，上位機関を欠く国際社会では領域主権が抽象的権利としては存在し得ないことの2点である。

フーバーはさらに，時際法の原則について，「権利の創設」と「権利の存続」を区別しなければならないとして，創設と存続の各時点に対してそれぞれの時点の法を適用するという考えをしめした。本件で問題となった「発見」による主権取得の可能性という論点に即していえば，仮にパルマス島発見時の国際法では発見が有効な取得方式であり，その要件の充足によって領域権原が確定的に成立したとしても，事後に国際法が変化して，領域主権の維持に実効的支配が求められるようになったことによって，発見のみに基づく領域主権は存続が不可能となる。その結果，喪失方式の充足を改めて問うことなく領域権原の消滅が発生する。こうして本件では，発見に基づく米国の主張を退け，パルマス島に対して「主権の表示」を継続してきたことを立証したオランダに，同島が帰属するとの判断がしめされた。

伝統的な取得方式や喪失方式ではなく，「領域主権の継続的かつ平穏な表示」，すなわち国家による係争地域の実効的支配に基づいて，領域権原の存否を判断するというパルマス島事件仲裁判決の手法は，1933年東部グリーンランド事件PCIJ判決や，1953年マンキエ・エクレオ事件ICJ判決などに受け継がれた。最近では，2002年リギタン島およびシパダン島事件ICJ判決が，マレーシアによる「立法・行政・および準司法的な」国家機能の行使を直接の根拠として，係争地域のマレーシアへの帰属を認めている。また，2007年カリブ海におけ

る領土・海洋紛争事件ICJ判決でも，後述する現状承認原則によって帰属が確定できなかった島について，係争地域における行政活動等を根拠にした領域権原の判断が行われている。

(3) 紛争当事国間の合意への依拠

その一方で，条約その他の形式によって，紛争当事国間に係争地域に関する合意や承認ないし黙認の存在が認められる事例については，裁判所は可能な限りそれらに依拠するかたちで紛争の解決をはかっている。

第一は，当事国やその先行国が締結した，割譲条約や国境画定条約などの領域関係条約が存在する場合である。1994年リビア＝チャド領土紛争事件ICJ判決や，2002年カメルーン＝ナイジェリア陸地・海洋境界事件ICJ判決は，その典型例といえる。もちろん，これらの事例でも，当事国は係争地域において実効的支配を展開している。しかしそれは，関係条約の解釈の文脈で限定的に参照されるにすぎず，条約に反する実効的支配に基づく合意内容の変更は基本的に認められていない。

第二は，当事国間で現状承認原則（ウティ・ポッシデティス原則）の適用が合意されている場合である。現状承認原則とは元来，植民地独立によって成立した新国家の国境を植民地時代の行政区画線とするものであった。現在では，旧行政区画線を国境線に「格上げ」する原則として，植民地独立以外の分離独立や旧国家の分裂・解体に対する一般的な適用可能性があるともいわれている。現状承認原則の適用において，行政区画線は植民地時代の国内法令や行政文書によって特定される。係争地域で植民地当局の行っていた活動（colonial *effectivités*）や，独立後の紛争当事国による係争地域の実効的支配（post-colonial *effectivités*）は，その線を確認する目的で参照できるだけで，変更を生じさせる力はもたない（1986年ブルキナファソ＝マリ国境紛争事件ICJ判決，1992年エルサルバドル＝ホンジュラス陸地・島・海洋境界事件ICJ判決など）。

第三は，一方当事国が相手国による実効的支配の事実などを知りながら，抗議等による反対の意思表示を行わないときに，黙認の成立を認めてそれに決定的重要性を与える場合である。前述の東部グリーンランド事件判決や1962年プレア・ビヘア寺院事件ICJ判決に，こうした理論構成をみることができる。

(4) 当事国の主張の比較

以上のように裁判所は，係争地域に関して当事国間に何らかの合意が存在する場合は，可能な限りそれに依拠して判断を下し，そうした合意のない事例の

多くでは，方式論の定める要件の充足ではなく，「領域主権の継続的かつ平穏な表示」を基準として，領域権原の有無を判断してきた。判例の傾向としてはさらに，当事国間の主張の比較という視点が強調される場合が多いことも指摘されている。たとえば，パルマス島事件仲裁判決では，オランダの「主権の表示」による確定的な領域権原が立証されなかったとしても，オランダと米国の確定に至っていない「未成熟権原」同士の比較に基づいて，同様の結論に達しうるとされたし，マンキエ・エクレオ事件判決では，各当事国の主張する権原の相対的な強さを比較するという手法が全面的に採用された。

2 判例法理の位置づけ

領域紛争の裁判で方式論がほとんど用いられないことは，領域権原論にとって何を意味するのか。裁判所が依拠してきた法理や理論構成と伝統的な方式論とは，どのような関係にたつのか。これらの評価をめぐって，学説上には大きく3つの立場が存在する。

第一は，判例法理は方式論の具体的ないし現代的な適用というとらえ方である。パルマス島事件や東部グリーンランド事件を，先占もしくは時効に依拠した判決とみる説がこれにあてはまる。しかし，この立場は，方式論で観念されてきた領域権原の特質が，判例法理において大きく変化していることを見逃している。すなわち，定型的かつ限定的な取得および喪失の方式ではなく，「領域主権の継続的かつ平穏な表示」に基づいて領域主権の取得と維持が判断され，しかも当事国間の比較という手法が許容されるということは，権原の強度や態様における多様性や，複数の権原の併存を認めることにつながる。このような領域権原の相対性は，一つの領域に単一の対世的な領域権原のみを認める方式論の規律枠組みとは異質といわざるを得ない。

第二と第三の立場はともに，方式論と判例法理の領域権原のとらえ方に決定的相違があることを認識しており，方式論と判例法理を異なるものとみなす点では一致している。そのうえで，両者を並立的に位置づけるのが第二の立場である。それによれば，裁判における後者の形成と前者の不使用は，前者の妥当性の否定を意味しない。なぜならば，判例法理は紛争解決基準あるいは「裁判規範」の役割を果たすものである一方，伝統的な方式論は取得を規律する規則あるいは「行為規範」の機能をもつものとして，それぞれ異なる局面で適用されうるからである。

これに対して，判例法理の射程を紛争解決局面に限定してとらえることを批判し，判例法理を軸にして，方式論に代替する領域権原論の構築をめざす考え方も有力に主張されている。提示される「新しい権原論」は論者によってさまざまではあるが，しかし，方式論の静態的な規律枠組みに対して，相対的な権原がしだいに確定的な権原に凝縮していくプロセスとして，領域権原を動態的に把握しようとする基本的姿勢は一致しているといってよい。
　ここでの鍵概念である「凝縮」とは，1951年の漁業事件ICJ判決で裁判官を務めたド・ヴィシェールが，領海の画定方法をめぐって判決中で用いられた「歴史的凝縮」の概念を，判決後の自著において領域権原の文脈で定式化したものである。彼によれば，一定地域を国家に帰属させる効果をもつのは，事例によって異なる諸利益と諸関係の複合体であるから，裁判における領域帰属の判断とは，それらの諸要素が具体的にどのように権原の凝縮をもたらしているかを問うことにほかならない。
　このようにしめされた「凝縮」概念を手がかりに，たとえばシュワルツェンバーガーは，実効的支配や割譲条約などに基づく相対的権原が，国際法の基本的な諸原則の相互作用を通して，対世的効力をそなえた絶対的権原へと完成化していくという理論を打ち出した。ほかにも，実効性・主権・承認・自決などの諸原則の相互作用によって領域主権の取得が行われるとするショウや，11の考慮要素を挙げ，時間の経過のなかで生じるそれらの相互作用によって領域権原が凝縮していくととらえるジェニングス＝ワッツなど，多くの論者が「凝縮」概念と判例法理を結びつけて，動態的な領域権原論を提示していることが注目される。

3　日本と領域紛争
(1)　北方領土
　北海道の北東に隣接する択捉島，国後島，色丹島，歯舞群島からなる「北方領土」は，1945年の日本によるポツダム宣言受諾直後に旧ソ連軍によって占領され，翌年には旧ソ連の国内法によって一方的に同国領に編入された。第2次世界大戦末期に居住していた約1万7千人の日本人は，1949年までに強制退去となった。以後，現在までつづく旧ソ連およびロシアによる同地の支配を，日本は一貫して「不法占拠」と非難し，北方領土の「返還」を求めてきたが，いまだ解決には至っていない。

歴史上，日ロ間で最初に国境が画定されたのは，1855年の日魯通交条約においてである。同条約は2条でウルップ島以北をロシア領，択捉島以南を日本領とするとともに，樺太については両国の間で界を分たず，これまでの仕切りの通りとした。しかし，共有地とされた樺太で両国民の摩擦が絶えなかったこともあって，1875年には樺太千島交換条約が結ばれ，シュムシュ島からウルップ島までの18島（千島列島）を日本領とする一方で，樺太全島はロシア領になることが定められた。その後，日露戦争の講和条約である1905年のポーツマス条約によって，樺太の南半分が日本に割譲された。

第2次世界大戦中の1943年に米・中・英が発したカイロ宣言では，連合国の領土拡張の意図が否定されるとともに，暴力と強欲によって日本が略取したすべての地域から日本を駆逐する決意が表明された。他方で米・英は，1945年2月のヤルタ協定では，旧ソ連に対して対日参戦を条件に，南樺太の「返還」と千島列島の「引渡し」を秘密裏に約束した。

敗戦時に日本が受諾したポツダム宣言には，戦後の日本の領域について，カイロ宣言の遵守とともに，領域範囲の最終的な決定は連合国によって行われる旨が定められていた。当該決定は1951年のサンフランシスコ平和条約で実現され，北方領土との関連では2条(c)において，日本が千島列島と南樺太に対するすべての権利・権原・請求権を放棄するとされた。しかし旧ソ連は同条約に参加しなかった。

日ソ間の戦争状態を法的に終結させるために1956年に結ばれた日ソ共同宣言は，平和条約の締結交渉の継続を定めたうえで，同条約締結後に歯舞群島と色丹島を旧ソ連が日本に「引き渡す」と規定した。ところがその後の日米間の新安全保障条約締結を契機に，旧ソ連は日ソ間の「領土問題は解決済み」として，紛争の存在自体を否定する立場をとるようになった。ロシア政府によって方針が転換され，日ロ間で解決策の模索が実質的に始まったのは1990年代に入ってのことである。

(2) 竹　島

隠岐諸島の北西の日本海上に位置し，2つの小島と周辺の数十の岩礁からなる竹島は，1952年1月に韓国が一方的な海洋主権宣言（李承晩宣言）を行ったさい，日本漁船の立ち入りが禁じられる韓国側の水域内に含められた。日本は「竹島は日本の領土」としてただちに抗議したが，韓国は独島（竹島の韓国名）は自国領であるとして，1954年からは沿岸警備隊を駐留させて実力による占

拠をつづけるとともに，日本からの継続的な抗議や国際司法裁判所付託の提案に対しては，「紛争は存在しない」との立場をとって，それらを受け付けない態度を貫いている。

　日本政府は竹島が，歴史的事実に照らしても，かつ国際法上も明らかにわが国固有の領土だと主張している。その要点はつぎの通りである。第一に，竹島の存在は「松島」の名称で古くから日本人に認知され，朝鮮の空島政策下にあった鬱陵島に渡る船がかりや魚採地としての利用を通じて，遅くとも17世紀半ばには日本の領有権が確立した。第二に，明治時代に入ると，現地であしか漁に従事する民間人から領土編入と貸し下げの願い出がなされたのを契機に，1905年の閣議決定とそれにつづく島根県告示によって，竹島の命名と島根県への編入が決定された。これは日本が近代国家として竹島を領有する意思を再確認し，近代行政区分のなかに編入したことを公示するための措置である。第三に，第2次世界大戦後，連合国が日本の領域の範囲を決定した1951年サンフランシスコ平和条約において，竹島は日本が放棄する地域として列挙されなかった。1946年1月の連合国総司令部覚書（SCAPIN）が，日本から政治上・行政上分離する地域の一つに竹島を含めていたのは事実であるが，しかし領域に関する最終決定は講和条約で行われるべきものである。1952年から1953年にかけて，日米の合同委員会によって竹島が在日米軍の爆撃訓練区域に指定されていたという事実からも，同島が日本の領土とみなされていたことは明白である。

(3) 尖閣諸島

　尖閣諸島は沖縄の那覇と中国の福州のほぼ中間の東シナ海上に浮かぶ，5つの小島と3つの岩礁で構成される総面積約6.3平方キロの無人島である。1879年に琉球藩を廃止して沖縄県を設置した明治政府が，1885年から現地調査を重ね，清国の支配がおよんでいないことを慎重に確認したうえで，1895年1月の閣議決定で日本の領土に編入して以来，第2次世界大戦後に南西諸島の一部として米国の施政権下にあった時期を除いて，日本の実効的支配下にある。

　この南西諸島に対する米国の施政権終了を翌年に控えた1971年，台湾と中国が尖閣諸島に対する領有権の主張をはじめて表明し，同諸島の日本復帰に抗議を唱えた。1968年の国際的調査によって，同諸島の周辺海底に石油・天然ガスの埋蔵可能性が指摘されたことに触発された動きだったといわれる。しかし日本政府は，台湾および中国のあげる歴史的，地理的ないし地質的根拠等の

諸点はいずれも，尖閣諸島に対する領有権主張として国際法上有効な論拠とはいえないので，尖閣諸島が日本に帰属することは明白とし，よって領有権をめぐる紛争は存在しないとの立場をとっている。

■■■ 確認質問 ■■■

1　領域主権はどのような性質の権利か。

2　領域主権にはどのような制約が存在するか。

3　領土保全原則の射程が拡大しつつあるという指摘の意味を，具体的に説明しなさい。

4　ある程度の社会的・政治的な組織をそなえた原住民が居住している土地は，どのようにすれば取得可能か。方式論に基づいて説明しなさい。

5　戦後の講和条約が規定する領域変動は，国際法上どのように評価されるか。

6　方式論が紛争事例になじみにくいといわれるのはなぜか。

7　領域紛争をめぐる裁判において，当事国間に係争地に関する何らかの合意が存在する場合としない場合とでは，判決の論理構成にどのような違いがみられるか。

8　方式論で観念されてきた領域権原の特質をまとめたうえで，判例法理によってどのような変質がもたらされているか説明しなさい。

9　領域紛争において，国家が紛争の存在自体を否定するのは，当該国家がどのような立場にいる場合と考えられるか。北方領土，竹島，尖閣諸島の事例に即して説明しなさい。

10　竹島に対する日本政府の主張は，方式論によるものといえるか。尖閣諸島

の場合はどうか。それぞれ説明しなさい。

第 13 章　海洋利用に関する国際法(1)

　海は地球上の7割を占め，海に関する法は「海洋法（the Law of the Sea）」と称され，「もっとも古くて，もっとも新しい法」といえる。ローマ時代から海洋に関する法があったが，植民地獲得競争の時代に，海の覇権国間の対立を経て，広大な公海における自由と狭い領海への沿岸国の領域主権という二元制度が成立した。この基本枠組みを保ちつつも，海洋法は変化をつづける。公海上での外国船舶による日本調査捕鯨船への妨害行為に対して，いかなる措置をとれるか。領海内で外国船舶は無害通航の権利をもつが，「不審船」に対してどう対処するか。

I　海に関する国際法の発展

1　海洋の自由原則

(1)　海洋自由論争

(a)　17世紀以来の，海洋がすべての国に開かれているか（「自由海論」），国家の支配と権利下におかれるか（「閉鎖海論」）の論争は，国際法史上でもっとも著名な論争の一つである。前者はオランダのグロティウス，後者は英国のセルデンがその代表的な論者だが，自由海論が閉鎖海論を凌駕して，後の公海自由の原則を導いた。

(b)　自由海論は，実証的ないし法理論的に閉鎖海論よりも優れていたわけではかならずしもない。法理論的な問題は後述するが，実証的側面からみると，自由海論は，(i)海洋は領有できない，(ii)海洋の資源は無尽蔵である，等を根拠とする。が，実際には当時でも一定範囲の海洋には実効的支配と領有がなされていたし，技術上，一定海域の利用に限られてはいるが，利用できる範囲では，漁業資源など無尽蔵でもなかった。自由海論のこれらの根拠は，現在では一層現実から乖離する。むしろ，つぎの背景が自由海論を支え国際法の制度へと結実させた。

　第一に，スペイン，ポルトガルという海洋二大覇権国が，1494年トルデシ

リャス条約，1529年サラゴサ条約とローマ教皇裁可により，地球上の広大な海洋を二分しそれぞれの領有とした。対してオランダをはじめ新興諸国が植民地と本国間の物資の海上輸送を確保するために，海洋の自由を主張した。第二に，重商主義は植民地経営や海上交易の発展とそれによる国家財政の拡充を意図し，これが海洋の自由を支持した。

自由海論が時代の申し子ならば，これらの要因が変化しても海洋自由原則は存立基盤を不変に維持できるかは，現代の公海制度への深刻な問いかけとなる。

(c) 自由海論の定着には，教皇の権威を借りた二大覇権国の広大な海洋の領有から，海洋への権利主張は実効的支配をともなうべきという考え方への変遷の意義もある。これは，実効的支配をおよぼしうる近海に沿岸国の権利を認める領海制度にもかかわる。

(2) 公海制度

(a) 自由海論を基礎として，19世紀までには欧州諸国の実践に支えられて広大な公海で自由原則が成立した。それは，(i)公海の利用の自由，(ii)公海にはいかなる国も主権を設定できないことである。

(b) 当時の海洋利用の需要と技術からして，主たる利用形態は航行であり近海漁業であった。技術発展により，漁業可能範囲が拡大するし，公海利用も多様化する。

(c) 公海自由は無秩序を意味しない。公海に主権をもつ国はなく ((a)(ii))，領域ないし属地管轄権をおよぼす国はない。そこで，船舶の登録国（旗国）が公海上の船舶に支配・管理をおよぼし，各船舶が秩序を乱さないことが確保されれば，「予定調和的に」公海秩序が維持されるという旗国主義が成立した。旗国主義は，旗国が自国船の交易収入などから国家財政への貢献を求め，戦時には商船でも艦隊に編成するなど，旗国側の利益と船舶側の負担とを合わせもった。

船舶を領域とみなして（船舶領域説），自国船舶に領域主権がおよぶとする説もあったが，20世紀中盤には，ほとんど支持を受けなくなった。これに関して，日本国刑法1条2項は，「日本国外にある日本船舶……内において罪を犯した者についても」刑法を適用することを規定する。同条の解釈においても，船舶領域説はすでに国際社会で受け入れられていない点に留意しなければならない。

旗国主義は公海利用自由 ((a)(i))，とくに航行の自由と密接に関連しており，

公海上の船舶は他国から物理的干渉を受けずに航行できることを意味する。ただし，旗国主義による公海の秩序維持については，旗国主義成立当時，遠海で秩序を乱す行為を行う自国船に，旗国が実効的支配をおよぼすことは可能ではなく，洋上措置がどの程度期待され得たかは疑問である。現代では，そもそも自国船舶を支配・管理する意思や能力をもたない国も現れ，船舶も旗国支配を回避するなど，旗国主義の根幹を揺るがしている。

(3) 領海制度

(a) 自由海論でも，一定範囲の近海に沿岸国が権利をおよぼすことを認めていた。実際に，漁業，通航の安全，安寧・秩序維持，安全保障，入国管理，衛生など個々の事項につき，沿岸国は自国利益を守るために一定範囲の海域に権利を主張してきた。事項ごとに沿岸国が権利をおよぼす必要があると考える「幅」は一定ではない。たとえば，沿岸国の権利がおよぶ範囲を砲弾の到達距離でみる「着弾距離説」は，沿岸に外国軍艦がどこまで近接しても安全を守れるかという，沿岸国の安全保障に着眼した考え方である。近海漁業を独占するには，漁場の分布などにより固有の海域の「幅」が主張されうる。

このように，当初から海域「帯」として，すべての事項につき同じ幅をもつ領海帯が観念されていたわけではかならずしもない。この事情が，領海の幅を定める規則の成立を困難にした。

(b) 19世紀末には，領海が沿岸海域「帯」として観念されるに至り，外国船舶に無害通航権を認めるという例外を除き，沿岸国の領域主権がおよぶ海域とされた。

ここで，公海と領海に海域が二分され，水面・水中・海底を含み，水平的にも垂直的に伝統的な海洋法の二元制度が成立をみた。

2 海洋法条約

(1) 1958年ジュネーヴ海洋法4条約

19世紀後半には公海と領海の二元制度が諸国の慣行を通じてほぼ慣習法として整っており，1930年ハーグ国際法典編纂会議でも，海洋法は法典化の対象であった。が，法典化条約と評される国連国際法委員会（ILC）による成果としては，1958年ジュネーヴ4条約（領海および接続水域，公海，大陸棚，漁業資源保存の各々に関する条約）が重要である。

ジュネーヴ条約では，公海と領海については，慣習法化していた制度の骨子

が成文化された。それ以外には，条約上で接続水域と大陸棚の制度が成立した。接続水域で沿岸国は，特定の事項につき執行管轄権をもつ。大陸棚沿岸国は，公海の海底でもそこでの資源の探査開発など特定の事項に関する主権的権利をもつ。

接続水域や大陸棚の制度は，同じ海域でも事項により法的地位が異なる（接続水域は公海であるとしても，条約が特定する事項については沿岸国の管轄権がおよぶ），水域（公海）と海底（大陸棚）とでは法的地位が異なるなどの区分をもたらす。その結果，領海と公海の二元制度が海域の「場所的区分」であるのに対して，大陸棚や接続水域，後に国際連合海洋法条約が導入した排他的経済水域や深海底の諸制度は，海域の区分に「機能ないしは事項」による区分の要素を導入した。海洋利用の多様化とそれぞれの事項に関する各国の利益の複雑化に直面して，国際法は海洋制度を多元化することで対応した。

(2) 1982年国際連合海洋法条約（以下，海洋法条約）

(a) 海洋法条約は1958年ジュネーヴ4条約のすべての主題を統合し，かつ，新たな海洋制度を設立した。海洋法条約の発効により，諸国間で海洋法規則群の効力関係は複雑になった。ジュネーヴ条約の当事国であるが海洋法条約の非当事国である国があり，ジュネーヴ条約の条文を踏襲した条文が海洋法条約にあり，海洋法条約には慣習法となっていた規則がある。また，海洋法条約の起草過程は10年余におよび，起草過程中の条文群に沿ってこれを国内法制度化した諸国もあるために，排他的経済水域のように，すでに起草過程より慣習法化したと主張されたり評されたりされた。

(b) 海洋法の性質に目をむけると，海洋法条約が新設した排他的経済水域と深海底の制度は，後述のように，接続水域と大陸棚制度に加え海洋の「機能別区分」を一層進めた。

3 変動過程にある海洋法

(1) 変化した国際社会の構成

(a) 自由海論が定着した背景には欧州諸国間での覇権国の交代があったが，20世紀後半以降，かつての植民地が多数独立して国際社会に参加したことが，海洋法の大きな変動要因となった。それが端的に表れたのは，たとえば，資源の自由競争を否定して資源の開発利益を国際社会のすべての諸国に配分するという，深海底制度の構想である。

概括すれば，一方で，海洋先進国は，「狭い領海，広い公海」を確保し自由競争を通じて利益を獲得しようとし，他方で，自由競争で不利な立場におかれかねない途上国・新興国は，先進国を利してきた従来の海洋法の変更を主張する。

　日本は，1977年の領海及び接続水域に関する法律（海洋法条約批准時1996年に改正されたが，12カイリ領海については不変）で12カイリ領海を定めた。しかしそれまでは，海洋先進国の一員として「狭い領海，広い公海」を支持し，1870年の普仏戦争に関して局外中立宣言を発したときに領海3カイリを宣言して以来，領海3カイリ説をとってきていた。

　(b)　先進国と途上国・新興国との対立は，海洋利用の多様化も反映する。航行が主たる利用であった時代には，海洋大国の可能な限り自由航行を確保するという航行利益と，沿岸海域を支配下におこうとする沿岸国利益とが対立した。この基軸は現在でも変わらない。けれども海洋利用が多様化すると，かつてのように単純な「海運大国の自由航行の利益」対「沿岸国の利益」との調整だけではすまない。

　たとえば，「資源保存」や「海洋環境保護」のために「航行」や「漁獲」の自由を制限できるかという問題を考えればわかるように，個々の事項がともなう複数の利益の相互間で国際法が優先性を決定して，諸国間の利害対立を調整しなければならない。注意すべき特徴は，現代では，途上国・新興国の強い要求により，海洋法の重点が相対的に資源利用の保護に移行している点にある。

　(2)　海洋法の動態性

　(a)　ジュネーヴ海洋法4条約，海洋法条約，慣習法化した規則群の混在のゆえに諸国間で効力関係が複雑化しているが，海洋法制度の背景にある実質面でも変化が生じている。

　技術の進展により海洋利用が多様化し，諸国の利害関係も事項ごとに複雑化する。また，海洋利用や資源開発が急速に進むと，それらを規律する海洋法規則があらたに生まれてくる。海洋法条約が，漁業資源保存や海洋環境保護のための規制を拡充したのは，現代に特徴的な資源枯渇や海洋環境損害の危険を回避する必要に迫られたからである。

　(b)　このように海洋法は，国際法のなかでも古くから成立してきた分野だが，同時に，背後にある要因によりつねに変動にさらされる動態的な法でもある。実定法を解釈し適用するにさいしては，一方で，当該規則が成立した背景と趣

旨目的を理解すること，他方で，現代の海洋利用の特徴のなかで，諸国の利益調整のあり方を探ることが不可欠となる。

本章の以下では，海洋法の基本枠組みである領海と公海，領海と密接な関連をもつ内水・接続水域・群島水域・国際海峡，管轄水域制度と公海制度を横断する追跡権を順に説明する。第14章では，主に資源に着目する海洋法制度と海洋利用への国際規制の進展を取り上げる。とくに条約名を記さない条文番号は，海洋法条約のそれを指す。

Ⅱ　領海・内水・接続水域

1　領　海

(1) 領海の法的地位

(a)　領海とその上空および海底には，原則として沿岸国の領域主権がおよび，それは国際法に従って行使される（2条）。領域主権へのもっとも重要な国際法上の制限は，外国船舶に領海内の無害通航権を認めることである。

(b)　領海で外国船舶は無害通航権をもつが，外国船舶や外国人にも沿岸国の属地的管轄権がおよぶ。ただし，外国船舶内での刑事裁判権の行使については，犯罪の結果が沿岸国におよぶ・犯罪が沿岸国の安寧または領海の秩序を乱す性質をもつ・船長や旗国が沿岸国の援助を要請する・麻薬および向精神薬の不正取引の防止のために必要であるといった場合以外には，沿岸国は刑事裁判権を行使できない（27条1項）。外国船舶に関する民事裁判権の行使についても，無害通航権と航行利益との調整のために制約がある（28条）。

(c)　軍艦（定義は29条）や非商業目的で運航する政府船舶は免除を受ける（32条）（主権免除につき，第9章参照）。軍艦が沿岸国法令に違反すれば，沿岸国は領海から退去要求でき（30条），軍艦や非商業目的の政府船舶は，沿岸国法令や国際法に違反した結果の損害につき国際責任を負う（31条）。

(2) 領海の幅

(a)　沿岸国は領海を基線から12カイリの範囲で設定できる（3条）。領海の幅は幾度も海洋法会議で諸国の見解の対立が調整されず，海洋法条約がはじめてこれを定めた。それは，端的にいえば，排他的経済水域の設立と関連した。同制度により領海拡大要求をもつ諸国には200カイリまで沿岸国の資源開発，とくに漁業利益を与え，他方で領海の幅は12カイリに押しとどめることで，

12カイリ領海の合意が成った。

(b) 領海の幅をそこからはかる線を基線といい，その内側は内水となる。基線は，他の水域や海底の範囲をはかるための基線ともなる。海岸の低潮線を採用する「通常基線」（5条）であれば紛争は生じにくい。ところが，北欧諸国のスケアガルドのように著しく屈曲した海岸線や，一連の島が海岸の至近距離にある場合に，いくつかの要件をみたせば，適当な点（基点）を結ぶ「直線基線」を採用することが認められる（7条）。

7条は，ノルウェーの屈曲した海岸線が争点となり，直線基線に関する国際法が認定された1951年漁業事件のICJ判決を反映している。その規定振りが，客観的であり一義的な解釈を導くとは限らない。日本と中国，韓国などの近隣諸国を想定するとわかりやすいが，相互に海岸を近接させていれば，それぞれの漁民が他方の国の近海で漁獲することがある。一国が，通常基線であれば凹を描く基線になり領海も凹を描くはずのところを，凹両端の2つの島を結んで直線基線を引くとする。そして，そこから12カイリの領海を設定することで，通常基線によるよりも領海の幅を相手国側に張り出すと，張り出された領海内では他国漁民は漁獲を許されなくなる。ここに，国際紛争の原因が生まれる。

(3) 無害通航権

(a) 外国船舶は領海で無害通航権をもつ（17条）。船舶は燃料・水・食料補給や整備などのために入港を要するし，沿岸近海を航行することで安全を確保する。ゆえに，陸や空と異なり，海では領域主権に対し外国船舶の無害通航権による制約がおよぶ。沿岸国は沿岸域で安寧や秩序違反が行われること，その効果が陸にもおよぶことを回避する強い要求をもつ。ここで，無害通航権制度は，外国船舶の航行利益と沿岸国利益の，激しい対立を含む。

(b) 1958年領海条約は「通航」と「無害性」とを分けて規定しない（14条）が，海洋法条約は18条で通航を，19条で無害性を規定した。その結果，(i)通航ではないか，あるいは(ii)無害ではないか（以下，「有害」と記す），そのいずれか一方があれば外国船舶の無害通航の権利は否定される。

(c) 通航は継続的かつ迅速に行われねばならず，航行に通常付随するか不可抗力や遭難などで必要な停船や投びょうのみが許される（18条2項）。いわゆる北朝鮮船舶の「不審船」（後に北朝鮮が工作船であったと公式に承認）に対し，日本船籍が表示されていたこともあり，1999年に日本は漁業法違反を根拠に措置をとった。けれども，外国船舶が日本領海を彷徨し通常とはいえない航行

態様があったのならば，18条2項にいう「通航」要件を充足しないという認定もありえた。

潜水艦は「海面上」を航行せねばならず（20条），2004年の中国潜水艦の日本領海内の潜水航行は，同条違反である。

(d) 有害性の認定基準は，外国船舶の航行利益と沿岸国利益の対立とその調整を示す。一方で，領海条約14条と比較して，海洋法条約が通航と無害性を分けて規定したことは，そのいずれかを否定できれば外国船舶の無害通航権を否定できるという点で，沿岸国利益の保護を強めた。他方で，海洋法条約19条2項は12項目に分けて船舶の航行態様に着目した基準を設定し，有害性を客観的に基準化することにより，有害認定が沿岸国の主観的ないし恣意的な判断に服することを回避して，航行利益の保障を強めた。とはいえ，19条は多くの解釈上の争点を含み，学説や実践の対立を解消しきれてはいない。

19条1項は沿岸国の平和・秩序・安全を害することを有害とする。有害性の立証責任は沿岸国にある。2項の(a)から(l)までの12項目は武力行使，兵器訓練，通関・出入国管理上の違反・漁獲・一定の汚染行為等，具体的な活動を有害とみなすと規定し，この推定を覆す立証責任は外国船舶側にある。12項目が客観的基準であれば，有害性認定につき沿岸国の裁量は，この客観的基準により制限される。けれども，たとえば，19条2項(l)の「通航に直接関係を有しない」活動は，内容を特定しにくく客観的に一義的な解釈を導くとは限らない。

(e) 有害性については，学説や実践を大きく分けると，通航の態様によるのか（航行態様説），それとも通航の目的や船舶の種類（とくに軍艦）によるのか（船種別説など）という点で対立してきた。19条2項が航行態様説と解されることにはほぼ疑問がない。

この2項との関係で，19条1項の解釈でも「航行態様」が沿岸国の平和・安全・秩序を害することに限られ，つまりは1項も行為態様説で解されるのか，それとも1項は船種別説などの趣旨を残しており，通航目的や船舶の種類等により沿岸国が有害性を判断する余地を認めるかにつき，解釈の対立が残る。軍艦に関して1988年の米国とソ連（当時）の覚書が前者の立場をとったことから，行為態様説による解釈が有力だが，船種や航行目的等に注目する説も否定されたとはいえない。この説は，つぎの意義をもつ。

外国船舶による領海内の通航「目的」が，たとえば，沿岸国の政策批判の宣

伝活動（グリーンピース船舶がフランス領海に入って，フランスの核実験を批判する宣伝活動をフランス領土に向けて実施する例）であるときに，同船舶が領海に入り実際に行う活動態様が有害であることを待たなくても，沿岸国は同船舶が領海へ入ることそれ自体を拒否する法的根拠をもちうる。

(f) 有害性と外国船舶による領海沿岸国の国内法違反との関係については，両者を同一とする「接合説」と，両者を区別する「分離説」との対立がある。19条1項の有害性要件や，19条2項のすべての事項が法律に規律される事項とは限らず，それでも有害といえる場合がありうるので，19条は分離説をとるといえる。

沿岸国は無害通航を否定する法令だけでなく，実際上その適用により無害通航を否定するとか制限する効果をもつ法令の制定も禁止される（24条1項）。

(g) 沿岸国は，25条により有害通航を「防止」する措置をとりうるが，防止に限らず，現に発生している有害通航に対する対処も許されると解される。ただし，軍艦や非商業目的の政府船舶は，外国領海で免除を認められる（32条）。

2　内　水

(1)　内水の範囲

(a)　基線の内側が内水で，入江・港・湾・河口・内海がある。内水では外国船舶の無害通航権がなく，直線基線の採用や確定規則に基づかない内水設定は国際紛争要因になる。

(b)　内海につき日本には，瀬戸内海の問題がある。1966年テキサダ号衝突事件では，リベリア船籍のテキサダ号が日本船籍の銀光丸と衝突し，テキサダ号乗員の日本人が業務上過失傷害などで日本裁判所に起訴された。衝突場所である瀬戸内海が公海であれば，公海上の外国船舶たるテキサダ号船内の行為には日本は管轄権をおよぼせないかが争点となった。

大阪高裁判決（昭51・11・19）は，衝突場所につき，つぎのように判示した。1958年領海条約7条4項・5項の湾口24カイリ規則は当時慣習国際法ではなく，湾の法理の類推により内水とすることはできないけれども，歴史的慣行に裏付けられているとともに諸国から抗議等を受けていないという非抗争性を根拠として，同海域は，歴史的水域であり内水であるとした。その後，1977年の領海・接続水域法（1996年改正でも不変）の2条も瀬戸内海を内水とし，領

海法施行令で瀬戸内海の範囲をテキサダ号事件の高裁判決にならって規定した。

(c) 湾については，直線基線を採用するとその内側が湾になる場合があり，沿岸国の湾（内水）拡大要求を規律するために，湾の要件も国際法が定めてこれを規制している。

1951年漁業事件で国際司法裁判所（ICJ）は，英国の主張する「湾口閉鎖線の長さは10カイリ以内」という規則は一般国際法となってはいないとして，基線の引き方における各沿岸国の特別事情の重みを強調した。かつ，スケアガルドのように入り組んだ沿岸線の場合に，直線基線が海岸の一般的方向に沿っており歴史的権限として確立していれば，それはすべての国に対抗しうるとした。これは，10カイリ規則という「一般規則」に対してノルウェー直線基線を「例外」として正当化するという論理枠組みは適用しなかったと解される。この判決の方針は，一般法規則を厳格に定式化せずノルウェーの方法も例外ではないとして，将来的な一般規則の成立を促す柔軟性を保ったと評価しうる。

1958年領海および接続水域に関する条約7条および海洋法条約10条も，直線基線につき「海岸の一般的方向に沿う」という基準，歴史的慣行や地域的経済利益の考慮を規定した。湾に関わる規定群は，湾入が十分であることや湾港閉鎖線が24カイリを越えないことなどを規定している。これらの規定群の規定振りでは，客観的に一義的な解釈を導くことは難しく，紛争を十分に回避できるとはいいにくい。

(d) これらの要件を充たさない湾でも，長期慣行と諸国の黙認により歴史的湾と認められる。ただ，湾口102カイリのピョートル大帝湾やリビアの湾口296カイリのシドラ湾などは，諸国の抗議を受けている。

米国は公海自由を遂行するために，シドラ湾付近の12カイリを越える海域部分で，示威的に海軍力を展開した。これは，広大な湾すなわち内水としての権利主張に対して，沿岸国はかかる広大海域に実効的な支配をおよぼし，外国軍艦を除去できるのかという挑戦である。近代以来の特徴である，海洋への権利主張は実効的支配の可能性をともなうべしという意識の反映といえる。

(2) 内水の法的地位

(a) 内水では外国船舶は無害通航権をもたず，これが，領海との大きな相違である。

(b) 外国船舶が内水である港に入港する権利はない。もっとも，緊急避難等の場合に航行の安全のためには沿岸国は入港を認めるべきである。

一般的には商船や私船については通航や海運の必要性に鑑みて，諸国は外国船舶の入港を認めている。1953年日米通商航海条約19条のように，条約により相互的に入港を権利とする例もある。他方で，軍艦については入港を規制する沿岸国が多い。
　(c)　内水における外国船舶の船内犯罪に対する，とくに刑事裁判権に関して，かつて船舶を旗国の「浮かぶ領土」ととらえて旗国が排他的管轄権を主張し沿岸国と対立したこともあり，英米主義とフランス主義が生じた。前者は沿岸国の刑事管轄権が原則としておよぶが，礼譲により沿岸国の平穏や安全などの利益が害されない場合にはそれを行使しないとする。後者は，純粋に内部事項に関するような特定の船内犯罪の場合には，外国船舶に対する刑事管轄権を認めない。ただ，両説は実際の適用においては，大きな相違をもたらさない。

3　接続水域

(1)　接続水域の範囲

　沿岸国は接続水域を，沿岸から24カイリまで設定できる（33条2項）。領海3カイリの実践が多かった時期には，米国の禁酒法や英国の徘徊法などのように，酒類の密輸・沿岸と領土の安全など，領海内に管轄権行使が制限されていては実効的に規制できない特定事項に限定して，領海の範囲を越えて執行措置をとる実践があった。海洋法条約が領海12カイリを決定し，接続水域は24カイリとなった。

(2)　接続水域の法的地位

　海洋法条約では，通関・財政・出入国管理・衛生に限定して，領土と領海における沿岸国法令違反を防止し処罰するための規制を認めた（33条1項）。
　接続水域が，領海内での違反行為の防止や取締りという沿岸国の執行措置だけが取られうる水域であり，公海としての地位を保持するか，それとも固有の法的地位をもつかについては，見解が分かれる。沿岸国が立法管轄権ももつ水域であれば，接続水域は固有の水域とみなしやすい。この点は，追跡権に関する111条1項が，国内法に違反すれば接続水域から追跡が開始されうるとしつつも，接続水域の設定により保護される権利の侵害があった場合に限って，という限定を付しており，妥協による解決がはかられている。

4　群島水域

(1)　群島基線

フィリピンやインドネシアなどの主張により海洋法条約は，群島水域の制度を設けた。島の集団やその一部，相互に連結する水域等の地形がきわめて密接に関係していて，本質的に一つの地理的・経済的・政治的単位を構成しているとき，これを群島という（46条(b)）。

群島基線は，群島のもっとも外側にある島や低潮時に水面上にある礁のもっとも外側の諸点を結ぶ線である（47条1項）。群島基線については，その内側の水域と陸地の面積比が1対1から1対9の間であること，長さは原則として100カイリ以内であること，群島の全般的な輪郭から著しく離れてはならないこと，他の国の領海を公海や排他的経済水域から切り離すように引いてはならないことなどの制限がある（47条2項以下）。

(2)　群島水域

(a)　群島基線の内側の水域は群島水域となり，上空・海底を含めて群島国の主権がおよぶ（49条）。けれども，隣接国の伝統的な漁獲の権利やその他の活動を尊重し，他国との既存の協定を尊重する義務を負う。

(b)　群島水域では，すべての船舶が無害通航権をもつ。ただし群島国は，安全保護に不可欠であり公表した後であれば，特定の水域で，外国船舶の相互間で差別を設けずに，一時的に無害通航を停止できる（52条）。

5　国際海峡

(1)　「国際航行に使用されている」海峡

(a)　海洋法条約は，「国際航行に使用されている」海峡（以下，国際海峡）に，「通過通航」という特別な航行制度を設けた。ただし，海峡沿岸国の内水には，直線基線で内水となった海域ではない限り，国際海峡の航行制度の適用はない（35条(a)）。

(b)　海洋法条約34条1項の「国際航行に使用されている」とは，将来の使用の可能性ではなく，実践として使用実績が確立していることと解される。1949年コルフ海峡事件でICJも，表現がやや不明確であるものの，その趣旨を認定している。

(2)　通過通航権

(a)　国際海峡であり，公海または排他的経済水域の一部と公海または排他的

経済水域の他の部分との間にある国際航行に使用されている海峡では，すべての船舶および航空機に通過通航権が認められる（37条，38条）。通過通航は，停止してはならない（38条，44条）。航空機も通過通航権をもち，領海の無害通航権が船舶に限られていることと異なる。

通過通航は，継続的かつ迅速な通過をいう（38条2項）。無害通航権よりも要件が緩やかな航行の権利であって，沿岸国はこれを停止することは許されない（44条）。外国船舶のみならず，航空機の通航が保障される。外国航空機の通過通航権が認められる点は，領海で外国航空機は無害通航権が認められないことと異なる。

(b) 船舶と航空機のそれぞれにつき，海洋法条約は沿岸国保護のために義務を定める（39条2項・3項）。海峡沿岸国が通過通航に関して法令で規制できる事項は，海洋法条約42条1項・2項による制限を受ける。また，海峡沿岸国は，通過通航を妨害したり停止することは禁止される（44条）。

(c) 海峡利用国（user country）は，海峡沿岸国とともに，航行の安全や汚染防止などにつき合意により協力する義務をもつ（43条）。

日本はマラッカ海峡，シンガポール海峡（両海峡の大半がいずれかの国の領海）をエネルギー輸送の生命線としており主たる海峡利用国であり，海峡沿岸国よりつねに一層の協力要請を受けている。これらの海峡で武装強盗や財産強奪が発生し，2004年にこれに対処する地域協力協定（ReCAAP）が，日本の主導により採択された。日本は沿岸国の航行安全確保の能力向上に協力しているが，同時に，沿岸国の主権にともなう責任をも確認すべきである。

III 公　海

1　公海の範囲

海洋法条約は，内水，領海，排他的経済水域，群島水域に含まれない範囲を公海としており，公海の範囲を明確に規定しない（86条）。

海底については，大陸棚を越える範囲では海底が深海底になる。大陸棚は76条により設定されるが，海洋法条約は深海底の範囲も明確に規定していない。

2　公海の法的地位
(1)　公海自由原則

(a)　公海自由原則は，公海はすべての国が自由に利用できること（積極的自由，87条）と，いずれの国も公海に主権設定できないこと（消極的自由，89条）をいう。いずれの国も公海という海域に主権をもたないので，旗国主義のような公海秩序維持のしくみが生みだされている。

(b)　公海利用の自由には，航行・上空飛行・海底電線やパイプライン敷設・人工島建設・漁獲・科学的調査が含まれる。87条1項がこれらを列挙するが，例示列挙と解されるので，技術進歩によりあらたな利用態様が可能になれば，それも公海利用の自由に含まれうる。公海利用の自由は，利用形態が増加したり変化しても，それらの自由が認められうるという意味で展開的性質をもつ。

海洋法条約は，公海利用の自由への一般的制限を規定している。公海は(i)平和目的の利用に限定され（88条。軍事演習や兵器実験は許される），(ii)他国の公海利用の自由に妥当な考慮を払うこと（87条2項）である。たとえば，軍事演習や兵器実験のさいに，安全確保のために航行禁止区域を設定しても，他の航路が存在するとか航行への合理的な範囲の制約であれば，他国の航行利用に「妥当な考慮」を払ったといえる。

(2)　公海の法的性質

公海の法的性質については，その論証にも論理の実際の実現にも困難が付随する。

公海は，万民共有物（res communis），公有物（res publica），無主物（res nullius），などと説明される。前二者の観念を公海に適用しても，国際社会では主権国家が並存しているので，公海に関して主権国家に上位して支配や管理をする権威が存在せず，つまりは，制度的担保を欠く。公海を無主物とすれば，公海では先占による領有と主権設定が認められないことと矛盾する。ゆえに，すでに述べたように，公海の法的性質については，法理論的に説明ができるというよりも，時代背景の申し子として自由海論が国家実践により支持されて成立し，現在もそれが基本としては維持されていると解する他はない。

3　公海の秩序維持
(1)　旗国主義

(a)　公海の秩序は，旗国主義により維持される（92条）。船舶はその登録国

（旗国）の排他的管轄権に服し，旗国は行政・技術および社会上の事項につき，有効に管轄権を行使する義務を負う（94条）。旗国主義は，公海上の船舶には各々の旗国が管轄権をおよぼすことにより，どの船舶も公海を適切に利用することが確保されるので，公海秩序が維持されるといういわば「予定調和」を想定する。

(b) 船舶の国籍は国内法が定めるが，国際法は国と船舶との間に真正な関係があることを要件とする（91条）。

実際には，旗国と「真正な関係」のない船舶があり，これを便宜置籍船という。旗国が船舶を支配・管理する意思や能力をもたないことが，違法漁獲や環境汚染その他の原因の一つになっている。船舶は，国際的な競争力を維持し海運他による利潤を確保するためには，船舶登録要件や規律（船舶の構造・安全基準・税金等）が厳格な国を旗国として選ぼうとはしない。便宜置籍国は，船舶への実効的規律はしないが登録料収入を得る。このように便宜置籍をめぐって船舶側と旗国側の利益が一致して，便宜置籍船が生ずる。

(2) 旗国主義以外の公海秩序維持のしくみ

(a) 上述した公海利用の自由に対する一般的制限や，旗国主義による公海上の船舶への支配・管理に加えて，特別事項ごとの制限として，海賊（100～107条）・奴隷運送（99条）・麻薬の不正取引（108条）・公海からの無許可放送（109条）などにつき，海洋法条約はそれぞれの規律のあり方や管轄権の配分を規定する。

(b) 海賊についてだけは，固有の制度がある。海賊はある船舶から他船舶への私的目的による暴力・略奪行為などであり（101条），いずれの国も海賊船舶や航空機に対して拿捕・船内の人の逮捕や財産の押収といった執行権に加えて裁判権行使が認められる（105条）。

古くから海賊は「人類の敵」とみなされていたが，とくに公海自由が成立する時期には，植民地と本国との海上交易や海運による利益が諸国に共通しており，その妨害である海賊に対し厳しい規律が承認された。現在では，航行が国際共通利益でありそれへの侵害が海賊に固有の制度の根拠とされる。けれども，海賊という固有の法制度の存立根拠となる，国際社会に共通の保護利益とその侵害態様をあらためて確定して定義するべきである。

たとえば，日本調査捕鯨船への反捕鯨団体船による妨害を指して，体当たりや航行妨害だけを理由に海賊という特別な制度の適用が主張された。マラッ

カ・シンガポール海峡で発生した船舶に対する武装強盗は，領海内事例なので海賊ではない。ソマリア沖での船舶に対する暴力行為を海賊として，それへの対処を国連安保理決議が決定した。これらのすべてを一律に「海賊」概念を用いてとらえることは，あたかも「海賊」概念のインフレーションのようであり，海賊概念の国際社会の認識という観点から疑問が残る。

(c) 公海上の外国船舶に近接して船籍確認を求めることは，慣習法として成立している（近接権）。外国船舶に乗船して検査を行う「臨検」は，海賊・奴隷取引・無許可放送に従事する船舶，無国籍船および外国旗を掲げるが自国船の嫌疑のある船舶に限られる（110条）。海賊に対する管轄権行使も臨検も，嫌疑に根拠がないとか正当化されないときは，責任が発生する（106条，110条3項）。

現在では，海賊の意義の変質，奴隷輸送の現代的意味の消失，無許可放送への実効的規律の実現などをみている。そうした現状では，110条の臨検事項について，国際社会の共通利益への侵害に対しては，旗国主義の例外を認めて厳格に秩序維持をはかることの法的根拠としてそれらが説得力をもつか，と見直す時期が来ている。

(d) 海洋法条約は一般的規定にとどめるとか，規定をもたない事項に関しても，公海を含む海洋の利用規制が個別の条約群により進展している。これらは，第14章で説明する。

IV 追跡権

1 管轄水域制度と公海制度を横断する制度
(1) 追跡権制度の成立と意義

公海自由原則への例外として，追跡権制度がある。沿岸国は，領海やそれ以外の管轄海域での法令違反（接続水域ではそれにより保護する権利の侵害，排他的経済水域や大陸棚ではそれらに適用のある国内法の違反）を取り締まるために，公海まで外国船舶を追跡して，当該船舶を停止させ拿捕することができる（111条1項・2項）。

かつては，交戦国の利益との関係で，戦時に中立海域への敵船の追跡制度があった。現在の追跡権制度は，沿岸国の実効的管轄権行使が根拠であり，領海や管轄水域内で外国船舶を取り締まりきれない沿岸国の利益を保護する。領海

を越えて沿岸国が執行権を行使する点で，追跡権と接続水域の制度は類似しており，実際に，2つの制度は並行して成立した。

(2) 追跡権の要件

(a) 追跡権は，(i)法令違反を信ずるに足りる十分な理由，(ii)外国船舶が領海や管轄水域内にあるときに追跡開始，(iii)追跡の継続，(iv)軍艦その他権限をもつ船舶や航空機による追跡を要件とする（111条）。被追跡船が本国や第三国の領海に入ると，追跡権は消滅する。

(b) 追跡権要件の(ii)につき，母船が公海に出たのちでも，そのボートが領海・管轄海域内にあるとか，母船と「一団となって作業する」船などが領海・管轄海域内にあればよい（111条4項）。この「一団となって」という「協同」関係は，近年は，麻薬違法取引や違法漁獲の国際規制の分野で，麻薬や漁獲物の転載に従事する二船の関係がその典型例となっている。この2つの分野は，追跡権の事例が集積している分野だが，それらにおける実践では，「協同」関係がさらに緩やかに解される傾向がある。

2 最近の追跡権行使の特徴

(1) 第三国や多数国の協力

(a) 第三国領海の沿岸国が，追跡権行使に協力する例がある。本来，追跡権は被追跡船舶の領海や第三国の領海に非追跡船舶が入れば終了するが，合意を結んで，第三国領海でも追跡権を継続して行使する例が増えている。これは，追跡国の管轄権行使の実効性を確保するために，追跡国と被追跡船舶が逃げ込む可能性のある領海の沿岸国との間で，合意により成立する追跡権行使である。

(b) さらに，漁業資源保存の分野では，沿岸国の追跡に3以上の国の船舶が加わったり追跡に協力（空軍基地や母艦の提供など）する，「多国籍」追跡の例も生じてきている。これは，南極生物資源保存条約当事国にみるように，条約当事国間の協力という意味ももつ。

(2) 「不審船」に対する日本の追跡権行使

日本は，1999年には領海から，2001年には排他的経済水域から，いわゆる不審船に対して追跡権を行使した。その根拠は漁業法違反だが，2つの例で違法漁獲の実証はほとんど行われていない。被追跡船舶が停船命令に従わずに逃走したことが漁業法上の検査忌避罪であり，それが追跡権行使の根拠であった。そこには，漁獲技術の発展により違法漁獲を視認することが困難であるとか，

違法漁獲を視認してからの追跡では，実効的に被追跡船を捕獲できないという実際上の理由もある。

領海からの追跡であれば，具体的な違法漁獲が確認されておらず，たとえば官船に遭遇したときの逃走（だけ）による検査忌避罪を根拠とする追跡であっても，領海沿岸国は包括的な領域主権をもつので，正当化することは可能であろう。しかし，次章でみるが排他的経済水域の沿岸国の権利はその対象事項が限定されており，資源の探査・開発など限定された事項に関する権利である。そこで，排他的経済水域に適用のある法令の違反においてのみ追跡権を認められている沿岸国が，違法漁獲を確認できず外国船舶の逃走（だけ）で漁業法上の検査忌避罪を根拠として追跡権を行使することが適当かは，慎重に考えるべきである。

■■■■ 確認質問 ■■■■

1　海洋法は，海洋法条約という包括的な条約が成立していても，なお，変動的ないしは動態的な法といえる。それはなぜか，具体的な海洋法制度を用いて説明しなさい。

2　「広い公海，狭い領海」という基本方針が，伝統的な海洋法の基軸であったが，それはどのような背景によるか説明しなさい。

3　海洋の「場所的区分」と「機能的区分」につき，具体的に説明しなさい。

4　領海におけるいわゆる外国船舶たる「不審船」について，これに対して沿岸国がとりうる措置とその根拠を，海洋法条約に基づいて論じなさい。

5　直線基線について説明して，なぜ，これが国際紛争要因になりやすいか具体的な仮説例を用いて説明しなさい。

6　公海の自由の「積極的側面」と「消極的側面」の意味を説明して，旗国主義がそれにどのようにかかわるか説明しなさい。

7 海洋法条約110条の臨検事項とそれらが臨検事項である根拠を説明して，現在および将来もこれが維持されるべきかについて意見を述べなさい。

8 「海賊概念のインフレーション」について説明しなさい。

9 便宜置籍船が増加してきた背景はなにか，なぜ，日本は海運大国といわれながらも日本を旗国とする外航航路船舶数が著しく減少したかについて，説明しなさい。

10 追跡権制度の趣旨目的を明らかにして，なぜ追跡権は沿岸国の権利であり，追跡権は公海自由の例外であるかを説明しなさい。

第 14 章　海洋利用に関する国際法(2)

　海洋先進国がつくりあげた公海・領海二元制度は，20世紀に新独立諸国の挑戦を受けて，多元的海洋制度へと根本的に変化した。航行と漁獲にとどまらず，他の資源の探査や開発・海洋環境保護・漁業資源保存等，あらたな海洋利用とそれにともなう海洋問題が出現し，諸国間の利害対立は複雑化した。日本も，海運大国や遠洋漁業国としてだけでなく，東シナ海大陸棚境界画定，竹島周辺の境界画定「前」の海域での海洋科学調査，外国船による違法漁獲取締り等の問題に対し，沿岸国としての海洋法政策の策定も強く迫られる。

I　海洋資源利用に関する法制度

1　排他的経済水域

(1)　「新海洋法秩序」の象徴としての排他的経済水域

(a)　航行から海洋資源利用への比重変化，海洋先進国間の利害調整から先進国と途上国・新興国との利害調整への変化を反映する海洋法を，「新海洋法秩序」とよぶことがある。排他的経済水域制度は，深海底制度とともに「新海洋法秩序」の主たる象徴である。

(b)　海洋法条約の起草作業でも条約締結交渉の場でも，多数を占めたのは海洋二元制度の成立に関与しなかった途上国・新興国である。これらは，みずからの利益を反映するあらたな海洋法を創る強い欲求をもっていた。

　その一つが，可能な限り広い沿岸海域の独占であった。力が強大でない国は，沿岸海域の海洋資源を独占し，安全保障のためにも近接する海域での他国船（とくに軍艦）の航行を制限したい。70年代には，200カイリの領海を主張する国（アルゼンチン，チリ，ペルー，ニカラグァ，ブラジルなどラテン・アメリカ諸国，コンゴ，リベリア，ソマリアなどアフリカ諸国等）まで出現した。

(c)　200カイリもの広大な海域に，すべての国が実効的支配や管理をおよぼすことは，実際には不可能である。かつて，スペインとポルトガルの実効的支

配をともなわない海域領有に対して，当時の新興諸国が挑戦して近代海洋法制度が成立したが，20世紀になり，再び実効的支配をともなってこそ沿岸国の権利を認めるという基軸に，変質が始まった。

(d) 排他的経済水域の成立と領海の幅決定とは密接に連動した。

一方で，海洋先進国はその技術や国力を強みとして，自由利用が許される公海を広く確保する欲求をもつ。他方で，十分な国力をもたない途上国・新興国は，主権のおよぶ沿岸海域を拡大する欲求をもつ。その両者の対立が激しく，領海の幅を規則化することは1982年の海洋法条約まで成らなかった。

1960年第2次国際連合海洋法会議では，6カイリ領海に加えて6カイリ漁業水域を認める提案が1票差で採択をみなかった。注目すべきは，途上国・新興国が沿岸海域を拡大して求める主たる利益は，とりわけ漁業資源の独占にあった点である。海洋法条約の起草過程で70年代より，たとえばケニアの主張が顕著だが，海洋資源について（だけ）沿岸国の権利を主張する経済水域の構想が現れ，いくつかの国の実践がつづいた。そして，200カイリ排他的経済水域の新設は，領海それ自体の拡大要求を封じ込めたい先進国と，できるだけ広い海域で漁業資源を独占したい途上国・新興国との，まさに妥協点であった。もっとも，200カイリという数字には，法的にも科学的にも明確な根拠があるかはわからない。

(2) 排他的経済水域の法的地位

(a) 海洋法条約は，排他的経済水域を同条約上の特別の制度（sui generis）とする（55条）。それは，海洋法条約を離れて排他的経済水域の制度は存立せず，同条約非当事国は，排他的経済水域を設定しその権利義務をもつことはないという意味である。

ただし，実際には海洋法条約の起草段階ですらも，米国その他の国が排他的経済水域制度の趣旨を国内法化し，日本も1977年に漁業水域に関する暫定措置法を制定した。排他的経済水域は慣習法化したという主張や，これを支持するICJ判決もある（1985年リビア＝マルタ大陸棚境界画定事件）。その限りで，排他的経済水域が海洋法条約上でのみ存立する特別の制度という趣旨は失われている。

(b) 排他的経済水域では，特定事項に関してのみ沿岸国が主権的権利や管轄権をもつ。それ以外の事項については，同じ海域が公海となる。200カイリという広大海域への機能的区分の導入は，従来の海洋法の大きな変更といえる。

沿岸国の権利は，天然資源の探査・開発，経済的目的で行われる探査・開発（海流・潮流・風からのエネルギーの生産など）に関する「主権的権利」と，人工島・施設・構築物の設置と利用，海洋科学調査，海洋環境の保護・保全に関する「管轄権」である（56条）。「主権的権利」の方が沿岸国の権利性・裁量が強く認められ，「管轄権」は「主権的権利」よりも国際規制を受けやすいとされることもあるが，この区別は明確ではない。

　主権的権利か管轄権のいずれにせよ海洋法条約の規制を受けることに注目すると，200カイリ排他的経済水域は，沿岸国の権利がおよぶ海域であると同時に，広大海域での資源保存・管理や海洋環境保護等を，国際社会が沿岸国に託しているという趣旨があるともいえる。逆に，沿岸国が排他的経済水域を領海と同一視する実践も生じている。

(c)　56条に規定する事項以外に関しては，同じ水域が公海であり，他国は航行・上空飛行・海底パイプライン敷設等の自由をもち，公海関連規定群の適用を受ける（58条）。沿岸国と他国は，いずれもそれぞれの権利・義務に妥当な考慮を払う義務を負う（56条2項，58条3項）。

　56条の規定にない事項でそれが沿岸国の権利に服するか否かは，海洋法条約の起草過程以来，見解の対立がある。海洋法条約は，当事国と国際社会の全体利益の考慮，関連事情の考慮，衡平の原則による解決のみを規定する（59条）。軍事演習に対しラテン・アメリカ諸国等は沿岸国権利の侵害であると主張するが，国際社会で一般的に承認を受けていない。国際海洋法裁判所に係争したサイガ号事件では，つぎの問題が争点となった。漁船による漁獲活動は排他的経済水域の沿岸国の主権的権利に服するが，当該漁船への給油や給油船の航行は漁獲に付随するのか，それとも漁獲からは区別されて，つまりは沿岸国の主権的権利に服することはなく燃料輸送や給油船の航行は自由であるかは，個別の状況に照らして判断するほかはなく，容易には結論がでない。

(3)　排他的経済水域における漁業資源の保存・管理

(a)　沿岸国の漁業資源に関する主権的権利を，海洋法条約はつぎのように規律する。

　沿岸国は海洋法の規定する要因を考慮して，最大持続生産量を実現できる水準に漁業資源を維持するように，生物資源の保存・管理措置をとる義務を負う（61条）。最大持続生産量を実現できる水準を維持できるように，沿岸国はどの程度漁獲してもよいかという漁獲可能量を決定する。そして，自国の漁獲能

力がこの漁獲可能量に満たないときは，協定その他に基づき，過去の漁業実績・途上国の事情等を考慮して他国に漁業を認める（62条）。ある魚種の最大持続生産を維持するためには毎年100の漁獲は可能であるが，沿岸国が80の漁獲能力しかもたなければ，20の漁獲を他国に認めることになる。

(b) 沿岸国による漁獲量の他国への配分に関する決定は，紛争解決に関する海洋法条約第15部で，裁判という拘束的手続に委ねる義務から除外されている（297条3項(a)。ただし，同項(b)の定める一定の場合には，一方当事国の要請により調停が実施されるので，強制的に調停に付されうる）。その意味で，沿岸国の裁量が確保されている。実際に，沿岸国が外国への漁獲量配分を外交戦略に用いることもある。

たとえば米国は，日本が国際捕鯨委員会の採択した1982年商業捕鯨モラトリアム決議に対して捕鯨取締条約5条に基づく異議申立てをした折に，米国の排他的漁業水域での日本漁民の漁獲割当をゼロにするという外交戦略をとった。

(c) 複数国の排他的経済水域にまたがるとか，高度回遊性，溯河性，降河性，定着性等の資源に対する沿岸国の権利は，地域・国際協力を主たる内容とする特別な規定群に従う（63～68条）。最初の二種の漁業資源については，1995年に地域的限定のない一般条約として，国連公海漁業協定が成立し発効している。日本も当事国である。

(d) 沿岸国は，資源の保存・管理に関する法令の制定だけでなく，執行する権利ももつ（73条）。ただし，沿岸国は，73条2項の船舶早期釈放制度と，同3項の漁業法令違反の刑罰に関する国内法への制限に服する。早期釈放制度は，船舶および漁船の損害を最小限に回避することを趣旨とする。日本は，海洋法条約73条2項に基づき，日本漁船の早期釈放をロシアに求めて2007年に国際海洋法裁判所に提訴し，同漁船の早期釈放を得た。

(e) 複数国の排他的経済水域間の境界画定は，海洋法条約74条が大陸棚境界画定（83条）とほぼ同文の規定によりこれを規律する。裁判や外交実践では，排他的経済水域と大陸棚の両方に「単一線」による境界線を当事国が求めることが多い。そこで，大陸棚制度を説明した後に，境界画定に関する国際法規則をまとめて説明する。

2　大陸棚
(1)　大陸棚制度の成立
(a)　大陸棚制度は，1958年大陸棚条約が設立した。その背景は，つぎのとおりである。

第2次世界大戦を通じて，米国は石油不足の危機感をもち石油の安定供給を確保しようとした。海底開発の技術が進展しはじめたこととも相まって，海底油田開発への期待が高まった。米国は対外政策として，1945年に大統領の名を冠したトルーマン宣言を2つ出し，そのうちの1つにより，領海の海底を越えて緩やかな傾斜で棚状をなしている海底部分に対して，沿岸国が権利をもつと宣言した。沿岸国権利の根拠は，大陸棚は海面に覆われているが，沿岸陸地（領土）が海底へ自然に延長していることにおかれた。

その後，トルーマン宣言にならった諸国の実践がつづいた。それらの諸国には，みずから海底油田の探査や開発技術をもたない国もある。近海海底に有望な海底油田をもつ中東諸国（当時の英国海外領土）は，大陸棚の資源を独占するために大陸棚への権利を確保したうえで，探査・開発技術をもつ先進国企業にライセンスを許与して資源の開発利益を収めさせれば，自国利益になると判断した。

これらの実践が，大陸棚条約の成立をうながした。1969年北海大陸棚事件で国際司法裁判所（ICJ）は，大陸棚制度の根幹をなす同条約1条から3条は，1945年のトルーマン宣言以来の国家実践の集積により，かつ同条約の起草過程を通じて条約採択時に慣習法化したと宣言した。

(b)　沿岸国は，大陸棚の海底油田だけでなくその他の鉱物資源の開発利益の独占を期待した。大陸棚の探査・開発のために船舶などの航行を確保できれば，大陸棚の上部水域に沿岸国が権利主張を行う必然性はない。ゆえに，トルーマン宣言のように大陸棚への権利を主張する個別宣言や，境界確定に関する規定等も含む二国間協定群は，大陸棚の上部水域は公海としての地位を維持することを認めている。

(2)　大陸棚の法的地位
(a)　大陸棚は，もともとは公海の海底部分である。大陸棚制度というあらたな制度を設けるにあたり，1950年代の大陸棚条約の起草過程から同条約採択会議にかけて，大陸棚の法的地位が議論にのぼった。

(b)　(i)大陸棚を無主物（res nullius）として先占を認める，(ii)万民共有物

Ⅰ　海洋資源利用に関する法制度

（res communis）として自由競争による資源開発を制限する，(iii)大陸棚の沿岸国からの隣接性・継続性を根拠として沿岸国が大陸棚に対して固有の権利をもつ，などの説があった。大陸棚条約は，第三の見解を基軸として大陸棚制度を設定した。

　大陸棚への権利は沿岸国に固有（inherent）であり，宣言や法的措置を必要とせず，沿岸国が実際に探査・開発を実施していなくても，この主権的権利は奪われることはない。外国が大陸棚を開発するにさいしては，沿岸国の同意が必要である（大陸棚条約2条3項，海洋法条約77条3項）。前記の北海大陸棚事件判決は，大陸棚に対する沿岸国の権利は，始原的（ab initio）にかつ当然に沿岸国に与えられる権利であるとした。

　(c)　このように大陸棚への権利の沿岸国への帰属が強調されるのは，大陸棚は沿岸国の陸地（領土）の海底方向への延長をなすという事実による。1958年大陸棚条約と1982年海洋法条約との時間的な間に生じた1969年北海大陸棚事件でもICJは，陸地から海底への自然の延長をなす事実に大陸棚沿岸国の権利の根拠を求め，「陸は海を支配する」という原則を確認した。

　大陸棚が海水ではなく海「底」であることから，大陸棚への沿岸国管轄権は，「属地」主義により説明されやすい。けれども，大陸棚は沿岸国の領「土」ではなく，沿岸国は領域主権のような包括的権利ではなく特定の事項に関してのみ主権的権利をもつのであるから，沿岸国管轄権もこの主権的権利の行使とみるべきである。

　(d)　海洋法条約76条1項は，「自然の延長」の文言を含むものの，基線から200カイリまでは大陸棚であると規定する。同条によれば，海底の地質や形状や陸地との関係にはかかわらず，法的には200カイリという距離を根拠に，沿岸国は大陸棚に対する権利をもつ。排他的経済水域も200カイリ水域であり，距離基準は，自然の延長概念に代わり，境界画定の法理にも重要な関連をもつことになる。

　(e)　大陸棚沿岸国の主権的権利の対象事項は資源の探査・開発だが，大陸棚条約起草過程で，その資源に含まれる生物資源につき見解の対立が生じた。日本は，甲殻類や真珠貝等の自由開発を確保するために，大陸棚の資源に含まれる生物資源は制限的であるべきとの立場をとった。これが受け入れられず，日本は大陸棚条約を批准していない。

　大陸棚沿岸国の権利は資源の探査・開発に係るものとはいうものの，具体的

な場合に応じて判断することになる。日本国内裁判例として1984年オデコ・日本ＳＡ事件判決（東京高判昭59・3・14）は，日本の大陸棚で資源開発をする外国企業に対して日本法に基づき課税する権利は，大陸棚沿岸国の権利に含まれるとした。

(3) 大陸棚の範囲

(a) 大陸棚条約採択時には，海底開発の技術をもち採算のとれる開発利益をあげられる国は少なかった。その事実を背景に大陸棚条約1条は，大陸棚の範囲を水深200メートルと開発可能性により規定する。同規定は，開発可能性が高まれば大陸棚の範囲を拡大できるという趣旨だが，当時の開発技術がまだ限られており，かかる規定では世界中の海底がいずれかの国の大陸棚になってしまうという事態は，想定されなかったからである。

(b) その後，急速に海底開発技術が発達し大陸棚開発が進んだため，開発可能性は大陸棚の範囲を限定する基準としての意義をもちえなくなった。そこで，海洋法条約76条1項は，大陸棚を原則として基線から200カイリの海底までに限定した。

(c) 海洋法条約76条2項〜9項は，200カイリを越える海底でも，沿岸国の陸からの自然の延長をなし，かつこれらの条項群にいう要件を充たせば，大陸棚（延伸大陸棚）と認める。ただし，延伸大陸棚については，大陸棚限界委員会に科学情報等を提供し大陸棚の外側限界につき勧告を経たうえで，沿岸国がその限界を設定する（76条8項）。2009年5月が大陸棚限界委員会への情報提出の期限であり，日本もこれをすませている。延伸大陸棚からの開発利益は，諸国への配分が義務づけられる（82条）。

延伸大陸棚の設定に係る要件が厳しく，大陸棚限界委員会が介入するのは，大陸棚のさらに外側は深海底であり，深海底の範囲を適正に確保するためである。

3 深海底

(1) 新海洋法秩序の象徴としての深海底制度

1966年のマルタ国連大使パルドーの提案を契機として，1969年，1970年の国連総会決議で「人類の共同遺産（common heritage of mankind）」の概念により深海底を制度化する方針がしめされた。人類の共同遺産概念に基づき，深海底は公海海底として自由競争による資源開発が認められるのではなく，鉱物資

源の開発に対する国際管理を実現して開発利益を途上国への考慮をともなって配分することが想定された。

海洋法条約が深海底制度を設立したのは，まさに途上国・新興国が国際社会に参加して先進国間の自由競争を基本とする公海制度から深海底を切り離して，みずからの利益に適合する制度構築をはかった成果であった。

(2) 深海底制度

(a) 深海底とその資源（マンガン，銅，ニッケル等の鉱物資源）は人類の共同遺産であり（海洋法条約133条，136条），それに対する国の主権や主権的権利の行使は禁止され，国際海底機構が人類全体のために権利をもつ（137条）。深海底は平和目的の利用に限られる（141条）。

(b) 国際海底機構は，総会・理事会・事業体からなり，事業体は国際海底機構に直属して資源開発を行う。

途上国は国際海底機構による一元的開発を主張したが，先進国がこれに反対した。なぜなら，国際海底機構の運営のために分担金を拠出しながら，自国管轄下の企業が自由に資源開発を行うことが阻まれるからである。海洋法条約は，国際海底機構の事業体による開発と，同機構の承認を受けた国が行う開発との並行方式を採用し，15年後の見直しを定めた（153条，155条）。

(3) 海洋法条約第11部実施協定

(a) 海洋法条約の発効と深海底開発が商業的生産段階を迎える前段階につき，深海底資源先行投資に関する海洋法決議IIは，先行投資保護をはかった。深海底制度に不満をもつ先進国は，国内法により深海底の鉱区を確保し開発する制度をつくった。また，他国と鉱区の重複を調整し，相互主義で各鉱区に対する排他的権利を承認するとの実践を進めた。

(b) これらを背景に，1994年に国連海洋法条約第11部実施協定が締結された。海洋法条約の「実施」協定とはいうが，海洋法条約と実施協定とが抵触するときは実施協定が優先する（2条1項）。実施協定は，国際海底機構の権限を弱め，その機能を縮小し，各国事業主体が深海底開発を行うにさいしての海洋法条約上の義務を緩和している。

深海底制度は先進国の不満の対象であり，海洋法条約が批准までに12年を要した主たる理由の一つである。1994年の実施協定締結後には，実施協定に従って，一定の利益確保が期待されるようになったために，先進国も海洋法条約の批准にむかい，日本も1996年にこれを批准した。

II　境界画定

1　領　海
(1)　領海境界画定の法理
　領海の境界画定は，別段の合意や特別の事情がなければ，基線上のもっとも近い点から等しい距離にある中間線による。これは，中間線規則（equidistance rule），ないし中間線方式（equidistance method）とよばれる。相対する国家間の境界画定では中間線，隣接する境界画定では等距離線と称することが多い。

(2)　領海境界画定の意義
　海洋法条約が排他的経済水域制度を新設したため，排他的経済水域を設定していない国か，あるいは両国の沿岸間の距離が狭く12カイリに満たないときには，領海の境界画定が問題になる。この事情により，領海の境界画定が紛争になる例は減少した。

2　排他的経済水域と大陸棚
(1)　単一線による境界画定の実践
　排他的経済水域と大陸棚とでは沿岸国権利の対象事項が相違するし，それぞれにおける開発対象の資源も相当に相違する。だから，一つの沿岸国がもつ利害関係は，大陸棚と排他的経済水域とでは異なるはずで，他国との間で大陸棚と排他的経済水域に同一の境界線を引くことが，両国の利益調整やそれぞれの利益の最大化のために最適な方法とは限らない。けれども，1984年にICJ特別裁判部が審理したメイン湾海洋境界画定事件以来，当事国が大陸棚と排他的経済水域に単一の境界線を求める実践が集積してきており慣行ともいえる。両者に対する沿岸国権利の根拠の点で，海洋法条約はこれを同じく200カイリという距離においたことも，単一の境界線の慣行化に影響していよう。
　以下では，両者の境界画定の法理を合わせて説明する。

(2)　排他的経済水域と大陸棚の境界画定の法理
　(a)　大陸棚条約6条は，当事国間の合意を第一に規定し，合意がならない場合には，境界画定は特別の事情がない限り中間線によると規定していた。海洋法条約は，排他的経済水域につき74条，大陸棚につき83条で，境界画定に関する規定をほぼ同文でおく。それらは，国際法に基づいて衡平な解決を達成

するために合意により境界画定を行うとする。

　なお，領海・排他的経済水域・大陸棚のいずれの境界画定でも，なによりも合意が重視されるのは，当事国や相互の利害関係，地形的・地理的要因や資源の分布状況など，個別の事例ごとの特殊性が重みをもちこれを尊重すべきという趣旨である。

　(b)　大陸棚条約と海洋法条約とで，境界画定に関する規定が変わったのはつぎの経緯による。

　1969年北海大陸棚事件では，中間線を主張するデンマークおよびオランダと，これを拒否する西ドイツ（当時）との間で大陸棚境界画定を争った。ICJは，西ドイツが同条約の当事国ではなく，その6条は慣習法化してもいないので同国を拘束しないとした。かつ，大陸棚は沿岸国の陸から海底への自然の延長をなすことが沿岸国権利の根拠であること，諸国の条約実践にみるように衡平の原則に従い境界画定を行うことを判示した。衡平の原則に従う境界画定とは，陸から大陸棚への自然な延長を尊重し，関連ある事情を十分に考慮する境界画定である。関連ある事情には，資源の分布状況，島の取扱いを含めて地理的・地形的要因，地質的要因，海岸線の長さと大陸棚面積との比例性等がある。

　1970年代に始まった海洋法条約の起草過程では，大陸棚条約6条にいう中間線規則派と，北海大陸棚事件判決にいう衡平の原則派との対立が激しかった。結果として，いずれも規定には含まれなかったが，海洋法条約74条1項および83条の1項に「衡平な解決」との文言が入った点で，衡平の原則派の意向が優位したと解することもできる。

　(c)　両者の対立は激しいのだが，衡平の原則と中間線規則とを調和的に解することは不可能ではない。事実，1977年の英仏大陸棚仲裁事件では，衡平の原則と「特別な事情がない限り中間線規則による」という規則とは目的を同じくし背反しないと判示されている。

　北海大陸棚事件以後のICJ実践をみると，1985年リビア＝マルタ大陸棚境界画定事件判決は，当時海洋法条約は未発効であったので慣習法によるとして，同条約83条と同様の趣旨に従った境界画定を両当事国が主張していることから，境界画定は衡平の結果を達成するという規則によるとした。そこで注目すべきは，実際にはまず中間線を暫定的に引いてみて，関連ある事情を考慮して衡平な結果を達成するために，暫定的に引いた中間線に一定の矯正を施すという方法を採用した点である。その矯正とは，両国の海岸線の長さの相違を考慮

して，中間線をマルタ側に並行移動することであった。その後，ICJの実践でも仲裁事例でも，暫定的に中間線を引き，衡平な結果を達成するために関連ある事情を考慮して矯正を施すという実践が集積している（1999年エリトリア＝イエメン仲裁裁判〔第二段階〕，2001年カタール＝バーレーン海洋境界・領土問題事件〔本案〕，2002年カメルーン＝ナイジェリア陸地・海洋境界事件〔本案〕，2006年バルバドス＝トリニダードトバゴ海洋境界画定事件等）。そして，矯正を加えず暫定中間線それ自体が最終的に境界線として認定された例も現れた（カメルーン＝ナイジェリア陸地・海洋境界事件）。

(d) これらの実践の集積からすれば，特別な事情の考慮を認める中間線規則を法規則とよぶことは実態に適合しないとはいえない。あるいは実態からみれば，当事国間合意を第一に規定し，特別な事情がなければ中間線によるとする大陸棚条約6条の規定が，最近の実践により慣習法化してきたともいえよう。ただし，いずれの裁判実践でも，当事国間合意がない場合には「特別な事情を考慮しながら，等距離線・中間線を採用する」ことを，法規則と認めることを慎重に回避している。

日中間の東シナ海大陸棚境界画定では，中国は自然の延長の尊重と衡平の原則による境界画定を主張してきている。対する日本の中間線による境界画定の主張は，国際実践により一層支持を固めてきたといえる。

(3) 関連ある事情

(a) 考慮されるべき関連ある事情は，資源の分布状況，島の取扱いを含めて地理的・地形的要因，地質的要因，地理的海岸線の長さと大陸棚面積との比例性などである。大陸棚および排他的経済水域への沿岸国権利の根拠が，海洋法条約では200カイリという距離にある。そこで基線からの距離という要因に重みをおけば，その距離を物理的に測るという視点からして，境界画定にさいして地理的ないし地形的要因が重みをもつことは理解しやすい。

理論的には，沿岸国権利の根拠と境界画定の法理とは，相互に別の問題である。けれども，境界画定にさいして権利の根拠を尊重するのは適当だし，そう考えれば，ICJがリビア＝マルタ大陸棚境界画定事件で，2つの問題に関する法理は補完的関係にあるとした点も理解できる。

(b) 地理的ないし地形的要因以外で，裁判実践で考慮されるのは海岸線の長さと大陸棚面積の比例性である。これについては，個別事例ごとの処理がはかられているとしかいえない。暫定中間線を引いて比例性の考慮により矯正を施

すとしても，どの程度の比率の場合には，衡平な結果に達成するために暫定中間線にどの程度の矯正が必要となるかなどにつき，客観的基準化や数値化はむずかしい。

　(c)　関連ある事情の中でもう一つ，客観的処理が成熟していないのは，島の処理である。なお，島への主権をめぐる争いに起因している場合は，境界画定の問題ではなく，島に対する主権の争いである。日韓の竹島問題，日中の尖閣列島に関する見解の相違などがそれにあたる。

　島そのものの制度として島が独立に領海，排他的経済水域や大陸棚をもつかは，境界画定それ自体の問題というよりも，海にある陸地部分に関する海洋法条約121条の島の制度の問題である。同条1項は島の要件を(i)陸地，(ii)自然の形成，(iii)水に囲まれる，(iv)高潮時に水面上にあることとする。「自然の形成」要件は，人工島が独自の海域をもてないこととの相違をなす。当該陸地部分の組成や地形が自然に形成されていれば，沖ノ鳥島のように護岸・補強工事をしても自然の形成要件には反しない。他方，121条3項は，その要件（人間の居住または独自の経済生活）を充たす岩が管轄水域・海底をもてるとする。

　日本は延伸大陸棚限界申請において，沖ノ鳥島を基点に入れた。これに対しては，2009年2月に中国と韓国が異論表明をし，沖ノ鳥島は「岩である」とする。けれども，海洋法条約121条3項の文理では，同項は「島であれば，独自の管轄水域等をもてるが，岩であればもてない」という規定ではない。そうすると中韓二国の議論の実質は，沖ノ鳥島が121条2項にいう島でもなく同条3項にいう「大陸棚をもつ岩」でもないということになるのか，充分に説明はなされていない。

　同条1項は，ある程度諸国に承認されてきた島の物理的要件を規定する。同3項において，居住・経済生活要件を充足すれば「岩」でも管轄水域等をもち，その要件を充たさない「島」は，島であることは認められても，管轄水域等をもたないのか。それとも3項の要件は，「島」の定義にも限定を付すと解され，これを充足するものだけが島であり管轄水域等をもつという方向を進めていくのか。

　海洋法条約の起草過程での見解とともに現在に至る諸国の実践の多様性に鑑みると，3項の解釈を特定することは困難である。本土から離れた陸地が，当該沿岸国に管轄水域等を与えることに説得力と正当化を与えるような要件として居住・経済生活要件，あるいはそれ以外の要件が定まることを待つことにな

る。

　(d)　境界画定の場面でむずかしいのは，海岸線からある程度離れた位置に所在する島の処理である。沿岸に近接する島としてこれを基点にとりうるか，そうでなければ島の効果を境界線にどの程度認めるか，飛び地のように相手国沿岸寄りであるとか本土から遠く離れた島の効果をどう認めるかが争われやすい。後者の例として，英仏大陸棚仲裁事件裁定は，問題の島の周囲に12カイリのみの制限的な大陸棚を認めた。また，島の存在による境界線への影響をどの程度認めるかの問題では，裁判実践は英仏大陸棚仲裁事件以来，「半分の効果」を与える例が多い。本土沿岸と島との間の距離の半分だけ，境界線を移動するなどの処理をするが，なぜ半分でありそれ以外の数字ではないのか，合理的あるいは数学的説明はなされにくい。

(4)　境界確定実現「前」

　(a)　ジュネーヴ大陸棚条約も海洋法条約も境界画定の規則を規定しているし，境界画定紛争の裁判や外交交渉による解決実践も集積している。けれども，日中，日韓の例でもわかるように，境界画定紛争は島への主権争いも含んだりして長期化しやすい。そこで，解決前に，関係国に紛争を激化させず境界画定に向かわせることが大切だし，境界画定の実現前でも経済的効用の観点から，資源の探査・開発が進められるのが望ましい。

　(b)　海洋法条約74条3項と83条3項は，暫定的取極を結ぶ努力，最終的合意を妨げない努力を関係国に義務づける。が，その解釈から具体的な内容を導くことは容易ではない。

　中国が東シナ海の日中間の中間線をまたぐ海底資源につき，中間線の中国側から探査（開発も含まれると考えられる）を実施した。日本はこれに正式に抗議した。鉱脈がつながっているので，「ストロー効果」により中間線の日本側に分布する資源までもが，中国の開発により採取されてしまうおそれがあると考えられもしたからである。2008年に両国の共同開発を含む政治合意が成立したが，法的拘束力をもつ条約締結は今後を待つことになる。2006年に，両国が主権を主張する竹島の周辺海域（竹島の主権国の排他的経済水域となる水域）で，日本も韓国も海洋科学調査を計画し，韓国はこれを強行した。両国は相互に抗議を行い緊張状態が生じたが，結果的には共同調査が合意された。

III　海洋利用の多様化への対処

1　海洋利用規制の強化と非旗国措置の採用

　技術発展を背景に海洋利用が多様化すると，これに対する法規制も発展する。海洋法条約も，前章でみた公海上のいくつかの国際犯罪に関する規定群をおくだけではなく，漁業資源の保存・管理，海洋環境の保護・保全，海洋科学調査などに関する規定を拡充している。海洋法条約は，個別の問題に関する条約群の成立をうながし，これらと連携している。

　個別の条約群の特徴はつぎにある。旗国による船舶に対する規律を中心にすえつつも，非旗国措置が公海上の外国船舶に対して措置をとることも含めて，沿岸国や寄港国の措置が認められる例が増大していることである。

2　漁業資源の保存・管理
(1)　漁業資源枯渇の危機意識

　漁業資源枯渇の危機意識は，20世紀はじめからめばえた。1958年公海生物資源保存条約は，漁業国の保存義務（3条），沿岸国の特別利害関係の承認（6条）と保存措置を取る権利（7条）を規定したが，批准国数が少なく実効性が十分とはいえなかった。

(2)　海洋法条約による漁業資源の保存・管理

　海洋法条約が排他的経済水域制度を新設し，広大な海域における漁業資源の保存・管理が沿岸国の主権的権利の対象となった。

　公海に関しては，海洋法条約116条から120条が生物資源の保存・管理を規定するが，国際協力や一般的な考慮要因を規定するにとどまる（117～119条）。それは，漁業資源については，各魚種や地域毎に関係国の利害のあり方が多様であるし，効果的な保存・管理措置も変わりうるので，利害関係をもつ諸国が地域機構や地域条約・二国間条約により合意している漁業資源の保存・管理こそが期待されるからである。

　実際，南極生物資源保存条約，1993年インド洋マグロ類委員会設置協定，中西部太平洋高度回遊性魚種保存条約等，漁業資源の保存管理のための多くの地域条約や地域機構が成立している。

(3) 国連公海漁業協定

　国連公海漁業協定は，海洋法条約における越境分布魚種（63条）と高度回遊性魚種（64条）の保存管理を実施するために締結された。その特徴はつぎの3つにある。(i)漁業資源の保存・管理の分野に，環境保護の分野で成立してきた予防原則の趣旨を取り入れた（5条），(ii)公海と排他的経済水域のそれぞれについて策定される漁業資源の保存・管理措置が，相互に効果を減殺しないように，調和性（compatibility）の原則をしめした（7条），(iii)公海上で非旗国が一定の執行措置をとることを認めた（21～22条）。(iii)を具体的に考えるとつぎのようになる。国連公海漁業協定の当事国A国は，同じく当事国（B国）船舶に対しては，地域機構や地域条約の定める漁業資源の保存・管理措置の遵守確保や違反対処のために，B国がこれらの地域機構や地域条約の「非」当事国であっても，B国船舶に対して公海上で一定の執行措置をとることができる。

3　海洋環境の保護・保全
(1) 船舶起因の油濁汚染への対処

　(a)　20世紀中盤より，タンカー等が廃油や船底洗浄汚水を排出することを規制する条約が，国際連合国際海事機関（IMO，前身は政府間海事協議機関IMCO）により採択された。1954年油濁汚染防止条約が初期の例である。その後，規制対象物質（油濁汚染防止のための廃油や船底洗浄水から，ごみや汚水をはじめそれ以外の汚染物質へと規制を広げ，現在ではNO_x，SO_xにおよびつつある）や対象船舶（タンカーだけかそれ以外の種類の船舶も含むかといった船舶の種類や，トン数ではかられる船舶の規模など）を広げていき，1973年船舶起因の海洋汚染の防止に関する条約（および1978年改正議定書）が採択されて，現在も海洋汚染関連の条約のなかでこれが中心をなしている。

　また，陸地の産業廃棄物等を船舶により運送し海上投棄（damping）をすることを規制する，1972年海洋投棄規制に関するロンドン条約等も締結された。さらに，船舶座礁事故による海洋汚染や近接する沿岸国の保護のために，沿岸国が公海上の外国船舶に対して一定の措置をとることを認める，1969年公海介入条約も採択された。これは，英国近海でトリーキャニオン号が座礁して，それによる沿岸汚染を防除するために，英国が同船を公海上で沈めたことを契機とする。

　(b)　これらの条約や1969年の油汚染損害民事責任条約などは，当事国の国

内法により汚染者の国内法上の責任を整備する義務を規定している。さらに，汚染損害を救済する基金が条約により設立されてもいる。

(2) **海洋法条約による海洋環境の保護・保全**

(a) 集積している条約実践を背景に，海洋法条約第12部は，海洋環境の保護・保全について，海域の点でも汚染源の点でも包括的な規制をはかった。

第12部第1節は，1972年ストックホルム人間環境宣言第21原則の国際環境損害防止原則にならった原則（194条）をはじめ，一般原則を規定する。第5節以下は，汚染源を陸地・船舶・海上投棄・海底や深海底の活動等に起因するものおよび大気を通ずるものに分けて，それぞれに関する詳細な規定群をおく。各々の汚染源につき，また汚染源や船舶の場所ごとに，立法管轄権（第12部第5節）と執行管轄権（同第6節）とを，関係諸国，とくに，旗国・沿岸国・寄港国に配分する。

(b) 船舶起因汚染には海洋法条約の基本方針がよく表われているので，これをみておこう。

立法・執行管轄権のいずれでも，旗国のそれは義務であり，とくに船舶起因の汚染では他の関係国の管轄権に優位するのが基本である（211条，220条）。これに比して，関係諸国，すなわち沿岸国および寄港国も管轄権をもつが，その行使は義務ではない。

旗国および非旗国（排他的経済水域や大陸棚の沿岸国や寄港国）のいずれがもつ立法・執行管轄権にも，海洋法条約により実体的につぎの規律がおよぶ。国際条約や国際機関の定めるもので一般的な承認を受けた規則や基準と同等の効果をもつとか，それらと適合的な国内法を定め，そうした国内法を執行するものとされる。つまり，旗国も非旗国も，内水・領海沿岸国を除いて，原則として自国裁量により国内法の内容を定めることは認められない。

寄港国の管轄権は，海洋法条約でも特徴的である。寄港国は，任意で寄港した外国船舶が，公海上で海洋汚染を行った場合に同船舶に対して措置をとることができるし，汚染防止措置をとることを許される（218条，219条）。これは，公海の洋上措置とは異なるものの，公海での旗国主義への重要な例外をなし，旗国との関係で218条は詳細な調整をはかっている。

4 海上航行の安全

(1) 海洋法条約の海賊概念の限界と変質

(a) 海洋法条約101条の海賊は,「一の船舶から他の船舶に対する」との二船の存在と,「私的目的」を要件とする。1985年のシージャック事件（アキレラウロ号事件）を契機に, 同一船舶内で政治目的（国際テロ行為等）で行われる暴力行為への対処のために, 1988年航行の安全に対する不法行為の防止に関する条約（SUA条約）が採択された。

(b) 2001年の9.11米国同時多発テロの後, 2005年にはSUA条約改正議定書が採択された。それは, テロ攻撃に使用される危険のある大量破壊兵器運搬をはじめとして, 国際犯罪の内容を相当の程度に拡充した（3条）。かつ, 旗国の事前合意を要件としつつも, 公海上で非旗国が一定の執行措置をとることを認めた（8条bis）。

最近の顕著な現象として, 公海上の調査捕鯨船への妨害行為, マラッカ・シンガポール海峡での船舶に対する武装強盗, ソマリア沖での船舶への暴力行為などが海賊概念を用いて語られている。けれども, 海賊概念を安易に拡大しないで, 現代に適合的な海賊概念の再構成が求められることは第13章で述べておいた。

■■■■ 確認質問 ■■■■

1 途上国・新興国の国際社会への登場は, 海洋法にどのような影響を与えたか。

2 排他的経済水域や深海底は新海洋法秩序の象徴とされるが, その意味や理由を説明しなさい。

3 1982年の海洋法条約に至ってはじめて領海の幅が12カイリと条約で定められた経緯を, 排他的経済水域制度の新設との関連も含めて説明しなさい。

4 排他的経済水域の沿岸国は漁業資源の探査・開発につき主権的権利をもつが, それが国際法によりどのような規制を受けるか, 逆に, 沿岸国の裁量性をどのように帯びているかにつき海洋法条約の関連規定群を確認しなさい。

5 　大陸棚や排他的経済水域の沿岸国は，特定の事項に関する主権的権利や管轄権をもつ。両者の権利の根拠という観点からどのような相違がありその相違は何に起因するか説明しなさい。

6 　深海底制度が海洋法条約の諸国による批准を遅らせ発効まで12年を要した主たる原因であるのはなぜか，国際社会の背景変化も含めて説明しなさい。

7 　大陸棚の境界画定の法理において，等距離原則派と衡平の原則派との対立から海洋法条約82条の規定に至る経緯を説明しなさい。

8 　大陸棚と排他的経済水域の境界画定において，最近の裁判例で慣行化してきたと考えられる方法を確認して，東シナ海境界画定において日本はどのような主張を展開すべきか考えなさい。

9 　海域境界画定紛争の解決「前」を規律することの重要性を説明して，海洋法条約の関連規定とその意味を確認しなさい。

10 　漁業資源保存や海洋環境保護・保全のための国際規制において，海洋法条約は個別の国際条約や地域条約の存在をどのように活かしているか説明しなさい。

第 15 章　その他の地域および空間

　現在，地球上の陸地とその内部に取り込まれている水域は，大部分がいずれかの国家の排他的かつ包括的な領域主権に服する国家領域である。しかしながら，領域主権の設定の可否および有無という基準だけではとらえることのできない，複雑な領域的地位をもつ区域も存在する。また，科学技術の発展によってあらたに人類の活動範囲となった空域や宇宙空間においては，国家領域と国際公域という二元的な空間秩序を基礎としつつ，国際的な共通利益を実現するための国際協力や国家管轄権の配分がさまざまに工夫されており，各区域の制度的概要や特徴を正確に理解することが重要である。

I　国際化地域

1　国際化地域の意義と種類

　第12章でみたように，国際法は地球上の地域と空間について，領域主権の設定の可否および有無による区分を早い段階で確立した。すなわち，特定の国家の領域主権が排他的かつ包括的におよんでいる国家領域，領域主権の設定は可能であるものの未だ実現されていない無主地，領域主権を設定することが認められず，すべての国の自由な利用に解放される国際公域，という基本的な区別である。

　しかし，海洋法の分野では，従前は公海とされていた水域に，接続水域，排他的経済水域，大陸棚などのような，属地的かつ排他的な国家管轄権の行使を認める諸制度が成立するとともに，深海底については「人類の共同遺産」として，国際公域に伝統的に適用されてきた使用自由原則が排除されるに至った。つまり，海洋を「国家領域である領海」と「国際公域である公海」とに単純に二分するのは，もはや一面的な理解といわざるを得ない。領域主権を軸にした空間区分は基礎として存在しながらも，機能的に分化した国家管轄権が国際公域にさまざまに適用されることによって，海洋秩序は複雑かつ多元的な構造を備えるようになったのである。

同様の現象は，国家領域もしくは領域主権の設定が可能な区域についても生じてきた。第一は，特定の地域に対する領域主権の適用が一時的に排除され，国家領域とも国際公域とも異なる独自の領域的地位が与えられる場合である。委任統治および信託統治の両制度や南極の法的地位を，その例としてあげることができる。これらは「国際管理区域」と総称されることもある。

　第二は，戦略的理由や民族的理由から国際紛争の対象となっている地域に自治団体を創設し，その自治に対して，条約や国際組織による国際的保護・監督・保証を付与する場合である。自治団体は既存国家の領域内に創設されるか（メーメルやザール），既存国家の領域ではない地域に創設され（ダンチッヒやトリエステ），後者では自治団体自身が国家となる。領域主権制度の適用を依然として受ける点が，前述の国際管理区域とは異なる。

　第三は，他国の集団ないし国際社会の共通利益のために，一定の国家領域について領域主権を条約で制限し，その利用を他国の集団ないし国際社会全体に解放する場合であり，国際河川や国際運河がその代表例といえる。関係条約の規定ぶりによっては，領域国が条約制度の範囲内で，共通利益実現のための国際的な行政作用の担い手としての役割を果たすという，いわゆる「国家の二重機能」を見出すことができる。

　第一から第三のような領域的地位を生み出すことは，一般に「領域の国際化」と表現され，対象区域には「国際化地域」という総称が与えられることが多い。国際化地域という類型化を行う含意，すなわち国際化地域に共通の要素と目されるのは，複数の国家ないし国際社会の共通利益に資するための領域主権の制限ないし排除である。それゆえ，国際地役や租借地などは，領域主権の制限をともなうにもかかわらず，国際化地域としては通常講じられない。

　もっとも，国際公域を国際化地域のなかに含める見解もあるように，国際化地域という概念ないし用語法が確立したものであるとはかならずしもいえない。むしろ，国際化地域として括られる諸制度の目的や形態は非常に多様であるため，各制度の個別の検討こそが重要である。そこで以下では，①委任統治地域・信託統治地域，②南極，③国際河川・国際運河を取り上げて，順次解説を加えることにする。

2　委任統治地域・信託統治地域

　第1次世界大戦後，敗戦国から分離される地域の処分をめぐって，米国は戦

勝国による取得を否定し自決を主張した。しかし，他の戦勝国は従前の戦後処理と同様に割譲を求めたため，両者の妥協として国際連盟規約22条で創設されたのが委任統治制度である。

22条1項によれば，トルコ帝国とドイツの植民地および領土で，「近代世界ノ激甚ナル生存競争状態ノ下ニ未タ自立シ得サル人民ノ居住スル」地域の「福祉及発達ヲ計ル」ことは，「文明ノ神聖ナル使命」である。そこで，それらの地域を独立に向けた発展の度合いや地理的状況に応じて，A式，B式，C式の3種の委任統治地域に分類し，英国，フランス，ベルギー，日本などの「受任国」が，連盟の国際的監督の下で，連盟に代わって統治を行うこととした。受任国の義務は規約22条および「委任状」に定められ，その履行を確保するために，受任国による年報の提出や，年報の受理審査を担当する常設委員会の設置が同条7項で規定された。また，1923年の理事会決議では，住民による請願も制度化された。

第2次世界大戦後に国際連合（国連）が設立されると，委任統治制度は国連憲章の定める信託統治制度に引き継がれた。すなわち，(a)現に委任統治の下にある地域，(b)第2次世界大戦の結果として敵国から分離される地域，(c)施政について責任を負う国によって自発的にこの制度の下におかれる地域，については，国連が施政権者たる国家と信託統治協定を締結し，国連の監督下で施政が行われることとなった（国連憲章77条1項）。(a)として，南西アフリカを除くすべてのB式およびC式委任統治地域が信託統治地域に移行し，(b)にはイタリア領だったソマリランドが該当した。(c)の類型は実際には利用されなかった。

憲章76条は規約22条と異なり，信託統治の制度目的を詳細に規定している。なかでも，「国際の平和及び安全の増進」や住民の「自治又は独立」が目的として明示されている点は，委任統治制度にはみられなかった特徴である。国連の監督権限については，施政権者からの年次報告の審査，住民からの請願の受理と審査，定期的な現地視察という形で，信託統治理事会によって行使される旨が規定された。

以上のような委任統治制度および信託統治制度に主権概念が適用できるか，適用されるとすれば主権を有するのはいずれの主体なのかは，両制度の設立当初から活発に議論された論点であった。まず，施政権者を主権者とみる立場は，制度創設の契機が施政権者に対する割譲の否定であったこととの整合性を欠く。国際司法裁判所（ICJ）においても，「受任国領土ノ構成部分トシテ其ノ国法ノ

I　国際化地域

243

下ニ施政ヲ行フヲ以テ最善トス」と規定されたＣ式委任統治地域でさえ，連盟の消滅後に行われた受任国領域への一方的な併合が違法とされたばかりか，受任国の権限逸脱を理由として，委任が受任国の意思にかかわらず終了されうることが認められた（1950年南西アフリカの国際的地位事件勧告的意見，1971年ナミビア事件勧告的意見）。信託統治制度については，憲章11章の定める非自治地域が，本国の領域主権の適用を受けると明示されていることとの対比も重要である。他方で，連盟や国連を主権者ととらえる見方や，対象地域の人民を主権者とする説にも，多くの問題点が指摘されてきた。

そこで現在では，委任統治や信託統治においては，機能的に分化された権限が，連盟と受任国や国連と施政国の間にそれぞれ委ねられたと解する説が有力となっている。つまり，委任統治と信託統治の両制度は，単一の国家の排他的かつ包括的な領域主権に服する国家領域とも，領域主権の設定が禁止される国際公域とも異なる，独自の領域的地位を創設したものとして，国際法上，重要な意義をもつ。

すべての信託統治地域は1994年までに漸次独立を達成し，以後，信託統治理事会は活動停止状態にある。その一方で国連は，平和維持活動の文脈を中心に，さまざまな領域の管理ないし統治にアド・ホックに関与する例を増加させている。カンボジアや東ティモールに典型的に現れているように，それらの活動において国連は，独立の維持や達成という住民の利益と，国際平和の維持や紛争予防といった国際社会の利益をともに追求している。これは，上述した信託統治制度の基本目的にほかならない。もちろん，憲章78条が国連加盟国の領域に対する同制度の適用除外を規定しているため，国連による現代的な領域管理ないし統治を信託統治そのものとして行うことは，多くの場合に現実的な選択肢ではない。しかし，国連の行使する現代的な管理ないし統治権限の法的性質や，対象領域の法的地位を整理し，領域法一般の中に位置づけるという理論的課題に取り組むにあたっては，委任統治と信託統治の先例としての意義が注目される。

3　南　極

南極は，海洋と小島から成る北極と異なり，南極大陸という広大な陸地部分を主要な構成要素とする。そのため，19世紀から20世紀初頭にかけて南極の探検が進むと，1908年の英国を皮切りに，南極大陸に対して領域主権の設定

を主張する国家が現れた。これらの国々は南極大陸の一部や周辺の島嶼をセクターで囲み，セクター内に存在するすべての陸地の領有を主張した。セクターとは，極点を頂点に2本の子午線と1本の緯度線ないし海岸線で囲まれる扇形の区域を指す。各国が南極における領域主権の主張にセクターを用いた主な理由は，南極の自然条件上，大陸沿岸部はともかく，内陸部に至る広範な地域に実効的な支配をおよぼして，先占に基づく無主地の取得という形で領域主権の主張を直接に根拠づけるのが，非常に困難だったことである。

　1940年代までに，英国，ニュージーランド，フランス，オーストラリア，ノルウェー，チリ，アルゼンチンが，南極の一定地域にセクターを設定した。以上の7ヵ国をクレイマントとよぶ。これに対して，南極で探検や調査活動を展開していた米国，(旧)ソ連，ベルギー，日本，南アフリカは，クレイマントの請求に明確な反対を表明した。これらの諸国はノンクレイマントとよばれる。ただし，米国と(旧)ソ連は自国の主権主張の可能性を留保していることから，潜在的クレイマントに分類される場合もある。こうしたクレイマントとノンクレイマントの対立や，セクターに重複部分が存在するクレイマント相互間の対立によって，南極における領域紛争の激化が懸念された。

　そのような折，1957年7月から1958年12月の国際地球観測年（IGY）計画を通じて，南極の科学的調査と観測のための国際協力が大規模に実現した。これを契機に高まった政府間での対話と協力の気運をとらえて，上記12ヵ国を原加盟国に1959年に成立したのが南極条約である。この条約は，最大の懸案事項である領域主権の問題を，領土権・請求権の凍結（4条）という形で「棚上げ」したうえで，平和的利用の徹底（1条，5条）と国際科学協力の推進（2条，3条）のために，南極の管轄と利用を管理する国際制度を創設して（7条，9条），南極の国際化をはかった。4条によって南極の領域主権については未決の現状が維持される一方で，領域主権の設定可能性自体は否定されていないことから，南極は，国家領域，無主地，国際公域のいずれにもあたらない独自の領域的制度の下に置かれているといえる。

　南極条約の締約国は2009年9月現在で47ヵ国を数える。南極に関する共通の利害関係事項を協議し，条約の原則と目的の促進に必要な措置を立案，審議，勧告するための協議国会議（9条）には，原加盟国に加えて，南極における実質的な科学的研究活動の実績をもつ16ヵ国が参加している。締約国会議はこれまで種々の勧告を行ってきており，南極の資源開発については，関連の

勧告に基づいて，①南極あざらし保存条約（1972年），②南極海洋生物資源保存条約（1980年），③南極鉱物資源活動規制条約（1988年），④南極条約環境保護議定書（1991年）が採択された。ただし③は，領土権凍結の原則との調整が難航したうえに，環境保護が不十分との批判を受けて未発効に終わり，南極における鉱物資源開発を50年間全面的に禁止する④の採択へとつながった。

4　国際河川・国際運河
(1)　国際河川

　国際法上，複数の国を貫流し，または複数の国の国境をなす河川で，その利用が条約によって国際的な規制の下に置かれているものを，国際河川とよぶ。貫流河川や国境河川の国際化は，19世紀の欧州でライン河やダニューブ河等の航行利用をめぐって行われるようになり，現在では世界各地に国際法上の国際河川が存在している。

　河川が国際化されるのは，その利用に国際的な共通利益が認められるからである。たとえば，航行利用に関して，沿河国による領域主権の行使を制限して外国船舶に自由航行を認める制度が条約によって設定されるのは，上流国船舶の通航に対する一方的な配慮としてではなく，国際交通の円滑な遂行について沿河国が相互に「利益の共同」関係を有しているからである（1929年オーデル河国際委員会事件PCIJ判決）。ただし，国際化された河川も，依然として各沿河国の内水とされることにかわりはない。

　沿河国の義務や非沿河国の地位など，河川国際化のための具体的な規定，換言すれば沿河国の領域主権に課される制限の範囲や程度は，各条約によってさまざまである。そのため，貫流河川や国境河川に一般的に適用されるような国際河川制度が，慣習国際法上形成されているとはいえない。1921年の「国際関係を有する可航水路の制度に関する条約」（バルセロナ条約）は，航行利用の一般制度を樹立しようとしたが，主要河川国の不参加や締約国数の少なさから，目的を達成できなかった。

　近年では，灌漑や発電などの非航行目的での水資源利用をめぐって，沿河国の「利益共同」関係が問題となる事例が増えている。たとえば，1997年のガブチコヴォ・ナジュマロシュ事件ICJ判決では，貫流河川かつ国境河川であるダニューブ河について，沿河国が天然資源の公平かつ合理的な配分を得る一般国際法上の権利をもつことが認められた。

(2) 国際運河

　海洋と海洋を結ぶ人工の水路で，単一国の領域内に存在しているにもかかわらず，国際交通の円滑な遂行のために，外国船舶の自由通航が条約によって認められているものを国際運河という。現在この定義にあてはまるのは，スエズ運河とパナマ運河である。国際運河も基本的には領域国の領域主権がおよぶ内水であるが，国際社会の共通利益に資するための国際協力として，領域主権に基づく国家管轄権の行使に一定の制限が課されている。

　エジプト領内にあって地中海と紅海を結ぶスエズ運河は，1888年に英国，フランス，トルコ等の9ヵ国が締結した「スエズ海水運河の自由航行に関する条約」（コンスタンチノープル条約）で国際化された。すなわち，平時と戦時とを問わず，すべての国の商船と軍艦に運河の自由通航が保障されるとともに（1条），運河封鎖や運河地帯での敵対行為が禁止され，交戦国双方の軍艦の出港に24時間の間隔が求められるなど（4条），徹底した運河の中立化が定められた。1956年に運河を国有化したエジプトは，コンスタンチノープル条約締結時にはトルコの保護下にあったため，同条約の当事国ではなかった。しかし，いわゆるスエズ動乱を経た1957年4月に一方的宣言を行って，同条約の効力を承認した。

　1914年に開通したパナマ運河については，1901年の米英間のヘイ・ポーンスフォート条約が，すべての国の商船と軍艦に運河通航の自由を付与していた（3条）。また，コロンビアから独立直後のパナマが1903年に米国と締結したヘイ・ヴァリラ条約によって，運河の建設と管理運営をめぐる独占権が米国に与えられた。米国とパナマは1977年に2つの新条約を締結して，米国の管理運営権の終了，運河の永久中立化，すべての国の船舶による戦時・平時を問わない自由通航を定めるとともに，永久中立確保のための附属議定書を作成して第三国に開放した。

II 空　域

1 領　空

(1) 領空の法的性質

　領土と領水の上空に広がる空域は，当該領域国の領域主権に服する領空であり，領空に対する領域主権をとくに領空主権とよぶ。領空の概念は，領土や領

水にかなり遅れて成立した。20世紀初頭の航空機の誕生により空の利用が現実化したことを受けて，学界で空域の法的地位が議論され始めた当初は，空の自由説が有力だった。国家領域の上空も含め，空域を特定の国家に領有されることのない自由な空間とする考え方は，1906年の国際法学会の決議でも概ね採用された。しかし，航空技術の発達とともに展開された国家実行は，空にも国家の主権がおよぶとする主権説に立脚するものが支配的だった。

結局，1919年に締結されたパリ国際航空条約1条では，国家が自国領域上の空間に「完全かつ排他的な主権」を有することが明確に認められ，戦間期および第2次世界大戦中の実行を通じて，同条の内容は慣習国際法化するに至った。現代における国際民間航空の規律の中心である1944年の国際民間航空条約（シカゴ条約）1条は，この慣習法規を確認したものである。

ただし，パリ条約が2条で定めていた平時における「無害航空の自由」は，軍事的安全保障や商業競争の観点から一般化せず，シカゴ条約でも規定されなかった。そのため，領空主権の排他性は，船舶の無害通航権が確立している領海の場合と比べて，いっそう絶対的なものとなっている。

領空主権の適用範囲，すなわち領空の限界は，水平的には領土ないし領水の外縁と一致する。領空の外側は公空であり，公海自由の原則の内容をなす「公海上空飛行の自由」が適用される。これに対して，領空の垂直的な限界はいまだ明確に定められていない（Ⅲ1参照）。

(2) 領空主権と領空侵犯

領空に無害航空の自由が存在しない結果，航空機が領域国の許可なく他国領空に進入することは，遭難等の特別の事情により違法性が阻却される場合を除いて，一般に国際法違反となる。これを領空侵犯という。

領域国は侵犯機に対して，警告を発し，着陸や退去や航路変更を命じるなど，違反の終止に必要な措置をとるほか，場合によっては国内法上の処分を科すことができる。侵犯機が軍用航空機であれば，命令不服従に対して武器使用や撃墜で対抗することも認められている。民間航空機に対する武器使用については，1983年に（旧）ソ連がサハリン上空で大韓航空機を撃墜し，乗員乗客269名が全員死亡した事件を契機に，武器使用の差し控えと，要撃時における航空機内の人命および航空機の安全確保を求める明示規定が，シカゴ条約に追加された（3条の2）。

一部の諸国（米国，カナダ，韓国，日本など）は，領空近辺を飛行する航空機

の識別や，領空侵犯への実効的な対処等を目的として，領海に隣接する公海上に防空識別圏（ADIZ）を国内法によって設定し，圏内に進入する航空機に一定の情報提供を要求している。このような国家管轄権の一方的拡大については，国際法に反するとの見解が根強いものの，国家実行上，関係国から特段の異議は出されていない。このまま黙認がつづく場合には，それによって領空と公空という空域の二元的構成がどのような影響を受けるのかを，慎重に検討する必要があるだろう。

2 空域に関する国際規制
(1) 空の自由

領空主権の排他性が確立し，領空における無害航空の自由が否定された結果，航空機が外国領域に立ち入るには，事前にその許可ないし特権を領域国から得ることが不可欠となった。シカゴ条約では，民間航空機の不定期飛行について，他の締約国の領空を無着陸で横断飛行する特権，他の締約国の領域に運輸以外の目的で着陸する特権，他の締約国の領域において有償または貸切で貨客の積み込みと積み卸しを行う特権を，締約国が相互に認めあった。しかし，定期航空に関しては，国際航空分野での自由競争を主張する米国と，規制に基づく秩序ある発展を目指す英国の見解が対立し，特権付与の規定を条約内に置くことができなかった。

一般に，定期国際航空の展開にはつぎの5つの特権が必要とされる。①外国領空を無着陸で通過できること。②給油や整備や点検など，運輸以外の技術的目的で外国領域に着陸できること。③自国内で積み込んだ貨客を外国で積み卸せること。④自国に向かう貨客を外国で積み込めること。⑤外国と外国の間で貨客の輸送を行えること。①から⑤をあわせて一般に，「空の自由」という。

シカゴ条約締約国間の定期国際航空にかかわる「空の自由」については，結局，条約と同時に採択された国際航空運送協定と国際航空業務通過協定のなかで規定し，条約締約国がいずれかの協定を選んで参加するしくみが採用された。ところが，前者が①から⑤の特権をすべて認めるのに対して（「5つの自由協定」），圧倒的多数の国々は①と②の特権のみを認める後者（「2つの自由協定」）を選択した。その結果，定期国際航空の実施はシカゴ条約体制を離れ，各国が個別に締結する二国間航空協定に依拠して展開されている（(3)参照）。

(2) 航空機の地位

シカゴ条約は航空機を国の航空機と民間航空機に分類し、後者のみを条約の適用対象としたうえで（3条(a)）、軍、税関および警察用の航空機を国の航空機と定めている（同条(b)）。これは一般に、航空機の「用途」による分類と解されているため、たとえば国家元首を輸送するために私人に属する航空機を借り上げた場合には、当該航空機は国の航空機となる。

民間航空機には船舶と同様に、国籍概念が適用される。国籍は登録によって付与され（17条）、二重登録すなわち重国籍は禁止される（18条）。登録の要件は各国の法令で定められ、国際法上、船舶の場合のような「真正な連関」の存在は求められていない。もっとも、二国間航空協定では通例として、航空企業とその本国との実質的連関が当該企業に運行許可を与える条件となっているために、船舶でみられる便宜置籍問題の発生は抑制されている。

航空機に対する管轄権は国籍国が行使する。航空機が外国領域内にあって当該領域国の領域主権に服する場合でも、国籍国の管轄権が自動的に失われるわけではなく、むしろ航空機が条約上の要請に従うことを確保するために、国籍国の管轄権が積極的に活用されている側面もある。

(3) 航空協定

現在の国際商業航空の中心である定期国際航空は、諸国間に網の目のように張りめぐらされた二国間航空協定に基づいて実施されている。二国間航空協定では、「空の自由」の相互付与をはじめ、実務上の諸問題が取り扱われている。とりわけ、航空機の有償積載量に一定期間の運行回数を乗じて算出する輸送力、路線権、第三国との間で行われる運輸等は、重要な規律項目である。

航空協定の多くは、特定の雛形に沿って締結されている。最初にモデルとされたのは、米英間の1946年バーミューダ協定である。わが国も、1952年の日米航空協定をはじめとして、多くのバーミューダ型航空協定を締結してきた。他方、米英間では、バーミューダ協定が路線権や第三国間運輸の点で米国に圧倒的に有利であったことから、より競争制限的な内容の第2次バーミューダ協定が1977年に結ばれた。しかし、自由競争を指向する米国は、第2次バーミューダ協定を新しいモデル協定とすることには消極的であったため、英国以外の国々との協定は大幅に改正されることなく維持された。

1990年代に入り、米国があらたなモデルとして採用したのが、自由化ないし規制緩和を内容とするオープンスカイ協定である。オープンスカイ協定では、

路線や輸送力や運賃等の決定が航空企業の経営判断に大幅に委ねられ，企業間提携の自由も保障されている。米国は1992年のオランダとの航空協定を皮切りに，二国間協定のオープンスカイ型への転換を積極的に推進しており，主要国で最後まで未締結だったわが国についても，2009年12月に日米オープンスカイ協定を締結することで日米間で合意に達した。

　近年ではさらに，協定の枠組みが従来の二国間から多数国間へと移行しつつある点も注目される。たとえば2001年には，米国，ブルネイ，チリ，ニュージーランド，シンガポールを当事国として，オープンスカイ型の多数国間航空協定が成立した。欧州連合（EU）では，域内航空輸送の自由化が進められたのに加えて，域外諸国にはEUとの包括航空協定締結を求めるようになっており，2007年には米国との間でオープンスカイ型の協定締結が実現している。

III　宇宙空間

1　宇宙空間の法的地位

　1950年代後半に（旧）ソ連と米国が相次いで人工衛星の打上げに成功して以来，宇宙物体を用いて月その他の天体を含む宇宙空間の探査と利用を行う「宇宙活動」は，科学的な調査研究から実用・軍事目的の活動へと射程を広げつつ，活発に展開されている。この新しい空間におけるきわめて特殊な活動を規律する法分野を，「宇宙法」とよぶ。宇宙法の大半は条約の形をとっており，1959年に設置された国連の宇宙空間平和利用委員会と，その下部組織である宇宙法律小委員会を中心に立法作業が行われてきた。

　最初に成立したのは，「月その他の天体を含む宇宙空間の探査および利用における国家活動を律する原則に関する条約」（宇宙条約）である。1967年に発効した同条約は，宇宙の地位と利用の基本原則を定めるいわば宇宙基本法であり，1963年の同趣旨の国連総会決議をほぼそのまま条約化したものである。その後，宇宙条約の重要項目を具体化し補完するために，宇宙救助返還協定（1968年），宇宙損害責任条約（1972年），宇宙物体登録条約（1974年），月協定（1979年）のいわゆる「宇宙4条約」が順次採択された。

　宇宙法を宇宙という特定の「空間」に適用される法ととらえると（空間説），宇宙を空間的に定義することが必要になる。後述するように，宇宙では領域主権の設定が禁止されているので，領空主権の対象となりうる「空域」との間の

垂直的かつ物理的な境界画定が重要となる。もっとも、宇宙の空間的な範囲確定は不要とする見解も、有力に主張されている。後者の基盤にあるのは、宇宙法を特定の性質の活動に適用される法として、機能的に理解する立場である（機能説）。現在の宇宙技術の水準では、宇宙の空間的定義の欠如が具体的問題に直結しないという事情も手伝って、境界画定の要否や基準についての国際的合意は未成立であり、宇宙法律小委員会での検討がつづいている。

宇宙は公海と同様に、領域主権の設定が禁じられ、すべての国に開放される国際公域と位置づけられる。宇宙条約によれば、天体と宇宙空間は国家による取得の対象とはならず（2条）、その探査と利用は、すべての国の利益のために全人類に認められる活動分野であり、すべての国が無差別かつ平等の基礎に立ち、かつ国際法に従って行うことができる（1条）。宇宙基地を設置するなどして宇宙を継続的に占有すること自体は、「探査と利用」の一形態として是認されるものの、当該占有を根拠とした領域主権の主張や、属地的な管轄権の行使は許されない。これらの条文は現在では慣習国際法化して、条約当事国以外にも適用されている。

宇宙の探査と利用をめぐり、とくに問題となるのは、軍事的利用と天然資源の利用である。まず、宇宙の軍事的利用に対しては、宇宙条約4条によって重大な制限が課されている。すなわち、宇宙空間では、「核兵器及び他の種類の大量破壊兵器を運ぶ物体を地球を回る軌道に乗せないこと」が求められる。さらに、月その他の天体については制限がいっそう拡大され、「もっぱら平和的目的のため」の利用のみが許容される。

つぎに、天体と宇宙空間に存在する天然資源については、宇宙条約では、その自由な利用ないし取得が基本的に認められている。しかしながら、月の天然資源に対しては、のちの月協定11条で「人類の共同遺産」という位置づけが与えられ、各国または私人による取得が禁じられた。ただし、月協定の締約国数はごくわずかで、主要な宇宙活動国がいずれも未加入なことから、同条はもとより月協定全体が実効性を欠いた状態にある。

利用と取得をめぐって実際に諸国間に対立を生んだ天然資源として、赤道上空約3万6000キロメートルに存在する静止衛星軌道をあげることができる。赤道直下の8ヵ国は、1976年のボゴタ宣言で、自国領域の上空部分の静止衛星軌道に領域主権の設定を主張した。その基盤には、天然資源の「無差別かつ平等」すなわち「公平な」利用を実現すべきという、発展途上国の強い要求が

あった。結局，静止衛星軌道への主権伸張自体は，宇宙法の基本原則に合致しないとして多くの国から否認されたものの，国際電気通信連合を通じて，すべての国に最低限 1 個の静止衛星軌道を割り当てる制度がのちに成立した。

2 宇宙活動に対する管轄権

　国際公域たる宇宙では，国家による属地的管轄権の行使が禁止されるため，属人的管轄権の行使に基本的に依拠して秩序の維持がはかられる。種々の属人的な結びつきのいずれを優先させるかにつき，宇宙条約 8 条は，宇宙物体が天体を含む宇宙空間にある間，宇宙物体の「登録国」が宇宙物体と乗員に対する管轄権を保持する旨を定めている。つまり，公海の場合と同様に，宇宙においても旗国（登録国）主義の優位が管轄権配分の基本とされている。

　登録国の地位は，宇宙物体の打上げにかかわるつぎの 4 種の「打上げ国」のいずれかが，その保管する登録簿に当該宇宙物体を記載し，当該登録を国連事務総長に通報することによって発生する（宇宙物体登録条約 2 条）。4 種の「打上げ国」とは，①宇宙物体の打上げを行う国，②宇宙物体の打上げを行わせる国，③宇宙物体がその領域から打ち上げられる国，④宇宙物体がその施設から打ち上げられる国，である（1 条(a)）。この定義に照らして「打上げ国」が複数存在する場合は，共同の決定により，いずれか一つの「打上げ国」を選択して登録を行う（2 条 2 項）。

　複数の国の国際協力による宇宙活動では，管轄権の競合がとくに問題となりうる。近年，注目が高まっているのは，高度約 400 キロメートルの低軌道上に建設中の国際宇宙ステーション（ISS）である。1988 年に米国，日本，カナダ，欧州宇宙機関加盟 11 ヵ国が国際宇宙基地協定を締結し，1998 年にはロシアも参加する現行の国際宇宙基地協定が結ばれた。ISS は参加国がそれぞれに開発し運用する飛行要素および地上要素から構成され，各飛行要素の打上げには米国のスペースシャトルやロシアのロケットが使用される。ISS に対する管轄権は，ISS を構成する飛行要素ごとに行使される（国際宇宙基地協定 5 条 2 項）。なぜならば，管轄権の基礎となる ISS の登録が，飛行要素ごとの個別登録方式で行われるからである（同条 1 項）。それと同時に，ISS 上の人員には国籍国の属人的管轄権もおよぶとされ（同条 2 項），とくに刑事管轄権は原則として国籍国が行使する（22 条 1 項）。他方，ISS での活動成果に関する知的所有権については，発明者の国籍を基準とした適用法の選択ではなく，当該活動

が行われた飛行要素の登録国の国内法を適用する方式がとられている（21条2項）。

　宇宙条約上，宇宙物体の乗員すなわち宇宙飛行士は「宇宙空間への人類の使節」と位置づけられ，事故や遭難等の緊急時には，打上げ国以外の国も宇宙飛行士に対してすべての可能な援助を与える義務を負う（5条）。このような国際協力が規定されるのは，宇宙活動を国際的な共通利益の実現に寄与するものととらえる理解が根底にあるからにほかならない。同条文の内容を敷衍した宇宙救助返還協定では，事故等の情報を入手ないし発見した国の通報義務（1条），自国領域内に着陸した乗員の救助義務（2条），公海やいずれの国の管轄下にもないその他の地域に着陸した乗員への援助（3条），打上げ機関代表者への乗員の引渡し（4条），宇宙物体の回収と返還ないし処理（5条）などが規定されている。

3　宇宙活動に関する国家の義務と責任

　宇宙活動から生じうる国家の国際責任については，宇宙条約が一般国際法上の責任の帰属原則を大幅に修正していることに，まずは注意しなければならない。すなわち，宇宙条約6条によれば，すべての宇宙活動は，その主体が国家か非政府団体かを問わず国家の活動とみなされ，国家が国際責任を負う。これを国家への責任集中原則という。宇宙活動は先端科学技術を駆使したあらたな活動で，先例も少ないため，私人の行為に起因した国家責任の発生に国家自身の「相当の注意義務」違反を求める，従来の責任制度の枠組みで対応しようとしても，「相当の注意」の程度を特定するのが非常に難しい。そのうえ，国家が無過失で予防措置を尽くしたにもかかわらず，損害の発生する可能性も無視できない。そこで，非政府団体の行う宇宙活動が，後でみるように関係国の許可の下でのみ展開される点をとらえて，高度の危険性を含む活動と知りながら許可を与えた国家に，宇宙活動から生じる責任を集中させる特別の責任帰属原則が採用されたのである。

　宇宙条約の定める国家の責任は，つぎの意味での保証責任（6条）と損害賠償責任（7条）に大別される。6条によれば，国家は，自国の活動とみなされる非政府団体の行う宇宙活動が，国際法に従って行われることを確保する責任を有しており，非政府団体の宇宙活動に対する許可と継続的監督の義務を負う。ただし，国際法上，「自国の活動」とみなされる宇宙活動の範囲はかならずし

も明確ではない。そのため，宇宙活動先進国は国内法により，自国領域からの衛星打上げや，自国企業が委託もしくは受託した海外での衛星打上げ等を許認可の対象として，「自国の活動」とみなす宇宙活動を特定し，それらが国際法に従って行われることを確保しようとしている。継続的監督を実施するさいの管轄権は，登録国の場合は宇宙物体への管轄権，非政府団体の所在国や設立国の場合は属地または属人的管轄権が利用される。

宇宙物体またはその構成部分が，地球上や大気空間や宇宙空間で他国やその私人に損害を与えた場合の賠償責任については，宇宙条約7条を敷衍した宇宙損害責任条約で具体的制度が定められている。責任の主体は，宇宙物体の登録国となりうる国家として前述した4種の「打上げ国」である（1条(c)）。複数の国家が関与する共同打上げの場合は，すべての「打上げ国」が連帯して責任を負う（5条1項）。

責任発生の原則については，地表および飛行中の航空機に与えた損害の賠償に関して，無過失責任原則が採用されている点が重要である（2条）。すなわち，宇宙物体の飛行と損害の発生との間に相当因果関係があれば，打上げ国の過失の有無によらず賠償責任が発生する。これは，高度な危険をともなう活動としての宇宙活動の特質上，損害の発生防止が困難かつ第三者による過失の立証が事実上不可能なため，活動から利益を得る国が危険も負担するのが妥当との判断に基づく。したがって，宇宙物体が他国の宇宙物体に損害を与えた場合は，宇宙活動から利益を得ている国同士の関係として危険負担の差異化が不要となるため，過失責任の原則が適用される（3条）。

賠償の対象となる損害は，人の死亡もしくは身体の損害その他の健康の障害または国，自然人，法人もしくは国際的な政府間機関の財産の滅失もしくは損傷であり，いわゆる有形的損害に限定されている（1条(a)）。賠償の請求は外交交渉によって行い（9条），1年以内に未解決の場合は請求委員会の裁定を求めることが可能である（14条）。そのさい，国内救済完了原則は適用されない。共同打上げの場合，被害国はいずれの打上げ国に全額の損害賠償を請求しても構わない。賠償を行った打上げ国は，他の打上げ国に求償権を行使できる（5条2項）。

■■■ 確認質問 ■■■

1 現代国際法において，空間秩序が複雑化しているといわれる意味を説明しなさい。

2 「国際公域」「国際管理区域」「国際化地域」の違いを説明しなさい。

3 委任統治制度および信託統治制度における領域主権の所在については，どのように考えたらよいか。

4 南極に対して領域主権を主張することは認められるか。

5 河川の国際化はどのような場合に行われ，それによって沿河国の領域主権はどのような影響を受けるか。

6 領空侵犯とはなにか。領域国はそれに対してどのような措置をとることができるか。

7 国際民間航空に必要とされる「空の自由」とはなにか。それはどのようにして確保されているか。

8 宇宙空間の定義と法的地位について説明しなさい。

9 宇宙空間にある宇宙物体とその乗員に対して，管轄権を行使する国家を特定するための規則について説明しなさい。

10 宇宙活動から生じうる国家の責任に関する宇宙法の規律は，一般国際法上の国家責任制度とは異なる特徴を備えている。主なものを2つあげて説明しなさい。

第 16 章　国際法における個人

　国際法が主権国家間を規律する法であるという基本的性格は，近代国際法が成立した時点から現在に至るまで変わっていない。もっとも，国際法がまったく個人と無縁であったわけではない。時代により異なるものの，国際法は，個人（自国民や外国人）との関係における国家の権利や義務を規定したり，国境を越えた個人の活動や移動についての基準を定めたり，個人の権利そのものを規定したり，個人の犯罪を防止・処罰する規定を設けたりする。本章では，こうした個人に係る国際法を一括して扱うことにする（なお，国際法主体性という観点からとらえた個人については第7章で，人権の国際的保障は第17章と第18章で取り上げられる）。

I　国　籍

1　国籍の機能

　現在われわれが生きている国際社会は，平等な主権国家が並立している社会である。そこに妥当するとされる国際法は，主権概念，近代国家概念，近代的法観念，勢力均衡論を基礎とする諸国家体系の考えなどを前提としている。そこでは，それぞれの主権国家にはその国家の国籍をもつ国民がおり，そうした国民からなりたつ国家（「国民国家」）の領域は国境によって画されている。

　こうした国籍，国民，国民国家，領域主権などといった諸制度は，近代ヨーロッパにはじめて誕生したのであり，近代国際法の成立に不可欠なものであった。中世・近世ヨーロッパには，封建制度に基づく，土地（邦土）を媒介とした，領主と領民の紐帯関係はあったが，それは近代の国籍の概念とは異なっていた。

　国籍は，私人（自然人・法人）をある特定の国家に所属させる法的な紐帯である。私人はどこに所在しようとも，国籍国の属人的管轄権の下におかれる。たとえば，ある国民が行った一定の犯罪について，国籍国の領域外でなされていようとも，その国籍国は国外犯として処罰する権能をもつ。どのような犯罪

を国外犯として処罰するかは，それぞれの国家によって異なる（コモンローの国々では一般的に，反逆罪・殺人罪・重婚罪などの重大犯罪のみとする傾向がある）。

国家は自国民に対して外交的保護権を有する。これも国籍の機能の一つである（外交的保護権については第11章参照）。個人は，国籍を有することにより，国民としての種々の権利・義務を有することになる（たとえば，パスポートを取得する権利，外交官などの職業につく権利，兵役の義務など）。また，国籍国の在留領事官との通信の権利が個人にあると認めたのが，2001年ラグラン事件ICJ判決（本案）である。逆に，外国人の権利・義務は，国籍を保有していないということのために，一定の範囲で制約される（Ⅱ参照）。

2 国籍の決定
(1) 出 生

どのような私人にどのような条件で国籍を付与するかについては，原則として各国が自国の法令に基づいて独自に定めることができる。国籍の決定は国内管轄事項とみなされるのである（1923年チュニス=モロッコの国籍法事件PCIJ勧告的意見，1930年国籍法抵触条約1条）。

国籍の付与については出生によるものとして，父母の国籍を基準とする血統主義と出生地を基準とする生地主義がある。ヨーロッパ大陸の諸国（仏・独・スイスなど）や日本・中国・韓国などは基本的に血統主義であり，コモンローの国々（英米など）は一般に生地主義をとっている。もっとも，多くの国々は補充的に他方の原則を採用している（たとえば，日本の国籍法2条3号参照）。

血統主義については，以前は父系血統主義が一般的であったが，父母両系主義が現在では一般的である。日本も，1985年に女子差別撤廃条約を批准するにさいして，同条約9条との関係から，国籍法を改正した（国籍法9条2項）。

(2) 婚姻・養子縁組

外国人または無国籍者が，後天的に国籍を取得する場合として，婚姻・養子縁組などの家族法関係の変動，帰化，そして国家承継の3つがある。

婚姻については，かつては夫婦同一国籍とする国々が多かったが，現在では夫婦国籍独立主義が支配的である（女子差別撤廃条約9条1項参照）。また，血統主義をとる国では，養子縁組（婚外子の認知も同じ）によって子は親の国籍を容易に取得できるという制度を設けていることが多い。日本では，婚外子について，認知だけではなく，父母の婚姻も要件としていたが，2008年6月4

日の最高裁の判決もあり，2009年に国籍法を改正し，父母の婚姻を要件とはしないこととした。

(3) 帰化

本人の申請に基づいて行われるのが，帰化である。一定期間の居住，年齢や行為能力，素行，独立の生計能力などといった，帰化の条件は各国の国内法によって規定される。婚姻関係などがある場合には，条件が緩和されることもある。

(4) 国家承継

領域の割譲，国家の併合や分離などの結果として，その領域の住民の国籍が変更されるかという問題が，国家承継の場合である（これについては第6章参照）。

とくに日本について戦後大きな問題となったのが，在日中国人および在日朝鮮・韓国人の国籍の問題である。戦前日本国籍を取得していた台湾人や朝鮮人・韓国人は，1952年の民事局長通達により，その日本国籍を一律に奪われた（日本の裁判所はこの措置を合法とみなしている。国籍存在確認請求事件，最大判昭36・4・5など）。その後，いくつかの特例措置はとられてきたが，現在もなお日本国籍を取得せず，特別永住資格者としての身分を保持している者はかなりの数にのぼる。これらの者について特別に帰化の条件を緩和する方策が検討されているが，なお実現はしていない。

3 国籍の対抗力

国内法上有効に与えられた国籍であっても，関連する国際法規に合致しない形での国籍付与の場合には，国内法上の効力は否定されないものの，国際法上の効果が認められないことがある。1955年のノッテボーム事件ICJ判決は，私人と国籍国との間に「真正な結合」がない場合には，外交的保護権を発動できないと判示した。「真正連関理論」と一般によばれる考え方で，常居所や職業活動の本拠などの実質的な連関が必要であるとみなす。実効的国籍の原則が適用されたものととらえられるが，この原則は，後述するように，元来は，重国籍について外交的保護権がどの国家によって行使されるかについての基準である。

4 国籍の抵触

すべての者は「一つの」国籍をもつ権利を有し，そしてその国籍を恣意的に奪われない権利や国籍を変更する権利を有するとされる（世界人権宣言15条）。しかし，こうした個人の権利が実定国際法上確定しているとはいいがたい。また，実際には，国家により国籍付与の条件が異なることもあって，2つ以上の国籍をもつ者，あるいは，国籍をまったくもたない者が生じる。とくに無国籍者は，国内法上も国際法上も種々の不利益を受けることになる。そのため，各国の国内法やいくつかの条約はこうした国籍の抵触（積極的抵触と消極的抵触）を回避するための方策を規定している。たとえば，日本の国籍法は，みずからの意思による外国籍の取得を前提条件として国籍の離脱を認めている（11条1項）。

とくに児童については，国籍を取得する権利が条約に明記され，また，無国籍となることを防ぐ義務も定められている（自由権規約24条3項，児童権利条約7条）。

重国籍者についてとくに問題となるのは外交的保護権である。現在では，第三国は外交的保護の請求を拒否できないとする考えが一般的である（ILC外交的保護条文草案6条参照）。また，重国籍国相互間においては，実効的国籍の原則が適用される。実質的な連関の強いほうの国籍国に外交的保護権の行使が許されるとする考えである（7条参照）。

5 法人の国籍

国籍は本来自然人に固有の制度であったが，法人の活動が国境を越えて行われるにともない，法人の国籍も問題とされるようになってきた。もっとも，一般国際法上その基準は確定していない。各国がそれぞれの国内法により決定できる。設立準拠法主義や本拠地法主義が代表的なものである（外交的保護権との関連で，バルセロナ・トラクション会社事件ICJ判決〔第二段階〕）。

このほか，船舶（海洋法条約91条），航空機（シカゴ条約17条）などについても国籍の概念がある。

II 外国人の法的地位

1 外国人の出入国

　国籍の概念が確立することにより，内国民と外国人の区別が生まれ，その権利義務に違いがみられることになる。外国人の法的地位は，基本的にはそれぞれの国家の国内法によって規律されるものの，国際法（一般国際法や条約）の規律もかなりの程度およぶようになってきている。

　一般国際法上は，国家は外国人の入国を認める義務はない。理由をしめすことなく外国人の入国を禁止することはただちに国際法に違反しているとはいえない（もっとも，すべての外国人の入国を一律に禁止することは現在では許されているとはみなしがたい）。また，入国について国内法に基づき一定の条件を付与することも一般には各国の自由である。もっとも，現実には，通商航海条約などの二国間条約によって入国・在留の権利を認めることが多い（たとえば，日米通商航海条約1条）。さらには，在留期間の更新についても，一般的には国家の裁量が認められる（マクリーン事件，最大判昭53・10・4参照）。

　外国人の自発的な出国を禁止することは一般国際法上できない（自由権規約12条2項の規定も参照）。外国人を強制的に退去させる方式としては，追放や退去強制などがある。不法に入国しようとする外国人については，入国を拒否して，強制退去・送還の措置がとられる（国境地点での追放）。これに対して，いったん入国した外国人について，強制的に退去を命じる場合（退去強制）がある（たとえば，日本の入管法24条）。

　こうした強制出国（追放）は，かつては，外国人の入国の場合と同様，国家の裁量事項とみなされていた。しかしながら，現在では，実体的要件でも手続的要件でも国際法の規律がかなりの程度およんできている（自由権規約13条など）。とくに，定住外国人など，滞在国との実質的な連関が強い外国人については，追放したり，再入国に厳しい条件を付けたりすることは，しだいに制限されるようになってきている。

2 外国人の処遇
(1) 在留国の義務

　外国人は在留国の属地管轄権に基本的には服すことになる。この点では，内

国民と同じ地位をもつことになる。もっとも，外国人と国民との相違により，その国内法上の権利義務については大きな違いが存在する。

この点も，基本的にはそれぞれの国内法や通商航海条約などの条約の規律に委ねられており，一般国際法上は一定の待遇・保護を保障すべき義務を負うにとどまる。在留国は，日常生活を営むうえで必要な権利能力，行為能力，裁判の当事者能力などは認めなければならない（自由権規約16条参照）。これ以外の権利，たとえば，参政権，経済的活動を営む権利などについては，一般国際法の規律はおよばないとみなされる。また，国民であることを前提とする義務（兵役の義務，義務教育など）は外国人に課してはならない。

(2) 外国人の処遇基準

国家が在留外国人に対して負っている「相当の注意義務」の程度については，根本的な対立がある。国内標準主義と国際標準主義との対立である。

第2次世界大戦前までは，「文明国」の基準に従った待遇を与えるべきとする国際標準主義が一般的であった。これに対して，新興諸国の多くは，自国民に与えるものと同じ待遇を与えればよいとする国内標準主義を唱えた。

今日では，外国人の地位や権利義務を定める多くの条約（経済協定，二国間投資保護協定など）が存在しており，国内標準主義か国際標準主義かという選択肢はかならずしも大きな意味をもたなくなってきているとする考えもある（国際投資に関係する外国人の権利義務については第19章参照）。

Ⅲ 難民の国際的保護

1 国際法における難民問題

難民，避難民という言葉（英語では refugee）は，日常用語としては，戦争や天災や政難などのために困難におちいった人民，あるいは，災難を避けて他の場所に逃れる人びとのことを意味する。世界のどの地域にも，どの時代にも，そうした人びとは存在した。もっとも，そうした人びとのうちのだれに対して，どのようなかたちでの援助・保護を与えるべきかについては，地域により，時代により大きな違いがある。

現在われわれが生きている，平等な主権国家が並立する国際社会においては，ある国家の国民が，自国の国境を越えて，自国の領域外へと逃れるときに，「難民」の問題が発生する。一つの国家の領域内で避難する人びとと，「国内避難

民」は，こうした意味での難民とは，みなされない。国籍，国民，国民国家，領域主権などといった，近代ヨーロッパに誕生した諸制度が，現在の難民概念の成立には不可欠な要件である。

こうした主権平等原則の下に成り立つ国民国家群からなる国際社会というシステムは，19世紀の初頭になってようやく完成した。しかしながら，19世紀を通じて，難民，あるいは，当時の用語によれば，政治的亡命者（political refugee）は，逃亡犯罪人の引渡制度とか，政治犯罪人不引渡しの原則とか，というかたちで議論の対象とされるにとどまった。難民・政治的亡命者の保護ははなはだ限定的であり，個別的な扱いがされていたにすぎない。

こうした状況が変わり，難民について，世界的規模での一般的な基準や規範が作られ，「難民問題に対処する国際的なシステムの発展」がみられるようになっていくのは第1次世界大戦以後のことである。

2 難民の庇護

(1) 戦間期

1917年のロシア革命，1922年のオスマン帝国の崩壊，1933年のナチス・ドイツの誕生，1939年のスペイン・フランコ政権の誕生などにより，大量の難民が発生した。国際連盟は，1921年にノルウェーの著名な探検家フリチョフ・ナンセンを，国際連盟難民高等弁務官に任命した。その任務は，ロシア人難民やアルメニア人難民などの難民の法的地位の確立と，受入国における雇用や帰還の組織化にあった。とくに，「ナンセン旅券（パスポート）」とよばれる旅行・身分証明書の制度の確立に尽力した。

戦間期でもう一つ注目されるのは，1933年の難民の国際的地位に関する条約と1938年のドイツからの難民の地位に関する条約の2つの条約である。しかし，批准国はそれぞれ8ヵ国と3ヵ国にすぎず，広く国際社会において認められるものとはならなかった。

(2) 第2次世界大戦直後の状況

第2次世界大戦は，ヨーロッパの地にじつに多くの難民を生み出した。1945年5月の時点で推定4000万人の難民がいたといわれる。ヨーロッパ以外にも多くの難民がいた（パレスチナ難民，香港の中国難民など）。

「戦争の惨害から将来の世代を救」（国連憲章前文）うことを目的とする国際連合は，戦間期よりももっと整備された，難民に関する制度・国際機関が必要

であるという認識の下に，1946年12月に国際難民機関（IRO）憲章を採択した。また，1948年の世界人権宣言では，難民についての直接的な規定はないものの，14条で「すべての者は，迫害からの庇護を他国に求め，かつ，これを他国で享受する権利を有する」と規定された。

(3) UNHCR

IROは，1948年8月に正式に発足し，約4年間活動を行ったが，難民問題を終局に導くことはできなかった。こうした状況において1951年1月1日に創設されたのが，難民の保護と支援を行う国連難民高等弁務官（UNHCR）事務所である。当初は3年間の時限付きの機関とされた。3年経過後は，5年ごとに存続期間が延長され，ようやく2003年12月に存続期限の撤廃がなされた。国連憲章22条による国連総会の補助機関という位置づけとなっている。

UNHCRが対象とする難民は，当初，UNHCR事務所規定6条によれば，次節で述べる難民条約に定義する難民であった（現在，「中心的マンデート難民」とよばれる）。

UNHCRの活動はまた，当初は，「事後対応型」「庇護国中心」「難民重視」であったと評価される。すなわち，庇護国に流入してきた難民の問題に事後的に対処し，庇護国における活動に力を注ぎ，そして難民以外の強いられた移動には関与しない，という立場である。現在では，「事前対応型」「出身国中心」「包括的」（一定の範囲で難民以外の強いられた移動も対象とする）な活動へと転換しているといわれる。

(4) 難民条約

1951年のUNHCRの設置と並んで，難民の国際的保護にとって画期とみなされるのが，1951年7月28日に採択された「難民の地位に関する条約」（難民条約）である。難民の「マグナカルタ」と称されることもある，もっとも基本的な国際条約である。

一般国際法によれば，国家は領域内庇護権を有しており，国際法上特別の制限のない限り，難民を自国領域内に受け入れて，庇護を与えても，その難民の国籍国に対して国際法上何らかの違法行為を行っているとはみなされない（これと異なる概念としての「外交的庇護」については第10章参照）。逆に，難民に庇護を与えるべき義務はいっさい存在しないとみなされる。この難民条約では国家のこうした一般的な権利・義務に対する，一定の制限を規定している。

本条約は，難民について，はじめて一般的な定義をしたこと，および，難民

に対して一定の権利の享受を認め，難民の保護・支援は国際的な慈善ではないとしたこと，の2点において画期的な意味をもっている。

条約の交渉過程において，難民の定義が一番の論争点であった。結局，1条A(2)で以下のように定義されることになった。「(a) 1951年1月1日前に生じた事件の結果として，(b)人種，宗教，国籍若しくは特定の社会的集団の構成員であること又は政治的意見を理由に，迫害を受けるおそれがあるという十分に理由のある恐怖を有するために，(c)国籍国（あるいは常居所国）の外にいる者であって，(d)国籍国（あるいは常居所国）の保護を受けることができない，又はそれを望まないもの」。ここに定義される難民は，一般に「条約難民」とよばれる。

この定義のなかでは，(b)の「迫害を受けるおそれがあるという十分に理由のある恐怖」という部分が，とくに重要な意味をもっている。「迫害」を中心とした背景には，冷戦の状況がある。すなわち，「自由の戦士（freedom fighters）」として難民が発生するようになると，難民を積極的に保護しようという動きが西側諸国，とくに米国において強まった。西側に渡ってきた「逃亡者たち（escapees）」は，東側の政治体制に反対して亡命してきたのであり，西側陣営にとって，政治的にもイデオロギー的にも重要な資産であるとみなされたのである。

難民条約には，「1951年1月1日前に生じた事件」という制約が付されている。さらには，この事件については，ヨーロッパにおいて生じた事件とヨーロッパまたは他の地域において生じた事件のどちらを意味するかを各締約国が選択して宣言できることになっている（1条B(1)）。この2点において，時系列のうえでも，適用地域のうえでも，普遍的な適用については大きな制約があるといえる。この点の制約は，1967年の難民議定書により解消された（もっとも，1951年の条約のみを批准し1967年の議定書を批准していない国家が3ヵ国存在する〔マダガスカル，モナコ，セントキッツ・ネビス〕）。

本条約33条では，難民の追放・送還の禁止（ノン・ルフールマン原則）が明記された。難民の生命や自由が脅威にさらされるおそれのある領域の国境へ難民を追放したり送還したりしてはならない法的義務が，これによって条約当事国には課されることになる。現在ではノン・ルフールマン原則が慣習国際法となっているとする考えが有力である。もっとも，国境地点での入国拒否にもこの原則が適用されるかは不透明である。

難民と認定された者については，条約当事国には，旅行証明書の発給，初等教育・社会保障についての内国民待遇の付与など一定の法的保護を与える義務が存在する。もっとも，難民の「庇護を求める権利」を認める規定は存在しない。また，本条約によって，難民の入国を認めるべき一般的義務や難民に庇護を与えるべき一般的義務が，条約当事国に発生するわけではない。その意味で，本条約は，難民についての「ミニマム・スタンダード」を設定するものであると評されることもある。

　35条では，当事国は，UNHCRなどの国際機関が任務を遂行するにさいして協力する義務のあること，また，これらの機関が本条約の適用を監督する業務を行っているさいにはこれらの機関に便宜を与える義務のあることが規定されている。

(5) 「新」難民

　UNHCRの統計によれば，1951年時点での難民推計数は約212万人であったのに対して，1960年の時点では約152万人であり，難民推計数は約30パーセント減少したことになる。しかしながら，難民の数はなおけっして少ないとはいえず，さらに，1960年代以降になると，アフリカ，アジアなどでの難民が爆発的に発生した。

　これらの「難民」は「自由の戦士」とはまったく異なっている。1969年のアフリカ難民条約や，UNHCRの「援助対象者（persons of concern）」に対する基準（従来の「中心的なマンデート難民」のほかに，「拡大マンデート難民」〔両者は併せて「委任難民」とよばれる〕，庇護希望者，無国籍者，帰還民，国内避難民，国連総会決議によって特別にUNHCRの権限の下に置かれた者など）は，こうした「新」難民をも援助の対象とする試みである。もっとも，純粋に経済的利益のみを求めて国外に脱出する者は「経済難民」ないしは「偽装難民」としてUNHCRの援助対象者とはされない。UNHCRの統計によれば，援助対象者は現在3000万人を越えている（2008年6月の時点）。

　難民の「庇護を求める権利」については，1947年以降国連の場でさまざまな議論がなされてきた。前述したように，1948年の世界人権宣言は，庇護を求めるすべての者の権利を規定した。さらに，1959年には国連総会は，庇護権についての条約の作成を国連国際法委員会（ILC）に要請した。しかし，結局条約案としてまとめることはできず，1967年に，国連総会決議として，「領域内庇護宣言」が採択されるにとどまった（その後の，1977年の領域内庇護条約

案も失敗に終わった）。また，いくつかの国家の国内法や特定の地域（南米やアフリカ）の条約は，外国領域で庇護を求める個人の権利を規定している。以上のようなかたちで個人の庇護権が規定されることはあるものの，現段階においても，庇護を求める個人の権利が一般国際法上認められているとはいいがたい（第18章をも参照）。

日本は，1982年に難民条約と難民議定書の当事国となったが，難民の認定数は他の先進国と比較すると圧倒的に少ない（2008年までの累計で約500名）。もっとも，難民と認定しなかったものの，人道的な理由を配慮してとくに在留を認めた者（「人道配慮」とよばれる）の数はかなりになる（2008年は360名）。「インドシナ難民」については特例として，「条約難民」とは異なる扱いをした（約1万1000名の受入れを行った）。また，2005年の入管法の改正は，従前と異なる画期的な制度をいくつか設けている。

Ⅳ　個人の国際犯罪

1　国際犯罪の性質と諸類型

(1)　国際違法行為責任と国際犯罪——国家と個人

近代国際法において国家の国際責任は，国際違法行為責任とされており，国内法におけるような，刑事責任と民事責任の厳格な区別は存在しなかった。1996年のILC国家責任法暫定条文19条は，国際社会の基本的利益を保護する国際義務の重大な違反を国家の国際犯罪と規定したものの，その後の2001年条文ではこの規定は削除された。現在でも，とくに国家主権との関係から，国家の「国際犯罪」が一般的に認められているとはいいがたい（詳しくは第11章参照）。

これに対して，個人については扱いが異なっている。個人の行為そのものが国家の国際違法行為責任を生じさせる場合がある（私人行為の国家行為への転換）こととは別に，近代国際法においても，ごく限られた範囲で，個人の「国際犯罪」が認められてきた。「人類共通の敵」とみなされてきた，公海上の海賊がそれである。海賊行為を行っている個人を逮捕した国家は，直接の被害国でなくとも，自国の国内裁判所で裁くことが許されていた（普遍的管轄権）。また，19世紀になると，麻薬取引や奴隷売買なども，個人の国際犯罪と認められるようになった。

さらに，20世紀後半になると，国境を越えるかたちでの個人の行動が飛躍的に増加したこともあり，また，諸国の共通利益という考え方が拡大してきたこともあり，個人の国際犯罪の範囲は次項で述べるように，相当程度拡大してきている。また，これらの犯罪を裁く裁判所も，国内裁判所にとどまらず，特定の事例を対象とするアドホックな国際裁判所（ニュルンベルク国際軍事裁判所，極東国際軍事裁判所，旧ユーゴ国際刑事裁判所〔ICTY〕，ルワンダ国際刑事裁判所〔ICTR〕など）のみならず，常設の国際裁判所（国際刑事裁判所〔ICC〕）も設置され，実際の活動を行うようになってきている（これらの裁判所については第7章参照）。

(2) 国際犯罪の諸類型

現在個人の国際犯罪とみなされる行為は多様である。その分類の仕方も一様ではない。ここでは，その行為の態様，侵害法益，刑事管轄権の所在等の観点から一般になされている分類をあげることにする。

(a) 外国性をもつ犯罪と国際法上の犯罪

外国性をもつ犯罪とは，2つ以上の国家の刑法と刑事管轄権に触れることになるものである。ある国家の領域外でなされた特定の犯罪であるとか（国民・外国人・無国籍者の国外犯），ある国家の領域内で行われた犯罪であるが，その後犯人が国外に逃亡した場合とか，がこれに該当する。これらの犯罪については，司法共助・捜査協力や，犯罪人の引渡しなどの問題が国家間で生じることになり，その調整が必要となる場合がある。もっとも，これらの犯罪は，領域をまたがる要素が何らかの形であるにしても，ある特定国の国内法上の犯罪にすぎない。

これに対して，個人の一定の行為が国際法上直接に犯罪とされ，その責任を追及される場合がある。国際法上の犯罪とよばれるものである。これには，刑事責任の追及が，国内法に委任して行われるのか，国際法に直接に準拠するのかにより，諸国の共通利益を害する犯罪と国際法違反の犯罪の2つの類型がある。

(b) 諸国の共通利益を害する犯罪

大多数の国家または人類が共通の利害関係をもつ特定の法益を害する行為で，慣習国際法や条約が犯罪として処罰すべきことを規定しているものが，一般に「諸国の共通利益を害する犯罪」とよばれる。各国家はそれぞれの国内法においてこれらの犯罪を処罰する規定を設けることになる。

近代国際法の下において個人の国際犯罪とされてきた，海賊，奴隷売買，それに麻薬取引は，こうした類型の国際犯罪とみなされる。現在ではこれらのほか，国際テロ関連犯罪，野生動植物の不正取引などもこの類型の犯罪である。

　とりわけ，国際テロ関連の犯罪は，1970年の航空機不法奪取防止条約（ハーグ条約）を始めとして，人質行為禁止条約（1979年），爆弾テロ防止条約（1997年），テロ資金供与防止条約（1999年），核テロリズム防止条約（2005年）など，13の条約（すべて発効済み）により規定されている。これらのテロ防止関連条約は，国際的なテロ行為の容疑者を最終的にはいずれかの国家において処罰できるように，国際的な協力の枠組みを構築することを目的としている。すなわち，条約当事国は，容疑者を他国に引き渡してその国の司法手続に委ねるか，自国において訴追の手続をとるか，どちらかを選択する義務を負う（「引渡しか訴追か（aut dedere aut judicare）」の方式）。

(c)　国際法違反の犯罪

　これに対して，国際法が直接に個人の犯罪を規定し，そしてその処罰を国際裁判所によって行うとされるのが「国際法違反の犯罪」である。第2次世界大戦後の国際軍事裁判所による戦争犯罪人の処罰が先駆的なものであると一般にはみなされている（「平和に対する罪」，「人道に対する罪」，そして「通例の戦争犯罪」）。もっとも，第2次世界大戦開始の時点で，平和に対する罪や人道に対する罪，とくに前者が，ここでいう「国際法違反の犯罪」として国際法上確定していたかについては疑問視する意見が多い。

　第2次世界大戦の後になると，1948年のジェノサイド条約では，集団殺害を国際法上の犯罪とし，行為地国の国内裁判所のほかに，将来設置される国際刑事裁判所をも管轄裁判所とした。また，1950年には国際法委員会は「ニュルンベルク諸原則の定式化」を採択し，平和に対する罪と戦争犯罪と人道に対する罪を国際法上の犯罪であると明記し，かりに国内法が刑罰を科さないとしても，国際法上の責任を免れることはできないことを確認した。さらに，1998年の国際刑事裁判所に関するローマ規程5条1項では，人道に対する罪のほか，集団殺害犯罪，戦争犯罪，侵略犯罪の4つが裁判所の管轄権内の犯罪と規定された。

　現在では，平和に対する罪については議論があるものの，ローマ規程の定める4つの犯罪については（侵略犯罪については当面管轄権の対象外とされているが），国際法違反の犯罪とみなすことができると一般には解されている（第7

章参照)。

2　国際司法協力
(1) 司法共助・捜査協力
　前節で述べた，どのような類型の国際犯罪であれ，国家は，他国に在住する犯人や証人への召喚状の送達や引渡し，証拠調べなどについて，他国の協力を必要とする場合がある。また，犯罪の捜査についても協力が必要とされる場合がある。自国の領域外で行われた行為については立法管轄権はあるとしても，他国領域における司法・執行管轄権の行使は一般的にはできないからである。

(2) 逃亡犯罪人の引渡し
　自国領内に滞在する犯罪人を他国からの引渡請求に応じて，訴追あるいは処罰のために当該国家に引き渡すことを逃亡犯罪人の引渡し（あるいは犯罪人引渡し）とよぶ。

　一般国際法上国家には引渡しに応じる義務は存在しない。二国間の引渡条約（日本については，米国および韓国との条約がある。1990年に国連が作成したのが犯罪人引渡モデル条約）や多数国間条約が存在する場合には，条約上の義務として引渡義務が発生することになる。また，条約はなくとも，各国の国内法（日本については逃亡犯罪人引渡法）に基づいて，相互主義を条件として，引き渡すことは可能である。もっとも，以下に述べるような，一般国際法上のいくつかの要件を満たす必要がある。

　引渡犯罪は普通犯罪であり，しかもかなりの程度重大なものでなければならない。具体的にどのような犯罪であるかは，条約，国内法により異なる。また，ある条約で規定された犯罪行為を，その条約の当事国間の既存の二国間条約における引渡犯罪とみなすという規定がおかれることもある（ハーグ条約8条など）。「引渡しか訴追か」の方式をとるテロ関連の条約については上述した。

　引渡犯罪は引渡請求国と被請求国の双方の法令において犯罪とされていなければならない（「双罰性の原則」。1999年のピノチェト事件英国貴族院判決）。請求国はまた，引渡しの理由となった犯罪以外の犯罪であって，引渡しの前に行われたものについては，原則として訴追・処罰できない（「特定性の原則」）。

　さらに，多くの国家は国内法で，自国民は引き渡してはならないと規定しているが（たとえば，仏・独・日本〔逃亡犯罪人引渡法2条9号〕など），コモンローの国々では自国民の引渡しを認めている。二国間条約では，自国民を引き渡

す義務はないと定めつつも，実際に引き渡すかどうかは被請求国の裁量に委ねるとする場合もある（たとえば，日米犯罪人引渡条約5条，日韓犯罪人引渡条約6条など）。

　犯罪人引渡しで，もう一つ大きな問題となるのが，政治犯罪人不引渡しの原則である。歴史的にみれば，家産国家観念の強い君主制の国家群から国際社会が成り立っていた時代には，むしろ，政治犯罪人のみを引き渡すという慣行が一般的であった。しかし，フランス革命を一つの大きな転機として，政治的自由の観念が広まるにつれて，逆に政治犯罪人は引き渡さないという慣行のほうが一般的となっていった。現在では，政治犯罪人不引渡しの原則が一般国際法上確立しているといえる。もっとも，引き渡してはならないという義務であるのか，引渡しを拒絶する権能が与えられていると解するのかについては意見の対立がある（尹秀吉事件，最判昭51・1・26参照）。

　どのような犯罪を政治犯罪とみなすかについては，現在では，絶対的政治犯罪と相対的政治犯罪に区別する考え方が一般的である。もっぱら特定国の政治的秩序を侵害する絶対的政治犯罪が不引渡しの対象とされることには異論がない。これに対して，政治的な争いのなかで行われた普通犯罪である相対的政治犯罪が，不引渡しの対象となるかどうかについては，争いがある。これについては，行為の政治的性質が普通犯罪的な性質をはるかにしのぐかという基準（「優越性の基準」）が採用されるようになってきている（張振海事件，東京高決平2・4・20）。

　また，一部の条約，とくにテロ関連の条約では，当該条約に規定する犯罪を政治犯罪とみなさない旨を明記する場合がある（ジェノサイド条約，アパルトヘイト条約，ヨーロッパテロ行為防止条約，爆弾テロ防止条約など）。さらに，条約や国内法のなかに，外国の元首やそれらの家族に対して暴力的犯罪を行った場合には政治犯罪とはみなさないという条項（加害条項，ベルギー条項などとよばれる）を挿入する場合もある。

　また，最近の国際人権法の発展にともない，とくに死刑廃止国から死刑存置国への引渡しが許されるかが大きな問題となっている（第18章参照）。

Ⅳ　個人の国際犯罪

■■■ 確認質問 ■■■

1 現在の国際社会において，国籍が果たしている機能としてはどのようなものがあるか。

2 国籍の抵触はどのような場合に生じるか。また，国籍の抵触を防止するために，どのような措置がとられているか。

3 外国人の法的地位について，国際法（一般国際法と条約）の規律はどこまでおよんでいるか。

4 一般国際法上国家は在留外国人に対してどの程度の権利を与えることが求められているか。

5 難民の国際的保護が問題となってきた歴史的状況はどのようなものであったか。

6 1951年の難民条約で定義される難民（「条約難民」）とUNHCRの「援助対象者」とではどの点が異なるか。

7 難民の「庇護を求める権利」は，現在一般国際法上認められているといえるか。

8 個人は，どのような場合に国際違法行為責任を生じさせることになり，どのような場合に国際犯罪に問われることになるか。

9 諸国の共通利益を害する犯罪と国際法違反の犯罪はどの点が異なるか。

10 逃亡犯罪人の引渡しの要件とされる「双罰性の原則」と「特定性の原則」とはどのような原則であるか。

第 17 章　人権の国際的保障(1)

　人権の概念は，18世紀後半，アメリカ独立宣言およびフランス人権宣言において，人権をよりよく守るために政府が組織されるという社会契約説と一体となってかかげられて以来，近代立憲主義（人権保障の理念を包含した憲法を国政の礎とするあり方）の中核をなすに至った。こうして人権保障は元来，各国の憲法体制下で行われる事柄であったが，20世紀半ば，第2次世界大戦の経験を大きな転機として，国連を中心とした人権の国際的保障の取組みが始まった。それは具体的にどのような手法をとり，どのように発展してきたのだろうか。国際法の枠組みによって，国家の管轄下にある個人の人権保障をはかるための，何らかのしくみや工夫はあるだろうか。

I　意義と歴史的展開

1　国際法による人権保障の前史——外国人・少数者保護から管轄下の個人の人権保障へ

　人が生まれながらにして平等に有する権利という人権の概念は，18世紀ヨーロッパの啓蒙思想（ヴォルテール，モンテスキュー，ロック，ルソーらに代表される。人間の理性への信念に支えられた批判精神を根本におく思想。すべての人間にそなわった理性に信頼する以上，絶対主義的な権威への否定に向かう）のなかではぐくまれ，18世紀後半のアメリカ独立宣言とフランス人権宣言でその公式的な表明をみた。1776年，英国の統治に不満を募らせていた北米13植民地は，独立宣言の前文において，すべての人間の平等，生命・自由・幸福追求の権利を主張し，これを保障するために政府が作られること，政府の権力は被治者の同意に由来することを宣言した。フランスのルイ16世はアメリカの独立を積極的に援助したのであったが，絶対王政全盛期からの国家財政疲弊に直面していたフランスもまもなく革命に突入し，1789年7月には身分制の三部会に代わって「憲法制定国民議会」が発足，7月14日にはバスチーユ監獄が陥落する（革命記念日）。8月に採択された人権宣言（人及び市民の権利宣言）は，人

間は自由なものとして生まれ，権利において平等であること，主権は国民に存すること，人権保障の原理を含まない憲法は憲法とよべないことを謳った。1792年に王政は廃止され，ヨーロッパの王政諸国に大きな波紋を与える。

このように，人間の生来の権利としての人権の概念は，それをより良く保持するための約束事として政府が組織されるという社会契約説と一体となって，アメリカ独立宣言およびフランス人権宣言において表明され，それ以降，近代自由主義政治原理の中核として世界的な影響をもちつづけていくこととなる。しかし，こうした人権保障の動きは，当初はもっぱら国内の憲法体制下においてのものであった。個人は，人権保障を包含した憲法により国家権力を拘束し，国家による権利侵害から身を守る。他方で，18世紀後半から19世紀にかけて，対等な主権国家間の法として確立した伝統的な国際法の枠組みにおいては，人権のような問題，すなわち国が領域内の人をどのように待遇するかという問題は，領域主権を行使する国家の排他的な管轄権に服する事柄だった。それは典型的な国内管轄事項とみなされる事柄であり，原則として国際法の規律するところではなかったのである。

なお，付言すれば，市民革命期に謳われた人権はそれぞれの国の有権者層を念頭においたものであったことから，国内でも，決してすべての人の権利が平等に認められたわけではないことは留意される。米国の奴隷解放宣言は19世紀半ば，公民権運動はさらに先の1960年代であるし，女性の参政権が認められたのは米国では第1次世界大戦後，フランスでは第2次世界大戦後であった。異人種・異民族の人びとへの対応に至っては言わずもがなである。フランスが大々的な植民地獲得に乗り出したのは19世紀であり，その過程では，人種や宗教を異にする人びとへの差別や植民地支配が「人権」と両立しないものであるという認識はおよそ希薄であった。フランス人権宣言は，それが作られた当時は，世界中の人びとをその光で照らし旧い体制から解放するものという普遍性を希求するものであったが，植民地大国においてはその理念は吹き飛んだ。しかし，人権が人の生来の権利であるならば，それが適用されない人びとのカテゴリーがあることは論理矛盾というほかない。フランスは実際に，長く植民地支配したベトナムが独立するさいに（1954年），ベトナム人からフランス人権宣言を突きつけられることで，その矛盾の清算をせまられたのであった。

ところで，前述したような伝統的な国際法の枠組みのなかでも，国家が個人の処遇について互いに利益関心をもち，条約を結んで一定の取極をする例は，

ウェストファリア条約（1648年）の時代からすでにみられた。他国に居住する自国民や自国民と同一宗教の信徒の処遇について，国家が互いの関係の悪化を防ぐために，自国内領域内の宗教的少数者や他方当事国の国民の信教の自由を条約で認め合うといったケースである。また，とりわけ19世紀半ば以降は，世界的に通商・布教活動を展開した欧米列強諸国の主張を背景に，在外自国民の保護に関する法規範と制度が発展し定着した。外国人が在留国で身体や財産に損害をこうむり，在留国において適切な保護を受けられなかった場合，当該外国人の国籍国が在留国に対して救済を求めることができるという外交的保護の制度は，この時代に確立した。しかし，この場合も，外交的保護権をもつのはあくまで国家であることに注意しなければならない。外交的保護制度においては，自国民が受けた侵害がすなわち国家への侵害として転化され，国家間の問題として処理されるのであって，当該個人の「人権」が侵害されたとみなされているのではない。

　このほか，19世紀から20世紀初頭までの間に，個人の処遇について国家が取極を行った例としては，戦傷病者や捕虜の保護に関する諸条約，また，奴隷貿易・奴隷制の禁止に関する諸条約があげられる。これらは，人間個人の処遇についてすくなくとも「人道的」な関心をしめした条約であり，このうち前者（武力紛争法，国際人道法）は，とりわけ第2次世界大戦後は個人の「人権」保障の側面をも強めて今日に至っている（1949年ジュネーヴ4条約等）。しかし他方で，武力紛争法における人の保護は，根本的に，武力紛争の遂行の必要性と最低限の人道的要請との妥協という性格を有していることも否定できない。また，後者の奴隷貿易等の禁止は，人道的関心をしめしつつもやはりそれは奴隷の「人権」の承認によるのではなく，根本的には，奴隷という無償労働の使用が国際的な経済競争力格差を生むことから，共にこれを廃止し合うことに国家が利益を有したことから来ている。

　第1次世界大戦後には，ヨーロッパの国境線が大きく変更されることになった結果，あらたに誕生しまたは領土を拡張したポーランド，チェコスロヴァキア等の中・東欧諸国はそれぞれの平和条約によって，領域内の人種的・宗教的・言語的少数者の権利を保護する義務を負うこととなった（少数者保護条約）。これは，実施における国際連盟の関与を定めた点において，人権の国際的保障の先駆といわれることがある。しかし，この体制も本質的には，上述した領域内の少数者保護のための諸条約と同様に，諸国家の国境線の安定を目的とした

ものであり，下にみる第2次世界大戦後の人権条約とはその理念を異にしている。なによりも，これは，中・東欧諸国の側のみに義務を課す一方的なものであったことから，これらの諸国に不満を生み，短期間で瓦解してしまう結果となった。

　この少数者保護条約の経験からも，人権の国際的保障を真に根づかせるには，「人権」概念が本来有している「普遍性」を基礎とすることが不可欠であることがわかるが，そうした普遍的な国際人権保障の直接の契機となったのは，第2次世界大戦の経験であった。この戦争で侵略者となったドイツ，イタリア，日本は，各々ナチズム（国家社会主義），ファシズム，軍国主義の下に全体主義的政治体制を敷き，国内では反体制とみなした人びとを徹底的に弾圧した。とりわけ，ナチス・ドイツは，1933年に権力を掌握して以来，ドイツ民族の人種的優越の思想に基づいてユダヤ人に過酷な迫害を加え，1939年のポーランド侵略に始まる開戦以降は，占領地を含むヨーロッパ各地から多数のユダヤ人を強制収容所に送り込んだ。いわゆる絶滅収容所でのガス殺を含め，この間にナチスによって殺戮された人びと（ユダヤ人のほか，政治犯や障害者等を含む）は600万人にもおよぶと推定されている。第2次世界大戦は，ドイツら枢軸国に対して，民主主義と人権の回復という大義を掲げた英米ら連合国が対峙するという構図の戦いであったが，連合国首脳はすでに1943年末，終戦後にナチの指導者の暴虐行為を裁判で裁くことを宣言した。これは1945年11月から翌年10月にかけて，史上初の国際軍事裁判であるニュルンベルク国際軍事裁判として実現する。同裁判所条例では，殺人，殲滅，奴隷的虐使などの非人道的行為のほか「人種的理由に基づく迫害行為」が「人道に対する罪」（第16章参照）として定式化され，戦争犯罪の類型に入らないこれらの非人道的行為があらたに国際犯罪として裁かれた。そして，連合国（the United Nations）は，やはり戦時中に，戦後の国際平和組織として国連（the United Nations；「連合国」と元々同じ）を構想するにあたり，国際平和の維持と，平時からの人権尊重との密接な関係を認識し，国家の自国民を含むすべての人の人権の尊重を，この平和機構の主要な目的の一つとして盛り込んだのである。

　国連は，国際平和の維持を最たる目的としつつ（国連憲章1条1項），「人種，性，言語，又は宗教による差別なくすべての者のために人権及び基本的自由を尊重する」よう助長奨励することについての国際協力をも目的の一つに掲げ（1条3項），ここに，国籍にかかわりないすべての人の人権という普遍的人権

の概念とその促進に向けての国連の役割が，国連を中心とする戦後の国際法秩序の基幹部分にはっきりと刻印されるに至った。国連憲章1条3項が差別禁止事由の筆頭に「人種」を挙げているのは，ナチス・ドイツによるユダヤ人迫害が，その徹底した人種優越の思想と人種差別主義に則っていたことを教訓としたものである。国連は発足後，人権の国際的保障のため，条約の採択を始めとする人権基準の設定（standard-setting）に取り組み，地域的な機関によるものもあわせて，「国際人権法」と総称される法分野が戦後大きく発展することになる。

2 国連憲章体制下での人権保障
(1) 国連憲章

国連憲章は，先にみたとおり1条の目的規定で人権尊重を掲げているほか，総会の研究・勧告に関する13条1項(b)，経済的および社会的国際協力の目的に関する55条(c)，経済社会理事会の勧告事項に関する62条2項など，随所で，「すべての者のための人権及び基本的自由」の尊重・遵守について言及している。加盟国の義務については，55条を受けた56条で，「すべての加盟国は，第55条に掲げる目的を達成するために，この機構と協力して，共同及び個別の行動をとることを誓約する」と規定している。

他方で，国連憲章は，守られるべき人権の具体的な内容については定めをおいていない。国連憲章は68条で，経済社会理事会の下に「人権の伸張に関する委員会」を設けることと規定しており，これに従って国連では，人権委員会（Commission on Human Rights；後でふれる，人権条約上の委員会と混同しないこと）が設置された。この人権委員会において，戦後の国際社会が依拠すべき「国際人権章典」作りが行われることとなった。

(2) 世界人権宣言

国際人権章典の最初のものとして，1948年の国連総会決議で採択された文書が，世界人権宣言（Universal Declaration of Human Rights）である。これは，「すべての人民とすべての国とが達成すべき共通の基準」（前文）という趣旨で，戦時中に米大統領ルーズベルトが述べた「4つの自由」（「言論及び信念の自由並びに恐怖及び欠乏からの自由」同宣言前文）をカバーする諸権利を30ヵ条にわたって掲げたものである。世界人権宣言はもとより条約ではなく，法的拘束力をもつものとして作られた文書ではないが，人権委員会における手続をはじめ，

戦後の一連の国連の人権活動において頻繁に援用されており，何らかの条約の締約国であるか否かにかかわらずすべての国連加盟国が遵守すべき基準として用いられている。今日では，少なくともその規範の一部は慣習国際法化しているとする論者も多い。

(3) 国際人権規約

世界人権宣言採択の後，人権基準を条約化するために起草が進められ，1966年に国連総会で採択されたのが，国際人権規約（International Covenants on Human Rights）である。この名称は総称であり，実際には，「経済的，社会的及び文化的権利に関する国際規約」（社会権規約）ならびに「市民的及び政治的権利に関する国際規約」（自由権規約）という2つの「本体」の条約と，後者の条約の選択議定書からなる（これは，当時は，個人通報制度に関する選択議定書のみであったが，その後1989年に，死刑廃止に関するもう一つの選択議定書が採択されている）。世界人権宣言では，宣言という性格上，あらゆる権利を一つの文書に盛り込むことができたが，国際人権規約の起草時には，国家の財政的能力に依存するところの大きい経済的，社会的および文化的権利と，司法的救済によって比較的容易に実現が可能な市民的および政治的権利とは，国家の負う義務も履行確保措置も異なるものとすべきだという意見が強かったためである。このため，自由権規約の場合，締約国は，管轄下の個人に権利を「尊重し及び確保する（respect and ensure）」とされているのに対し，社会権規約では，締約国は，利用可能な資源を最大限に用いつつ，権利の完全な実現を漸進的に達成するため「行動（措置）をとる（take steps）」とされている。また，後述する条約の履行確保制度も，自由権規約では報告制度のほか，選択制で国家通報制度および個人通報制度が設けられたのに対し，社会権規約では当初，報告制度しか規定されていなかった。

ただし，国際人権規約については，2つの規約が定める締約国の義務および履行確保制度の相違ばかりを強調するべきではない。第一に，両規約は，同一の前文において「人間の固有の尊厳」に由来するものとしての人権の尊重を謳い，人間の生来の権利としての人権の保障を共通の目的としていることを忘れてはならない。前文のほか，人民の自決権に関する1条も，2つの規約に共通の規定である。1条の規定が入ったのは，1960年代に入って国連で非植民地化が進み，人権規約の起草作業においても，植民地から脱却し人民自決権を実現することが個人の人権保障の前提である，という第三世界諸国の声が反映さ

れることになったためである。第二に，その後規約が発効して実際に実施されていく過程で，どの権利も，その実現のための国家の義務のあり方は多様であることが認識されるようになっている。自由権といわれる権利であっても，社会の中で実効的に実現されるためには国のさまざまな積極的施策を必要とすることや，社会権といわれる権利であっても，国が自ら権利侵害をしている場合には，その違法性をただちに認定することは可能であることなどである。その結果，履行確保制度に関しても，社会権規約について1980年代後半から徐々に見直しが進み，個人通報制度を設ける動きが現実化して，2008年には，社会権規約の選択議定書が国連人権理事会（後述の通り，人権委員会に代わるものとして2006年に設置）および国連総会で採択されるまでに至っている。

(4) 第三世代の人権

国内法における人権の発展は，しばしば，国家の役割の変化（夜警国家から福祉国家へ）という観点から，自由権から社会権へ，という流れでとらえられる。国際法による人権の国際的保障は，先にふれたルーズベルトの「4つの自由」にもみられるように，自由権的な権利と社会権的な権利の双方を，当初から取り込んだものとなっている。これに加えて，1960年代以降の非植民地化により，植民地から独立し新興国として国連に大量加入してきた途上国ブロックの国々から，「発展の権利 (the right to development)」，「食料に対する権利 (the right to food)」といった権利の主張がみられるようになった。これらの権利は，国内法における発展過程に鑑みて便宜的に自由権を第一世代，社会権を第二世代とみた場合，これらを超える新しいタイプの権利として，「第三世代の人権」とよばれる。1986年の国連総会決議「発展の権利に関する宣言」によると，この権利は，それぞれの人間およびすべての人民が，人権が実現されうるような経済的，社会的，文化的および政治的発展に参加し，貢献しかつこれを享受する権利，とされる。発展の権利の実現の主要な責任は各国家にある一方で，途上国の努力を補完するものとしての国際協力の必要性が強調されている。

発展の権利は，その主体が個人でもあり人民でもあることや，総花的内容から，学説上，権利概念としての有用性を疑問視する見解も少なくない。他方で，発展の権利概念には，世界人権宣言28条にいう「この宣言に規定する権利及び自由が完全に実現される社会的及び国際的秩序についての権利」を展開させて，個人の権利が実現されるような社会的諸条件の重要性を敷衍し，そのため

の国家の役割を強調したという意義も認めることができる。また，発展の権利は，単なる生物的生存ではなく物質的・精神的発展のある人生の実現という観点から，どの人権も相互に密接にかかわっているという人権の不可分性・相互依存性を重視する考え方である。そのことから，人権の国際的保障において，人権の不可分性，とくに，軽視されがちだった経済的，社会的，文化的権利の重要性を再確認するうえでの指導理念になったことも指摘できる。人権の国際的保障は，人権規約採択当初の人権二分化の指向から，1993年世界人権会議のウィーン宣言にみられるように人権の不可分性を再確認し人権をより一体的に把握する潮流にあるが，この間の国連人権委員会での研究・議論において，発展の権利は，食料に対する権利などとともに頻繁に言及され，人権の不可分性を重視する流れを大きく方向づけたのである。

II　国際人権保障の体系

1　普遍的保障と地域的保障

　戦後に発展してきた国際的な人権保障の体系を，地域的範囲の観点からみると，国連の下で，全世界の国々を対象として形成されてきた普遍的な人権保障の枠組みと，ヨーロッパ，米州，アフリカなど，各地域の国際組織によって作られてきた地域的な枠組みとに大別することができる。普遍的な人権保障の枠組みにおいては，経済的，社会的，文化的にも，法制度的にもきわめて多様な状況にある諸国を対象としているために，後述する報告制度のような非司法的制度を中心として人権状況の改善をはからざるを得ない側面があるのに対し，地域的な枠組みにおいては，当該地域の国々の文化的共通性や，法制度の発展を支える社会的基盤の類似性などから，司法的制度を含めより強力な人権保障体制を整備しやすい利点がある。

　普遍的な人権保障の枠組みとしては，国際人権規約のほか，人種差別撤廃条約，女子差別撤廃条約，児童の権利条約など，国連で起草され採択された，人権保障を目的とする多数国間条約（人権条約）が多数存在し，それぞれの条約で設置された条約機関（委員会）による国際的な履行確保制度が運用されている。また，そのような条約体制の外でも，国連では，人権委員会（現在では人権理事会）において，加盟国の人権問題がさまざまな形で取り上げられてきた。

　地域的な枠組みとしては，ヨーロッパ人権条約，米州人権条約，人および人

民の権利に関するアフリカ憲章などが代表的なものである。これらの条約の下ではいずれも裁判所が設けられているが，なかでもヨーロッパ人権裁判所は，人権侵害に関する個人からの申立てを数多く処理し（現在では，同裁判所は常設の機関とされ，個人申立てに関する裁判所の管轄権の受入れも，締約国にとって義務的なものとなっている），その判例法は，ヨーロッパ人権条約と類似の規定を多くもつ自由権規約の解釈・適用にも多大な示唆を与えてきた。

2 一般的保障と個別的保障

また，国際的な人権保障の体系を，扱っている人権の範囲からみれば，一般的・包括的な保障と，個別的保障とに分けてとらえることもできる。国際人権規約は，国際人権章典となることを意図して作成され，2つの規約で幅広い人権をカバーした，代表的な包括的人権条約である。これに対し，女子差別撤廃条約，人種差別撤廃条約などは，女性差別，人種差別という差別の撤廃をとくに目的とした条約であるし，児童の権利条約，障害者権利条約などは，それぞれ，子ども，障害をもった人という権利主体に着目して，一般的な人権条約ではかならずしも十分ではないこれらの人びとの人権保護の充実をはかったものである。

上にあげた諸条約は，比較的最近採択された障害者権利条約を別とすれば，いずれも締約国数は160を超えており，その意味で普遍性の高い国際法規範となっている。ただし他方で，女性差別のように，宗教的，文化的要因もあって各国に根強く残っている法や慣行がかかわる分野では，人権条約の実施も大きな困難をかかえていることも無視できない。女性差別撤廃条約には，イスラム法における女性の地位を理由とする留保が相当数の国から付されているが，これに対しては条約の趣旨・目的に反するという他の締約国からの異議も少なくない。

III 履行確保のしくみ

1 国際的履行確保

(1) 人権条約の履行確保制度

伝統的な国際法における条約が，領土の租借や割譲の協定，和平協定といったように，国家間相互の権利義務の交換という性質のものであったのに対し，

人権条約は，個人の人権の保障を目的として，締約国に，管轄下の人の人権保障という義務を課すものである。古典的な条約が，あくまで国家間の利己的，主観的な権利・利益のやり取りであったとすれば，人権条約は，人権（その主体は，締約国ではなく個人である）保障といういわば客観的な目的のために，多数の国が共通の約束をし合うものだとみることができる。

　以上のような，条約としての性格の違いから，人権条約における履行確保制度の必要性が導かれる。古典的な条約では，条約の履行は相互主義的に確保されたが，人権条約では，国家間相互の権利義務の交換という要素が欠けており，しかも内容は各国の管轄下の人の人権保護であるために，締約国間で，他の締約国に条約を履行させようとする力が働きにくい。このことを踏まえて，人権条約では，条約それ自体のなかに，締約国の履行を確保するための制度がおかれている。締約国が国内で行う条約の履行を条約の「国内的実施」ないし「国内的履行」とすれば，締約国による国内実施を国際的に確保するための条約上の制度は，「国際的実施」制度または「国際的履行確保」制度ということができる。

　人権条約における国際的履行確保の制度として，もっとも一般的なものは報告制度であり，国連の人権条約では，基本的な制度としてどの条約でも規定されている。国連の人権条約では，各条約の下で，国際的履行確保の制度を運用する条約機関（treaty body）が設置されているが（たとえば，自由権規約委員会，人種差別撤廃委員会），報告制度は，各締約国に対し，数年に一度の間隔で，条約の国内実施の状況についての報告書を条約機関に提出して審議を受けることを定めたものである。報告審議は，慣行により，条約機関と締約国代表との質疑応答という形で行われており，その後，当該国に対する条約機関の所見や勧告が採択される（「総括所見」と訳される）。これに加えて，全締約国を対象として，随時，条約の解釈等に関する条約機関の見解が，「一般的意見（general comment）」（条約により「一般的勧告」）という形で採択される。報告制度は，条約の実施における困難や障害も含めて広く検討の対象とし，改善を促進するという趣旨の制度であるから，途上国を含む多様な国々を幅広く締約国とする普遍的人権条約においては有用な制度である。

　このほか，条約によっては，人権侵害に関する個人の申立てを条約機関が受理し検討する制度（個人通報制度）をおくものがあり，たとえば自由権規約では，締約国が附属の選択議定書を批准すれば，この制度の適用がある（ただし，

自由権規約の個人通報制度は，条約違反の有無について委員会が「見解」を出すという準司法的制度にとどまる)。さらに，締約国が他の締約国の条約不履行を条約機関に申し立てることができるという国家通報制度も，条約によっては定められているが（人種差別撤廃条約，自由権規約。ただし，後者は事前に制度の受諾宣言が必要である），人権問題を国家間で指摘することの難しさから，あまり活用されていない。他方で，地域的な人権条約は，地域の国々の共通性や連帯を基盤として，普遍的条約にはない制度を実現しているものもみられる。ヨーロッパ人権裁判所による国際的履行確保の制度が機能しているヨーロッパ人権条約はその代表例であり，同裁判所は，個人通報を受けて判決を下すほか，締約国から付託された国家通報の事案も扱っている。

(2) 国連人権委員会・理事会による手続

上にみた人権条約上の制度のほか，広い意味で国際的な人権義務履行確保の制度といえるものには，国連の人権機関における手続がある。国連の機関で人権問題が扱われるさいには，世界人権宣言を始め，国連で採択された各種の国際人権文書（human rights instruments；条約だけでなく，国連総会決議などを含む）が，国際的人権規範として用いられる。

1967年の経済社会理事会決議1235によって，世界各国の人権状況を人権委員会が毎年公開で審議し，必要な場合には実情調査などを行うことが認められた。つづいて，1970年には，大規模かつ一貫した形態の人権侵害に関する通報を人権委員会が非公開で審査することを認める経済社会理事会決議1503が採択された。後者（1503手続）は，非公開であるために実効的な制度とはいい難かったが，前者による公開審議は，一定国の人権状況に関する非難決議の採択，特別報告者や独立専門家の任命など，当該国にとって影響力をもつ措置の採択につながってきた。さらに，1980年代以降の人権委員会では，こうした国別手続に加え，一定の人権問題を扱う「テーマ別手続」がとられるようになり，強制的失踪，拷問，恣意的処刑，女性への暴力，先住民の権利などさまざまな問題について，作業部会の設置や特別報告者の任命などによる検討が進められてきた。これらのなかには，現地調査を行ったり，個別の事案について情報を受けて関係国に救済措置を要請したりするものもある。テーマ別手続は，一定の国を取り上げる国別手続よりも問題を政治化させにくいことから，人権委員会の手続のなかでも信頼性の高いものとして評価されてきた。

しかしながら，人権委員会のあり方をめぐってはかねてから議論があり（人

権侵害国が，自国への非難を塞ぐ動機で委員国となる場合があるなど），2006年には，人権委員会に代わり人権理事会（Human Rights Council）が発足した。この人権理事会では，あらたに，普遍的定期審査（Universal Periodic Review；UPR）とよばれる制度が設けられた。これは，国連全加盟国の人権状況を，定期的に審査するというものであり，人権理事会の理事国は，優先的に審査を受けることとされている。なお，人権理事会の下でも，1503手続を下敷きとした通報手続が設けられているほか，重大な人権侵害の事態についての作業部会の設置があらたに定められている。

2　国内裁判所による履行確保

　人権条約における国際的な履行確保制度ももちろん重要ではあるが，人権保障は本来，各国によって行われるべき事柄であるから，基本となるのはやはり国内における条約義務の履行であり，国際的な履行確保制度は，あくまでそれを補完するものと位置づけられる。人権条約の個人通報制度で，条約機関が通報を受理するにあたっては国内救済完了の要件がかならず要求されているのは，この補完性原理をよくしめしている。

　人権条約の国内履行は，立法・行政・司法府というすべての国内部門が担うこととなるが，人権侵害に対して最終的な救済を与えうる機関として重要な役割を担うのは司法府である。自由権規約2条3項を始め，多くの人権条約は，人権侵害に対する効果的な救済措置の付与を締約国に義務づけている。

　日本は条約の自動的受容の体制をとり，批准した条約は国内でそのまま法的効力をもつから，裁判所は，管轄権を有する事案において，条約を有効な法規範として参照し，場合に応じ，直接また間接に条約に依拠して判断を下すことができる。

(1)　直接適用

　条約が国内で法的効力を有する（日本の体制の例）ことを前提としたうえで，条約の規定が，ある事案において，裁判官にとって，それに依拠して司法判断を下すことができる程度に明確なものであるとみなされれば，その条約規定は，それのみで直接に適用されうる。日本では，国内法秩序における条約の序列は法律より上とされているから，法律の規定ないしその解釈・適用が，直接適用可能な条約規定に反すると解される場合には，そのような法律の適用は排除されることになる。たとえば，東京高等裁判所は，外国人の被告人が「無料で通

訳の援助を受けること」とした自由権規約14条3項(f)の保障は明快な内容のものであるとし，刑事訴訟法の規定により被告人に通訳料の負担を命じた国側の行為を，これに反するとしてしりぞけた（大麻取締法・関税法違反事件，東京高判平5・2・3）。

　ある条約規定が直接適用できるかという直接適用可能性（米国の理論を借りて自動執行性ということもある）は，具体的な事案における司法判断にかかるもので，条約規定から一律に判断できるわけではない。また，直接適用可能であるためには，条約が個人の権利を創設していることは要件とはならない。締約国の義務という形で規定され，それ自体は個人の権利を創設したものといい難い条約規定であっても，具体的な事案の訴訟形態によっては（たとえば，取消訴訟において，行政処分の合法性を判定するため），裁判官が直接に依拠しうる場合があることは十分に考えられる。

(2) 間接適用

　ある事案において，条約の規定が直接には裁判規範にならなくとも，日本のような自動的受容体制の国において，その条約は国内で有効な法規範であることには変わりはない。そのことからすれば，条約の国内適用の手法として，直接適用のほか，条約の趣旨を司法判断の中に活かすという間接的な適用も，重要な意義をもつといえる。民法などの国内法を解釈・適用する際に，条約の趣旨を取り込んで，可能な限り条約適合的な解釈を採用するという手法である。日本でもたとえば，外国人への入店拒否や入浴拒否を行った店主に対して，民法の不法行為規定に基づく損害賠償請求が提起された事案で，当該差別行為が不法行為にあたるかどうかについて，裁判所が人種差別撤廃条約の規定を参照し，これを肯定して損害賠償を命じた判決がある（宝石店入店拒否事件，静岡地浜松支判平11・10・12。小樽入浴拒否事件，札幌地判平14・11・11）。

■■■ 確認質問 ■■■

1　伝統的な国際法における人権問題の位置づけとは，どのようなものであったか。

2　外交的保護の制度による外国人の保護は，人権保護のための制度ということができるか。

3　国家による自国民の人権保護が国際法上の問題とされるようになったのは，どのような歴史的経緯によるものか。

4　国連憲章では，人権問題の取扱いはどのような文言で規定されているか。

5　国際人権規約を構成する2つの国際規約の名称は何か。両者には，どのような相違点と共通点があるか。

6　発展の権利概念は，人権の国際的保障をめぐる議論においてどのような意義をもったか。

7　条約の履行確保に関して，人権条約にみられる特徴的な点は何か。どのような理由で，人権条約はそのような特徴をそなえているのか。

8　人権条約の国際的履行確保制度の主なものは何か。国連が作成した普遍的条約と，地域的機関による地域的条約とに分けてあげよ。

9　人権条約において，締約国による条約の国内履行と，条約上の国際的履行確保制度とは，どのような関係に立つか。

10　条約が国内法的効力を有する国において，国内裁判所による人権条約の解釈・適用には，どのような形態があるか。

第18章　人権の国際的保障(2)

　各国憲法に権利章典があるように，人権の国際的保障を行うにあたっても，諸権利をリストアップした「国際人権章典」を作ることが国連の下で構想され，これは世界人権宣言と国際人権規約という形で結実した。その後も国連では多くの人権条約が採択されているほか，ヨーロッパや米州など各地域で人権条約体制を作っているところもある。国際的な人権保障の体制は，どのような人権を保障・促進しようとしているのだろうか。本章では，人権保障に関する国際法の実体的な規範の主なものを概観する。以下では，もっとも根幹的な権利としての人間の生存にかかわる権利（とくに生命権），つづいて，生命権につぐ基本的な権利といえる身体の安全にかかわる権利，さらに，人権保障に関する国際法を通底する大原則である無差別・平等原則の順にみてみよう。

I　生存にかかわる権利

1　生命に対する権利・生存権

　前章でみたように，人権の国際的保障は，ユダヤ人の大量虐殺に代表される大規模な人権の蹂躙があった第2次世界大戦の経験を直接の契機として始まった。また，国際社会では，戦後も多くの途上国が，国民の生存を確保するという国家としての基本的な課題に直面している。このような背景において，国際人権法では，人間の生存に関わる権利が，もっとも根幹的な人権と位置づけられている。

(1)　生命に対する権利（生命権）

　生存に関わる権利の中核をなす権利は，生命に対する権利（the right to life）である。「市民的及び政治的権利に関する国際規約（自由権規約）」は6条で，「すべての人間は，生命に対する固有の権利（inherent right）を有する。この権利は，法律によって保護される。何人も，恣意的にその生命を奪われない。」と規定し，同規約上唯一「固有の権利」という文言を用いて生命権を保障している。自由権規約は4条で，公の緊急事態の存在が公式に宣言されている場合

には，事態の緊急性が真に必要とする限度において，規約上の義務から逸脱する（derogate；義務を一時的に停止する）ことができると定めているが（1項），6条を含むいくつかの規定は，1項によっても逸脱できない（2項）。自由権規約の条約機関（第17章Ⅲ参照）である自由権規約委員会（規約人権委員会）は一般的意見（第17章Ⅲ参照）で，生命権はその性格上，あらゆる人権のなかでもっとも中核的な至高の権利であると述べている。

　自由権規約6条1項により，国は単に，恣意的な殺害を行わないという消極的な不作為義務を負うだけではない。「この権利は，法律によって保護される」とあるように，国は，軍隊や警察などの国家機関はもちろん，私人の犯罪行為による個人の生命の剝奪をも防止するための立法・行政措置をとるとともに，殺人が起こった場合には法律に従って事件を捜査し，実行者を処罰する義務を負う。強制的失踪（政府軍や治安部隊が，反体制的人物等を拉致・拷問したうえ殺害し，遺体を遺棄する行為。1970年代から80年代にかけて，軍政下のラテンアメリカ諸国で多発した）のように，殺害の事実や実行者の身元が不明な場合でも，国は事件を放置することは許されず，実効的な（つまり，形式的でない）調査を行うとともに，実行者が判明した場合にはその処罰，および事件の再発防止という，一連の積極的な措置をとる義務を負う。このような積極的義務の存在は，自由権規約委員会の一般的意見，および同委員会が個人通報制度の事案で採択している見解（第17章Ⅲ参照）において，確立した解釈となっている（「強制的失踪」の事案を多く扱った米州人権裁判所の判例でも，同様の法理が確立している）。

　また，自由権規約6条1項では恣意的な殺害の禁止が規定されているが，生命権の内容は，殺害という直接的な生命の剝奪の禁止にとどまるものではない。自由権規約委員会が一般的意見でしめしている解釈によれば，国は本条により，乳児死亡率の低下や平均寿命の伸長のための措置のような経済的，社会的措置のほか，核兵器の撤廃や戦争の撲滅のための積極的な施策をとることも求められる。これは，同委員会が，途上国を含む多数の締約国との間における報告制度の運用を通して，生命に対する脅威となっているさまざまな要因の存在を踏まえて発展させた，生命権の広義の解釈である。このような，権利の実現促進のためのいわば中長期的な措置は，報告制度という非司法的制度でこそ指摘されうるものであるから，これらの積極的措置をとらないことがただちに，準司法的制度である個人通報制度の下で規約違反とされるわけではない。しかし，

もともと，多様な締約国を対象とする普遍的人権条約では，国際的な履行確保制度も報告制度を基本とし，そこでの条約機関と締約国との継続的な対話を基にして機能している。そうした普遍的な枠組みにおいては，生命権がこのように，国の積極的措置によって確保されるべき社会権的要素をもつ，射程の広いものと解釈されている，という点は，人権概念の発展として興味深い。

　なお，生命権に関連する重要な問題として，死刑をめぐる問題がある。自由権規約では，死刑存置国の存在に鑑み死刑を違法とはしなかったものの，6条2項は「死刑を廃止していない国においては」死刑は一定の条件の下にのみ科すことができると規定し，死刑廃止が望ましいという方向性を示している（ただし，死刑廃止に関する第2選択議定書を批准した場合には，死刑廃止の義務が生ずる）。6条2項の掲げる条件は，犯罪が行われたときに効力を有していた法律によること（罪刑法定主義，遡及処罰の禁止），この規約の規定およびジェノサイド条約の規定に抵触しない法律によること，ならびに，もっとも重大な犯罪についてのみ科しうるということである。したがってたとえば，規約14条の定める公正な裁判を受ける権利を保障しないで科された死刑は，規約の規定に牴触し，よって6条2項の要件を満たさないことになる（ムベンゲ対ザイール事件等の個人通報事案における委員会見解）。

(2) 生存権

　生命権は，国際人権規約では自由権規約の方に規定されているが，上にみた自由権規約委員会の一般的意見のように，生命権を，殺害という直接的な生命の剝奪を禁止するものとしてだけでなく，生命への脅威の除去と生命の維持を求める権利として構成すれば，それは広い意味での生存権につながることになる。

　生存権という文言は，人権規約の中に明記はされていないが，関連する条文として，「経済的，社会的及び文化的権利に関する国際規約（社会権規約）」11条に規定されている「相当な（adequate；十分な，適切な。以下同じ）生活水準に対する権利」が，1項で「自己及びその家族のための……相当な生活水準についての並びに生活条件の不断の改善についてのすべての者の権利」，また2項で「すべての者が飢餓から免れる基本的な権利」を規定している。同規約12条が規定する，健康を享受する権利（1項）も，死産率・幼児死亡率の低下や衛生状態の改善，医療の確保など（2項）に関連し，生存権にかかわる重要な権利である。このうち，11条2項の「飢餓から免れる権利」は，社会権規

約で唯一「基本的な」権利とされているものである。また，人間にとって，飢えがただちに生命の危機をもたらすことは明らかである以上，「飢餓から免れる権利」は，生命の維持を求める権利としての生命権と実質的に重なる内容の権利といえる。社会権規約では，締約国の一般的な義務は権利の完全な実現の漸進的達成のため措置をとること（2条1項）であるが，いずれの規約も人権保障という目的を一にしている（共通の前文を参照）ことに鑑みれば，両規約の解釈は，その趣旨・目的に合致した整合的なものであるべきであろう。社会権規約委員会は実際に，同規約のすべての権利が「漸進的実現」の対象になるとは解しておらず，人権保障のためという社会権規約の存在意義に照らして，締約国には各権利の最低限のレベルを充足するという中核的な義務があるという立場をとっている（一般的意見3）。この点で委員会は，とりわけ，相当数の個人が不可欠な食料，基本的な健康保護，住居又は基本的な教育を剥奪されている場合には，当該締約国は規約上の義務の履行を怠っているとみなされる，としている（同一般的意見）。なお，ここで委員会が，基本的な教育にも言及していることは，教育水準の高低がその人にとって，将来就きうる職業の選択の幅，したがって生活水準にも大いに影響することに照らせば，重要な点といえよう。

2　労働の権利・労働者としての諸権利

　現代の人間は一般に自給自足で生きるわけではなく，労働によって収入を得ることで生計を立て，人間として尊厳ある生活を送ることができるものである以上，労働の権利と労働者としての諸権利は，生存権に直結した緊要な権利である。多くの国では，雇用における女性差別がなお存在するが，差別によって労働市場から締め出されれば，女性は経済的に自立して生活する道が閉ざされ，男性に忍従して生きていくほか術がなくなる。そのような状況はまた，配偶者による暴力を温存させたり，ひいては，女児に教育を受けさせず若年婚姻を強いるなどのさまざまな社会的悪弊をもたらしていることも事実である。

　労働にかかわる権利は，国際人権規約では主に社会権規約6～8条で規定されているが，自由権規約にも関連条文がある。たとえば，労働組合を結成しおよびこれに加入する権利は労働基本権の一つであるが（社会権規約8条1項(a)），同時に，自由権規約の規定する結社の自由にも含まれている（自由権規約22条1項）。また，労働者の権利保護は，すでに第1次世界大戦後から国際労働機

関（ILO）が取り組んできた問題であり，この分野ではILOが採択した条約や勧告が多数存在する。そのなかには，強制労働の禁止，差別の禁止などを定めた，一般的な人権保障の意味をもつものも少なくない。ILOの下では，ILO憲章に基づき，ILOの諸条約・勧告の履行確保のための独自の手続がある（報告制度および通報制度）。

社会権規約において，締約国は労働の権利を認め，その保障のため適当な措置をとることとされる（6条1項）。この権利には「すべての者が自由に選択しまた承諾する労働によって生計を立てる機会を得る権利を含む」とされ，自由権規約8条（奴隷の状態，隷属状態，強制労働からの自由）と合わせ読んでも，労働者の自由な選択という自由権的要素がそこには含まれていることが留意される。

すべての者が公正かつ良好な労働条件を享受する権利（社会権規約7条）につき，この労働条件とは，とくに，公正な賃金および，同一価値の労働についての同一報酬(a)，安全かつ健康的な作業条件(b)などを確保する労働条件とされる。このうち(a)項では，とくに，女性について，同一価値労働同一報酬とともに，男性が享受するものに劣らない労働条件が保障されることが重ねて規定されている。

社会権規約8条1項は，労働組合結成・加入の権利，労働組合が自由に活動する権利，同盟罷業（ストライキ）権などの労働基本権を規定する。同項は，締約国はこれらの権利を「確保する」と規定しており，よって，2条1項の一般的義務規定に服さない。男女同等の権利の確保を定めた3条（本書Ⅲ参照）などと同様，8条1項は，権利をただちに確保することを締約国に義務づけたものである。

Ⅱ 身体の安全にかかわる権利

1 身体の自由と安全についての権利

世界人権宣言が3条で「すべての者は，生命，自由及び身体の安全についての権利を有する」と述べている通り，身体の自由と安全（the right to liberty and security of person）は，生命権につぐ人間のもっとも基本的な権利である。

身体の自由と安全についての権利から，何人も，恣意的に逮捕されまたは抑留されない，という権利が導かれる（自由権規約9条1項）。何人も，法律で定

める理由および手続によらない限り，その自由を奪われない（同上）。自由権規約9条3項は，刑事上の罪に問われて逮捕されまたは抑留された者は，裁判官（または，司法権を行使することが法律で認められている官憲）の面前に速やかに連れて行かれることとし，妥当な期間内に裁判を受ける権利または釈放される権利を有する，と規定する。裁判に付される者を抑留することが原則であってはならない（同上）。また，逮捕又は抑留によって自由を奪われた者は，裁判所で，その抑留が合法的であるかどうかを遅滞なく決定すること，および合法的でない場合には釈放を命じることができるように，裁判所において手続をとる権利を有する（9条4項）。違法に逮捕され又は抑留された者は，賠償を受ける権利を有する（9条5項）。

このほか，契約上の義務を履行できないことのみを理由として拘禁されないこと（11条），移動および居住の自由（12条）なども，身体の自由と安全についての権利と密接に関連し，そこから派生する諸権利である。

2 拷問または非人道的なもしくは品位を傷つける取扱いを受けない権利

つぎに，身体の自由と安全についての権利とこれも直接に関係する権利として，拷問またはその他の非人道的なもしくは品位を傷つける処遇を受けない権利があげられる。近代立憲主義国家は拷問の禁止を大きな課題としてきたが，多様な国家体制の国々を対象とする国際人権法ではなおさら，拷問等を受けない権利の保障は重要な課題の一つである。自由権規約は7条で，「何人も，拷問または残虐な，非人道的なもしくは品位を傷つける取扱いもしくは刑罰を受けない」と規定している。自由権規約委員会は7条についての一般的意見で，ほとんどの国は法律で拷問や類似の慣行を禁止しているにもかかわらず，実際には事件が起きているのであるから，締約国は単に国内法でこれらの取扱いや刑罰を禁じるのみでは十分でなく，申立てに対する実効的な調査，実行者の処罰，法執行官への訓練・教育，拷問等による取調べによって得られた証拠の裁判での証拠能力を否定する措置等，拷問の禁止を実効的なものとするような一連の積極的措置をとることが必要であるとしている。人道的な処遇は，自由を奪われたすべての者の権利として自由権規約10条1項（「自由を奪われたすべての者は，人道的にかつ人間の固有の尊厳を尊重して，取り扱われる」）でも規定されており，刑事施設のほか，入国管理施設や精神病院への収容等，自由を奪われた状況にある者については，7条に加え10条1項の適用がある。

ヨーロッパ人権条約3条は，自由権規約と類似の文言で「何人も，拷問または非人道的なもしくは品位を傷つける取扱いもしくは刑罰を受けない。」と規定する。拷問とその他の取扱いの相違につき，ヨーロッパ人権裁判所の判例では，「拷問」とはきわめて重大で残虐な苦痛を引き起こす意図的な非人道的取扱いを指す特別の呼称とされている（1996年アクソイ事件）。これに対し，「品位を傷つける」取扱いもしくは刑罰という概念には，この概念に内在する程度に達するほどの屈辱的要素があるとされる（1974年タイラー事件）。なおタイラー事件においてヨーロッパ人権裁判所は，ヨーロッパ人権条約の解釈に関して，人権保障という条約の趣旨目的が実効的なものとなるよう，条約起草時ではなく今日の社会状況に照らして解釈するという手法をとる立場を明らかにし（その後確立したいわゆる「発展的解釈」），その観点から，何が3条にいう「品位を傷つける刑罰」にあたるかという問題も，締約国の刑事政策や共通基準の発展に影響されて変化せざるを得ないとした。その後の同裁判所の判例では，同様の解釈手法により，過去に「非人道的及び品位を傷つける取扱い」とされた行為であっても，生きた文書としての人権条約の解釈によって「拷問」と解釈されることがあるとされている（1999年セルモウニ事件）。

　ヨーロッパ人権条約3条は，ヨーロッパ人権裁判所の判例法において，同条約を採択したヨーロッパ審議会を構成する民主的社会の基本的価値の一つとして重視され，ゼーリング事件（1989年）を嚆矢として，犯罪人引渡しの局面においても遵守が求められる規範とされている。同判決は，引渡しの結果，引渡先で拷問又は非人道的なもしくは品位を傷つける取扱いもしくは刑罰を受ける真の危険性がある場合において，締約国の管轄下にある人をそこへ引き渡すことは，3条違反を生じうるとしたものである。本件では，引渡先（米国ヴァージニア州）で死刑宣告から執行までに予想される長期の「死の順番待ち（death row）」現象を踏まえ，引渡決定を執行すれば引渡国（英国）は3条に違反すると認定された。このような解釈は，締約国が，その管轄内にあるすべての人に対し，条約上の権利・自由を保障する義務（ヨーロッパ人権条約1条）を負っていることを根拠とした，権利保障のための積極的義務（この場合，引渡先での人権侵害の可能性を考慮して適切な措置をとる義務）についての解釈の発展といえる。

　自由権規約では，一定の条件の下に死刑を科すことは違法とされていないことは前述したが（6条2項。本章Ⅰ1参照），自由権規約委員会は個人通報の事

案で，規約7条の権利に関して，ヨーロッパ人権裁判所のゼーリング事件の法理を踏襲した。Ng対カナダ事件（1993年）において委員会は，引渡先（米国カリフォルニア州）でのガスによる窒息死という死刑の執行方法は，長時間の苦しみを与える点で残虐もしくは非人道的な刑罰にあたるとし，自由権規約2条1項により締約国が，管轄下の人に権利を「確保する」義務を負っていることに基づいて，引渡国カナダの7条違反を認定したのである。また委員会は，Ng対カナダ事件等では，引渡先で死刑執行が予見されることについて6条違反を認定してはいなかったところ，より最近の事案では，死刑廃止国から存置国への犯罪人引渡しは6条1項違反となるとの見解を取るに至った（2003年ジャッジ対カナダ事件）。委員会は本件で，6条2項は「死刑を廃止していない国においては」と規定していることから死刑廃止国カナダには適用されないこと，過去10年間に死刑廃止が広く国際的なコンセンサスを得るようになったこと，さらにこの問題に関するカナダ最高裁の判例にも言及して，すでに死刑を廃止した国が人を死刑の危険に直面させることは，6条1項に照らして許されないとの判断を示した。

　旧ユーゴ国際刑事裁判所は1998年のフルンジャ事件で，拷問の禁止を強行規範と認め，ヨーロッパ人権裁判所も2001年のアル・アドサニ事件で，ヨーロッパ人権条約3条の定める拷問の禁止は強行規範であるとした。同様の見解は学説でも広く共有されている。他方で，拷問の禁止が強行規範であるとして，その具体的な法的帰結，たとえば国家の裁判権免除との関係についてはなお議論があり，ヨーロッパ人権裁判所もアル・アドサニ事件で，強行規範に違反した結果として裁判権免除は適用されないとする立場と，裁判権免除の原則は維持されるべきである（したがって，拷問の被害者が国内裁判所で救済を受ける権利を実現できなくとも同条約違反とはいえない）とする立場（多数意見）とに分かれた。

　自由権規約に加え，拷問その他非人道的処遇を受けない権利に関する重要な普遍的人権条約としては，拷問等禁止条約がある。この条約は，拷問の詳細な定義をおくとともに，拷問の禁止を実効的なものとするために，各国における拷問の処罰や，処罰のための裁判権の設定等について規定したものである。本条約上，拷問とは，人に重い苦痛（身体的・精神的）を故意に与える行為であって，情報や自白を得ること，脅迫・強要すること等を目的としてまたは何らかの差別に基づく理由によって，かつ，公務員その他の公的資格で行動する者

により（またはその扇動もしくは同意・黙認の下に）行われるもの，と定義されている（1条）。条約は，拷問について処罰を確保するために普遍的管轄権を設定し，締約国は，容疑者が自国管轄下の領域内に所在しかつ，5条1項に定めるいずれかの締約国（犯罪が発生した領域国，容疑者の本国，被害者の本国）に対して引渡しを行わない場合には，自国の裁判権を設定するため必要な措置をとることと規定している（5条2項）。英国上院（最高裁）におけるピノチェト事件では，同国に滞在していたピノチェト元チリ大統領について，スペインからの犯罪人引渡請求を受けて引渡しの可否が検討され，英国が本条約の締約国であることから，引渡しを認める判断が下された（ただし，ピノチェト氏の健康状態を理由として引渡しは実現せず，ピノチェト氏はチリに帰国）。

3　迫害からの保護

　世界人権宣言は14条で，「すべての者は，迫害からの庇護を他国に求め，かつ，これを他国で享受する権利を有する」と規定する。一方，国際人権規約には，これに該当する規定はおかれていない。一般国際法上も，庇護権とは，国家が自国領域内に受け入れた個人を領域内で保護する権利とされており，個人が他国からの庇護を得る権利としては確立していない。しかし他方で，迫害から逃れてきた難民を，その生命が脅威にさらされる恐れのある国へ追放又は送還してはならないという原則（ノン・ルフールマン原則）は，難民条約33条で規定されており，今日では慣習国際法上の原則として確立している。よって，国家は一般に，難民をかならずしも自国で受け入れる必要はないが，ノン・ルフールマン原則を遵守し，安全な第三国に出国させる等の措置をとらなければならない。

　また，日本を含め，難民条約の締約国は，同条約1条で定義される難民（人種，宗教，国籍もしくは特定の社会的集団の構成員であることまたは政治的意見を理由に迫害を受ける恐れがあるという，十分に理由のある恐怖を有するために，国籍国の外にいる者であって，国籍国の保護を受けることができないか又は保護を受けることを望まない者）について，同条約に従った法的地位や待遇を与えなければならない。難民条約では，難民認定の手続については各国に委ねる形となっているが，難民条約を受けての難民認定は，締約国の自由裁量行為ではなく，申請者が条約上の難民の定義にあたるか否かを確定する事実確定行為であり，締約国が独自の要件を設けて難民認定を不当に厳しくすることは条約の趣旨・

目的に反することになる。難民条約における難民の定義自体，「十分に理由のある」「恐怖」を有するという，客観的・主観的要素を併せもつものであるが，締約国の当局は，難民申請者が難民の要件を満たしているか否かについて，本人の提供する資料に加えて，適切な範囲で自ら補足的な調査を行うことにより，妥当な判断を行うことが要請される。

III 差別の禁止・平等

1 国際人権規約における無差別・平等

前章でみた通り（第17章I参照），人権の国際的保障は，「人種，性，言語，宗教による差別なくすべての者のために人権及び基本的自由を尊重する」ための国際協力を国連の目的の一つとした国連憲章に端を発する。この規定に明らかなように，いかなる差別もないすべての人の人権尊重という無差別・平等の原則は，当初から，人権の国際的保障の取組みの中に組み込まれたもっとも基本的な原則であるといってよい。2つの国際人権規約は，下にみるようにいずれも一般規定のなかで無差別・平等の規定を置いている。

社会権規約は2条2項において，締約国は，同規約上の権利が「人種，皮膚の色，性，言語，宗教，政治的意見その他の意見，国民的もしくは社会的出身，財産，出生又は他の地位によるいかなる差別もなしに行使されることを保障することを約束する」と規定する。また，3条では，男女同等の権利について，重ねて，締約国は規約上の権利の享有について「男女に同等の権利を確保することを約束する」と規定する。締約国の一般的な義務は，権利の完全な実現を漸進的に達成するため措置をとること（2条1項）であるのに対し，2条2項および3条は，差別のない権利行使を「保障」ないし「確保」するという義務規定になっている（「保障する〔guarantee〕」と「確保する〔ensure〕」は同義と考えられる）。すなわち，社会権規約上，権利の完全な実現については漸進性が認められる一方，権利の行使・享有においては，いかなる差別もないことを確保することが要求されていることが留意される。そして，これを国内で確保するにあたっては，法律の規定や行政処分等が平等原則に反し違法であることを認定し，それらの適用を排除するという司法的救済の役割も大きいことが認められる。社会権規約委員会も一般的意見で，同規約の規定はおよそ裁判所で直接適用できないとする考えに反して，認められた権利を差別なく享受するとい

う規定は，多くの国内法制で，司法機関による即時の適用が可能と考えられる，という見解をしめしている（一般的意見3）。日本の判例でも最近は，旧国民年金法の国籍条項をめぐる事案で，社会保障に対する権利（社会権規約9条）を具体化した法律に関して差別の排除を求めるという側面においては，規約2条2項は直接適用可能性を有する，としたものがある（在日韓国人年金差別損害賠償請求事件，大阪地判平17・5・25，大阪高判平18・11・15〔控訴審〕）。

　自由権規約は2条1項で，締約国はその領域内にありかつその管轄の下にあるすべての個人に対し，「人種，皮膚の色，性，言語，宗教，政治的意見その他の意見，国民的若しくは社会的出身，財産，出生又は他の地位によるいかなる差別もなしにこの規約において認められる権利を尊重し確保することを約束する」と規定する。この規定は，同規約上の権利の享受における無差別原則を定めたものであり，社会権規約2条2項と同趣旨の規定である。加えて，自由権規約には，「すべての者は，法律の前に平等であり，いかなる差別もなしに法律による平等の保護を受ける権利を有する。このため，法律は，あらゆる差別を禁止し及び人種，皮膚の色，性，言語，宗教，政治的意見その他の意見，国民的もしくは社会的出身，財産，出生又は他の地位等のいかなる理由による差別に対しても平等のかつ効果的な保護をすべての者に保障する」とした26条の規定がある。自由権規約委員会は，26条には規約上の権利という限定がないことから，同条を，あらゆる差別に対して法律の平等の保護を受ける権利を定めた，独立の平等権規定と解し，年金のような社会保障を受ける権利における平等の取扱いについても26条を適用している（ブレークス対オランダ事件見解）。

　自由権規約はさらに，子どもに関して，24条1項で「すべての児童は，人種，皮膚の色，性，言語，宗教，国民的もしくは社会的出身，財産又は出生によるいかなる差別もなしに」未成年者として必要な保護の措置についての権利を有すると規定する。日本に関しては，特に，非嫡出子（婚外子）の相続分を制限した民法の規定等が，これらの無差別条項（および児童の権利条約の無差別条項）に反することが各条約機関によって指摘されている。

2　人種差別・女性差別の撤廃

　人種差別と女性差別の撤廃は，さまざまな差別の撤廃を目指す国際人権法の体系のなかでも，顕著に発展を遂げた分野である。人種差別については，南ア

フリカのアパルトヘイトやヨーロッパのネオ・ナチズムへの批判の高まりから，1965年に人種差別撤廃条約が採択されている。この条約は，締約国の公的機関が差別を行わないというのみならず，個人，集団又は団体による人種差別をも禁止し，終了させるという義務（2条1項(d)）をも課している点で注目される。この規定を含む同条約の規定は，日本でも，私人による差別行為の救済のための司法判断に用いられることがある（第17章Ⅲ-2参照）。条約はさらに，人種的優越の思想・理論に基づく人種的憎悪や差別の根絶を目指して，そのような思想の流布，人種差別の扇動，異人種の集団への暴力行為やその扇動等を法律上処罰される犯罪とすること，人種差別を助長しおよび扇動する団体や宣伝活動を違法とし，そのような団体や活動への参加を法律上処罰される犯罪とすることを義務づけている（4条。ただし，日本は集会，結社および表現の自由の観点から留保）。

女性差別の撤廃に関しては，1979年の女子差別撤廃条約がもっとも包括的な条約である。本条約は，社会と家庭における男女の伝統的な役割分担の考えが，平等達成の障害になっているとの観点から（前文），女性差別的な既存の法律等のほか，差別的な慣習や慣行の修正のための措置，個人，団体又は企業による女性差別撤廃のための措置を含む適切な措置をとることを締約国に義務づけたものである。条約は，政治的および公的活動（7条），国籍（9条），教育（10条），雇用（11条），婚姻および家族関係（16条）等，さまざまな分野における差別の撤廃のため，締約国はすべての適切な措置をとることとしている。これらのうち，子の国籍に関する男女平等の権利（9条2項），同一の教育課程（カリキュラム）を享受する機会（10条(b)），同一の雇用機会についての権利（11条(b)）等の規定は，日本の国内法制にも大きな影響を与えた（国籍法の改正，学習指導要領の改正，男女雇用機会均等法の制定）。

■■■ 確認質問 ■■■

1 自由権規約において，すべての人間の「固有の権利」とされている権利は何か。その権利の規定は，戦争等の緊急事態であれば逸脱することができるか。

2 生命権の保護のための国の積極的義務はどのようなものか。また，自由権

規約の報告制度の枠組みでは，国がとるべき積極的措置の内容はどのように解釈されているか。

3　自由権規約は死刑を禁じているか。禁じていないとした場合，死刑を科すことについては規約上どのような条件があるか。また，死刑そのものでなく死刑の執行方法が，自由権規約に照らして問題とされることがあるか。

4　社会権規約では，締約国の一般的な義務は権利の完全な実現の漸進的達成のため措置をとることであるが，締約国の中核的義務に関する同規約委員会の見解はどのようなものか。

5　社会権規約上，「保障」ないし「確保」が要求されている諸権利は何か。それらの権利規定が，国内裁判所で直接適用可能と判断されることはありうるか。

6　刑務所・拘置所等の刑事施設や，入国管理施設に収容されている人の人道的取扱いについて，適用される自由権規約の規定は何か。

7　拷問等禁止条約における普遍的管轄権のしくみについて説明せよ。

8　難民条約における難民の定義とはどのようなものか。各国は難民認定において，申請者が難民にあたるかどうかをどのように判断すればよいのか。

9　自由権規約において，2条1項と26条の無差別規定はどのような関係に立つのか。

10　締約国は個人，集団又は団体による人種差別をも禁止し，終了させるという人種差別撤廃条約の規定が，日本の裁判所の司法判断において用いられた例はあるか。

第 19 章　国際経済法

　国際法は，ヨーロッパ諸国による経済活動の世界的な規模での拡大にともなって発展してきた。しかし，国際的な経済活動そのものを規律する慣習国際法は少なく，国際的経済活動は，主に条約や国内法，さらに分野ごとに企業や民間団体によって形成されたルールによって規律されている。そのような重層的な規範が存在するなかで，どのように国際的な制度や秩序が形成され，それらはどのような内容なのだろうか。

I　国際経済法の意義

1　概　念

　国際的な経済活動は，さまざまな法の規律の下にある。国際法上，外国人の身体・生命・財産などの保護については，慣習法によって規律されてきたが，通商や投資に関する外国人の権利義務については，主に二国間条約などによって規律されてきた。

　国際法が私人の権利義務などについて規定する場合，それを直接規定することは少なく，多くの場合，国家に義務づけるものであって，その義務は国内法に従って履行される。各国の国内法には，国際法の義務を履行するためのものを含めて，輸出入規制や投資の受入れ，外国為替などを規律する法令のほか，外国人や外国企業の国内における経済活動を規制する法令が数多く存在する。さらに，それぞれの分野ごとに，企業間の継続的な国際取引のなかで形成されたルールや国際的な組織で策定されたルールによっても規律されている。

　このように，国際経済活動は，国際法，国内法，あるいは民間の活動や国際組織において形成された多様なルールによって規律されているが，国家による国際経済活動の規制は，公法的規制と私法的規制に分類できる。公法的規制は，国家が，国内産業の保護や金融制度の安定，競争秩序の維持などさまざまな政策的目的を実現するために公権力を行使することをいう。私法的規制は，売買

契約やライセンス契約などの取引当事者の権利義務に関する実体法や手続法による規制であり，それらのルールは国際取引法とよばれる。

　国際経済活動にかかわる法をすべてとらえようとするならば，国際経済法の定義は，上記の国内法や民間の取引慣行から生じたルールも含めた「国際経済関係を規律する法」という広いものとなる。しかし，それらの成立基盤や適用対象を異にするルールの間には相互に矛盾が存在し，国際法の観点からは違法となる国内法も存在する。また，市場経済が世界的規模で拡大している現在，各国の国内法にある程度の共通性を見出すことが可能であるが，国際法が規定していない分野においては各国の裁量が認められ，現実にはさまざまな制度が並存している。そして，上記の国際法に抵触する国内法も各国の国内法秩序において有効とされる場合が多い。そのため，広義の定義によっては，国際経済法を一貫した原理・原則によって体系的に説明することは困難である。本章では，「国際経済関係を規律する国際法」という狭義の国際経済法を扱う。

　国際経済関係に関する国際法は，主に各国の公法的規制権限を規制することになる。国内法は，各国がその経済政策を実現するために独自に制定するものであり，国によって異なる。これに対して，国際法は諸国が共通の利益を実現するため，あるいは利害の調整のために共同して定立するものであり，国内法に対する制約となる。

2　規律対象

　上述のように，慣習国際法は，外国人の保護という形で，国際経済活動の基礎となる外国人の身体・生命・財産の保護を規定してきたが，活動そのものを規定していない。国際経済活動は，商品の国境を越えた流通（貿易），海外における販売・生産拠点の設立（投資），そして代金や利益の送金（通貨・金融）などによって成り立っており，これらの活動は，主に通商条約によって規律されてきた。

　貿易については，主に輸出入規制が規律の対象となるが，輸出入に影響を与える国内的規制，たとえば安全基準や補助金などの国内措置も規制の対象となる。さらに，近年では，環境基準や労働基準などの貿易とは直接係わりのない社会的規制をも対象とする二国間通商条約が締結されるようになった。これらの社会的規制は，その規制のあり方によって企業のコスト負担が左右され，国際競争力に影響を与えるために問題とされるようになり，「非貿易的関心事

項」とよばれている。

投資については，投資の可否，投資が認められる場合には事業活動の範囲やその形態などが規律の対象となる。従来の投資条約は，主に投資後の活動や財産の保護を規定することが多く，投資の受入れについては受入国の裁量が大幅に認められていた。しかし，近年の投資条約では，一定の分野における投資受入れを義務付け，また，投資家と受入国の間の仲裁手続を規定するものも増加している。

通貨・金融については，主に各国の通貨政策が規律の対象となるが，国際的な開発援助の枠組みも規定している。

II 貿　易

1　歴史的展開
(1)　自由貿易論の承認

貿易は，古くから諸民族の間で行われていたが，地域的にも商品構成からもかなり限定的なものであった。さまざまな商品が大量に世界的規模で取引されるようになったのは，産業革命によって生産力が増大して資本主義経済体制が確立された18世紀以降のことである。この時期に，自由貿易理論が登場し，従来の重商主義に基づく貿易秩序から協調的な貿易秩序の形成へと向かったのである。もちろん，各国はその時々の状況に応じて国内産業の保護をはかり，貿易差額を重視する重商主義的な考え方がなくなることはなかったが，自由化による貿易拡大のメリットが一般的に承認されるようになっている。

(2)　GATT体制の確立

多数国間交渉を基礎とする多角的な体制としての自由・無差別な貿易秩序の形成に向かったのは，第2次大戦終結後である。1929年の世界恐慌を契機に，各国がブロック化や保護主義化を進めたことが第2次大戦を引き起こした原因の一つであるとの認識の下，自由で無差別な多角的貿易体制を構築するため，1946年に米国の提唱により国連貿易雇用会議が開催され，そこで交渉が行われた。この交渉の結果，1948年に国際貿易機関（ITO）憲章（ハバナ憲章）が採択されたが，投資や競争ルールを含む広い分野を規律対象とし，またかなり厳格な規定をおいたこともあって，提案した米国自体，議会の承認が得られず，発効することなく失敗に終わった。

ITO憲章の起草と並行して，戦間期に高水準になった関税を早急に引き下げるため，1947年に関税引下げ交渉が行われ，ITO憲章草案から関税引下げ合意の実施に必要な規定を抜き出して作成されたのが，「関税及び貿易に関する一般協定（GATT：ガット）」である。GATTは，ITOが設立されるまでの暫定的な協定として作成され，合意を早期に実施するために暫定適用議定書によって1948年から適用された。しかし，ITO設立が失敗に終わったため，GATTが戦後の貿易関係を規律することとなった。

　GATTは，無差別原則として即時かつ無条件の最恵国待遇原則（1条）と内国民待遇原則（3条）を規定し，市場アクセスの確保・改善のための交渉による貿易の自由化の枠組みを設定し，数量制限の一般的禁止（11条）を規定した。ガット時代には，1947年の関税交渉から1986年に開始され1994年に終結したウルグアイ・ラウンドまで8度の多角的貿易交渉が行われた。当初は，関税引下げが中心的議題であったが，全体の関税水準が低下するのにともなって関税以外の貿易障壁が顕在化したため，非関税障壁の削減・撤廃も重要な交渉事項となっていった。ガット時代には，交渉を通じた大幅な貿易の自由化が進んだが，協定の運営においては交渉を重視した柔軟な対応が広く認められ，規定の厳格な適用はなされなかった。

(3) 非関税障壁への対応と世界貿易機関（WTO）の設立

　1973年に開始された東京ラウンドは，はじめて本格的に非関税障壁を交渉議題とした多角的交渉で，アンチダンピング協定や補助金協定，政府調達協定，スタンダード協定など非関税障壁に関する協定が締結された。世界貿易機関（WTO）の設立が合意されたウルグアイ・ラウンドは，1980年代に1970年代のニクソン・ショックと2度のオイル・ショックの影響によって先進国の多くが保護主義化して輸出自主規制などが頻繁に行われていたことから，規律の強化と規定の明確化を目的として開催された。このラウンドでは，東京ラウンド諸協定の改定や農業協定，衛生植物検疫措置協定，繊維協定，セーフガード協定などのモノの貿易に関する新しい協定が締結された。さらに，GATTが規律の対象としていなかったサービス貿易と知的財産権の保護に関する協定についても合意が成立し，その規律の対象を拡大した。

　WTO協定は，WTO設立協定（以下では設立協定）と，設立協定と不可分の一体を構成する4つの附属書からなる。附属書1は，一般にWTO協定とよばれる協定であり，附属書1Aが1994年のGATTを中心とする「物品の貿易に

関する多角的協定」であり，附属書1Bが「サービスの貿易に関する一般協定」（GATS），附属書1Cが「知的所有権の貿易関連の側面に関する協定」（TRIPS協定）である。附属書2は「紛争解決に係る規則及び手続に関する了解」（DSU），附属書3は「貿易政策検討制度」（TPRM），附属書4は政府調達協定などの「複数国間協定」である。

WTO協定については，東京ラウンド協定とは異なり，附属書4を除いたすべての協定を受諾しなければならないという一括受諾方式を採用した。東京ラウンド協定は，受諾が各締約国の判断に委ねられたが，少数の締約国しか受諾しなかった。しかし，最恵国待遇原則により，受諾しなかった締約国に対しても協定上の権利を認めなければならず，締約国間の権利義務関係に不均衡が生じたのである。一括受諾方式は，そうした事態を回避するために採用されたのである。さらに，WTO協定は，規定の明確化と規律の強化をはかったのに加えて，紛争処理手続を大幅に強化した。

(4) 非貿易的関心事項

1980年代末頃からクローズアップされたのが，非貿易的関心事項である。非貿易的関心事項とは，環境基準や労働基準などのように貿易に直接関連しないが，その実施のための規制が結果として貿易に影響をおよぼす事項をいう。この問題は，1991年にガットパネルが，イルカを混獲する漁法でとったキハダマグロの輸入を禁止する米国の措置をGATT違反と判断したことが契機となって議論されるようになった。GATT20条は，人・動物・植物の生命や健康の保護（同条(b)）や有限天然資源の保護（同条(g)）などを目的とする輸出入制限を例外として許容している。この事件では，この規定の適用の可否が争点となり，米国がGATTに合致する合理的に利用可能な選択肢を尽くしていないこと，メキシコ当局にとって予見不可能な条件に基づく制限はイルカの保護に必要な措置とはみなされない，という理由で適用を否定した。

GATT20条は，対象となる措置が「差別待遇の手段」あるいは「国際貿易の偽装された制限」とならないように運用することを要求している。また，その目的を実現するために必要な措置であること，そしてその目的を実現するための選択肢としてより貿易制限的でない措置がない場合に限定されており，例外として認められた事例は少ない。検疫措置や製品規格および安全基準，知的財産権については，衛生植物検疫措置協定や貿易の技術的障害に関する協定，あるいはTRIPS協定で一定の基準が規定されており，非貿易的関心事項の一

部は WTO 協定によって規律されているが，環境基準，労働基準，あるいは競争ルールなど合意が達成されない分野も残されている。

2 世界貿易機関（WTO）
(1) 組　織
　世界貿易機関（WTO）は，事実上の国際機関として活動していたガットと異なり，正式の国際機関として設立され（設立協定1条），法人格を有し任務の遂行に必要な特権および免除を加盟国によって与えられる（8条1項，2項）。
　(a) 機　関
　① 閣僚会議
　WTO の最高意思決定機関は，閣僚会議である。閣僚会議は，すべての加盟国代表によって構成され，少なくとも2年に1度開催される。その任務は，WTO の任務を遂行することであり，多角的貿易協定に関するすべての事項について決定を行う権限を有する（4条1項）。
　② 一般理事会（紛争解決機関，貿易政策検討機関）
　閣僚会議が開催されていない時には，すべての加盟国代表によって構成される一般理事会が閣僚会議の任務を遂行する（同条2項）。一般理事会は，紛争解決了解（DSU）に定める紛争解決機関（DSB）として（同条3項），また貿易政策検討制度（TPRM）に定める貿易政策検討機関（TPRB）として（同条4項）任務を遂行する。
　③ 物品の貿易に関する理事会・サービスの貿易に関する理事会・知的所有
　　権の貿易関連の側面に関する理事会
　これら3理事会は，一般理事会の一般的指針に基づいて，それぞれ物品貿易に関する多角的協定，GATS，TRIPS 協定の実施を監視することに加え，一般理事会によって与えられる任務を遂行する（同条5項）。
　上記の機関のほか，貿易及び開発に関する委員会，国際収支上の目的のための制限に関する委員会，予算・財政および運営に関する委員会が閣僚会議によって設置されている（同条7項）。また，農業委員会や衛生植物検疫措置委員会，アンチダンピング委員会，セーフガード委員会など多角的協定の規定に基づいて設置された委員会に加えて，貿易と環境委員会や市場アクセス委員会，貿易と投資に関する作業部会など，閣僚理事会や一般理事会が必要に応じて設置する（同条6項・7項）補助機関が設置されている。

Ⅱ　貿　易

(b) 意思決定

WTO の意思決定は，原則として，コンセンサス方式による（設立協定9条1項）。このコンセンサス方式は，審議に参加しているいずれの加盟国も正式に反対をしない場合に決定したものとみなすというものであり（同項注1），全会一致とは異なる。コンセンサスが成立しない場合には，投票により過半数で決すると規定されているが（同項），投票に付されたことはない。また，閣僚会議および一般理事会が WTO 協定の解釈を採択する場合，ならびに協定に基づく義務の免除（ウェーバー）を決定する場合は，加盟国の4分の3以上の多数で（同条2項・3項），閣僚会議が加入条件を承認する場合は3分の2以上の多数で（12条2項）決定することとされている。しかし，1995年11月に，一般理事会は，原則としてウェーバーと加入承認の決定をコンセンサスによることとし，コンセンサスが成立しない場合にのみ投票により決することを決定した。一般理事会が紛争解決機関として決定を行う場合は，表決は行われずコンセンサス方式のみが採用される（9条1項注3）。

コンセンサス方式の採用は，WTO における非公式協議の重要性を高めている。コンセンサス方式はガット時代からの慣行であり，コンセンサス形成に向けて多くの案件がグリーンルーム会合とよばれる非公式会合で協議されてきた。その規模は議案によって大小さまざまであるが，一部の加盟国の協議によって方向性が定まること，また，意思決定過程が不透明になるなど批判もある。しかし，非公式協議を通じて主要国が歩み寄り，現実的な結論を導くことを促進するという側面もある。

(2) 機　能

WTO の任務は，WTO 協定の実施および運営を円滑にし，協定の目的を達成することである（設立協定3条1項）。WTO 協定は，交渉を通じて「関税その他の貿易障壁を実質的に軽減し及び国際貿易関係における差別待遇を廃止するための相互的かつ互恵的な取極を締結することにより」，貿易の拡大を通して「生活水準を高め，完全雇用並びに高水準の実質所得及び有効需要……を確保」（設立協定前文）することを目的として締結された。

その任務を遂行するために，WTO は，第一に交渉の場を提供する（3条2項）。貿易の自由化は，ガット時代からの数次の多角的貿易交渉（ラウンド交渉）を通じて実現されてきたが，WTO 設立後もそれが継続される。貿易の自由化は，その時々の経済環境の下で行われるが，時間の経過や環境の変化によ

って交渉の結果達成された利益のバランスが崩れてくる。特定の加盟国間の問題については紛争解決手続を通して問題が処理されるのに対して，加盟国全体の利益のバランスを維持していくためには，継続的な交渉が必要と考えられている。また，協定の運用を通じて明らかになった問題への対応もこうしたラウンド交渉を通じてなされる。

　第二に，WTO は，紛争解決の場を提供する（同条3項）。加盟国は，他の加盟国に対して附属書2の紛争解決了解に従って WTO に問題を付託することができる。ガット時代の紛争解決手続は，当事国の同意を前提とするものであったが，WTO 設立後は，後述のようにパネル設置ならびに報告の採択にさいしてネガティヴコンセンサスを導入したことにより手続が自動化され，原則として申し立てられた問題すべてについて判断されるようになった。

　第三に，WTO は，協定の実施および運用を監視する。附属書3の貿易政策検討制度は，加盟国の貿易政策を WTO 協定との整合性の観点から定期的に検討するもので，各国の報告に基づいて貿易政策検討機関で討議される。さらに多角的貿易協定においてもそれぞれの対象分野に関する国内制度ならびに採られた措置の報告や通報が義務づけられ，それぞれの協定に基づいて設置された委員会において検討される。これらの検討結果の法的拘束力は認められていないが，多角的枠組みにおいて指摘された問題点は，その後の交渉においても一定の意味を有し，協定の適切な実施および運用に効果があると考えられている。

(3) 紛争処理

　WTO の紛争処理手続は，GATT23条および附属書2の紛争解決了解（DSU）に基づいて運用されている。DSU は，ガット時代の慣行を成文化した規則および手続を基礎として，ウルグアイ・ラウンド交渉の結果合意された。その特徴は，紛争解決機関（DSB）による報告の採択という手続，申立事由，手続の自動化に表れている。

　WTO の紛争処理手続は，小委員会（パネル）および上級委員会の二審制を採っている。まず，紛争当事国間で協議が行われ，協議を通じて解決できない場合に，申立国はパネルの設置を要請することができる（DSU 4条7項）。DSB は，付託された問題を検討するためにパネルを設置する。パネルは，付託された問題の客観的評価，すなわち事実認定・協定の適用可能性・問題の協定適合性を判断する（11条）。当事国がパネル報告において付託事項の範囲など検討の対象とされた法的問題およびパネルの法的解釈について不服がある場

合は,上級委員会に申立てをすることができる(17条4項・6項)。その審理の形態は,当事国の書面提出と会合における口頭審理によるもので司法手続に類似している。

(a) DSB による報告の採択

しかし,パネルの任務は DSB を補佐することであり(DSU11条),協定の解釈に関しては,閣僚会議と一般理事会が排他的権限を有している(設立協定9条2項)。さらに,パネル報告および上級委員会報告は DSB において採択されてはじめて効力が発生する。したがって,理論上は政治的判断に基づいてパネル・上級委員会の報告が DSB において採択されない可能性も存在しており,WTO のパネル・上級委員会による紛争処理手続は,DSB という政治的機関の組織的な対応の一部であり,性質上,司法手続と異なるものである。

(b) 申立事由

申立てが認められるのは,(i)他の加盟国が協定に基づく義務の履行を怠った結果,(ii)協定の規定に抵触するか否かを問わず,他の加盟国が何らかの措置を採った結果,または(iii)何らかの状態が存在する結果,利益の無効化もしくは侵害,または協定の目的達成が妨げられた場合である(GATT23条1項)。それぞれ違反申立て,非違反申立て,状態申立てとよばれているが,非違反申立てと状態申立ては,協定違反がない場合でも申立てを認めるものであり,通常であれば協議・交渉で対応すべきものである。

しかし,協定違反がない場合であっても利益の無効化・侵害があれば,それまでの交渉によって確保されてきた加盟国間の利益のバランスが崩れる。この手続は,そうした状況に対応して加盟国間の利益のバランスを回復するためのものである。ラウンド交渉が,加盟国全体の利益のバランスを確保・維持するためのものであるのに対して,非違反申立てと状態申立ては,個別加盟国間の利益のバランス,とくに関税譲許に基づく利益のバランスを維持・回復するためのものである。

これまで状態申立ての事例はないが,非違反申立ては数例ある。この手続で問題となるのは,関税交渉のさい,申立国に当該利益が維持されるという合理的期待があったと認められるか否かである。1950年,ガット作業部会は,硫安と硝酸ナトリウムの専売制と補助金交付について後者に対してのみ廃止したオーストラリアの措置による利益の無効化・侵害を認めた。両産品は肥料の原料として競争関係にあり,オーストラリアは,1947年の関税交渉でチリに対

して硝酸ナトリウムの関税をゼロとする譲許を与えた。硝酸ナトリウムの専売制と補助金を廃止したことによって，チリからの硝酸ナトリウムの輸入が激減した。作業部会は，チリが硝酸ナトリウムについてのみ補助金が廃止されることはないと，関税交渉時に信じる理由があると認定したのである。

(c) 手続の自動化

手続の自動化は，パネルの設置および報告の採択について認められた。パネルの設置については，DSB の会合で設置しないことがコンセンサス方式によって決定されない限り設置される（DSU 6 条 1 項）。これは，ネガティヴ・コンセンサスとよばれている。パネル設置に関するネガティヴ・コンセンサスは，ガット時代に締約国団決定によって導入され，1989 年から実施されていたが，報告の採択についても，DSU によって導入された（16 条 4 項，17 条 14 項）。理論上は，ネガティヴ・コンセンサスが成立して報告が採択されないという可能性はあるが，通常は，パネル設置を要求した加盟国はパネル設置を望み，そして自国の主張が容認された当事国は報告採択を望むことを考えれば，ほとんどすべての場合にパネルが設置され報告が採択されることになる。実際にこれまでネガティヴ・コンセンサスが成立した例はない。

ガット時代には，通常のコンセンサス方式が採用されていたため，パネルの設置時と報告の採択時の 2 度にわたって当事国に決定を阻止する「拒否権」が認められていた。実際にパネルの設置や報告の採択が妨げられた例は少なかったが，「拒否権」は，もっぱら決定の引き延ばしのために使われ，その結果，手続の長期化が問題となっていた。ネガティヴ・コンセンサスの導入は，手続を自動化して迅速な決定を可能としたが，これに加えて，DSU は，パネルの検討期間を原則として 6 ヵ月とする（12 条 8 項），あるいは上級委員会の検討期間 60 日とする（17 条 5 項）など，手続の各段階に期限を設定して，手続全体の迅速化を図った。

3 WTO 体制と途上国

ガット時代の途上国は，経済発展のための輸入規制が容認され（GATT18条），そしてその審査手続の形骸化とラウンド交渉への実質的不参加など，特別な地位におかれていた。1960 年代以降，さらに「援助から貿易へ」というスローガンの下で，貿易拡大によって途上国の経済発展を実現するため，1965年，GATT に「貿易と開発」と題する第 4 部が追加され，先進国が途上国貿

易の拡大のため有利な条件を設けることを求め（36条4項・5項），貿易交渉において，先進国は途上国に相互主義を期待しない（同条8項）と規定された。1964年に国連貿易開発会議（UNCTAD）が開催され，常設化の後，一般特恵制度の設立が提案されると，ガットは，それに対してGATT25条5項に基づくウェーバー（義務免除）を認めた。1979年には，東京ラウンド交渉で「授権条項」が採択され，途上国に対する「特別かつ異なる待遇（Special and Differential Treatment：S＆D)」が一般的に認められた。これによって途上国は，多くの規定からの逸脱が認められ，先進国とは異なる規律の下におかれることになったのである。

　WTO設立が合意されたウルグアイ・ラウンドは，途上国がはじめて実質的に参加したラウンドであるといわれている。それは1980年代に債務危機や財政危機が途上国に広がり，それへの対応で途上国における規制緩和・自由化が進んだこと，一部の途上国で産業が発展し輸出能力が増大したこと，物品貿易分野で先進国における保護主義が拡大したことなどが背景となって，途上国が交渉に参加できる環境が整えられたからである。そうした状況の下で，途上国における物品貿易分野のさらなる自由化と先進国の保護主義の抑制，そしてサービス貿易と知的財産権という新しい分野でのルールの策定に向けて交渉が行われた。

　1994年のGATTはガット時代の法的決定をすべて引き継いでおり，「授権条項」はそのまま効力を有しS＆D待遇が維持されているが，ウルグアイ・ラウンドで合意された新しい協定の多くは，経過期間に関する優遇措置を途上国に認めたものの，経過期間の終了後は，原則として途上国にも先進国と同様の義務を課すものであった。加入が義務付けられていない複数国間協定のうち政府調達協定は，WTOの原加盟国となった途上国の多くは加入していないが，新規加盟国については，二国間加盟交渉の中で加入が条件となっている。

　このように途上国に対する特別待遇が限定されてきたのは，途上国のなかにも新興工業国とよばれる国が登場し，途上国内の格差の拡大や要求の多様化により，以前のような団結が失われ，集団としての途上国の交渉力が低下したことが指摘されている。また，投資受入れや貿易の拡大を目指して，先進国と自由貿易協定を締結する途上国が増加しており，さらに途上国間の利害が対立し，その結果途上国が分断されるという状況が生まれている。先進国と途上国間の自由貿易協定は，知的財産権やサービス貿易，さらには投資ルールを含み，高

水準の規律を確立したものが多い。こうした状況のなかで，WTO 交渉においては先進国と途上国の対立を解消し，合意を形成することが困難になっている。

III　国際投資

1　国際投資の保護と伝統的国際法
(1)　外交的保護権
　上述のように，伝統的国際法の下では，投資の保護は外国人の保護の文脈で議論されてきた。そこでは，自国に滞在する外国人を相当の注意をもって取り扱う義務があるとされ，その義務に反して外国人に損害が生じた場合に国際責任が発生することになる。「相当の注意」がどの程度のものであるかについて，国際標準主義と国内標準主義の対立があったことは，前述の通りである（第11章，第16章II参照）。しかし，国家が外国投資を受け入れるか否かについては，条約によって別段の定めがある場合を除くほか，当該国家の裁量の範囲内にあった。つまり，伝統的国際法の下では，投資が行われた後の事業活動や投資財産が保護の対象となっていた。このようにして，伝統的国際法は，19世紀から20世紀にかけて，ヨーロッパ諸国民による経済活動の世界的拡大を支える最低限の基盤を提供したのである。

　伝統的国際法の下では，投資の保護に関しても主体はあくまでも国家であり，紛争が生じた場合は，国内的救済が得られなければ，本国が外交的保護権を行使することになる。投資家の本国は，受入国に対して投資家の保護を要求するが，19世紀から20世紀初頭にかけて，投資紛争をめぐる外交的保護権の行使は，しばしば受入国に対する介入をともない，投資家の保護が不十分だとして軍事介入に至るケースもみられた。

(2)　カルボー条項
　このような状況の下で，欧米諸国の介入を受けることが多かった中南米諸国において，投資家と締結する投資受入協定に「カルボー条項」を挿入する動きが現れた。カルボー条項とは，アルゼンチンの外交官であり国際法学者であったカルボーの主張に基づくもので，投資紛争が生じた場合，その紛争は国内法および国内裁判所によって処理され，投資家は本国に外交的保護を求めないという規定である。しかし，1926年の北米浚渫会社事件の仲裁判決で，外交的保護権は，自国外にある個人の権利ではなく，あくまでも国家の権利であり，

個人が本国の外交的保護権の行使を禁じる合意を受入国との間に締結することはできない，とされた。

2　新国際経済秩序の主張と外国資産の国有化

投資の保護に関しては，とくに1951年のイランによるアングロ・イラニアン石油会社の国有化を契機として，途上国による国有化の権利をめぐって大きな議論が巻き起こった。独立を達成した途上国の多くが経済的に旧植民地本国に従属している状況を踏まえ，政治的独立のみならず経済的自立も達成する必要性が強調されたためである。また，1970年頃になると資源ナショナリズムの昂揚を背景に，産油途上国において外国企業の利権や資産の国有化が広がり，その議論に拍車をかけた。

この議論は，国連総会を中心として行われ，自決権の経済的側面として主張された。その中心は，「天然の富と資源に対する恒久主権」という概念であり，国際人権規約の起草過程でチリ代表によって提案されたもので国際人権規約共通1条2項に規定されている。この規定によれば，人民および民族が国内にある天然の富および資源を自由に処分することができる。このこと自体は従来から国際法上認められており目新しいものではないが，途上国の国有化の権利を強化するという政治的意味を有している。そして「天然の富と資源に対する恒久主権」に関する国連総会決議が繰り返し採択され，途上国の主張は新国際経済秩序（NIEO）の樹立に向かった。

国際法上，国有化は，公益目的で無差別に実施され，補償が支払われることを条件に認められている。公益目的と無差別については従来から争いはなかったが，補償については，どの程度の支払いが必要かについて大きな対立があった。1938年にメキシコが石油企業を国有化したさい，米国務長官ハルは，メキシコ政府に対して「十分，迅速かつ実効的な補償」を要求した。「十分」とは対象となった資産の市場価格を，「迅速」とは即時を，「実効的」とは交換可能な支払手段を意味する。この基準はハル・ルールとよばれ，それ以来，国有化に際して先進国はこの基準に従って補償を要求し，途上国は国内法に従った補償で足りるとして対抗した。この対立は，国際標準主義と国内標準主義の個別具体的な例ということができる。

1962年に採択された国連総会決議1803は4項で，国有化または収用のさいには「国際法に従って，適当な（appropriate）補償が支払われる」べきことを

規定した。国際法に従った適当な補償がどのような意味を有するのか曖昧なまま，先進国はハル・ルールの採用と理解し，途上国は国内法に従った補償として理解していた。しかし，1970年代になると国連加盟国の増加により発言力を増した途上国の主張が強まり，国内法に従った補償を明記するようになった。1974年の通常総会で採択された「国家の経済的権利義務憲章（NIEO憲章）」（国連総会決議3281）は，2条2項(c)で「自国の関係法令および自国が関連すると認めるすべての事情を考慮して，適当な補償を支払うべきである」と規定し，決議1803とは異なって国際法に言及していない。紛争が生じた場合も，「主権平等に基づき，かつ手段の選択の自由の原則に従い」合意する場合に国際的な手続によることを認めるが，原則として国有化国の国内法に基づいて国内裁判所において解決される旨を規定している。

　以上のように，1970年前後の資源ナショナリズムを背景として，国連の場では国有化の権利を中心とした新国際経済秩序の樹立が表明され，1980年頃までは新国際経済秩序の樹立を唱える総会決議が採択されたが，1980年代半ばには，新国際経済秩序は失敗であったという評価が広がった。途上国は，国有化によって外国企業の利権や資産を接収したが，技術やノウハウの不足によって事業活動の継続が円滑に行われず，再び外国企業と開発協定を締結するケースもみられた。また，先進国は，慣習法による投資の保護の限界を認識し，二国間投資協定を締結して自国民の投資の保護を確保するようになった。とはいえ，新国際経済秩序の主張は，かつてはコンセッション協定によって認められた外国企業の長期かつ大幅な特権を限定することになり，途上国と先進国企業の関係を通常の契約関係へと修正することを促進したといえる。

3　投資紛争解決国際センター（ICSID）

　投資紛争解決国際センター（ICSID）は，投資の促進をもその目的とする世界銀行（世界銀行協定1条2号）の下で作成され，1966年に発効した投資紛争解決条約によって設立された。ICSIDは，投資受入国（締約国）と投資家（他の締約国の国民）との調停および仲裁手続を規定している。調停および仲裁は，書面による付託合意によって開始され（25条，28条(1)，36条(1)），紛争が付託された場合には，受入国が仲裁判決を履行しない場合を除き，投資家の本国政府は外交的保護権を行使することができない（27条）。また，付託の合意が成立した場合は，ICSIDが排他的フォーラムとなるが，受入国は国内的救済の完

了を要求することができる（26条）。適用法規は，当事者が合意した法規であるが，合意がない場合は受入国の国内法と国際法が適用される（42条(1)）。国内法と国際法が抵触する場合についての規定はないが，過去の仲裁判決では国際法を優先している。

　ICSIDの仲裁手続は，国際法を適用法規とする国際手続を要求する先進国と外交保護権の制限を要求する途上国の要求を取り入れた中立的なものとなっている。この時期は，国連の途上加盟国の増加にともない，国際法に言及した総会決議1803の採択から国内法に基づく国内手続を規定したNIEO憲章の採択へと向かう過渡期であり，先進国と途上国の両者に配慮したことがうかがわれる。しかし，この条約が発効した時期は，資源ナショナリズムの昂揚しはじめた頃であり，途上国の参加は多くなかった。しかし，近年，規制緩和や自由化の進展により途上国の参加が増加し，仲裁条項を含む二国間投資協定や自由貿易協定の増加にともない，ICSIDの手続を利用するケースが増加している。

4　国際投資の自由化と保護の展開
(1)　投資保護条約

　上述のように，途上国は，国連における数的優位を背景に，投資紛争の国内法に従った国内手続による解決を国連総会決議に盛り込むことに成功したが，国有化によって天然資源に対する支配を回復し，経済的自立を達成するという目的は実現できなかった。1980年代になると，途上国における累積債務問題が顕在化し，途上国において自由化や規制緩和の動きが現れるのに従って新国際経済秩序の主張は弱まっていった。

　そうした状況を背景として，途上国の多くは積極的に外国投資を受け入れる政策に変更し，1980年代以降，先進国と途上国の間に投資保護協定が締結されるようになっていった。初期の投資保護協定は，1960年代から70年代に頻繁に行われた国有化に対処するための投資財産の保護が中心であり，投資の自由化を規定するものは少なかった。たとえば，1989年の日中投資保護協定は，最恵国待遇（2条2項，3条1項）と投資後の内国民待遇（3条2項）を規定するが，投資の許可については国内法に従うべきこと（2条1項）を規定している。投資の許可は，基本的に受入国の裁量に委ねられ，「できる限り助長」（2条1項）するものとされている。

　この時期の投資保護協定の目的は，許可された投資の保護である。内国民待

遇が認められるのは，あくまでも許可された投資であり，投資活動や投資財産の保護が主眼であった。とくに重要なのは，国有化や収用のさいの補償であり，多くの投資協定でハル・ルールが成文化され，ICSID の調停または仲裁の利用が規定された。日中投資保護協定は，5条3項で，「国有化……措置がとられなかったとしたならば当該国民及び会社が置かれたであろう財産状況と同一の状況」に置かなければならないとして，遅滞なく，換価可能支払手段で，移転の自由を認めるべきことを規定している。そして，補償に関する紛争は，ICSID の手続を参考にして設置された調停委員会または仲裁委員会に付託できるとされた（11条2項）。

(2) 経済連携協定と投資の自由化

1990年代半ば以降になると，二国間投資協定は，それまでの投資後の保護だけでなく，投資の自由化をも規定するようになってきた。これらの協定は，条件や制限を許容しながら自由化する分野を附属書に明記し，それらの分野については原則として投資を認めるというものである。2003年の日韓投資協定は，2条で投資財産の設立についても内国民待遇と最恵国待遇を規定している。このような規定をもつ協定の多くは，投資のみに限定するのではなく，貿易の自由化や知的財産権の保護などを含む経済連携協定という形態で締結されている。

経済連携協定は，包括的自由貿易協定ともよばれ，1990年代半ば頃から締結されるようになった。自由貿易協定で投資が扱われるようになったのは，WTO 設立後にあらたな交渉分野として投資の自由化が取り上げられたことにもよる。1997年にシンガポールで開催された WTO 閣僚会議で，あらたな交渉議題として投資ルールが提起され，OECD の下で交渉が行われていた多数国間投資協定が1998年に失敗した後も，WTO の枠組みのなかで投資ルールの作成が検討された。先進国は，高水準の投資ルールの作成を目指したが，途上国の反対により2003年のカンクン閣僚会議でドーハ・ラウンドの交渉議題からはずされた。このような背景の下，米国は，途上国との間に積極的に自由貿易協定を締結し，原則自由とする高水準の投資条項を挿入している。

Ⅳ 通貨・金融

1 歴史的展開

　戦後国際経済秩序の再構築のため，1944年に連合国代表によってブレトンウッズ会議が開催され，通貨・金融制度を担う国際通貨基金（IMF）と国際復興開発銀行（世界銀行）が設立された。IMFは，大恐慌への対応で各国が自国通貨の切下げを行ったことがさらに貿易を縮小させたことの反省に立ち，安定的な国際通貨制度を確立することを目的とする。世界銀行は，第2次大戦により破壊された各国経済の復興と途上国の開発を促すことを目的とする。

　ブレトンウッズ会議において議論の基礎となったのは，米国が提示したホワイト案と英国が提示したケインズ案である。ケインズ案は，各国がバンコール（Bancor）という国際通貨で勘定を設定し決済するシステムを提案したが，ドルを基軸通貨として為替安定化の基金を設置するというホワイト案に沿ってIMFが設立された。また，ケインズ案には世界銀行に関する提案はなく，世界銀行はホワイト案に含まれていた「連合国および協力国復興銀行」の構想に基づいてブレトンウッズ会議において検討され，設立された。

　IMF協定はドルを基軸通貨とする固定相場制を採用し，各国通貨は，金1オンスを35ドルとして米ドルに対する為替レートが定められ，各国は，為替レートを上下1パーセント以内の変動の範囲内に維持することが義務づけられた。また，経常的支払いに関する制限や差別的通貨措置が禁止され，加盟国に国際収支の不均衡が生じた場合，IMFから融資を受ける制度も設けられた。為替レートの変動幅が大きく，上下1パーセントの範囲内に抑えられない場合は，IMFと協議の上，為替レートを変更することが認められた。この固定相場制は，米国の豊富な金保有による米ドルの兌換制度を前提とし，各国は，為替レートの安定のためにドルを一定程度保有することが必要となり，また，米ドルの安定が貿易政策のうえで重要な課題となった。

　1960年代になると，日欧諸国が戦後復興を達成し，米国の経済が低下していくのにともなって，米国の国際収支の赤字が増大していった。そのため，1971年8月，米国のニクソン大統領は，減税と歳出削減，雇用促進策，価格政策の発動，金とドルの交換停止ならびに10パーセントの輸入課徴金の導入などを柱とする新経済政策を発表した（ニクソン・ショック）。このなかでも金

とドルの交換停止は，固定相場制の根幹を揺るがすものであり，同年12月のスミソニアン合意でドル切下げによる固定相場制の維持が試みられたが，その試みは成功せず，1973年には主要国のほとんどが変動相場制に移行した。その後，1976年にジャマイカのキングストンで開催されたIMF暫定委員会における合意により，IMF協定は改定され，各国の対応を追認する形で正式に変動相場制へ移行した。

2 国際通貨制度の現在

　キングストン合意による改定が変動相場制を採用したため，現在，加盟国は為替レートを一定の範囲に維持するという義務を負わない。加盟国は，秩序ある為替取極を確保し，安定した為替相場制度を促進するためにIMFや他の加盟国と協力するという一般的義務が課され（IMF協定4条1項），通報や協議を通じて通貨制度の安定が図られることになる。各国の通貨政策に関しては，従来どおり，経常的支払いに対する制限の回避（8条2項），差別的通貨措置や複数通貨措置の禁止（同条3項），さらに一定の条件の下で，他の加盟国が保有する自国通貨を買い入れる義務（同条4項）が課されている。

　このように為替の安定については，協議や通報を通じてIMFや加盟国間の協力によって確保されることになり，IMFは，加盟国の主要なフォーラムとして機能するようになっている。実際には，先進5ヵ国財務大臣・中央銀行総裁会議，先進7ヵ国財務大臣・中央銀行総裁会議（G7），先進10ヵ国財務大臣・中央銀行総裁会議（G10）あるいはインド・中国・ブラジルなども含む20ヵ国地域財務大臣・中央銀行総裁会議（G20）などで協議し，各国が単独で為替相場に介入するだけでなく，協調して介入して適切と考える為替レートに誘導することも行われている。

　そうした協調介入のなかでも劇的な形で為替レートの是正を行ったのが，プラザ合意である。1985年9月，米国，日本，旧西ドイツ，英国，フランスの5ヵ国の蔵相および中央銀行総裁がニューヨークのプラザホテルで会合を持ち，ドル高・円安・マルク安を是正することが必要であるとの認識で一致し，協調介入することに合意した。その結果，1ドル241円であったレートが年末には200円近くになり，その水準が各国の想定していた適性水準と見られていたが，その後も急速な円高へと動き，翌年1月には200円を突破して，1987年1月には150円を突破したため，日米による協調介入，さらに2月に開催

IV 通貨・金融

されたルーブル・サミットで協調介入が合意された。近年，大量の民間資金が為替市場に流入しているため，介入によって為替レートを一定の水準に維持することは困難になっている。

　IMFは，加盟国のフォーラムとしての役割以外に，設立当初からの任務である各国通貨の安定のための融資も行っている。加盟国は，対外債務の累積や財政赤字の増大などによって自国通貨が不安定になった場合，融資を受けることができるが，その際，IMFが提示するコンディショナリティを受け入れなければならない。その内容は，財政赤字の削減や規制緩和など，経済構造の改革を要求するもので，途上国から不満も出されている。

確認質問

1　国際経済関係における公法的規制と私法的規制の違いを説明しなさい。

2　「非貿易的関心事項」とはどのようなものか，またなぜ通商条約に規定されるようになったのか。

3　WTO設立後の貿易体制は，ガット時代と比較してどのように変化したか。

4　WTO協定の一括受諾方式は，どのようなものであり，なぜそのような方式が採用されたのか。

5　WTO紛争処理手続の特徴について説明しなさい。

6　外国人の保護を規定する国際法が，国際経済関係において果たした役割について説明しなさい。

7　カルボー条項とはどのようなものか，またそれは，国際法上どのように評価されるか。

8　国有化の際の補償原則について説明しなさい。

9 投資保護条約が締結されるようになった経緯とその特徴について説明しなさい。

10 国際通貨制度における固定相場制と変動相場制とは，それぞれどのようなものか，また現状の制度の問題点について説明しなさい。

第 20 章　国際環境法

世界的に地球温暖化問題が注目されている。国連気候変動枠組条約と京都議定書の下で，一定の締約国は CO_2 など地球温暖化ガスの排出削減義務を負う。この条約と議定書はいかに成立したか。これらを支える法原則は何か。なぜ米国や中国は削減義務を負わないのか。削減義務を遵守しないとどうなるか。温暖化の被害は救済されるのか。本章では，地球温暖化を含む国際的な環境問題に，国際法がいかに対処してきたのか，その課題は何かについて探究する。

I　国際環境法の展開

1　現代の国際的な環境問題

今日，一国だけでは解決できない国際的な環境問題は，主に3つに分類される。第一は，隣接二国間の越境環境問題である。国境を越えて拡がる越境大気汚染，国境を形成または貫流する河川・湖（国際水路）の汚染，水量の変化，転流などを含む。第二には，広範囲の地域における越境環境問題である。その例は，欧州広域や東アジア地域の酸性雨（長距離越境大気汚染），ライン河など3ヵ国以上を河岸国とする国際水路の環境問題，地中海など地域海の汚染である。第三は，地球規模の環境問題である。これは，損害が地球全体におよぶ問題（地球温暖化やオゾン層の破壊など），「生態系」などの新しい観念の登場，価値意識や事実認識，事情の変化などにより諸国が共通に対処すべきと考えるようになった問題（生物多様性の減少，生物資源の枯渇，放射能汚染，有害な化学物資や廃棄物の越境取引にともなう汚染など），国家の管轄を越えた地域（公海，南極地域など）の環境破壊などを含む。

多くの場合，これらはつぎのような性質をもつ。第一に，損害が領域区分を越えて物理的に広い空間，ともすれば地球全体におよびうること，第二に，損害の長期継続，原因の長期累積による不可逆的発生，時間の推移にともなう事態の変化など，時間の要因が大きく作用しうること，第三に，損害が深刻で回

復が難しいこと，第四に，原因や発生メカニズムに科学的不確実性があり，対処技術に限界がある一方で，科学技術の進歩の可能性もあること，最後に，日常的な要因の複合や社会的に有用な活動から生じることである。これらはとくに，広範囲の地域における越境環境問題や地球規模の環境問題で顕著である。

したがって，国際法による対処では以上の性質を十分かつ適切に考慮する必要がある。国際環境法の歴史的展開は，前述した3つの環境問題がしだいに顕在化するなかで，以上の諸点を法的規律に織り込んでいく過程ともいえよう。

2 国際環境法の歴史的展開

(1) 従来の対応

1940年代までは，国家は国際的な環境問題に関する認識を共有しておらず，国際環境法という観念はなかった。けれども，それに相当する問題は隣接二国間で紛争の要因となっていた。その典型は，越境大気汚染と，国際水路の非航行利用（ダム建設，大規模な灌漑など）にともなう転流や水量の変化である。

これらの問題は主に2つの方法で処理されていた。一つは，一般国際法上の領域使用の管理責任に基づく対応である。一般国際法上，国家は自国領域を利用し，または利用させるにさいして，他国に著しい損害を与えないよう「相当の注意」を払わなくてはならない。つまり，他国の権利との関係で国家の領域主権の行使は制限される。これは実際には，領域国の相当の注意義務違反を根拠として発生した越境損害を事後的に処理するさいに，機能していた。トレイル熔鉱所事件仲裁判決はその例である。カナダの民間工場からの煤煙による米国での酸性雨被害につき，領域国カナダの賠償責任を認めた。領域使用の管理責任の概念は，コルフ海峡事件でも確認された。

もう一つは，国際水路の非航行利用における河岸国相互の平等を根拠に，事前の交渉を通じてアドホックに利害調整をはかることである。河岸国は，他の河岸国の正当な利用を損なうおそれのある活動につき，実施前にその河岸国に通報し協議しなくてはならない。このような事前通報・協議義務を定める二国間条約は，19世紀半ば頃から存在する。ラヌー湖事件仲裁判決は，国際水路の非航行利用における一般国際法上のこの義務を確認した。ただし，この方法は個別事案における利害調整を本質とし，考慮される利益は相互に対等な地位にある。したがって，調整の方向につきガイダンスのないところでは予測可能性に欠けるとともに，かならずしも越境環境問題への対処に寄与するとは限ら

ないという問題もあった。

(2) 第Ⅰ期の展開（20世紀半ば〜1972年）

20世紀半ば頃から，科学技術の急速な進歩と人間活動の飛躍的な発展を背景に，二国間関係を越える国際的な環境問題がしだいに顕在化した。従来の方法では対処できないため，1950年代から一定の環境部門・問題領域につき，主に国際組織を通じて多数国間条約が作成され始めた。

あらたな問題の典型は，大型タンカーの激増などを背景とする海洋汚染と，欧州広域における酸性雨問題（長距離越境大気汚染）である。とくに，トリーキャニオン号事件（1967年）は，大型タンカーの座礁事故による油濁海洋汚染の問題を諸国に痛感させた。また，原子力の本格的な利用も，広範囲におよぶ深刻な放射能汚染のおそれを喚起した。さらに，20世紀初め以降の流れを受け，渡り鳥など移動生物種の生息地の破壊に対する懸念も高まった。

これを受けて，多数国間条約の作成が始まった。その中心は，原因活動などを管轄する国の責任による，問題の発生防止または極小化である。たとえば，海洋油濁防止条約（1954年），油濁公海措置条約（1969年），湿地保護に関するラムサール条約（1971年）などがある。さらに，高度に危険な活動から生じた越境損害の救済についても，限られた分野で条約の整備が始まった。その例は，油濁民事責任条約（1969年），原子力民事責任条約（1969年），宇宙条約（1967年）であり，事業者または管轄国の無過失賠償責任を導入した。

以上の動きには，政府間国際組織（国際組織）やNGOなど国家以外の行為体もかかわった。たとえば，政府間海事協議機関（IMCO，1982年以降は国際海事機関〔IMO〕）は海洋汚染の条約の作成で中心となり，国際自然保護連合（IUCN）はラムサール条約の作成でイニシアティヴをとった。

(3) 第Ⅱ期の展開（1972〜1992年）

先進国を中心とする懸念の高まりを受け，国連人間環境会議（1972年）を契機に，多様な国際的な環境問題への法的な対応が本格化した。同会議は国連人間環境宣言などを採択し，一般的な法原則の醸成と条約規律の拡充を強くうながした。

この時期には，第一に多様な環境部門・問題領域について，主に損害発生の防止をめざす多数国間条約の採択が進行した。それは，広範囲の地域における越境問題のみならず，いくつかの地球規模の環境問題にまで拡大した。前者の例は，北東大西洋海洋投棄汚染防止オスロ条約（1972年），国連人間環境計画

(UNEP) 地中海環境保全バルセロナ条約 (1976年), 国連欧州経済委員会 (ECE) 長距離越境大気汚染防止条約 (同年), ライン河化学汚染防止条約 (同年), ECE 越境環境影響評価 (EIA) 条約 (1991年) である。後者では, 海洋投棄規制ロンドン条約 (1972年), 海洋汚染防止 (MARPOL) 条約 (1973年), 野生動植物国際取引規制ワシントン条約 (CITES) (同年), 国連海洋法条約 (第12部) (1982年), オゾン層保護ウィーン条約 (1985年) とオゾン層破壊物質規制モントリオール議定書 (1987年), 国際原子力機関 (IAEA) 原子力事故早期通報条約 (1986年), 有害廃棄物越境移動規制バーゼル条約 (1989年), 南極条約環境保護議定書 (1991年) などである。

　第二に, 越境環境問題それ自体をあつかう二国間条約も現れた。日米環境協力協定 (1975年) など, 二国間協力に関する一般的な枠組合意や, 米加大気質協定 (1991年) など, 個別の環境部門・問題領域につき具体的な義務を定める条約である。

　第三には, 国際的な環境問題を扱う国際組織と NGO の数が増大し, 多数国間条約の定立と実施に多面的に関与し始めた。たとえば, 国際的な環境問題一般を扱う UNEP は, 多数国間条約の作成を主導し, 地域海行動計画などを推進し始めた。世界自然保護基金 (WWF), グリーンピース・インターナショナルなどの NGO も, 国境を越えたネットワークを構築し, 国際組織や多数国間条約の締約国会議などにオブザーバーとして公式参加し, 条約の定立と実施にかかわった。

(4) 第Ⅲ期の展開 (1992年〜現在)

　冷戦終結後, 環境保全と経済開発との両立を重要な課題とする国連環境開発会議 (UNCED, 1992年) が開かれた。この会議は, 環境と開発に関するリオ宣言, アジェンダ21 などを採択した。この会議以降, 国際環境法はそれまでの方向のさらなる推進とともに, あらたな展開もみせつつある。

　まず, 多数国間条約による損害発生防止のための規律は, より一層拡充しつつある。第一に, 多数国間条約は, 地球規模のさまざまな環境問題も含めてより多くの環境部門・問題領域で増えている。具体的には, 気候変動枠組条約 (1992年), 生物多様性条約 (同年), 砂漠化対処条約 (1994年), 残留性有機汚染物質規制ストックホルム条約 (2001年) などがある。地域レベルでも, たとえば UNEP 南太平洋環境保護条約 (ヌメア条約) (1996年) など 13 の地域海につき条約と追加議定書が採択され, 欧州地域では, ECE 産業事故越境影響条

約（1992年）などもある。第二に，既存の多数国間条約も，より厳格な方向への改正，具体的な規則を定める追加議定書の採択，遵守確保や促進のためのしくみの導入などにより，具体的な実施が本格化しつつある。条約改正は海洋汚染防止につき，ロンドン条約改正議定書（1996年），オスロ条約とパリ条約に代わる北東大西洋 OSPAR 条約（1992年）などがある。追加議定書の例は，気候変動枠組条約の京都議定書（1997年），生物多様性条約のバイオ・セーフティに関するカルタヘナ議定書（2000年）である。

　つぎに，非国家行為体の関与もますます拡大している。国際組織の役割は，条約作成・実施監督のフォーラム，条約事務局，科学技術の専門的知見・助言，財政支援などの提供を含め，多様化している。国際商業会議所など業界団体も，条約の定立・実施でオブザーバーとして発言を強めている。また，公衆や利害関係者の手続参加を重要な要素とする条約も現れた。典型例は ECE オーフス条約（1998年）である。手続参加を推進する動きはとくに欧米地域で顕著である。

　そして，この時期には2つの方向で，あらたな展開も顕在化している。第一に，損害の発生メカニズムや程度が科学的に不確実なリスクも，規律の射程範囲に含みつつあることである。この動きは，地球温暖化など，個別条約によるさまざまな地球規模の環境問題への規制の拡大に連動する。なぜなら，一般にそれらの問題は科学的に不確実な側面を含む一方で，地球全体にきわめて深刻な損害をもたらすおそれがあるため，規律すべきという社会的な要請が強いからである。後述する「予防原則」は，この方向への展開を推進するものである。

　第二に，環境保全と経済開発・自由貿易との関係も視野に含むようになったことである。これは，国際環境法と WTO/GATT の自由貿易体制との対立の調整，南北問題に配慮した「共通だが差異のある責任」の観念を受けた，または「持続可能な開発・利用」の概念を指針とする，環境保全または天然資源の利用に関する多数国間条約の定立と実施などの動きに現れている。ただし，環境保全と経済開発・自由貿易との両立は理論的にも実践的にも容易ではなく，この点で，国際環境法は大きな課題に直面している。

3　国際環境法の展開における特徴

　国際環境法は環境の保全をめざしたさまざまな国際法規範の集合体である。全体として一貫した独自の体系はないが，その展開には，前述した国際的な環

境問題の性質を反映していくつかの共通する特徴がある。

　第一に，環境損害発生の防止を重視していることである。第二に，そのための一般原則の醸成に加えて，とりわけ多数国間環境条約の発展がきわめて重要な位置を占めることである。環境問題をめぐる諸事情——環境部門・問題領域の多様性，科学的不確実性，対処技術の限界，時間の要因，国家間の経済・社会的条件の相違，経済開発との対抗性など——を背景に，国際環境法上の一般原則は，その実現において国家の裁量を広く認めるものが多い。その一方で，環境問題の性質からは，発生防止に向けて，多くの国家を具体的な規則で共通に規律することが必要である。多数国間環境条約は，後述するように柔軟な法規則・非拘束的な基準の定立および実施の不断の連続・循環（条約目的の達成をめざす「螺旋状の」展開過程）を通じて，前述の諸事情に配慮しつつこの要請に応える。第三に，その結果として今日では膨大な数の多数国間環境条約が存在し，各々独自の「体制」（レジーム）を発展させている。そして，これによりあらたな問題——環境条約間の重複または抵触や，前述したWTO/GATTの自由貿易体制を典型とする他の国際法分野の規則との抵触（国際法のフラグメンテーション）——も生じている。条約の法規範性の阻害，条約実施の非効率化を防ぐため，条約法に基づく調整（ウィーン条約法条約の関連規定の適用，個別条約への関連条項の挿入）や，条約の実施における実務的調整などが必要であり，各方面で模索されている。

II　国際環境法の一般原則

1　環境保全に関する国家の基本的な義務

(1)　越境環境損害防止義務

　一般国際法上，国家は，自国の管轄または管理の下で，重大な越境汚染や地球規模の環境損害の源を規制するために適切な措置をとる義務を負う。このような越境環境損害防止義務は，前述した領域使用の管理責任を端緒としつつも，越境環境損害発生の危険性とその源の管理に焦点をあて，2つの点で発想を転換している。第一に，国家の自国領域内の活動だけではなく，自国の管轄の下にある活動一般を規律の対象とする。第二に，他国の管轄地域と国家の管轄を越える地域における「環境」を保護対象とする。つまり，環境保全をめざし，国家の管轄を越える地域の問題までも射程範囲に含む。

この義務は，まず人間環境宣言原則21として定式化され，リオ宣言でも確認された（原則2）。ほとんどの多数国間環境条約は，規律対象に則した締約国の基本的義務として定めている（国連海洋法条約194条など）。国際裁判所も一般国際法上の地位を認めた（1996年核兵器使用の合法性事件ICJ勧告的意見，1997年ガブチコヴォ・ナジュマロシュ事件ICJ判決.）。

　領域使用の管理責任と同様に，この義務は「相当の注意」義務である。相当の注意の内容は，予見される損害の規模や性質，原因国の能力など，個別の事案における関連事情による。つまり，具体的な場面で国家がとるべき防止措置の客観的な内容は，つねに自明ではない。したがって，現実の損害発生防止のためには，条約などであらかじめ，国家に求められる措置の具体的な内容やそれを明らかにするための手続を定めることが有効である。後述するように，今日の多数国間条約による規律はこの方向で進んでいる。

(2) 通報・協議義務

　一般国際法上，手続的な観点から越境環境損害防止にかかわる義務も存在する。第一に，国家は，自国管轄下の緊急事態や深刻な危険について，その了知後遅滞なく，重大な被害を受けるおそれのある国（潜在的被害国）に通報する義務を負う。提供された情報に基づき，潜在的被害国による迅速かつ適切な対応措置を可能にするためである。こうした通報義務は，1950年代に国際裁判所により，海洋交通の自由に加え，人道の根本的配慮および領域使用の管理責任というより一般的な基礎において，確認されている（コルフ海峡事件ICJ判決）。そして，越境環境損害防止に関する多くの条約はこの義務を定める（原子力事故早期通報条約など）。

　第二に，国際水路の非航行利用については，前述のように早くから，河岸国による他の河岸国の正当な利用を損なうおそれのある活動に関して，事前通報協議義務が確立している。その目的は，被通報国による危険対処に限らず，河岸両国間の協議を通じた利害調整である。通報と協議の内容，態様などには幅があるが，信義則に基づき実質的に行う必要がある（ラヌー湖事件仲裁判決）。今日では，国際水路の衡平利用の原則を具体化する義務として，多くの条約が定める（国連国際水路非航行的利用条約など）。また，国際裁判所は，通報と協議に先立つ危険評価も要請しており（ガブチコヴォ・ナジュマロシュ事件ICJ判決），越境損害防止義務とともにEIAの実施義務を定める条約も現れている。こうして，今日の事前通報協議義務は，越境環境損害の防止も射程に含めつつ

ある。

　他方で，近年，他国の環境を含めて重大な越境の影響を与えるおそれのある活動（越境危険活動）一般について，一般国際法上，管轄国は事前通報協議義務を負うと主張する論者もいる。事前通報協議義務は，1970年代から越境環境損害防止の条約で明記され始めた（海洋投棄規制ロンドン条約など）。80年代末以降は，EIAの実施を前提とし通報協議過程を具体的に明記する条約も増え，さらに，通報協議過程に多辺的な要素を含む条約も現れた（ECE越境EIA条約，南極条約環境保護議定書など）。これらの条約では，通報と協議は関係国間の利害調整とともに，管轄国の意思決定過程における越境の環境要因の考慮を事実上強化することを通じて，越境環境損害防止の手続的規制手段としての機能も期待されている。国際法委員会（ILC）「越境損害防止」条文案も同様の発想に立つ。また，90年代からは原告がその義務違反を国際裁判で争う事例も現れ（核実験事件再審請求），国際裁判所も暫定措置命令で，海洋汚染防止では，協議などを含む手続的協力義務は一般国際法上存在するとした（MOX工場事件，ジョホール海峡埋立て事件ITLOS暫定措置命令）。そして欧米地域では，国際水路の非航行利用を除く越境危険活動についても，主に既存の条約に基づき実施事例が蓄積されている。けれども，国家実行の偏在，実施事例の条約依存性，関連条約も含めた南北間の格差などを考慮すると，現段階で越境危険活動一般につき，一般国際法上の事前通報協議義務の存在を論証することは難しい。

2　国際環境法の基本的な原則
(1) 基本的な原則の役割

　国際環境法の特徴の一つは，通常の意味での法原則とは区別される基本的な原則が，法の定立と実施，また紛争解決の場面で一定の重要な機能を担いつつあることである。これらは，それと両立しない行為をただちに国際違法行為にするわけではなく，この意味で法原則とはいえない。けれども，多数国間条約の定立交渉，条約機関による条約解釈，実施措置の決定などで，一定の指針を提供する。国際裁判で国際法の解釈指針として機能することもある。さらに，条約規定で明記されれば締約国を拘束し，そうした実行が集積すれば法原則として確立する可能性もある。そのような基本的な原則は主につぎのものを含む。

(2) 予防原則

　予防原則は，損害発生の可能性につき合理的な根拠はあるが，その蓋然性を

科学的に証明できない，または，発生しうる損害の程度が科学的に明らかでない場合に，そうした不確実なリスクに対処し適切な措置をとることを意味する。予防的アプローチとよばれることもある。その意義は，対処の根拠となる損害発生のリスクについての証明基準を従来よりも下げ，より早期の対処を導く点にある。つまり，越境環境損害防止義務は科学的に立証されたリスクの存在を前提とするが，予防原則の下では，損害発生が合理的に予測されれば，科学的に不確実な要素があっても対処する。これは，多くの環境問題で不可避とされる科学的不確実性が，深刻な損害発生の防止を妨げないことをねらう。

ただし，具体的な運用ではさまざまな衡量（費用対効果，社会・経済的な配慮など）を前提とするため，そのようなリスクが感知されればつねに対処を要請し，または正当化するというものではない。この意味で，予防原則の意味や適用の結果は個別の文脈に依存し，客観的に自明ではない。したがって，現実の予防のためには，条約などによる具体化と客観化が不可欠である。

予防原則は，ドイツ環境法政策上の基本原則を淵源とし，国際社会では1980年代後半に北海の汚染防止の文脈で議論され始めた。90年代以降，環境保全一般につき，リオ宣言（原則15）をはじめ国際組織の決議が明記するようになり，これを基本原則とする多数国間条約も増えている（気候変動枠組条約，国連公海漁業協定，OSPAR条約など）。個別条約では，具体的な義務の根拠となり（ロンドン条約1996年改正議定書など），条約で明示がなくても締約国会議が「予防的な」措置を採択する例も増えている。

国際裁判所は，これを法原則と明言することに消極的だが（ガブチコヴォ・ナジュマロシュ事件ICJ判決），その基礎にある考え方を一定程度考慮したと思われる暫定措置命令もある（みなみまぐろ事件ITLOS暫定措置命令）。

(3) その他の基本的な原則

その他の基本的な原則として，「共通だが差異のある責任」がある。これは，同世代間の衡平の概念に基づき，主に2つの内容を含む。第一は，環境保全につきすべての国家に共通する責任であり，すべての国家に環境問題への国際的な取組みに参加することを要請する。第二は，環境悪化への寄与度，その危険を防止，削減または管理するための能力に関する国家間の格差を考慮する責任であり，国家間で内容に差異のある環境基準などの設定を導く。現実には，多くの場合に後者の側面が強調され，先進国と開発途上国との格差の是正を求めるさいの根拠とされる。その例は，モントリオール議定書と京都議定書におけ

る，締約国間の義務の差異化である。これは，すべての国家の主権平等に立脚する国際法の枠組みでは特異だが，現実的な方法として一定程度評価されている。

つぎに，「持続可能な開発・利用」の概念は，天然資源の開発と利用において，将来世代のニーズを充たす彼らの能力を害することなく現在の世代がみずからのニーズを充たすべきことを意味する。その基礎は世代間衡平の考え方であり，環境保全と経済発展とを統合する概念である。この概念は「環境と開発に関する世界委員会」の報告書（1987年）で提唱され，リオ宣言（原則4）で明記された。90年代以降採択された多くの多数国間条約（気候変動枠組条約，生物多様性条約など）が明示し，多くの国家で環境政策の基礎にもある。ただし，一般にこの原則の内容や適用基準はあいまいであり，要請される措置の判断は国家の裁量に委ねられている。とはいえ，海洋生物資源の管理については，関係国間の協議を含む協力義務や，許容漁獲量の決定基準（国連公海漁業協定の最大持続生産量など）の設定と適用などを通じて，具体的な内容の明確化が進んでいる。

III 環境条約の規律
―― 具体的な義務・行為基準の設定 ――

1 具体的規則・行為基準の定立方法

環境保全のために国家が負う具体的な義務は，主に条約で設定される。とりわけ多数国間条約は，個別の環境部門・問題領域につき締約国の行為基準を設け，前述した国際環境法の一般原則を具体的に実現する役割を担う。

多数国間環境条約による規則・基準の設定は，前述した国際的な環境問題の性質を反映して，一般に柔軟な方法による。第一に，条約の定立方法として注目されるのは，枠組条約方式である。まず，一般的な内容の原則や義務，組織構成，条約改正手続，追加議定書の採択方法などを定める枠組条約を作成し，つぎに，それに基づき締約国間で定期的に会合を開くなかで，具体的な規則に関する合意を醸成し，追加議定書として採択するという方法である。オゾン保護ウィーン条約とモントリオール議定書（オゾン層破壊物質の削減基準値の設定），気候変動枠組条約と京都議定書（温室効果ガスの国別排出削減目標値の設定），生物多様性条約とカルタヘナ議定書（遺伝子改変生物の越境移動にともなう

環境リスク規制措置の設定）など，1980年代後半以降作成された多くの多数国間環境条約に当てはまる。第二に，規則の具体的内容の設定方法として，附属書を用いる条約も多い。条約本文の規定で基本的な規則を定め，不可分の附属書で規制対象や具体的な規制方法などの技術的な事柄を明記する方式である。これは，本文とは切り離された附属書の改正により，規律の進展や科学的知見の変化などに応じた迅速な対応を可能にする。また，規制対象の多様性にも応えることができる。MARPOL条約，ロンドン条約などの海洋汚染防止条約，バーゼル条約などの有害な物質やその越境取引を規制する条約，CITESなどの野生動植物種の保全条約などで多い。第三に，国連海洋法条約第8部のように，具体的な規則は条約外の国際的な規則・基準に依拠するという方法もある。

さらに環境条約では，条約機関の決定・勧告として採択されるガイドラインなどの「ソフトな」ルールが，条約目的の実現のために重要な機能を担う。通常は締約国を法的に拘束しないため，合意が形成されやすく，科学的知見の変化や技術の進歩に即応できるからである。これらは，とられるべき具体的な措置，手続，行為基準などを，「ソフトな」形で設定する。

2　条約上の義務の内容——主な多数国間環境条約の義務

以上の方式により設定される具体的な義務は多様である。主な一つの分類として，実体的義務と手続的義務の区別がある。前者は，損害の原因行為や発生にいたるメカニズムの直接規制を命ずる。その例は，特定行為の禁止・許可，原因物質の使用・排出の削減の義務である。後者は，損害の原因やリスクの解明，環境危険活動に関する意思決定過程での一定手続の実施を求める。たとえば，通報・協議，EIAの実施，モニタリングの義務がある。損害発生を防止するためには，その直接要因の規制をめざす前者が重要だが，その設定が困難または不適切なところでは後者も有用である。一般に，環境条約は両者の相互補完的な機能を想定し，義務を定めている。

個別の環境部門・問題領域について，主な多数国間環境条約の定める主要な義務の内容，すなわち主な規律方法はつぎの通りである。第一に，大気系の保全では，酸性雨，オゾン層の破壊および地球温暖化のいずれも，原因物質の使用・排出の削減（ECE長距離越境大気汚染防止条約，モントリオール議定書，京都議定書）である。第二に，海洋環境の保全については，海洋汚染防止では，船舶起因汚染につき船体構造の規制，特定物質の使用禁止（MARPOL条約），海

洋投棄汚染につき投棄の原則禁止（ロンドン条約1996年改正議定書），内陸起因汚染につき通報・協議・モニタリング（OSPAR条約）が中心である。また海洋生物資源の保全では，個別魚種・海域につき特定漁法の使用禁止，漁期の設定，捕獲枠の設定（みなみまぐろ保存条約，流し網禁止条約，国際捕鯨取締条約）が多い。第三に，国際水路の保全では，EIAの実施，事前通報・協議，モニタリング（国連国際水路非航行的利用条約，ドナウ川保護条約）といった手続的義務が中心である。第四に，危険物質の規制では，有害廃棄物や有害化学物質の越境取引につき事前通報・同意（バーゼル条約，ロッテルダム条約），残留性有害物質の汚染につき一定物質の製造・使用禁止・排出削減（ストックホルム条約），原子力事故からの放射能汚染につき通報，援助提供（原子力事故早期通報条約，同援助条約）である。第五に，生物多様性・生物資源の保全では，絶滅危惧種の越境取引につき特定種の国際取引の禁止・許可（CITES），生息域の保全につき特別保護・規制区域の設定・指定（ラムサール条約），遺伝子組み換え生物につき事前のリスク評価，事前通報・同意（カルタヘナ議定書）である。最後に，南極地域の環境保全については，特定行為（鉱物資源開発など）の禁止，EIAの実施，事前通報・協議（南極条約環境保護議定書）が中心である。

Ⅳ　国際環境法の履行確保・紛争の解決

1　国家責任法の適用における限界

　国際環境法の履行確保については，一般国際法上，国家責任法の合法性回復の機能を一定程度期待できよう。判決に拘束力のある国際裁判の利用をともなえば，紛争解決の手段としても有用だろう。

　けれども，国家責任法の適用により国際環境法の履行確保を期待することには，つぎのような限界がある。まず国家責任法の適用については，第一に，これは義務違反への対応のため，適法行為からの損害発生を防止できない。第二に，義務違反の立証が技術的に難しいことも多い。越境環境損害防止義務では，受認限度を越える損害の発生，原因行為の特定，損害と原因行為との因果関係の立証が必要だが，これは実際には容易ではない。地球温暖化のような問題ではほぼ不可能である。第三に，義務違反の追及資格が問題となることもある。国家責任に関するILC条文（ILC国家責任条文）は，集団的利益または国際共同体全体の利益を保護するための義務違反につき，法益侵害を受けた被害国ま

たはそれ以外の国による追及の可能性を認めた。ゆえに，国家の管轄を越える地域における越境環境損害防止義務や，広範囲の地域における，または地球規模の環境問題に関する多数国間条約の義務の違反も追及されうる。しかし，現段階ではその実現手段は限定されよう。国際裁判所はこれまで「民衆訴訟」に消極的であり（南西アフリカ事件ICJ判決〔本案〕），対抗措置を実施できるのはILC国家責任条文でも被害国だけである。第四に，違反国の遵守能力の不足に対処できない。最後に，対抗的な性格ゆえに当事国間の関係悪化のおそれがあり，国家は消極的となりうる。さらに，国際裁判については独自の限界もある。前述した訴訟適格，裁判所の管轄権，受理可能性を含む訴訟手続上の問題である。また，科学技術，国家の遵守能力の不足など，法の外にある要因は，裁判所の判断で十分に考慮されるとも限らない。

　以上の限界を背景に，また多数国間環境条約の増加にともない，近年ではむしろ個別条約に基づく条約の遵守確保・遵守促進手続の有用性が注目を浴びている。紛争解決についても，個別条約がかかわる問題については，むしろ条約機関を通じた協議や審査で処理される傾向がある。

2　条約の遵守確保と遵守促進

(1)　条約機関による遵守の検証

　多くの多数国間環境条約は，条約機関を中心とする義務の遵守検証手続を導入している。この手続は，現状を討議し不遵守などの懸念がある場合には適切な措置を勧告するという，非強制的かつゆるやかな対応である。

　第一に，報告・審査手続がある。これは，条約の実施措置や実施状況に関する締約国からの定期報告を条約機関が審議し，不遵守などの懸念がある場合には適切な措置を勧告するものである。その過程には科学技術の専門家が関与することも多い。条約機関の審議では，具体的な締約国の不遵守の有無にはあまり言及せず，より適切な対処方法を議論し勧告し，各締約国の判断で履行状況が改善される。ほとんどの条約がこの手続を採用し，かなりの実績がある。けれども，主に対応能力の不足から報告をおこたる締約国が多いという問題がある。

　第二に，不遵守手続がある。ここでは，付託された個別の事案につき条約機関が不遵守の有無を審査し，不遵守と認定されたときには，不遵守国に対して是正措置の実施が要請される。多くの条約では，この手続は紛争解決手続とは

区別され，一般にその進行は紛争解決手続の適用を妨げないとされる。そして不遵守手続の具体的な構造は条約ごとに多様だが，多くの場合に，不遵守国の自己申告，他の締約国の申立て，または条約機関の判断に基づき，審査が始まる。審査機関は，締約国会議などが選出する締約国政府の代表や，個人資格の専門家からなる。通常，締約国会議での検討を経て不遵守が認定され，とるべき措置が決定される。不遵守国の遵守能力の欠如を補うため，支援志向の改善措置を想定するものが多いが，条約上の権利や特権の停止など，制裁的な措置を明記するものもある。1992年にモントリオール議定書の下ではじめて導入され，かなりの実績を上げてきた。最近では多くの多数国間条約につき採用され（バーゼル条約，京都議定書など），その有用性が期待されている。

(2) 遵守支援・誘因付与のメカニズム

締約国の遵守能力の不足を補うため，とくに開発途上国に対する財政・技術的な支援のしくみをそなえる条約が増えている。まず技術面では，援助協力や技術移転を先進国に義務づけるものが多い。たとえば，公正で有利な条件，また相互に合意のある場合には譲許的で特恵的な条件での技術移転の義務である（生物多様性条約など）。つぎに財政面でも，多くの条約が，すべての締約国の拠出金で基金を設けて途上国に供与するしくみをそなえる（気候変動枠組条約と京都議定書，生物多様性条約など）。また，世界銀行が管理する信託基金として「地球環境ファシリティ」（GEF）があり，多数国間環境条約の実施で活用されている。

さらに，費用対効果の観点から，市場原理に基づく柔軟なメカニズムを導入する条約もある。地球温暖化など，地球全体で原因物質の排出削減が必要な問題で効果的である。たとえば京都議定書は，国内対策を補うものとして，共同実施，クリーン開発メカニズムおよび排出枠取引を明記する。取引価格の不安定性などの問題も指摘されているが，経済発展の抑制を最小限に抑えつつ，地球規模で効果的な対処を可能にするものとして期待されている。

3 国際裁判の有用性

前述のように，現段階では国際裁判の有用性は限られている。とはいえ，一定の場合には有効に機能する余地もある。それは，二国間問題の性質をもつ事項（有害廃棄物の越境移動，二国間の国際水路の水利用，事前通報・協議，越境EIAの実施など），または多数国間問題であっても二国間問題としての側面もあ

る事項（地域海汚染，船舶起因汚染など）につき，前述の非強制的な手段が機能せず，当事国の重大な利益がかかわっており，かつ管轄権や受理可能性などの手続的条件が充たされる場合である。

　環境条約は，紛争解決条項で紛争解決手続の一つとして任意的な国際裁判手続を明記することが多い。また近年では，特別の裁判所の設置を予定したり（国連海洋法条約第15部），詳細な仲裁裁判手続（国連海洋法条約附属書7，越境EIA条約附属書7など）を定めたり，なかには紛争解決条項で国際裁判所への一方的付託またはその受諾宣言（国連海洋法条約第15部，OSPAR条約32条など）を規定する条約もある。

　これらの規定の適用により，締約国の義務違反が国際裁判で争われた事例も，1990年代後半から現れている（みなみまぐろ事件，核実験事件〔再審請求〕，MOX工場事件，ジョホール海峡埋立て事件，ウルグアイ河パルプ工場事件）。さらに，当事国間の特別合意に基づき国際司法裁判所（ICJ）に付託された事件もある（ガブチコヴォ・ナジュマロシュ事件）。とはいえ，これらの事例からは国際裁判の有用性は明らかではない。なぜなら，まず，以上の事例のうち本案が審理され判決が出されたのは2件（2003年MOX工場事件OSPAR仲裁判決，ガブチコヴォ・ナジュマロシュ事件）にとどまる。それ以外の事件では，裁判管轄権の先決的抗弁の認容により却下（2001年みなみまぐろ事件仲裁判決），再審の条件を充たさず却下（1995年核実験事件ICJ判決），紛争処理手続の競合問題でECの排他的権限を認めたEC裁判所の判決により事実上終了（MOX工場事件〔2006年EC裁判所判決〕），暫定措置命令を受けた当事国間の交渉を経て訴訟取下げ（ジョホール海峡埋立て事件〔2003年ITLOS暫定措置命令〕），現在係属中（ウルグアイ河パルプ工場事件）である。さらに，裁判所が本案審理の上で判決を下した2つの事件についてさえも，現段階では，国際裁判を通じて実際に紛争が解決されたとはいいがたい。MOX工場事件では，OSPAR仲裁裁判所は，被告の手続的義務違反はなかったと判示したが，原告は国連海洋法条約に基づき裁判管轄のある仲裁裁判所に提訴し，最終的には，前述のように国際裁判では紛争解決に至らなかった。また，ガブチコヴォ・ナジュマロシュ事件では，ICJは，原告と被告双方の義務違反を認定し，問題となった条約を柔軟に実施するための誠実な交渉を命令したが，その後の当事国間の交渉は不調のままである。

　また，前述したいくつかの事例では，問題とされる活動の停止（みなみまぐ

ろ事件）や，裁判所の裁量による当事国間の交渉（MOX工場事件，ジョホール海峡埋立て事件）が，暫定措置として命令された。いずれもITLOSの命令であり，前提となる科学的見解についての当事国間の不一致が，紛争の根源にあった。ITLOSはこれを重視し，事態が悪化する可能性を回避，または，不一致の是正をはかり事態の早期好転の可能性を追求するため，みずからの裁量で調停に類する対応をとったものといえよう。とはいえ，その理論的根拠には曖昧な点もある。

けれども，90年代以降の裁判手続に訴える動きは，ILC国家責任条文を受け，また条約規律の進展にともない，拡大する可能性もある。条約の下で国家の義務がより具体的に客観化されれば，裁判手続が機能する余地も十分にあるからである。したがって，今後の動向を見守る必要がある。

V　環境損害の救済

1　国家責任法に基づく救済

一般国際法上，国家責任法を適用し越境環境損害を救済することが考えられる。義務違反国による原状の回復，金銭賠償，違反の認定，違法行為の停止，再発防止の保証などによる救済である。ILC国家責任条文の下では，国家の管轄を越える地域を含む地球規模の環境損害も，一定程度救済の対象となりうる。

けれども国家責任法は，前述したいくつかの限界に加えて，実質的な救済の場面ではさらなる問題も抱えており，それは環境損害の救済の場面にもあてはまる。第一に，社会的に有用な適法活動から生じた損害の救済が難しい。一般に，社会的に有用な活動を直接規制する義務の設定は容易でないため，違法行為責任の前提となる義務違反が成立しにくいからである。第二に，とくに開発途上国が加害国の場合，原因行為に対する管理能力や金銭賠償の支払能力に欠けることもあり，そうなれば現実の救済は困難である。第三に，国家責任の追及は国家の権利なので，国家は発生した損害につき常に請求を行うとは限らず，また被害者個人のこうむった被害が救済されるとも限らない。最後に，救済対象となる損害，賠償範囲などが明確でない。とくに，通常は賠償の対象とされる，違法行為と相当因果関係がある付随的・派生的な間接損害をいかに確定するか，という問題もある。以上の限界を一定程度克服し，越境環境損害の適切な救済に寄与するため，つぎに述べるように，1970年代から個別条約による

対応が進んでいる。

2 個別条約に基づく損害の救済
(1) 厳格責任（無過失賠償責任）の導入

すでに1970年代までに，適法活動に起因する越境損害について厳格責任を制度化する条約が，いくつか採択された。そこでは，原因と損害発生との間に相当因果関係があれば，国家の過失や個々の加害行為の違法性とは無関係に，損害について原因の管轄国や事業者が賠償責任を負う。これは負担の配分方法の転換であり，高度に危険な活動ではそれから利益を得る側がそのコストを負担すべきという発想に基づく。こうした厳格責任を定める条約は，賠償責任の主体と賠償責任への国家の関与の点から3つに分類される。①民事責任型（事業者の責任），②混合責任型（事業者の負担能力を越える損賠賠償の負担分につき管轄国の責任），③国家の専属責任型（管轄国の責任）である。すでに述べたように，①は海洋汚染（油濁民事責任条約，1976年海底鉱物資源条約），航空機損害（1952年外国航空機第三者損害ローマ条約），②は原子力損害（原子力民事責任条約など），③は宇宙活動からの損害（宇宙条約，1972年宇宙損害責任条約）についてである。

さらに1990年代以降，あらたに2つの環境部門・問題領域についても，厳格責任の導入が合意された。有害廃棄物越境移動規制バーゼル条約の責任議定書（1999年）と，南極条約環境保護議定書の責任附属書（附属書6，2005年）である。また，生物多様性条約のカルタヘナ議定書の下でも，遺伝子改変生物の越境移動に起因する損害への責任につき，厳格責任の方向で規則の作成交渉が進んでいる。そして，モデル規則案にとどまるものの，2006年にILCが採択した「危険活動から生じる越境損害に関する損失配分」原則案も，厳格責任を明記した。

(2) 民事賠償責任制度の発展

国内手続による被害者個人への行為者（主に事業者）からの救済をうながす国際的なしくみも，1960年代より整備され始めた。これは主に，国内手続における非差別・平等の原則の導入と，民事賠償責任の制度化である。

前者は先進諸国間の動きであり，OECD越境汚染原則勧告（1974年），北欧環境保護条約（同年）等の採択による。この原則によれば，国家は，（潜在的な）越境汚染も自国領域内の（潜在的な）汚染と同様に評価し，また，越境汚

染の防止と救済に関する国内手続において，自国領域の内外で（潜在的）被害者を同等に処遇しなくてはならない。90年代にはECEオーフス条約が公衆の手続的権利を広範囲に定めたが，被害者個人の国内救済手続へのアクセスに関する国際的合意は，現段階でも欧米または先進諸国間に限られる。

つぎに，民事賠償責任については，前述した厳格責任を導入する責任条約のうち，宇宙関連損害を除くすべてのものが，事業者による無過失の責任を定めている。賠償をより確実で十分なものとするために，締約国は責任限度の設定，強制保険，補償基金による補塡の義務を負い，賠償請求の法廷地，判決の相互承認・執行など，手続的規定にも従う。さらに，油汚染損害基金条約（1971年）のように，汚染損害賠償のための国際基金の設置を定めるものもある。

損害の救済方法として民事賠償責任を重視する傾向は，90年代以降ますます顕著である。海洋汚染損害と原子力損害について，既存の条約の改正（海洋汚染では，1969年ブリュッセル条約と1971年基金条約をそれぞれ全面改正する1992年議定書，2003年基金条約改正議定書，原子力損害では1963年ウィーン条約全面改正議定書〔1997年〕）による賠償責任の強化（上限の引上げ，賠償範囲の拡大など）や，あらたな条約の採択（1996年有害物質海上輸送損害〔HNS〕条約，2001年バンカー油損害条約，1997年原子力損害補完基金条約）による制度の拡充や補完に表れている。また，前述したバーゼル条約責任議定書と南極条約環境保護議定書の責任附属書も，民事責任型の厳格責任を導入した。そして，ILCの危険活動から生じる越境損害に関する損失配分原則案も同様である。

さらにそこでは，補償の対象となる損害の力点が，従来の人身損害から環境をめぐる損害へと転換していることも注目される。具体的には，汚染により生じる損失または損害（観光業や漁業が事業の機会を失ったような経済的損失など）に加えて，防止措置費用と防止措置により生じた損失または損害や，合理的な回復措置費用と対応措置費用も含まれる点である。生物多様性やアメニティなどの「環境それ自体の損害」（純粋環境損害）は含まないものの，とくに防止措置費用や回復措置費用も対象とすることで，補償対象となる「環境損害」の定義を回避しつつ，間接的に「環境それ自体の損害」も射程範囲に入れているといえよう。

(3) 限 界

以上のように，一定の環境部門・問題領域については，多数国間条約に基づき，厳格責任を導入する民事賠償責任制度が発展してきた。けれども，現実の

適用では限界もある。たとえば，賠償の対象となる環境損害を判断するのは各国の国内裁判所であり，条約の解釈，証拠法の適用のあり方により適用の結果は大きく異なりうる。そして，外国領域での行為につき裁判管轄を否定する国もあり，また，準拠法の選択や外国の被告に対する判決の執行，不便宜法廷地，防御の利用の可能性などの手続上の問題もある。それを反映して，実際にも油汚染損害以外では十分に機能しておらず，発効の見通しが暗いものすらある（バーゼル条約の責任議定書）。さらに，「特別保存地域」としての南極地域に関する責任附属書を除いて，国家の管轄を越えた地域の環境損害は，既存の条約の射程範囲外にある。環境損害の救済におけるこの制度の有効性は，以上の限界をいかに克服できるかにかかっている。

確認質問

1 国際的な環境問題のいかなる性質が，国際環境法の発展をうながしてきたのか。

2 国際環境法において多数国間環境条約はなぜ重要なのか。

3 越境環境損害防止の義務は，領域使用の管理責任の原則に基づく国家の義務と何が違うのか。

4 事前通報・協議義務は国際環境法上いかに位置づけられるか。

5 国際環境法において予防原則が議論されるようになった理由は何か。

6 国際環境法上，予防原則，共通だが差異ある責任の原則，持続可能な開発・利用の原則は，いかに位置づけられるべきか。

7 越境環境損害の発生防止を実現するために，多数国間環境条約の制度設計では，一般にどのような工夫が見られるか。

8 国家責任法は，国際的な環境問題への対応においていかなる限界があるか。

9 条約の履行を確保するための方法には，どのようなものがあり，その長所および短所としてどのようなものが考えられるか。

10 従来の環境損害の救済における限界は，いかに克服されてきたか。

第 21 章 国際紛争処理

　分権的といわれる国際社会において，紛争の処理もまた基本的に分権的である。国際社会にはこれまで，強制管轄権をもつ裁判所も，強い強制執行の制度もなかった。そのような社会で紛争はいかに処理されているのか。多様な国際紛争に対して，国際法と国際社会は，これまでどのような工夫を行って対処してきたのか。またこれからどのように対処しようとしているのか。本章では，国際紛争処理のさまざまな手法・手続・制度について俯瞰し，それぞれの要素が，それぞれ紛争のいかなる意味での解決に向けて，どのような考え方を背景にして，どのような機能を果たそうとするのかについて考える。

I　国際紛争とその処理手段

1　対象としての国際紛争と国際紛争処理手段——その広がり

　国際紛争といえば，まず戦争を思い浮かべる人が多いのではないだろうか。しかし，正確にいえば，戦争とは何らかの紛争をめぐってその解決を武力によって試みようとしている現象である。紛争そのものはもっと多様である。例えば，貿易の不均衡をめぐる経済摩擦，国境を越えて汚染物質が流出しその結果農作物や人体が受けた被害の処置，島や資源の領有・分配をめぐる主張のぶつかり合い，ある国が政治体制や思想信条の違う国に対し自国のそれを宣伝するTV放送を衛星を通じて流す放送のスピル・オーバー，ある少数民族を社会的に不遇な状況においている国とその少数民族が多数派を構成する国との軋轢，等々，およそ国境を越えて影響を持つ人間活動のすべての分野で生じる摩擦や衝突，軋轢は，広い意味で国際紛争といってよい。もっとも，実際に裁判をはじめ各種の紛争処理の手続で，これを扱おうとする場合には，それぞれの手段の性質に応じた要件が必要であり，広義の紛争のすべてが，適切にいずれかの紛争処理手続になじむわけではなく，対処されうるものでもないことには留意が必要である。こうしてたとえば裁判には裁判で扱いうる独自の紛争の定義が存在する。

ところで，本章は国際法という枠内でこの国際紛争の処理を扱おうとするものである。したがって，国際法との接点という観点から国際紛争とその処理手段を若干整理して，本章の対象を明示しておく必要があろう。

　まず第一に，本章が扱う紛争は，国際法のテキストの一章を構成するという性格上，国家と国家の関係を主として規律する法という意味での国際法（国際公法）が関与するものに一応限定される。したがって，同じく国境を越える人間活動であっても，私人間（企業間もここに含まれる）の紛争は，私的な性格をもつものとして，ここでの対象とはしない。それは国際私法や国際取引法が守備範囲とする問題である。

　こうしてここでの主たる対象は，国家を主たる主体とする国家間の紛争である。これに対し，とくに冷戦後に顕著な現象として，いわば国家崩壊型の紛争が存在する。これは，内戦や破綻国家における平和の回復・秩序の再構築や価値の再配分といったものをめぐる紛争であり，平和研究，国際政治学，安全保障研究や平和構築論が主として守備範囲としているものである（第23章参照）。

　第二に，国際紛争の処理手段のなかには，法の解釈適用によって紛争を処理する国際裁判のように法的な性格の強いものと，交渉や協議その他，それ自体の過程がかならずしも法に拘束されあるいは法を使用してなされるわけではないという意味で法的性格の希薄なものとがある。国際法学では伝統的に，後者を排除することなく包括的に考察の対象としてきた。しかし，法についての体系的叙述のなかでなぜ法的性格の希薄なものも積極的に扱うのかについてはっきりとは説明されてこなかった。本章でも従来通り両者を包括的に対象とするが，それは以下の理由による。①交渉その他の紛争処理手段は，その運用過程はかならずしも法的ではないが，手段それ自身は各種の条約等で認められた国際法上の手続である場合が多いこと。②かならずしもつねにではないが，それぞれの運用過程で国際法に依拠した正当化等の議論・判断がなされ，一定の機能を果たす場合があること。そしてそのような議論・判断自体が場合によっては，裁判になったらどうなるかという判決予測の形で法的判断の影響の下になされる場合もまったくないわけではないこと。③また，より実際的な観点から，裁判だけに注目したのでは，国際法学の重要な課題である国際紛争の処理・解決の問題の全体像が描けない，という理由による。

2　国際紛争の平和的処理義務

2つの悲惨な世界大戦を経験して，ようやく，戦争ないし武力行使が法的には禁止されるに至るが（国連憲章2条4項等），それは究極の紛争処理手段としての戦争の否定でもあった（第22章参照）。ここに至り，国際紛争を平和的に処理する義務が完全に確立される（国連憲章2条3項）とともに，そのための諸手段の充実が一層重要性を帯びることになる。また，講和条約に象徴されるように，戦争は既存の状況を破壊・改変しあらたな内容の秩序をうち立てる機能をももっていたから，その禁止は，単に事後的な紛争処理手段だけでなく，国際社会における法形成や価値配分のためのさまざまな手法の充実をも要請することとなる。

3　紛争処理手段の選択

(1)　紛争処理手段選択の自由

国連憲章は33条1項で「いかなる紛争でもその継続が国際の平和および安全の維持を危うくする虞のあるものについては，その当事者は，第一に，交渉，審査，仲介，調停，仲裁裁判，司法的解決，地域的機関又は地域的取極の利用その他当事者が選ぶ平和的手段による解決を求めなければならない」とし，さらに37条1項で，「これらの手段によってこの紛争を解決することができなかったときは，これを安全保障理事会に付託しなければならない」と定める。また，社会主義諸国（当時）と発展途上国による国連の見直しの文脈で，国連創立25周年を機に国連総会で採択された友好関係原則宣言（1970年）も，国際紛争一般を当事者が「選ぶ」平和的手段により解決することを定め，さらに「国際紛争は……手段の自由な選択の原則に従って」解決すべきものと規定している。つまり，平和的な手段である限りにおいて，紛争処理にさいし，いかなる手段を選択するかは，紛争当事国の自由な選択に委ねられる，というのが現在の国際法の一般原則なのである。

(2)　紛争処理手段選択の自由の制約

紛争処理手段の選択は，以上述べてきたように一般的には国家の自由に任されている。しかしながら，国際関係が緊密化の度合いを増し，国際社会の組織化がすすんでくるにつれ，このような自由に一定の制約が課せられるようになってきた。

第一に，すでに触れたように，戦争ないし武力行使が禁止されたことの帰結

として，個別国家による武力の行使という選択肢は否定される。武力行使をともなう措置として，伝統的に復仇として一定の場合に行われてきた相手国領土の一部の占領や平時封鎖，船舶の抑留などももはや認められない。

　第二に，国連がみずからの判断で介入する場合がある。紛争の継続が国際の平和と安全の維持に脅威をあたえるおそれのある場合には，国連の安保理をはじめとする機関が，紛争当事国が選択すると否とにかかわらず，強制的に介入する場合があるのである（国連憲章第6章，本書第23章参照）。

　第三に，特定分野の多数国間条約の下で，一定の紛争処理手段の利用が義務づけられる場合がある。たとえば，国際貿易の分野の基本的枠組みであるWTO（世界貿易機関，GATTはその前身）では，WTO協定違反の措置等による利益の侵害に対しては，WTO協定に基づく紛争処理手続を利用しなければならないようになっている（WTO紛争解決了解23条）。

　また別の例として，ウィーン外交関係条約がある。同条約が問題となった米国大使館人質事件において，国際司法裁判所（ICJ）は，米国大使館がイランの抑圧体制を支える拠点となっていたとするイラン側の主張に対し，それでもイランは人質行為（正確にはその認容）のような手段ではなく同条約の定めるペルソナ・ノン・グラータの制度（同条約9条）の利用によって問題に対処すべきであった，と判示した。これは外交関係条約が，紛争の処理に関しては自前の手段を有し，他の手段を排除しているいわゆる「自己完結的制度 self-contained regime」であるとみるものである。

II 国際社会における紛争処理の特徴
　　　──国内の紛争処理との異同──

1 実力行使（自力救済）の位置づけ

　国内社会では，近代型国家制度が整備されて以降，紛争の当事者が物理的に実力を行使して紛争を処理しようとすることは原則として禁止されている。そのような自力救済を禁止する代わりに，国家が裁判制度を整備し，平和的かつ公的な紛争処理手段が用意されるというわけである。

　これに対して，国際社会にあっては，長いあいだ，戦争という形の実力行使が，徐々に制限されながらも，究極の紛争処理手段として法的に認められる状況が続いてきた。2度の世界大戦を経てようやく，そうした武力行使が法的に

は原則禁止とされるに至ったのである。

　こうして武力・実力行使の原則禁止という規範的レベルでの状況は，国際社会も国内社会にならんだといえるが，現実世界のレベルで，この禁止を支える条件については依然大きな違いがある。国内社会では国家によって暴力装置が独占され，その圧倒的な力によって，社会構成員の実力行使は押さえ込まれる。しかし，国際社会では，国連憲章が当初想定していたような公的な暴力装置（国連軍）が確立されず，各国が少なくとも自衛のための暴力装置（軍隊）をもつことを認められている。このため，自衛その他の名目のもとに各国が，時に武力の行使によって紛争の解決をはかろうとすることが事実上いまだに起こりえる（たとえば英国とアルゼンチンの間のフォークランド／マルビナス紛争など）。また，武力行使を伴わない自力救済（経済制裁など）については，対抗措置として一定程度認められる場合がある（第11章参照）。

　さらに，とくに冷戦後には，既存国家が破綻し，そのなかで形成される複数の対立集団が，それぞれ暴力装置を所有して武力衝突が繰り返されるケースも多くみられる。これらは，その発生原因や激化・長期化の要因，影響，対処のための能力と資源など多くの点で単に一国内の国内問題ではすまない国際性を帯びたものとなっている。またそれらは，「実力行使の禁止」と「裁判に代表される紛争の処理・解決手段の提供」の組み合わせという近代国内社会の紛争処理のありかたが想定する状況に当てはまらない紛争となっている。

2　裁判の位置づけ── ADR との関係

　実力行使（自力救済）禁止とならぶ，近代国内社会型紛争処理のもう一方の柱である（司法）裁判をめぐる状況はどうであろうか。国内社会では，常設の司法裁判制度が紛争処理の主要な最終手段として確立されており，そこには強制的管轄権と強制的な執行装置がそなわっている。また，裁判所が判断の基準とし，解釈適用すべき法的ルールも，立法府その他によってつねに整備が行われている。

　これに対し，国際社会では，常設の司法裁判制度は，20世紀になって確立された（国際連盟期の常設国際司法裁判所，とその後身である国連の国際司法裁判所がその代表）が，強制管轄は原則ではなく（強制管轄権の欠如），強制的執行の制度も欠陥の多いものである（強制的執行制度の不備）。また，適用すべき国際法のルールも，分権的な国際社会の構造から，整備がかならずしも網羅的に

すすんでおらず,また,かならずしも全世界の国がすべてにおいて同一のルールに服しているわけでもない(裁判基準の不十分性・不均等性)。

　もっとも,国内社会において紛争処理・解決システムにおいて司法裁判が中心的な地位を占めるとはいっても,裁判にはかなりの時間や費用がかかり,また,問題によっては専門性や発想の観点からの適応性などの点で問題がないわけではない。そこで,時間や費用の負担がより軽く,また,紛争分野によっては裁判所よりも問題に適した専門性や発想を提供するものとして,いわゆるADR(Alternative Dispute Resolution,代替的紛争解決)とよばれる各種の,司法裁判ではない紛争解決のための制度が発達してきている。後にくわしく述べるように,国際社会においても,周旋・仲介・審査・調停をはじめとして,司法裁判型でない紛争の処理や解決の制度・手段は種々活用されてきた。むしろそれらは,国際社会においては司法裁判よりも早くから使われてきており,ある意味で,国際社会は始めからADR状態にあったともいいうる。

　しかし,国内社会におけるADRの場合,あくまで司法裁判を中心に,まさにそれに「代替し」補完するものとしてADRがあるのに対し,国際社会における紛争処理制度の従来の状況がADR的要素をもっているとしても,それは,主権国家が,紛争の解決をめざすにあたって主権的自由を重視し,基本的に第三者による介入をあまり好まず,結果として,司法裁判のような第三者による介入度の高いものが敬遠され,より介入度の低い手段が多く選好されてきたことの反映である。国際社会において司法裁判所は原則として強制管轄権と強制執行装置を欠くという意味で,紛争処理の中心にあるとはいえず,他のさまざまな紛争処理手段と横並びの位置にあり,司法裁判というその特質に応じて独自の機能(法的に構成し直された紛争に,法的判断によって決着をもたらすという意味での司法機能)を果たしている点に特徴があるといえよう。

　これに対して近年では,環境問題をはじめとする各問題領域毎の多数国間条約を中心に,あらたに司法裁判型でない紛争処理ないし履行確保の種々の制度が工夫されるようになってきている。これらのいわば広義の新しいADRは,紛争や問題の性質や特質に応じた制度を提供しようとするものであって,上述の事情とは異なる,より積極的な意味をもつものとして注目される。

3　立法と司法の関係——法変更要求と紛争の司法的処理

　国内社会では,立法者と法の受範者は別個の次元に存在する。前者は公であ

り，後者は私である。現存の法的状態の変更に対する要求は，公共的な政治闘争という形式で，立法の場を通じて解決されることが求められる。他方，私人間の紛争は，そうして立法によって設けられた（決着をみた）大枠のなかでの，権利または法律関係の存否に関する主張の対立として，司法的に処理される。

これに対して国際社会では，その主要な主体である主権国家が，立法者であると同時に法の受範者でもある。国内社会にみられる公私の分化がそこにはない。また，国際社会における法典化作業がすすんできたとはいえ，一国内における立法ほどの網羅性と迅速性はない。そこで，法の変更の要求も個々の国家間の紛争という形態をとって司法的処理の場に現れることもある。

III 国際紛争の伝統的処理手法
―― 制度的概観 ――

1 外交交渉と第三者による支援――交渉・協議・周旋・審査・仲介・調停

紛争解決手段選択の自由を与えられた紛争当事国が選びうる紛争解決手段としてはどのようなものがあるだろうか。18世紀のヴァッテルが国際紛争の平和的処理手段としてあげていたのは，「友好的調整，妥協，仲介，仲裁裁判あるいは会議」であった。友好的調整，妥協，そして会議は，今日でいえばおおまかには外交交渉に分類されるであろうか。それはまた紛争処理が，今日以上に狭義の紛争処理（法適用）と立法（法定立）との混然一体化したものであったことをしめすともとれる。いずれにせよ18世紀のこのカタログは，その後の歴史の過程でさらに豊富なものへと変わってきている。国連憲章33条は「交渉，審査，仲介，調停，仲裁裁判，司法的解決，地域的取極の利用その他」をあげている。これらの内，地域的取極（地域的国際組織）以外の手段は，この順番で，第三者が紛争解決にむけて介入する度合いがだんだんに高くなっている。

「交渉（外交交渉）」（negotiation）は，「共通のあるいは相対立する利害を明示的に調整しようと試みる相互行為」とでも定義できるものであるが，平和的処理手段としてはもっとも基本的かつ一般に用いられるものである。それは，現行の国際法の枠内で行われるときは，紛争の処理ないし国際法の実現であり，あらたな条約の締結等に至るときは，国際法の立法手段ということにもなる。20世紀に入ってからは「交渉」のほかに「協議」（consultation）という用語が

使われることも多くなった。その中身は狭義の外交交渉と同じ場合もあるが，国家間の紛争を未然に防止したり，国際的な公共価値を実現する手段として，かならずしも紛争の存在を前提としていない場合もあり，そのような場合には事後的な紛争処理のための交渉とは異なり，むしろ事前の紛争予防のための交渉ということになる。

　交渉についで列挙されている諸手段は，さまざまな形と度合いで交渉を支援するものである。憲章は直接あげていないが，「周旋ないし斡旋」（good offices）は，交渉の内容には立ち入らずに，交渉成立のために環境を創り出し，交渉の妥結を間接的に促進する第三者の行動である。これに対し「仲介ないし居中調停」（mediation）は，交渉の内容に立ち入って，解決の基礎，解決案などを提示して交渉の妥結を直接促進する第三者の行動である。一般の用語法では，mediationは調停と訳されることが多いが，国際法の世界では，調停は，以下にあげる調停委員会によるもの（conciliation）を指す。ただし古い用語法ではmediationは「居中調停」ともいわれていた。

　「審査」（inquiry），「事実認定」（fact-finding），「調査」（investigation）とは，いずれも事実の調査と結論の提示活動である。このうち審査は，いわゆるドッガーバンク事件で成功裏に用いられ，その有用性が注目されることとなった。これは，日露戦争で日本に急行するロシアのバルチック艦隊が途中の北海で，中立国英国の漁船団を日本の水雷艇と誤認して砲撃し死傷者を出す被害を与えた事件で，国際審査委員会が，審査の結果，誤認による事故であったことを認定した。この事件では委員会は単なる審査を超えて，ロシアに責任があることを認定し，ロシア政府もこれを認めて賠償金を支払うことで解決されたものである。

　（国際）調停（conciliation）は，個人資格の専門家から構成される国際調停委員会が紛争を調査・審査し，それに基づいて紛争当事者に解決案を勧告するなどして紛争解決を促進する制度であるとされる。国際紛争平和的処理一般議定書（1928年）が詳細な規定を設けたほか，両大戦間には，裁判に適さない紛争の受け皿を期待されて多くの調停条約が締結された。しかし，ここでいう裁判に適さない紛争が，政治的・立法的な解決を要請するものであるところ，これに，政治的責任の有無によってではなく，個人的資格によって選ばれた中立的な調停委員会がよく応えうるのかという原理的な矛盾もあり，実際の利用はあまりみられなかった。

Ⅲ　国際紛争の伝統的処理手法　　347

以上はこれまで一般になされてきた説明であるが，それらはいずれも主として国際紛争平和的処理条約（1907年採択）と国際紛争平和的処理一般議定書（1928年採択）に規定された制度を，それまでの慣行をも踏まえて概念化したものとみられる。しかし，今日では，第三者が国際紛争に介入してその解決を促進する場合に，種々の条件や事情により，同じ用語をこれとは異なる意味で使用する場合も少なくない。その意味で，上の分類は歴史的意味をもつにすぎないともいえるが，しかし現実に用語を選択するさいに今日でも一定の手がかりをあたえていることは否めない。重要なことは，これら各種の紛争処理手段の特徴を理解し，それぞれがいかなる形で紛争の解決に資するかについて実例をふまえた検討をしておくことであろう。

2　第三者による決定——仲裁裁判・司法裁判

(1)　仲裁裁判と司法裁判

　上にみてきた第三者による支援や判定は，法的には当事者を拘束するものではない。これに対しその結論や決定が拘束力をもつ紛争処理手続が国際裁判であり，大別して仲裁裁判と司法裁判の2つがある。仲裁裁判は，紛争が発生する毎に当事者の合意によって裁判所が構成される場合をいう。仲裁裁判の場合，裁判所の構成（具体的裁判官の選任）にはじまり，裁判に付託する紛争の内容，裁判所の手続，裁判の準則などに至るまで，一般に紛争当事国間の付託合意（コンプロミーとよばれる）によって決定される。これに対し，司法裁判の場合は，これらがあらかじめ定められており，裁判所も常設されている場合をさす。実態としては，仲裁裁判でも裁判所がアドホックである以外は手続も判断のありようも司法裁判に近い場合があったり（ビーグル海峡事件の仲裁裁判の例），逆に，国際司法裁判所の小法廷（国際司法裁判所規則15〜17条）のように，司法裁判でありながら裁判官の構成に当事国の意向がある程度反映される（メイン湾海洋境界画定事件など）など，両者の接近がみられるケースもある。

(2)　仲裁裁判

　仲裁裁判の裁判官は，外国の元首など単独の個人が選任される例もあるが（たとえば，アルゼンチン＝チリ間のビーグル海峡事件〔1977年判決〕のさいのエリザベス女王。仏＝ニュージーランド間のレインボーウォーリア号事件では，国連事務総長。リビアによる国有化のさいの，米石油メジャーのテキサコ社等対リビア事件では仏の国際法学者デュピュイ教授など），通常は3人または5人の裁判官が当

事国の合意によって選任される。また，裁判の準則もかならずしも厳密に国際法のみを基礎とするわけではなく，「衡平と善」「正義および衡平」のようなより柔軟な基準が基礎とされる場合もある。

　仲裁裁判は古代や中世から利用されてきたが，近世に入って利用が途絶えていた。1794年のジェイ条約（英米友好通商航海条約）が，両国の国境問題，英米平和条約以前からの英国民の在米債権等の懸案の処理のために仲裁裁判を復活させた。ここでの成功により再び注目されることになった仲裁裁判は，19世紀後半に国際経済活動が盛んになるにともない増加した国際紛争に対処するため，とくに利用が増えた。そこで，紛争が生じるたび毎に合意により仲裁法廷を設置する不安定さと煩雑さが問題として認識されるようになり，仲裁裁判の義務化（条約によってあらかじめ紛争を仲裁で処理することを合意しておくこと）と裁判所の常設化がはかられ，1899年の国際紛争平和的処理条約が常設仲裁裁判所（PCA, Permanent Court of Arbitration）を設立した。

　常設仲裁裁判所（PCA）は，常設といっても，この名称の裁判所がいつでも利用できるように存在しているわけではない。常設なのは裁判所の書記局の役割を果たす事務局と，これを指揮監督する評議会だけであって，裁判官は，その選定のための候補者の名簿が常備されているだけである。PCA設立後第1次世界大戦までに処理された17件のほとんどではこの名簿から裁判官が選任されてPCAによる仲裁裁判が行われたが，その後，1921年に常設の国際司法裁判所が設立されたころから，利用がまれとなり，国家間の仲裁裁判が行われてもPCAが関与しないところで行われることが多くなった。つまり，仲裁裁判はPCA設立後もこれが独占的に行うものではないことに注意する必要がある。

　第2次世界大戦後，1980年代後半に至るまでPCAはほとんど利用されなかった。その間，選択的手続制の整備，モデル仲裁契約作成，事務局の改革等が行われ，その後，英国によるMOX工場建設に関連してこれをアイルランドが訴えたMOX工場事件OSPAR仲裁判決や，海洋境界画定事件（2006年バルバドス＝トリニダードトバゴ，2007年ガイアナ＝スリナム），ジョホール海峡埋立て事件（マレーシア対シンガポール）など，PCAが再び活用されるようになった。もっとも，これらのケースでは，PCAの裁判官総名簿記載の裁判官の利用は3分の1以下にとどまり，法廷もハーグ平和宮だけでなくロンドンやローマにある他の国際組織の施設が利用され，もっぱら整備された裁判所事務局として

Ⅲ　国際紛争の伝統的処理手法

のPCAが利用されていることになる。その意味で，PCAが整備する手続規則や事務局が，PCAの枠の内外で仲裁裁判を活性化させているといえる。

仲裁裁判は，裁判官や裁判基準の決定などに関し当事国の意思が広く認められている点で，司法裁判に比べ柔軟性が高く，今日でも依然その有用性が評価されており，条約中に紛争処理手段の一つとして規定される場合もある（たとえば，国連海洋法条約287条）。

仲裁には，国際法が規律対象とする国家間の仲裁のほか，私人（主として私企業）と外国国家間の紛争を対象とする仲裁もある。これには，さらに，通常の国際経済活動に関するものと，戦争や革命などで大量の外国人の権利が侵害された場合の大量の紛争を扱うものとがある。前者の代表例として，外国投資家（企業）とその投資の受入国との間の国際投資紛争の処理に関して，投資紛争解決国際センター（ICSID）の提供するものがある。これは世界銀行（国際復興開発銀行）の提唱により1965年に作成された「国家と他の国家の国民との間の投資紛争の解決に関する条約」に基づいて設立されたもので，国家同士でもなく国籍を異にする私人同士でもない，国家と他の国の国民（企業）との間の紛争を対象とする調停および仲裁を提供するものである。この点，PCAも1962年に国家と非国家主体との間の仲裁裁判のための規則を制定しており，実際にもユーロトンネルに関しての企業対英・仏政府事件などのケースがある。

後者の例としては，第1次世界大戦や第2次世界大戦後に講和条約で設置されたもののほか，最近では，イラン＝米国請求権裁判所（Iran ＝ US Claims Tribunal）がある。これは，イラン革命にともなって生じた米国大使館人質事件の最終的解決のため，1981年のアルジェ宣言により設置されたもので，両国とその国民の間の債務，契約，収用，国有化などに関する紛争を処理するためオランダのハーグにおかれ，過去に例のないほど多数の請求を解決した。

(3) 司法裁判（国際司法裁判所）——裁判の組織化・常設化

真の意味での常設の国際裁判所は，常設国際司法裁判所（PCIJ, Permanent Court of International Justice）としてはじめて登場する。この裁判所は第1次世界大戦後に，国際連盟理事会のイニシアティブによって設置され，オランダのハーグにおかれた。1921年から第2次世界大戦により活動が中断されるまでに，23の判決と27の勧告的意見を出した。現在の国際司法裁判所（ICJ, The International Court of Justice）は，このPCIJをほぼそのまま引き継ぎ，これまでの60年間に100を少し超える数のケースを扱ってきている。常設的な裁判

所にはこのほかにも，地域や扱う問題領域が限定された，ヨーロッパ共同体司法裁判所，ヨーロッパ人権裁判所，米州人権裁判所，国際海洋法裁判所（ITLOS），国際刑事裁判所（ICC）などがあるが，ここでは最も代表的な国際司法裁判所について説明しよう。

(a) 裁判所の任務

国際司法裁判所（ICJ）は，国連の「主要な司法機関」（国連憲章92条）として国連との組織的な結合がはかられ，国連の平和維持機能の主要な一翼を担うことが期待されている。その任務は，第一に国家間の紛争に司法的判断を下しその解決を目指すこと（司法的機能）であり，第二に国際組織が諮問する法律問題に対し意見を与えること（勧告的意見機能）である。さらに，これらの活動を通じてなされる国際法の規則の明確化や漸進的発達に対する貢献もみのがすことはできない。

ICJが扱いうる紛争について規程上は定義はないが，前身であるPCIJがマヴロマティス事件で述べた以下の定義が引用されるのが通例である。すなわち「紛争とは二当事者間の法または事実の論点に関する不一致，法的主張ないし利害の衝突，対立」であって，当事者の承認の有無に依存せず，裁判所が客観的に確定すべきものとされる。

(b) 裁判所の構成

裁判所の本体は，国連総会と安全保障理事会で選挙される15名の裁判官で構成される。9年の任期で，3年ごとに5名が改選される。選挙にさいしては，世界の主要文明・主要法系に配慮することが求められるが，実際には15名の枠が地理的に配分されている（現在は，アジア3，アフリカ3，ラテン・アメリカ2，東欧2，西欧その他5）。また，国籍裁判官・特別選任裁判官という制度があり，紛争当事国の国籍をもつ裁判官（国籍裁判官）は，当該事件につき出席することができ，自国籍の裁判官がいない紛争当事国は，特別にその事件限りの裁判官（いわば臨時の国籍裁判官）を選んで裁判官席に送り込むことを認められている（ICJ規程31条）が，紛争当事者との関連をもつ裁判官を排除する国内裁判の場合と対照的である。もっとも，国籍の面とは異なり，国内裁判と同じように裁判官個人に関する事情に基づく回避・除斥は規定されている（24条）。

(c) 管轄権——裁判管轄の合意原則

ICJにおける裁判（争訟事件）では，国家のみが当事者となり得る（ICJ規程

34条1項)。また，その裁判管轄権は，仲裁と同じく紛争当事者の合意を基礎とし，一般的な形では強制管轄権は有しない。国家が裁判所の管轄権を認めるやり方には，事件ごとのものと事前のものとがある。前者はさらに紛争の両当事国が合意して裁判所の事件を付託する場合（付託合意 compromi）と，例外的に，付託合意がまったくないのに一方の側の付託に応じて相手方が出廷したことをもって管轄権が認められるいわゆる応訴管轄（forum prorogatum）の制度による場合がある。後者には，まず，二国間条約や多数国間条約で，将来生ずることのある紛争を ICJ に付託することをあらかじめ約束している場合がある（裁判条約・裁判条項）。この場合には，条約の当事国は，当該条約規定を根拠に紛争を一方的に付託することができる。

以上は ICJ 規程36条1項の規定する場合であるが，選択条項（optional clause）とよばれる36条2項による方法もある。これは，前身である PCIJ を設立するさいに，裁判所に強制管轄権を与えるべきとする主張と裁判付託はあくまで当事国の合意によるべしとする主張との妥協の産物として生まれたとされる制度である。選択条項によれば，条約の解釈等そこに規定する4つの事項に関するすべての法律的紛争についての裁判所の管轄権を，同一の義務を受諾する他の国との関係において，当然かつ特別の合意なしに義務的であると，いつでも宣言できるとされている。したがって，この受諾宣言を行っている国同士の間には互いに裁判応訴義務が発生していることになる。

この方法は，漸進的に強制管轄権のおよぶ範囲を拡大するための工夫ともいえるが，実際には，選択条項受諾宣言を行っている国の数は，平均して3割にとどまっている。また，安保理の常任理事国のうち現在も受諾しているのは英国だけで，中国とロシアは一度も受諾したことがない。米国とフランスは当初は受諾していたが，敗訴などを契機に宣言を廃棄した。

選択条項の受諾宣言は，特定または若干の国との相互条件で，あるいは一定の期間を付して行うこともできる。実際にはこれら以外にも多様な留保が付されることがあり，なかにはいわゆる自動的留保など管轄権を実質的に否定するような留保もあり批判がある（たとえば，米国が1946年の受諾宣言に付した「米国が決定するところにより，本質上米国の国内管轄権に属する事項に関する紛争」は強制管轄の範囲から除く，とする）。日本は，2007年に，それまでの留保（1958年。他の解決手続で処理することに合意した場合）に加え，抜き打ち的提訴にそなえた留保を追加した。なお，留保には相互主義が適用され，提訴国の付

した留保を被告側が逆に援用して管轄権を否定することができる（ICJ 規程 36 条2項）。

(d) 裁判所の手続—訴訟手続と付随手続（先決的抗弁・仮保全措置）

訴えを提起するには「紛争の主題」と「当事者」，「正確な請求内容」と「請求の根拠」を明示することが求められる。本案審理は書面手続と口頭手続により行われる。

こうした訴訟（本案）手続のほかに，以下のような付随手続がある。付随手続は国内裁判にもみられるが，国際裁判の場合には裁判管轄が合意に基礎を置くことなどから，国内裁判にはない独自の重みと意味をもち，そもそもの入り口の部分で受理可能性が争われたり（先決的抗弁），仮保全措置も別種の使われ方がなされたりもする。

まず本案審理に先立って，一方的提訴の場合，しばしばそれらに付された留保などを根拠に，裁判所に管轄権がない，あるいは請求の受理可能性がない（原告に当事者適格がない，国内的救済が尽くされていないなど）とする先決的抗弁が相手方からなされることがある。この場合本案の手続は一時中断され，まず抗弁についての審理が行われる。裁判所に管轄権があるかどうかは裁判所自身の裁判によって決せられる（ICJ 規程 36 条6項）。抗弁認容の場合裁判は終了し，却下された場合には本案手続が再開される。管轄権が成立する場合には，当事国の一方が出席しない欠席裁判も可能である。

また，本案審理に先立って，当事国の権利を保全するために，最終判決が下されるまでの間，裁判所が暫定的措置（仮保全措置，41 条）を命令する場合がある。この例外的権限は，本案の管轄権の蓋然性が認められる場合に限って発動可能とされる。その法的拘束力については学説の対立があったが裁判所はラグラン事件判決（2001 年）でこれを肯定した。この制度は，基本的には，裁判進行中に訴訟の主題である権利に決定的な侵害がなされることを防止し，本案判決の無意味化を防ぐ（権利保全機能）ための制度であって，国内裁判でも一般的に認められている基本的制度である。

仮保全命令について，紛争の処理の観点から注目すべき最近の現象として，この当事者の権利保全という本来の手続的機能のほかに，裁判所が，紛争管理のためにこの権限を使用する場合がある。付託される事件が政治的性格が強いものであったり，武力衝突が関係するものが増加し，さらにそのさい，原告国がこの制度を政治的手段として利用することがあるのがその背景である。具体

的には，措置の命令によって直接紛争の悪化防止を求めたり，あるいは，措置の要請を却下する場合であっても，その理由中に交渉促進や一定の勧告のような言明が盛り込まれる場合がそれにあたる。それによって，紛争全体の解決にむけての当事者間交渉のプロセスへの裁判所の働きかけがなされているとみることができるのである（前者の例としてブルキナ・ファソ＝マリ国境紛争事件，後者の例として，1991年グレートベルト海峡通航事件，2000年逮捕令状事件，2002年コンゴ領軍事活動事件など）。

　他国同士の訴訟に対する第三国の訴訟参加は，仲裁裁判の場合には裁判自体がアドホックな個別的合意によって設定されるので，国際裁判ではなじみが薄かったが，裁判所が常設されると制度化されるようになった（第三国の訴訟参加）。これには許可方式（62条）と権利方式（63条）の二種がある。前者はある裁判によって影響を受ける「法律的性質の利害関係」を有する国が裁判所の許可を得て参加する制度である。利害関係は一般的な懸念では不十分で「明確な特定化」を求められ，認定は裁判所が行う。後者は，多数国間条約がかかわる国際裁判に特有のもので，条約の解釈が争点となる場合に，当該条約の締結国たる第三国がその裁判に参加する権利をもつものである。

　(e)　判決の拘束力と執行・履行確保

　ICJの判決は，当該紛争の当事国に対し拘束力を有し（ICJ規程56条），また終結とされ上訴は許されていない（60条）。判決のもつこの拘束性と終結性は，当事国が当該紛争を蒸し返して争うことを禁止することにより法秩序の安定をもたらすことを趣旨とする。判決の拘束力は当事国限り当該事件限りとされ，規定上は判決の「先例拘束の原則」は排除されている。しかし実際上は，裁判所は先例を尊重するのが通常である。

　判決に「拘束力がある」というのは規範的な意味においてであるから，現実には判決が従われないことはありうる。この場合，強制的に判決に従わせる履行確保の手段として，国内社会では強制執行の制度が用意されているのが通常である。ICJの判決の場合，国連憲章94条2項は，当事国による判決の不履行の場合に他方の当事国はこれを安保理に訴えることができるとし，それを受けて安保理は「必要と認めるときは，判決を執行するために勧告をし，またはとるべき措置を決定することができる」とする。しかし，対処策の実施は，国際連盟の時代の連盟理事会とは違って，国連の安保理にとって義務的ではない。判決の不履行が実際に起こったケースで，基本的に国連憲章94条2項の精神

に基づく訴えが実際になされた例としては，米国のニカラグァに対する武力不行使義務・内政不干渉義務違反が問われた「ニカラグァに対する軍事・準軍事行動事件（ニカラグァ事件）」がある。敗訴国である米国が安保理において拒否権を行使したため決定はなされなかった。その後これに代わって国連総会が非難決議を採択した。もっとも，安保理自体が司法的機関ではなく政治的判断によって行動する政治的機関であるところから，これをもって，国内における強制執行の制度と同視することはできない。

　このような強制執行制度の不備にもかかわらず，これまで ICJ の判決はごく少数の例外を除き履行されてきた。それは，一見逆説的ではあるが，ICJ が強制管轄権をもたないことに由来するところが大きい。すなわち，ICJ にもち込まれる事件は，紛争の両当事国が裁判で処理されることに合意したものに限られる。すなわち ICJ にもち込まれる事件は，そもそも両当事国が，敗訴の可能性も含め，ICJ で判断されることによって終結することを望んでいる事件に基本的に限られる。したがって，敗訴の場合でも自主的に判決に従うというわけである。ただし，管轄権受諾の合意が，事前の一般的・包括的合意を基礎にしていて，具体的当該事件については真性のものでないような場合には，そのような条件が実質的には欠けているため履行確保に困難が生じることになる（1979，1980 年米国大使館人質事件など）。

　(f)　勧告的意見

　ICJ は，すでに述べた国家間の紛争に関する裁判のほかに，国際組織（現在では，国連の総会・安保理などの機関，ならびにその他の国連専門機関と IAEA）による法律問題に関する諮問に対して，法的拘束力をもたない勧告的意見を与えることも任務とする（国連憲章 96 条，ICJ 規程 65 条）。このような制度は，英米の国内制度に例がみられ（英国の枢密院司法委員会や，米国の若干の州の裁判所が行政部の諮問する法律問題に意見を与える制度），国際的には ICJ の前身である PCIJ 設立のさいに主として英国の主導によって導入された（連盟規約 14 条）。当初，この制度の下で裁判所は単なる法律顧問（リーガル・アドヴァイザー）にとどまるのか，あるいは司法機関として自主独立に行動するのかといった基本的な制度趣旨がかならずしも明確ではないことを理由に，導入に批判的な見解もあった。しかし，連盟時代の実践を通じその意義と価値が評価されるようになり，ICJ でも継承された。

　勧告的意見が実際に要請される典型的な状況は，国際組織の活動において，

当該組織の設立文書の解釈，権限の限界確定や権限行使の適法性などについて見解の対立が生じた場合であり，この場合に司法的な判断を下すことによって国際組織の活動の合法性がコントロールされる。ICJ は，とくに安保理や総会の採択した決議については，国連の目的達成のために適当な措置は権限逸脱にあたらないとする推定がはたらくとしてこれを有効とみなす傾向にある（重要な勧告的意見として，たとえば PKO を正統化する判断をしめした，1962 年国連経費事件や，委任統治制度の目的を柔軟に解し南アのナミビア支配が違法であるとした，1971 年ナミビア事件など）。このほか，一般国際法の規律状況について意見が求められたり（たとえば，1996 年核兵器使用の合法性事件），国家の具体的な行動の国際法的評価が求められたり（2004 年パレスチナにおける壁建設の法的効果事件）といったケースもある。このように，紛争の処理・解決の観点からは，勧告的意見は直接具体的な紛争を解決するものというより，間接的にそれに資する意味をもつものといえよう。

3　国際組織の政治的機関による（平和的）紛争処理──仲介の組織化
(1)　国連安保理・総会

司法裁判を国際的に組織化した紛争処理機関が ICJ とするなら，主として仲介を国際的に組織化したものが国際組織の政治的機関による紛争処理であるといってよい。普遍的な機構として最も代表的な国連では，国連憲章第 6 章に基づき，安全保障理事会・総会そして，事務総長がそのような役割を果たしてきている。このほか，各地域の地域的国際機構も，その地域の特性に応じたさまざまな活動を，独自にあるいは国連と連携しながら行っている。

通常の紛争について，国家は，処理手段として武力の行使を禁止されるという意味で「平和的」処理義務は負っているが，紛争が平和に脅威を与えないものである限り，紛争を処理する義務を負うわけではなく，場合によってはそれを，放置・棚上げすることも許されている。これは，狭義の紛争とその処理が，二国間に限定された，国際社会全体からみれば，いわば比喩的には「私的な」性質をもつことの帰結でもある。

これに対し，国連は，「その継続が国際の平和及び安全の維持を危うくする虞のある」紛争である限り，狭義の国際紛争だけでなく，紛争一般，また，紛争に至っていない「事態」をも関心の対象とし，加盟国に紛争処理義務を課し（国連憲章第 6 章），また，国連憲章 33 条が定める諸手段によってこれを解決で

きなければ，紛争当事国はこれを安保理に付託しなければならないとする（義務的付託，37条1項）。また，安保理が自発的に，あるいは第三国である国連加盟国および紛争当事者である非加盟国，総会，事務総長が安保理に注意をうながすことによって，紛争・事態に対して，調査やとるべき措置の勧告などの処理が開始される。紛争当事国はもはや紛争を放置する自由を失うわけであるが，これは，そのような紛争・事態が，国連と加盟国全体の関心事項となり，いわば「公的な」性質をもつようになることに起因する。なお，強制的措置によって平和と安全の維持をめざす憲章第7章の場合（第23章参照）と異なり，紛争の平和的処理をめざす第6章の下で安保理が行いうるのは勧告のみで，当事国を拘束することはできない（36条）。

国際の平和と安全の維持に関する主要な責任は安保理にあるものの，総会もまた，紛争の平和的処理に関し討議し勧告する権限をもつ（11条，10条）。しかし憲章の規定上は，総会は，安保理が活動している間は当該紛争・事態に関し勧告を行うことができず，また，行動を必要とする勧告をする場合には討議の前または後に安保理に付託しなければならないことになっている（12条1項，11条2項）。しかし，実際には総会は，安保理の審議と並行して討議するのみならず，並行して種々の勧告を採択するようになり（アパルトヘイト問題など）安保理もこれを黙認し，これが慣行として定着してきている。また，拒否権などにより安保理が機能せず安保理が当該問題を議事日程からはずした場合，総会が「平和のための結集決議」に基づいて緊急特別総会を開き，対処のための決議を採択することもある（1979年の旧ソ連によるアフガニスタン侵攻時など）。

(2) 国連事務総長

事務総長は，安保理や総会あるいは関係当事者の委託を受け，あるいはみずからのイニシアティブで（国連憲章98条，99条），紛争の平和的処理のため，事実調査，周旋（good office），さらには解決条件の提示のような仲介活動，ときには，仲裁に近い活動（1986年仏＝ニュージーランド間のレインボーウォーリア号事件）など，多様な活動を行う。それは，事務総長自身によって，あるいはその任命する特別代表や個人代表を通じ，さらには紛争当事国以外の諸国によって形成される支援グループ（1980年代の中米和平プロセスにおけるコンタドーラ・グループなど，一般に国連事務総長の友人たち〔The Friends of UN Secretary-General〕と称される非公式グループ）の援助を得てなされることもある。

2006年には，紛争予防から平和構築に至る分野における，事務総長や安保理をはじめとする国連機関や加盟国自身の活動を支援するために，国連政治局が，仲介支援部（Mediation Support Unit, MSU）や専門のウェブサイト（UN Peacemaker）を設置し，この分野における過去の知見や訓練を提供する体制を整え，さらに2008年には，仲介支援の要請に即応できるように5名の専門家から構成される仲介支援待機チーム（Mediation Support Standby Team）を立ち上げている。

(3) 地域的機構

　多数にのぼるが，国連と有機的な関係を有する代表的なものとして，アラブ連盟（LAS），米州機構（OAS），ヨーロッパ地域では，欧州安全保障協力機構（OSCE，1991年に紛争予防・危機管理手続としてヴァレッタ・メカニズムを採択），アフリカ地域では，かつてのOAUが2001年により統合された機関として改変されたアフリカ連合（AU）や，西アフリカ諸国経済共同体（ECOWAS，90年代初頭のリベリア紛争への介入で知られる）などが紛争処理の観点からは注目される。アジア地域では，機構ではないが，アセアン地域フォーラム（ARF, ASEAN Regional Forum）という枠組みが，地域で唯一の政府間での安全保障問題の対話と協力の場として，信頼醸成や予防外交についての取組みを行っている。

IV　国際紛争の種別と紛争処理手段の役割

1　紛争処理制度のあらたな展開

　伝統的な紛争処理の手段は，ICJをはじめ，いずれも基本的に汎用性をもった一般的な性格のものであるといってよい。これに対し，とくに20世紀後半以降に各種の多数国間条約によって設けられた紛争処理手段は，それぞれが対象とする問題分野や紛争の性質に応じた特徴をもつことが多く，伝統的な紛争処理の発想とは異なる，履行確保の性質をもつものが増えている。たとえば，国際経済（とくに貿易）や，国際人権，そして国際環境など，単純に二国間関係に解消されない，一定の共通の価値を扱う分野はとくにそうである。これらは，紛争がいわば「公的な」性格を帯びている分野といってもよいであろう（第17章，第19章，第20章各章参照）。

　これらの履行確保を旨とする制度，あるいはそのような側面をもあわせもつ

制度を,どこまで紛争処理の文脈でとらえることが適切かは,それぞれの制度によって評価が異なるであろうが,いずれも問題(紛争)に対処しようとする制度であり,問題(紛争)の性質により適合的な制度設計・選択を考えるべきことをしめす点で紛争処理の観点からも見逃せない現象である。

2　紛争処理の諸手段の役割

(1)　裁判——法律的紛争と非法律的/政治的紛争

　対処すべき紛争の性質とそれに適合的な紛争処理手続の関係,という観点から従来なされてきた代表的な議論は,国際紛争を法律的紛争と非法律的(政治的)紛争に区分する議論であって,それは,司法的解決に適した紛争が何であるかをめぐるものであった。法律的紛争は法を適用する裁判による処理に適するが,非法律的紛争は裁判にはなじまず,現行の法そのものを変更しうる政治的手段による処理が望ましい,とされたのである。

　問題は,そこでいう法律的紛争とは何か,であるが,主な立場は①法律的紛争は,政治的に重要でない紛争であるとするもの,②当該紛争に関して具体的な国際法の規則が存在する紛争であるとするもの,③当事国が互いに権利を争う紛争であるとするもの,の3つである。国際社会においては一般に裁判所は強制管轄権をもたず,紛争の解決手段の選択は原則として各当事国にゆだねられている。また,実際,紛争解決の手段も多様であり,同時に,国際紛争も国内の場合に比べ個別性が強い。このような点を考えるなら,可能な限り③のタイプのように当事国の紛争の表示の仕方を基準にするのが,現実的と考えられよう。

　しかし,実際にこの分類が問題になるのは,一方が権利を争い(法律的紛争の主張),他方はむしろその権利の正当性や正統性を問題にし,むしろそれを変更しようとする(政治的紛争の主張)場合であろう。国内の裁判における政治的問題の議論や,統治行為理論のように,裁判所が裁判をすべきでないと抗弁する際の根拠として政治的紛争の概念がもち出される場合である。ICJについていえば,そのような抗弁はだいたいにおいて認められてこなかった。その背景には,およそ国際紛争は,おおかれ少なかれつねに法律的側面と政治的側面をあわせもった,混合的性格の紛争であり,その法的側面を明らかにすることによって紛争の解決に資するのが裁判所の役割である,とする認識がある。

(2) 第三者による紛争処理の支援——その目的と考え方

　第三者が，紛争当事者を紛争解決の「合意」に至らせるために行う支援としては，めざすべきいくつかのポイントが考えられる。まずは「情報の不確実性」をなくすことである。ここでいう情報とは「当事者は何を求めているのか，どこまでならば譲歩できるのか，目的の実現に対してどの程度の決意をもっているのか，どの程度の軍事力を動員する用意があるのか」などについての情報である。これらについて各当事者が相手に対する完全な情報をもっていれば，紛争を平穏に管理することが理論上は可能であるが，情報は交渉上の武器でもあるので，競合している当事者が自発的に正確な情報を開示することはきわめてまれである。そこで，仲介者はこの情報不確実性の解消および歪曲化された情報の是正に努めることによって紛争解決に向けて貢献できる。

　つぎに「分割ないし取引不可能性」の解消がある。紛争当事者の一方または双方が，対立の対象となっている価値を分割ないし取引不可能とみなすと対立がゼロサム化し，どのような分割案も当事者は受け入れようとしない。そこで「合意可能な範囲」の創造が必要となる。これには「リンケージ」または「パッケージ化」と「再概念化」が有用である。前者は，単独である要素を考えた場合には絶対譲れないと考えられていたところに，複数の要素を結びつけた解決案を提示することによって，ある要素で譲歩することによって他の要素では相手に譲歩してもらうというような操作を可能にするというものである。

　他方で，紛争当事者が固執している価値基準（争点に関し自己の利益を認識するさいの基準）では互いの利益は対立するが，別の基準で利益を再認識すると合意範囲を創造できる場合がある。この場合，合意範囲を形成可能にする代替的な価値基準を発見して提示できれば，当事者に利益認識の見直しを要請して和解を促進することができる。これが「再概念化」である。こうしたあらたな要素の導入・組み合わせの提示と，別位の価値基準の提示は，また，対立的な状況を超越する解決案を提示する手法（J.Galtungのいう Transcend）ともいえる。

　さらに，「約束不履行」問題の対処がある。これは，停戦合意や和平合意のような得られた合意を信頼可能なものにする方策であって，ここで第三者が合意履行を支援する形として，伝統的な平和維持活動（PKO）に一定の役割を期待できる（停戦協定締結後に派遣されるPKO）。その意味で，この場合のPKOは仲介の一種と位置づけることができる。

確認質問

1 国際社会では紛争はどのように処理されるか。国内社会での紛争処理とどのような違いがあるか。国際紛争処理と国内紛争処理の異同を整理しなさい。

2 戦争の違法化は国際紛争処理のあり方にどのような影響を与えたか。

3 国際紛争処理手段の選択の自由にはどのような制約があるか。

4 仲裁裁判は司法裁判に比べどのような点に特徴があるか。

5 ICJの管轄権を設定するにはどのような方法と問題があるか。

6 ICJの判決と勧告的意見はどのようなちがいがあるか。

7 国際裁判は紛争の解決にどのようにつながるか。

8 WTOにおける紛争処理の在り方をICJのそれと比較し、その特徴を整理しなさい。

9 国際環境問題、なかんずく温暖化のような地球環境問題の解決にとって、裁判という処理手段はどこまで適切であるか。

10 国際紛争を、政治的紛争と法律的紛争に分類する基準は何であり、またそのように分類することにはどのような意味があるか。

第 22 章　武力行使の規制

　伝統的国際法の下で国家に認められていた「戦争の自由」は，国際連盟規約，不戦条約を経て，国際連合憲章に至る過程で徐々に制限されるようになってきた。それでも，9．11同時多発テロにつづく米国とその同盟国によるアフガニスタン攻撃や北大西洋条約機構（NATO）諸国によるユーゴ空爆など，個別国家またはその集団による武力の行使は跡を絶たない。現代国際法の下で，国家による武力の行使はどのような場合に禁止され，どのような場合に認められるのだろうか。

I　武力不行使原則の発展

1　伝統的国際法における戦争
(1) 正戦論

　戦争をいかに規制するかは，つねに国際法の中心的課題の一つであった。戦争を正しい戦争と不正な戦争とに区別して，正しい戦争のみが許されるとする考えは遠くギリシャにさかのぼるといわれ，古代ローマのキケロは，この考えを受け継いで「正戦（bellum justum）」の概念を打ち出した。正戦論は，その後アウグスティヌスなどを経て，トマス・アクィナスなど中世のキリスト教神学者によって理論的に深められたのち，近代初頭の国際法学者に受け継がれた。たとえばグロティウスは，その主著『戦争と平和の法』（1625 年）のなかで，戦争を訴訟になぞらえて戦争の正当因（防衛，回復，刑罰）を詳細にしめし，正戦論を法的に精緻化した。

(2) いわゆる「無差別戦争観」

　しかし，中世の権威体系（ローマ教皇を頂点とするキリスト教秩序）から解放された独立・平等の主権国家より成る近代国際社会にあって，正戦論は，その実際の適用にさいし困難な問題に直面する。戦争の当事国がそれぞれに正当性を主張して譲らない場合，いずれの側に正当因があるかを判断する上位の権威者が存在しなくなったためである。

こうした現実から，18世紀後半になると正戦論は背後に退き，交戦当事国の立場を平等とみる，いわゆる「無差別戦争観」（日本では一般的に用いられる用語だが，欧米ではまれ）がしだいに有力になる。さらに19世紀になると，戦争に訴えること自体は国際法の規律の対象外（extralegal）であるとか，戦争に訴える国家の自由を認める考え方が一般的になった。いわゆる「無差別戦争観」の中身は，このようにかならずしも一律ではないが，いずれにせよこの時代には，戦争に訴えること自体の規制（jus ad bellum）は開戦宣言など手続的なもの（1907年の「開戦ニ関スル条約」）に限られ，戦争における戦闘の手段・方法の規制など，戦時国際法（jus in bello）がその主たる関心事となった（第24章Ⅰ1参照）。

2　戦争・武力行使の違法化
(1)　国際連盟規約

　「戦争の自由」は，20世紀初頭に至るまで国際関係の現実を支配したが，人類に未曾有の惨禍をもたらした第1次大戦の勃発がこの状況を大きく変化させ，戦後設立された国際連盟（連盟）では，戦争違法化へ向けての本格的な一歩が踏み出された。すなわち，連盟規約は，国交断絶に至るおそれがあるような重大な国際紛争が発生したさいには，国際裁判（仲裁裁判または司法的解決）や連盟理事会による審査を通じて紛争を平和的に解決することを加盟国に義務づけ（12～15条），これに違反して戦争に訴えることを禁止した。具体的には，①国際裁判や連盟理事会の審査に付託せずにただちに戦争に訴えること（12条1項前段），②こうした紛争解決手続に付託した場合でも，裁判判決や理事会の報告後3ヵ月以内に戦争に訴えること（12条1項後段，「戦争モラトリアム」），③その後であっても，裁判判決や連盟理事会の報告に従う国に対して戦争に訴えること（13条4項，15条6項）を禁止した。他方で，国際社会の手による紛争の平和的解決が効を奏しなかった場合には，個別国家が「正義公道ヲ維持スル為」戦争に訴える権利をなお認めていた（15条7項）。

　このように，連盟規約の下では，戦争の禁止は，紛争の平和的解決手続と連動した部分的なものにすぎず，戦争に訴えることが一般的に禁止されたわけではなかった。このことについては，一方で，戦争の制限が不徹底であったとの批判があり，実際に戦間期には連盟規約の抜け穴を埋めるための努力が試みられ，それは最終的に1928年の不戦条約に結実した。他方で，社会の手による

紛争の平和的解決制度が不十分なままで戦争を一般的に禁止することは，国家から正当な権利の実現手段を奪うことになりかねないとして，連盟規約の体制は，この点からすれば理論的に優れたものであったとの評価も存在する。

(2) 不戦条約

1928年に締結された不戦条約（正式名称は「戦争放棄ニ関スル条約」。ケロッグ・ブリアン条約ともよばれる）は，その前文で，今後戦争に訴えて国家利益を増進しようとする国は同条約の供与する利益を拒否されるべきことを謳い，「国際紛争解決ノ為」に戦争に訴えること，「国家ノ政策ノ手段トシテ」戦争に訴えることを禁止し（1条），一般的な形で戦争を違法化した。不戦条約は，当初，フランス外相ブリアンにより米国との二国間条約として提案されたが，米国務長官ケロッグは，むしろ多数国間条約として戦争放棄を約束することを諸国に提案した。その結果，不戦条約は，連盟に不参加の米国を含む当時の国際社会のほとんどの国が加わり（不参加のラテンアメリカ諸国間では，類似の内容をもつ「ラテンアメリカ不戦条約」が締結された），普遍性の高い条約となった。

しかし，この不戦条約も，第一に，国際紛争解決のための戦争や国家の政策の手段としての戦争を一般的に禁止しながら，それに代わる紛争の平和的解決手続を何ら新たに用意しなかった。第二に，戦争を一般的に禁止したといっても，その前文からも読み取れるように，不戦条約に違反して戦争に訴えた国に対する自衛のための戦争は禁止されていないと考えられ，戦争に訴えた国が自衛権を援用した場合，その正否を判断する機関を設けることもなかった。第三に，禁止の対象に「戦争（war）」という用語（国際法上は，すくなくとも一方当事国による開戦宣言等による戦意の表明を必要とする）を用いたため，正規の「戦争」に至らない武力の行使（「事実上の戦争」）について，不戦条約に違反しないとの主張の余地を残してしまうなど（「満州事変」がその例），数々の欠陥を有していたことが指摘されている。

(3) 国際連合憲章

第2次大戦は，前の大戦をも凌ぐ犠牲を人類にもたらしたが，その後に成立した国際連合（国連）憲章では，不戦条約の欠陥を埋めるべくさまざまな工夫が試みられた。すなわち国連憲章は，第一に，国家意思に依拠した主観的概念である「戦争」という用語を避け，「武力の行使（use of force）」や「武力による威嚇（threat of force）」といった事実主義的概念を用いることで，「戦争」とはいえないような事実上の武力行使までも含めて，武力の行使やその威嚇を広

く一般的に禁止する立場を採用した。第二に，国家が国際紛争を解決する手段として武力に訴える機会を極少化するために，国連自身による詳細な紛争の平和的解決の手続を用意した（国連憲章6章）。第三に，武力不行使原則の例外として，個別的・集団的自衛権は明示的に認めたものの，そのさいとられた措置の安全保障理事会（安保理）への報告を義務づけ（51条），その正否を安保理が集権的に判断する体制を導入した（39条）。

こうして，戦争・武力行使の禁止という人類の長年の努力は，連盟規約，不戦条約を経て一定の前進を遂げ，国連憲章の成立によって一応の完成をみた。国連憲章2条4項に盛り込まれた「武力不行使原則」は，今日，国連憲章上の制度（集団安全保障。第23章Ⅰ参照）から独立した慣習国際法上の原則とみなされ（1986年ニカラグァ事件ICJ本案判決），さらには，強行規範（第3章Ⅲ参照）とさえ主張されるようになっている。もっとも，原則として承認されたとはいえ，「武力不行使原則」を構成する具体的な規則の内容をめぐっては，以下にみるような解釈上の争いが存在してきた。

Ⅱ 武力不行使原則の射程

1 武力不行使原則

国連憲章2条4項は，「すべての加盟国は，その国際関係において，武力による威嚇又は武力の行使を，いかなる国の領土保全又は政治的独立に対するものも，また，国際連合の目的と両立しない他のいかなる方法によるものも慎まなければならない」と規定する。このような形で定式化された「武力不行使原則」の射程をめぐっては，そこで禁止の対象となっている「武力（force）」とは，いかなる種類の「力（force）」を意味するか，いかなる態様の「武力の行使」が禁止されるか，「武力の行使」とともに禁止されることになった「武力による威嚇」とは何を意味するか，「その国際関係において」という限定との関係で，武力不行使原則は内戦にも適用されるのか，といった問題がある。

2 「武力の行使」の概念
(1) 「武力（force）」の意味

国連憲章2条4項で禁止された「武力（force）」の意味をめぐっては，それが「軍事力（armed force）」に限られるのか（先進国の主張），それとも経済

的・政治的圧力といった軍事力以外の「力（force）」も含まれるのか（途上国，旧東側諸国の主張）について争いがある。しかし，①国連憲章前文7項や44条で，それが「軍事力」の意味で用いられていること，②国連憲章を採択したサンフランシスコ会議で，「武力」禁止の範囲を経済的圧力にまで拡大しようとしたブラジル提案が否決されたこと，③国連憲章の基本原則の解釈を再確認した1970年の「友好関係原則宣言」でも，経済的・政治的圧力の問題は，「武力不行使原則」ではなく，「不干渉原則」のなかで扱われた（1項・2項）ことなどから，前者の解釈が妥当である。

(2)「武力の行使」の態様

「武力の行使」の態様については，単に正規軍による他国領域への侵入・砲爆撃といった直接的なものに限られるのか，不正規軍や武装集団の組織・奨励等を通じての間接的なもの（いわゆる「間接侵略」）までも含むのかが問題となる。①「友好関係原則宣言」が，「武力不行使原則」のなかで，「他国の領域に侵入するために，傭兵を含む不正規軍または武装集団を組織しまたは奨励すること」や「他国において内戦行為またはテロリズム行為を組織し，教唆し，援助しもしくはそれらに参加すること，またはこのような行為を行うことを目的とした自国の領域内における組織的活動を黙認すること」（8項・9項）を禁止していること，②1974年の「侵略の定義に関する決議」も，「もっとも深刻かつ危険な形態の違法な武力行使」である「侵略行為」の一つとして，「(直接的な侵略) 行為に相当する重大性を有する武力行為を他国に対して実行する武装部隊，集団，不正規兵または傭兵の国による派遣もしくは国のための派遣またはこのような行為に対する国の実質的関与」（3条(g)）を挙げていること，③国際司法裁判所（ICJ）も，ニカラグァ事件本案判決のなかで，叛徒に対する武器，兵站その他の支援は，自衛権発動の要件である「武力攻撃」には当たらないまでも，「武力の行使または威嚇」に当たるとしたことなどから，間接的なものまで含むとする後者の解釈が妥当である。

(3)「武力の行使」と法執行措置にともなう「実力の行使」

国際関係における「武力の行使（use of force）」と区別すべき概念として，海上法執行措置にともなう「実力の行使（use of force）」がある。国連海洋法条約は，「締約国は，この条約に基づく権利を行使し及び義務を履行するに当たり，武力による威嚇又は武力の行使（the threat or use of force）を，いかなる国の領土保全又は政治的独立に対するものも，また，国際連合憲章に規定する

国際法の諸原則と両立しない他のいかなる方法によるものも慎まなければならない」(301条) として，海洋の平和的利用の原則を定めている。この規定は，国連憲章2条4項の定式をほぼそのまま踏襲したもので，そこでいう「武力の行使」は，国連憲章2条4項にいう「武力の行使」と同一の概念であると考えられる。

他方で，国連海洋法条約には，公海上での臨検 (110条) や追跡権の行使 (111条) にともなう「実力の行使」に関する明示の規定は存在しないが，国連海洋法条約の関連規定を実施する多数国間条約である1995年の国連公海漁業協定は，「検査官の安全の確保に必要とされる場合およびその限度を除き，また，検査官がその義務の遂行を妨害される場合を除き，実力の行使 (use of force) を避けること。実力の行使は，その状況において合理的に必要とされる限度を超えてはならない」(22条1項(f)) と規定し，地域的な漁業管理のための取極が対象とする公海水域で，対象資源の保存管理措置の遵守を確保するために行われる乗船，検査手続にともなう「実力の行使」とその基準についての規定をおいている。

後者に規定されたような海上法執行措置にともなう「実力の行使」が，国連憲章2条4項で禁止されている「武力の行使」とは区別される概念であることについては，1999年サイガ号事件 (第2判決) 国際海洋法裁判所判決，1998年スペイン＝カナダ漁業管轄権事件 (管轄権) ICJ判決，2007年のガイアナ＝スリナム海洋境界画定事件などの国際判例を通じてしだいに明らかにされつつある。もっとも，陸や空での法執行措置に関しても同様の区別が可能かについては，なお国家実行や判例の蓄積を待たなければならない。

3 「武力による威嚇」の意味

「武力による威嚇」には，たとえば，軍事力による示威，国境紛争にさいしての関係地域への軍隊の集結，他国沿岸海域への軍艦の派遣といった行為が含まれると考えられるが，それが「武力の行使」とどのような関係にあるかについては，かならずしも明らかではなかった。この点についてICJは，1996年核兵器使用の合法性事件の勧告的意見のなかで，「国連憲章2条4項の武力による『威嚇』と『行使』の概念は，ある特定の場合に武力を行使すること自体が違法ならば，いかなる理由であれ，かかる武力を行使することの威嚇も同様に違法であるという意味で，連動している」との判断をしめした。いまだ「威

嚇」に止まっている段階であっても,「威嚇」のために用いられた「武力」が,実際に「行使」されたと仮定した場合に違法であれば,「威嚇」自体も違法となるという趣旨である。もっとも,「威嚇」の程度や態様については具体的な基準はしめされておらず,実効的な指針となりうるかについては,なお疑問も残る。

4 内戦への適用の有無
(1) 内戦当事者への適用

国連憲章2条4項は,「国際関係における」武力の行使を禁止するもので,純粋な内戦,すなわち一国内で政府側と叛徒側との間で行われる物理的暴力を用いた戦い(かつては内戦とみなされていた人民の自決権に基づく「民族解放戦争」は,今日では「国際的武力紛争」とみなされるようになった。第24章Ⅰ1参照)は,一般にはその規制外にあるといえる。もっとも,こうした外国の介入をともなわない純粋な内戦に対しても,集団安全保障(第23章Ⅰ参照)の観点から国連が介入する余地はあり(国連憲章2条7項但書),また,武力紛争法(第24章参照)が適用される場合(1949年のジュネーヴ条約共通3条,1977年の第2追加議定書)があることには注意を要する。

(2) 内戦への第三国の介入

内戦に第三国が介入する場合には事情が異なる。まず,叛徒側に立った介入については,伝統的には内政干渉として違法とみなされ,また今日でも先にみたように,直接軍隊を派遣しない場合であっても「間接侵略」に当たれば「武力不行使原則」の違反とされるが,例外的に許される場合(後にみる「人道的干渉」の場合)もあるとの主張もみられる。

より議論が分かれるのは,「正統政府の要請」による政府側に立った外国軍隊の介入(たとえば,1979年のソ連によるアフガニスタン侵攻事件)の評価である。伝統的には合法と考えられてきたが,①相対立する複数の第三国がそれぞれ既存政府と反乱政府を「正統政府」とみなして介入することになり内戦が国際化する,②「人民の自決権」に反する場合がある等を理由に,いずれの側に立った介入も認められないとの有力な反論も存在する。他方で,正当政府の同意を得て行われる反政府勢力に対する外国軍隊による掃討作戦は,政府の警察活動を補完するもので,そもそも2条4項の「武力の行使」には当たらないとの主張(2001年12月のアフガン暫定政権成立後の米軍等の軍事活動についての日

本政府の解釈）もあり，明確な一致はみられない。

III 武力不行使原則の例外

1 武力不行使原則の例外

国連憲章2条4項による禁止の例外として，憲章自身が明示的に認めているのは，①国連による軍事的措置（42条），②個別的・集団的自衛権（51条），③旧敵国に対する措置（53条1項，107条）の3つであるが，④その他の例外が主張されることもある。これらの例外によって許容される武力の行使の範囲が広がれば，その分，武力不行使原則による禁止の範囲は縮減するため，そうした例外の範囲の確定は重要な意味をもつ。これらの例外のうち，③は，すべての旧敵国が国連加盟国になった現在，すでに死文化したものと考えられ，①については次章（第23章I）で扱うため，ここでは，②と④について検討する。

2 自衛権
(1) 伝統的国際法における自衛権

伝統的国際法の下では，自衛権は，国家の基本権としての自己保存権のなかの一つとして理解され（第8章I参照），合法的侵害に対する反撃である「緊急避難」ととくに区別されることなく，急迫性，必要性，均衡性の要件を満たせば緩やかに認められた。自衛権の古典的先例とされる1837年のカロライン号事件（米国政府の取締りにもかかわらず，英国からの独立を求めるカナダ叛徒の援助に従事していた米国船カロライン号を，英国が米国領内に侵入して急襲した事件）では，「差し迫って圧倒的な自衛の必要があり，手段の選択の余地なく，熟考の時間もなかったこと」，「非合理的または行き過ぎたことは行っていないこと」が自衛権行使の要件とされた。

また，戦争に訴える国家の自由が制限されていなかったこの時代にあっては，自衛権は，戦争に訴えることの法的正当化根拠を提供するというよりも，平時における領域侵害や旗国管轄権侵害を正当化する違法性阻却事由としての意味を有していたにすぎなかった。自衛権が，戦争や武力の行使を正当化するための法的根拠として重要な意味をもつようになるのは，連盟規約や不戦条約を通じて戦争の違法化が進展する戦間期においてであり，武力の行使を一般的に禁止するに至った国連憲章の下では，個別国家またはその集団が合法的に武力の

行使に訴えるための唯一の明示的例外として，その要件の明確化がいっそう求められるようになった。

(2) 国連憲章上の自衛権

国連憲章51条は，「この憲章のいかなる規定も，国際連合加盟国に対して武力攻撃が発生した場合には，安全保障理事会が国際の平和及び安全の維持に必要な措置をとるまでの間，個別的又は集団的自衛の固有の権利を害するものではない。この自衛権の行使に当って加盟国がとった措置は，ただちに安全保障理事会に報告しなければならない。また，この措置は，安全保障理事会が国際の平和及び安全の維持又は回復のために必要と認める行動をいつでもとるこの憲章に基づく権能及び責任に対しては，いかなる影響も及ぼすものではない。」と規定している。

国連憲章上の自衛権の法的性質に関しては，一方で，相手国の違法な侵害行為（武力攻撃）に対する武力による措置として違法性阻却事由を構成し（国連国際法委員会〔ILC〕の国家責任条文21条），合法的侵害行為に対する措置を含む「緊急避難」（同25条）とは区別すべきものとの理解がある。他方で，国連憲章が「自衛の固有の権利（inherent right）」を認めていることを根拠に，国連憲章上の自衛権も，「緊急避難」を含む伝統的な自衛権概念と同一であるとの理解がある。こうした基本的理解の対立は，国連憲章51条の個別論点の解釈をめぐる対立にも色濃く反映されている。

国連憲章51条では，自衛権は，国連加盟国に対して「武力攻撃（armed attack）が発生した場合」に認められる。この要件の解釈をめぐっては，第一に，武力攻撃の脅威がある場合に「先制自衛（anticipatory self-defense）」は認められるかという問題がある。先制自衛の権利は，当初，核時代における先制核攻撃の脅威を理由に主張されるようになったものだが，最近では主にテロリストの脅威に対抗する必要から米国によって唱えられ，実際に，1998年のアフガニスタン，スーダンへのミサイル攻撃のさいにその根拠とされた。先制自衛の主張は，憲章で自衛権が「固有の権利」とされたことをもって伝統的自衛権の「急迫性」の要件にそのまま依拠するものであり，それが厳密に特定化されない限り濫用の可能性も高い。そのため，相手国からの武力攻撃が「完遂」されるのを待つ必要はないが，すくなくとも武力攻撃への「着手」を必要とするという考え方が有力である。米国も，2003年の対イラク攻撃のさいには，先制自衛に依拠せず，国連安保理決議（第23章Ⅰ参照）に依拠するなど，先制

自衛については，なお慎重な態度をしめしている。

　第二に，「武力攻撃」の概念と，国連憲章2条4項の「武力による威嚇又は武力の行使」との関係が問題となる。この点につきICJは，ニカラグァ事件本案判決のなかで，他国に対して活動する武装集団に武器，兵站等の援助を行うことは，「武力による威嚇又は武力の行使」に該当することはあっても，「武力攻撃」の概念には含まれないとして，後者を前者より狭く解する判断をしめした。そのうえで，「武力攻撃」に対しては，個別的・集団的自衛権は行使できるが，「武力攻撃」に当たらない単なる「武力による威嚇又は武力の行使」に対しては，被害国による「均衡のとれた対抗措置（proportional countermeasures）」が許されるのみで，集団的自衛権に類した集団的対抗措置は認められないとの厳格な解釈をしめした。

　第三に，「武力攻撃」の主体は国家に限られるのか，それとも国際テロ組織アル・カーイダのような非国家主体も含まれるのかといった問題がある。9.11同時多発テロ事件に対応して米・英等の諸国は，2001年10月，アル・カーイダに訓練基地と避難所を提供していたアフガニスタンに対する軍事行動を開始した。その法的根拠は「自衛権」求められたものの，自衛権行使の前提となる「武力攻撃」の主体については，それが非国家主体たるテロ組織なのか，アフガニスタン国家なのか，かならずしも明確にされなかった（米国国連代表の安保理議長宛書簡）。他方でICJは，2004年のパレスチナの壁建設の法的効果事件勧告的意見で，国連憲章51条の自衛権は，「一国による他国への武力攻撃」を前提としているとの解釈をしめし，イスラエルが外国国家による「武力攻撃」を主張していないことを理由に，51条の自衛権はこのケースには無関係であるとした。

　自衛権行使のためのその他の要件として，「必要性」と「均衡性」の要件がある。これらの要件は，国連憲章には明示されていないものの，ICJは，核兵器使用の合法性事件の勧告的意見のなかで，慣習国際法上の規則として認められてきたこれらの要件は，国連憲章51条の下でも等しく適用されるとの解釈をしめした。

　こうした実体的要件に加えて，憲章51条は，手続的要件として，自衛権の行使に当たって加盟国がとった措置の安保理への報告を義務づけている。また，自衛権は，国連の集団安全保障を補完するものとの位置づけから，その行使は，安保理が「国際の平和と安全の維持に必要な措置をとるまでの間」一時的に認

められるにすぎない。もっとも，安保理が「必要な措置」をとったか否かの判断権が個別国家にあるか，安保理自体にあるかについては争いがあり，また仮に後者だとしても，その判断は，決議で明示される必要があるのか，黙示的なもので足りるのかについても説が分かれている（第23章Ⅰ参照）。

(3) 集団的自衛権

国連憲章51条は，「武力攻撃」の直接の被害国による「個別的自衛権」に加えて，「集団的自衛権」を認めている。これは伝統的国際法には存在しなかった概念で，国連憲章において，地域的機関の強制行動には安保理の事前の許可が必要とされたため（53条1項但書），安保理が拒否権によって機能不全に陥ることを危惧した米州諸国の要望により，サンフランシスコ会議で急遽導入されたものである。個別国家またはその集団が第三者機関の判断を待たずに独自で武力の行使を行いうる点で，安保理による集権的判断を前提とする集団安全保障とは区別される（第23章Ⅰ参照）。

集団的自衛権の性質については，①個別的自衛権の共同行使，②他国に係わる自国の死活的利益（vital interests）の防衛権，③他国の権利の防衛（援助）権，という3説がある。①は，自衛権を行使するそれぞれの国が武力攻撃を受けたことを要件とするもので，集団的自衛権が認められる範囲を極力狭く解しようとする説であるが，国家実行を反映しているとはいい難い。②は，自国が直接武力攻撃を受けたわけではない国であっても，自国と密接な関係のある国が武力攻撃を受けたことにより，自国の死活的利益が侵害されたことを根拠とするもので，国家実行には近いと考えられる。これに対して，③は，集団的自衛権が，国連の集団安全保障を補完するものであるとの理解を前提とし，国際社会の一般的利益の擁護という観点から，自国の利益に直接係らない他国の防衛（援護）を認めようという説である。

ICJは，ニカラグァ事件本案判決において，③の立場に依拠したうえで，集団的自衛権の濫用を防ぐ観点から，被害国による攻撃被害の「宣言」と，その国による援助の「要請」が必要であるとした。同判決は，集団的自衛権の認められる範囲について，はじめての司法判断をしめしたものとして注目されるが，国家実行への評価が不十分であるとの批判もある。

3 その他の例外の主張
(1) 在外自国民の保護

　在外自国民の生命・財産の保護という理由は，武力行使の正当化根拠として，戦間期にはしばしば用いられたが（たとえば1927年の日本の山東出兵），国連憲章体制下でも限定的な武力行使の正当化根拠として援用されることがある。それは，自衛権の一形態として説明されることもあれば，国連憲章2条4項の禁止の例外として説明されることもある。前者は，在外自国民も国家の構成要素の一つであり，その生命・財産に対する侵害は「武力攻撃」に当たるとするもので，後者は，こうした目的での限定的な武力行使は，他国の「領土保全」や「政治的独立」に対するものではなく，また「国際連合の目的」とも反しないことを理由とする。

　パレスチナ・ゲリラにハイジャックされた民間航空機内の自国民を救出するため，イスラエルが軍特殊部隊を用いてウガンダのエンテベ空港を急襲した1976年のエンテベ空港事件で，イスラエルは，自衛権の古典的先例であるカロライン号事件に言及しながらも，救出作戦はウガンダに向けられたものではなく自国民の救出という目的に限定されたものであるとして，その合法性を主張した。安保理ではハイジャックを非難する立場とイスラエルの行為を非難する立場とが対立し，国際社会の評価は一致しなかった。他方で，1980年の米国大使館人質事件のさいに，人質の救出を目的として米国が行った軍事作戦（結局失敗に終わった）に関しては，ICJが，救出作戦自体の合法性の問題は請求主題になっていないとしながらも，それが裁判継続中に挙行されたことにつき「国際関係における司法手続の尊重を損ないうるもの」として非難した。

(2) 人道的干渉

　他国における大規模な人権侵害・迫害・虐殺行為といった非人道的な行為を阻止するために軍事力を用いて介入する「人道的干渉（humanitarian intervention）」は，古くは1827年の英・露・仏による対トルコ軍事干渉のさいに根拠とされ，その後もその合法性について盛んに議論されてきた問題である（第8章Ⅳ4参照）。国連憲章成立後は，人道的干渉が武力行使の正当化根拠として主張されることはまれであったが（わずかに1971年のインドによるバングラデシュ出兵，1979年のタンザニアによるウガンダ軍事進攻のさいに，自衛権に付随して主張された例がある），1999年のNATO諸国によるユーゴ空爆では，人道的干渉の問題が改めて議論の的となった。

この空爆は，コソヴォ自治州でのアルバニア系住民に対する大量虐殺を中止させるためのもので，ロシア，中国の拒否権行使が予想されたため，安保理による許可を得ることなく実施された。NATO側はこの空爆についての法的正当化をあえて回避し，国際道義の問題として人道上の理由を挙げた。たとえばクリントン米国大統領（当時）は，「この悲劇を終わらせることは道徳上の命令（moral imperative）である」とし，ソラナNATO事務総長（当時）は，「コソヴォで起きている人道的惨劇を終わらせることは，われわれの道徳的義務（moral duty）である」と述べている。安保理では，NATOによる武力の行使を国連憲章の重大な違反とする決議案がロシア等から出されたが，賛成3，反対12で否決された。この事実は空爆が違法でないとの有権的判断があったことをただちに意味しないが，安保理構成国の判断を知るうえでの参考にはなる。

　他方，ユーゴは，攻撃に参加したNATO10ヵ国を個別に相手取り，空爆が武力不行使，国内問題不干渉，武力紛争法上の義務等，国際法に違反することの確認，その即時停止等を求めてICJに提訴し，同時に暫定措置を申請した。ICJでの審理の過程で，ベルギーの代理人は，空爆は，進行中の人道的惨劇を防止するためのもので，ユーゴの政治的独立と領土保全に対するものではなく，国連憲章2条4項とも両立する「武力による人道的干渉」であると主張した。

　ICJは，明白な管轄権の欠如（対スペイン，米国）と，一応の（prima facie）管轄権の欠如（対ベルギー，カナダ，フランス，ドイツ，イタリア，オランダ，ポルトガル，英国）を理由にユーゴの申請をすべて却下したが，実体法レベルでは重大な国際法上の問題になりうるとの異例の注意喚起を行った。

　NATO諸国が，ベルギー政府によるICJでの抗弁を例外として，基本的には人道的干渉の合法性（legality）や干渉権を主張することを慎重に避け，道義的正当性（legitimacy）のレベルで正当化をはかろうとしたことは，なお主権国家を中心として成り立っている現在の国際法秩序に，法的権利として「人道的干渉」をもち込むことの困難さをしめしているといえよう。

確認質問

1 18世紀後半以降，しだいに「正戦論」の考え方が背景に退き，国家の「戦争の自由」を認める考え方が優勢になったのはなぜか。

2 連盟規約における戦争違法化の特徴はどのような点にあるか。

3 戦争違法化における不戦条約の特徴と問題点はどのような点にあるか。

4 国連憲章は，不戦条約の問題点をどのように克服しようとしたか。

5 国連憲章2条4項の「武力不行使原則」は慣習国際法上の原則といえるか。

6 「武力の行使」と「武力による威嚇」の概念は，どのような関係にあるか。

7 「武力不行使原則」は，内戦にも適用されるか。適用されるとすれば，それはどのような場合か。

8 伝統的国際法の下での自衛権と，国連憲章51条の下での自衛権にはどのような違いがあるか。

9 集団的自衛権の性質については，どのような学説上の対立がみられるか。

10 国連憲章体制の下で，個別的・集団的自衛権以外に，国家が武力の行使に訴える十分な法的根拠は存在するか。

第 23 章 平和と安全の維持

「戦争の自由」が認められていた伝統的国際法の下で，国家は自国の安全を確保するために「軍備の自由」と「同盟の自由」を享受し，軍事同盟間の「勢力均衡」が国際安全保障のための有効な手段と考えられた。国際連盟規約で導入され，国際連合憲章で強化された「集団安全保障」の制度は，勢力均衡に代わる有効な枠組みたりえたのか。また，そうした枠組みに依拠して行われた「湾岸戦争」や「イラク戦争」は，集団安全保障が有効に機能した事例といえるだろうか。

I 集団安全保障

1 集団安全保障の意義

永続的な国際平和の実現と，その一側面としての各国の安全の確保のためには，紛争原因の根本的除去（人権や自決権の確立，南北経済格差の是正などを通じての不正な現状の平和的変更）が重要なことはいうまでもない。しかし，そうした根本的解決が一朝一夕には実現できないとすると，紛争の平和的解決手続の強化（第 21 章参照）や，紛争遂行手段の規制（「軍縮・軍備管理」本章Ⅲ，「武力紛争法」第 24 章参照）といった方策と並んで，紛争当事者の意思に直接・間接に強制を加えることで，一方的な武力行使を抑止し鎮圧するための方策が模索されざるをえない。

戦争に訴える国家の自由が広く認められていた 19〜20 世紀初頭には，国家は自国の軍備を強化し，それで不十分な場合には他国と軍事同盟を結ぶことで，みずからの安全を確保しようとした。そして，こうした同盟間の「勢力均衡（balance of power）」を維持することが，国際平和に寄与すると考えられた。しかし，「勢力」の客観的判断は実際には至難の業であり，そのため両陣営は互いに自陣に有利な均衡を求める。その結果，勢力均衡策は軍拡競争を招きやすい。

ヨーロッパでの勢力均衡の崩壊の結果生じた第 1 次大戦への反省から，戦後，

勢力均衡に代わるあらたな国際安全保障の方式として,「集団安全保障 (collective security)」が導入された。これは,対立関係にある国をも含めた一つの集団の内部で各国が武力の不行使を約束し合い,その約束に反して他国を侵略する国がある場合に,残りのすべての国が力を結集して侵略を排除することにより被害国の安全を保障しようとするものである。

2 国際連盟と国際連合の集団安全保障

(1) 国際連盟

　この集団安全保障を最初に制度化したのが国際連盟（連盟）である。連盟規約は,戦争または戦争の脅威を「連盟全体ノ利害関係事項」(11条1項)であるとして,集団安全保障の理念を謳い,連盟規約が規定する紛争解決手続に違反する一定の戦争を禁止した（12条1項,13条4項,15条6項）。そして,これを無視して戦争に訴えることを他のすべての連盟国に対する戦争行為とみなし,違反国に対する制裁を用意した（16条）。

　その特徴としては,①戦争の禁止が部分的であり,紛争解決手段としての戦争を完全には排除しなかったこと（第22章Ⅰ参照）,②違反の認定と制裁の発動を各国が個別に判断する分権的体制であったこと,③制裁手段として経済制裁を重視し,軍事制裁は補助的なものにすぎなかったこと,などの点を挙げることができる。1935年のイタリアによるエチオピア侵攻のさいの対伊経済制裁の失敗例からも明らかになったように,経済制裁は普遍的な実施が確保されない限り実効性を発揮しえず,普遍的な実施を確保するためには,各国にそれへの参加を義務づける集権的な体制が求められる。

(2) 国際連合

　連盟の分権的集団安全保障体制の失敗を踏まえて,国際連合（国連）では,より集権的で強力な集団安全保障の体制が希求された。その基本構造は,まず「国際関係における武力による威嚇又は武力の行使」を一般的に禁止したうえで（憲章2条4項）,安全保障理事会（安保理）が,「平和に対する脅威,平和の破壊又は侵略行為の存在」を集権的に認定する（39条前段,25条）。ついで「国際の平和と安全を維持し又は回復するため」,経済関係,運輸通信,外交関係等の中断・断絶を含む非軍事的措置（41条）を決定し,それで不十分な場合には,陸・海・空軍による軍事的措置（42条）を決定する（39条後段）というものである。

Ⅰ　集団安全保障

このうち，国連に「牙」を与えるものとしてとくに重視された軍事的措置を有効に組織するため，国連憲章は，各国に安保理の要請に応えて「兵力，援助及び便役」を提供させるために必要な特別協定を締結することを予定し（43条），加えて，こうして組織された国連軍を指揮・統制するために，安保理常任理事国の参謀総長などで構成される軍事参謀委員会を設置した（46条，47条）。

　また，国連憲章は，こうした普遍的な集団安全保障体制を基軸としつつも，地域的取極・機関による地域的な集団安全保障にも一定の役割を認めている。もっとも地域的機関による強制行動には，安保理の「許可（authorization）」を必要とし，集権的な枠組みは維持できるしくみになっている（52条，53条）。

　このような国連の集団安全保障の特徴は，①自衛の場合を除き個別国家による武力の行使を一般的に禁止したこと（2条4項），②安保理が侵略行為等の存在を決定し（39条前段），その決定が加盟国を法的に拘束することで（25条），集団的措置発動のための要件認定を集権化したこと，③こうした要件認定の後，安保理が国際の平和と安全の維持・回復のために必要と判断するときは，非軍事的措置（41条）を決定する権限を与え（39条後段），この決定にも法的拘束力を付与したこと（25条），④非軍事的措置では不十分な場合にそなえて，軍事的措置についての詳細な規定を用意したこと（42〜47条），⑤普遍的な集団安全保障に加えて，地域的な集団安全保障制度を認めたこと，などの点を挙げることができる。

3　集団安全保障の実際

(1)　冷戦期の集団安全保障

　このように国連憲章は，連盟規約に比べて格段に充実した集団安全保障の制度を確立したが，こうした制度も，①一国に対する侵略が他のすべての国に対する侵略であるとの国際社会の確固たる意識が存在すること，②その排除のために各国が相応の負担を甘受する覚悟をもつこと，③侵略国に対する集団の力が圧倒的に強力であること（安保理の投票手続〔27条3項〕に組み込まれた5大国一致の原則＝常任理事国の「拒否権」はその一表現），といった諸条件が満たされない限り，有効に機能しえない。国際社会が米ソ二超大国を頂点とする東西両陣営に分裂していた冷戦期にあっては，そうした条件が欠けていたため，国連の集団安全保障体制は当初想定されていたようには機能せず，現実には変容

を余儀なくされた。

　その第一は，国際の平和と安全に2次的権限を有する総会の機能（10〜12条）を強化する試みである。1950年の朝鮮戦争のさいに，米国その他の西側諸国は，ソ連の安保理欠席という偶然に助けられて安保理の勧告に基づく「朝鮮国連軍」を組織することに成功した。しかしソ連の安保理復帰によって安保理が活動不能に陥るや，「平和のための結集決議」（総会決議377）を採択し，安保理が拒否権で活動できないとき，緊急国連総会の招集や総会の勧告による集団的措置の発動を可能にした。この決議には憲章違反との批判もあったが，その後，実際に軍事的措置が勧告された例はない。他方，総会の勧告に基づく非軍事的措置は，安保理による対応が遅れたアパルトヘイト（人種隔離政策）を行う南アフリカなどに対して実際に発動され，一定の機能を果たした。

　第二は，集団的自衛機構の設立である。憲章は，他国から武力攻撃を受けたさいの被害国による「個別的」自衛権に加えて，これと密接な関係にある第三国が被害国を助けて反撃を加える権利としての「集団的」自衛権を認めた（51条）（第22章Ⅲ2参照）。この権利は，「安全保障理事会が国際の平和及び安全の維持に必要な措置をとるまでの間」一時的に認められる権利にすぎないが（同条），拒否権による安保理の機能不全という状況のなかで，東西両陣営は，集団的自衛権に基礎をおく集団的自衛機構（北大西洋条約機構〔NATO〕，ワルシャワ条約機構はその代表例）を設立し，その力の均衡による安全保障を追及した。これはまさに，国際社会が集団安全保障の導入によって克服しようとした，軍事同盟間の勢力均衡への逆行にほかならなかった。

　第三は，国連の実行のなかからあらたに産み出された国連平和維持活動（UN peace-keeping operations＝PKO）の発展である。PKOについては，Ⅱで説明する。

(2) 冷戦後の集団安全保障

　冷戦の終結は，この分野での状況の変化をもたらしたか。1990年代にはいり，冷戦体制の一翼を担ってきたワルシャワ条約機構は解体し，これにともなって北大西洋条約機構も機能転換を迫られた。しかし，諸国が集団的自衛権に基づく軍事同盟を自国の安全保障の根幹に据える状況は，今日でも根本的には変わっていない。しかし，安保理内での合意形成が比較的容易になったことを背景に，安保理が，国連憲章に基づく集団的措置を実際に発動したり，現実の国際関係に適合する形でその内容を変形・発展させたりする慣行が現れるよう

Ⅰ　集団安全保障

になった。

　その嚆矢となったのが，1990年8月に起きたイラクによる隣国クウェートへの侵攻事件（湾岸危機）である。安保理は，同年8月2日，国連憲章39条と40条に言及して，イラクのクウェート侵攻に関し「国際の平和と安全の破壊」が存在することを認定し，イラク軍のクウェートからの即時・無条件撤退等を要求する決議660を採択した。ついで8月6日には，決議660の要求を強制するため，国連憲章第7章の下で，イラクに対して，41条の措置に相当する包括的な経済制裁措置を発動する決議661を採択した。これらの措置は，国連憲章に予定されていた集団安全保障が典型的な形で機能した例ということができる。

　さらに安保理は，8月25日，同じく国連憲章第7章の下で，憲章の特定の条文に言及することなく，「クウェート政府に協力して当該地域に海上兵力を展開している加盟国に対して，船舶の積荷と仕向け地を検査，確認し，決議661に定められた輸送に係わる諸規定を厳格に実施する目的で，出入りするあらゆる船舶を停船させるために，安保理の権威の下，個別の状況に照らして必要と思われる措置をとるよう求める」決議665を採択した。この決議665は，制裁対象国へ向けられた，もしくはそこから運び出される禁輸物資の輸送を海上で阻止するため，加盟国の艦船に，他国を旗国とする船舶を含むあらゆる船舶への検査，確認を求めたものである。こうした経済制裁の実効性を確保するための措置は，1966年の南ローデシア制裁に関する決議221に起源を有し，その後，1992年の新ユーゴ制裁に関する決議787やハイチ制裁に関する決議875等を通じて，国連の慣行として定着していくことになる。

　このような国連の努力にもかかわらず，イラク軍のクウェートからの撤退は実現しなかったため，非軍事的措置の効果に疑問を抱く米国の主導で，安保理は，同年11月29日，決議678を採択することになった。同決議は，国連憲章第7章の下で，クウェート政府と協力する加盟国に対し，イラクが1991年1月15日までに関連諸決議を完全履行しない場合，「安保理決議660とそれにつづくすべての関連決議を支持し実施するために，また，この地域の国際の平和と安全を回復するために」，「あらゆる必要な措置（all necessary means）」をとることを「許可（授権）（authorize）」し，加えて，すべての国に対して，そうした「行動に適切な支援を与えるよう要請する」というものである。実際に，翌1991年1月17日，米軍を始めとする多国籍軍は，同決議を根拠にイ

ラクに対する軍事活動を開始し、イラクをクウェートから排除することに成功した。

　安保理決議678に基づく多国籍軍の武力行使は、国連憲章に予定されている特別協定によるものではなく、また国連の指揮の下に行われたものでもなかった点で、国連の集団安全保障の典型的な発現例とみることはできない。しかし、他方でそれは、国連憲章51条に基づく個別的・集団的自衛権の行使が個別国家またはその集団の主観的な判断に従って行われるのに対して、安保理のすべての常任理事国を含む9理事国以上の多数の同意を得て行われたという意味で、すくなくとも武力行使の正当性については、国際社会のより客観的な判断を反映したものということはできる。

　このように、自発的に軍隊を提供する多国籍軍に「あらゆる必要な措置」を許可（授権）する方式は、その後、1992年のソマリア・タスクフォースに関する決議794や、1994年のルワンダ多国籍軍に関する決議929等でも踏襲され、国連の慣行としてしだいに一般化していく。その過程で、とりうる措置の目的や期間が限定され、安保理への定期的な報告の義務が課せられるなど、安保理によるコントロールの強化がはかられていくことになる。

　イラクのフセイン政権による大量破壊兵器保有の疑惑を理由に行われた2003年3月の米軍等によるイラク攻撃も、上記安保理決議678、湾岸戦争の停戦決議でイラクに大量破壊兵器の破棄を義務づけた決議687、およびイラクによる義務違反を確認した決議1441を根拠に行われた。しかし、あらたな武力行使の「許可（授権）」を得ることなく、究極的には湾岸危機のさいの決議678を根拠に行われたこの武力行使については、安保理決議の枠外で行われたものだとの批判も強い。また、その実質的根拠であった大量破壊兵器も発見されなかったことから、米軍は軍事的には短期間でイラクのフセイン政権の打倒に成功したものの、イラク国内での安定した秩序の確立は現在でも困難をきわめている。

　冷戦後の集団安全保障のもう一つの特徴は、侵略の防止・鎮圧といった本来の目的（湾岸問題）に加えて、テロリズムに関する国家責任の事後追及（リビア問題）、人権の大規模侵害（人道的危機）の救済（ソマリア、ルワンダ、ハイチ問題など）と個人の刑事責任の追及（旧ユーゴ、ルワンダ問題。第24章Ⅳ2参照）といった、これまでとは異なる目的のために強制措置が使用されるようになったことである。しかし、これらが「特異で例外的」なケースであるに止ま

Ⅰ　集団安全保障

らず，諸国家がこうした分野への安保理の権限の拡大を一般的に承認したものといえるかについては，なお慎重な検討が必要である。

II　国連平和維持活動（PKO）

1　PKO の生成と確立
(1)　生成の背景

前述したように，国連創設当時，国際の平和と安全の維持のための中核的制度と考えられたのは，国連による集団安全保障であった。軍事参謀委員会は，国連による軍事的措置にそなえて，国連軍を組織するための前提となる特別協定の準備に取りかかったが，戦後まもなく顕在化した東西冷戦の結果この計画は挫折し，実際には今日まで特別協定は一つも結ばれず，集団安全保障を担保する実力組織としての国連軍は，例外的に結成された「朝鮮国連軍」を除き，結局実現をみないままに終わった。

また，冷戦期には，超大国間の大規模な軍事衝突こそ起きなかったもの，世界各地で多数の武力紛争が発生した。しかし，国家間紛争であれ内戦であれ，東西の超大国のそれぞれが紛争当事者のそれぞれ一方を実質的に支援するという形で現れる冷戦構造のなかで，安保理の投票手続に組み込まれた拒否権（国連憲章27条3項）は，安保理による「平和に対する脅威」等の認定や集団的措置の決定を妨げた。

こうした国際関係の現実に直面した国連は，国際平和の維持に辛うじて寄与しうる最低限の機能領域として PKO を編み出し，これにあらたな活路を求めるようになる。すなわち，1956年のスエズ動乱のさいに，国連緊急総会の決議に基づきエジプトに派遣された「第1次国連緊急軍（UNEF・I）」の成功を契機として，その後これにならった類似の活動（その後は安保理決議に基づくものがほとんど）が，1960年代に入ってから「平和維持活動」と総称されるようになり，それ以前に存在した1948年以来のパレスチナにおける「国連休戦監視機構（UNTSO）」等の監視団も，遡って PKO のカテゴリーに含めて理解されようになった。

PKO は集団安全保障のための強制措置とは異なり，紛争当事者や受入国の同意に基づき，公平な立場（impartiality）で紛争に介入して，兵力の引き離し，停戦監視，選挙監視等の活動を行うものである。安保理内での大国の不一致の

ため，国連がその本来の機能を果たせないなかにあって，PKOは，紛争の悪化を防止し，紛争解決のための条件整備を行うことを通じて，平和維持の分野でその独自の機能を発揮するようになった。

(2) PKO の種類と特徴

PKO は，「集団安全保障」や「集団的自衛権」などとは異なり，国連創設時から予定されていた活動ではないため，国連憲章中に明確な規定があるわけではない。国際関係の現実に対応すべく，国連の慣行を通じて経験的に発展してきた活動である。そのため，その概念はかならずしも固定的なものではなく，国際関係の状況の変化に応じて変わりゆく性質を有する。

冷戦期の典型的な PKO は，その構成・機能の違いから，通常つぎの2つの類型に大別される。第一は「平和維持軍（：peace-keeping force ＝ PKF）」といわれるもので，必要な兵站支援組織をともなった軽武装の歩兵部隊から成り，主として戦闘再発の防止，兵力引き離し，国内治安の維持・回復を任務とする。第二は，「監視団」といわれるもので，原則として非武装の将校団および文民部門で構成され，主として停戦の監視，停戦の違反行為に関する安保理への報告を任務とする。広義には，文民の専門家集団によって構成される「選挙監視団」も含まれる。

また，冷戦期を通じて確立された従来型の PKO には，つぎのような共通の特徴を認めることができる。①紛争当事者や受入国の同意・協力（非強制性），②要員提供の任意性，③紛争に対する公平性（特別利害関係国の除外），④国連事務総長による指揮・統制，⑤自衛以外での武力行使の禁止。こうした諸特徴からも窺い知れるように，PKO は，紛争自体の是非をひとまず棚上げして，紛争当事者や受入国の同意・協力の下，協力国から任意に提供された要員から成る部隊を紛争地域に派遣することにより，とりあえず現状を維持しようとする活動である。その意味で，PKO の機能は，平和破壊者を強制的に鎮圧する「集団安全保障」とは異なり，また，紛争自体の積極的解決をめざす「紛争の平和的解決」とも異なっている。

(3) 国連憲章上の根拠

PKO の国連憲章上の根拠については，国連の目的を定めた1条1項，総会の一般的権限に関する10条，同じく安保理の一般的権限に関する24条等の一般的権限規定，総会や安保理の補助機関設置権限規定である22条および29条，さらには，安保理の特定権限を定めた第6章（紛争の平和的解決）または

第7章（平和に対する脅威，平和の破壊及び侵略行為に関する行動）の各条項など，さまざまな見解があり，決定的な結論は得られていない。しかしPKOは，前述したように，元来憲章に予定されていた活動ではなく，国連の慣行を通じて経験的に発展してきた活動であるため，特定の憲章条文のみに根拠を求める方法には無理があるといわれ，今日では，条約法や国際機構の権能に関する一般法理に依拠して，その権限を正当化する主張が有力である。そうした一般法理としては，「後に生じた慣行」，「黙示的権能」，「有効性の推定」の法理などがある。

「後に生じた慣行（subsequent practice）」の法理は，条約解釈の一般規則を定めた「条約法に関するウィーン条約」31条3項(b)の「条約の適用につき後に生じた慣行であって，条約の解釈についての当事国の合意を確立するもの」という規定（第3章Ⅳ2参照）に依拠するもので，それ自体が多数国間条約である国連憲章の解釈として，PKOをここにいう「後に生じた慣行」として説明する方法である。

「黙示的権能」（implied power）の法理とは，国際機構は，その設立・基本条約によって明示的に認められていなくても，その目的達成のために必要不可欠と考えられる権能を付与されているというもので，これまで，国際司法裁判所（ICJ）の勧告的意見のなかでも幾度か援用されてきた。たとえば1949年の国連損害賠償事件で，ICJは，「国際法上，機構は，憲章中にはっきりと述べられていないとしても，必然的推断により（by necessary implication）その任務の遂行に不可欠なものとして機構に付与される権能を有しているものとみなされるべきである」として，憲章に明示的根拠を有さない国連の損害賠償請求権を承認した（第7章Ⅱ3参照）。PKOについても同様に，国連の目的の達成にとって必要不可欠の権能として説明しようとするものである。

「有効性の推定（presumption of validity）」の法理とは，手続的に適正に採択された決議は，有効に採択されたとものと推定されるというものである。「第1次国連緊急軍（UNEF・Ⅰ）」や「コンゴ国連軍（ONUC）」の活動に対するソ連，フランス等の分担金不払い問題との関連で，これらの活動の合憲章性が争われた1962年の国連経費事件で，ICJは，「機構が，国際連合の目的の一つと明示されたものを達成するために適当であったという主張を正当化する行動をとるときは，そのような行動は，機構の権限外のものではないと推定されるべきである」として，これらの活動の合憲章性を肯定した。

2 PKO の展開
(1) 冷戦後の機能変化

　PKO はすでにみたように，冷戦期には常任理事国間の不一致のなかでの微妙なバランスに支えられてその存在意義を発揮してきた。換言すれば，先に挙げた PKO の諸特徴も，こうした現実政治に規定されながら必然的に産み出されてきたものということができる。

　冷戦の終結により，東西両陣営間の大規模な軍事衝突の危険は縮小したが，逆に地域紛争や民族紛争が多発するようになったことで，国連の平和維持機能への需要はより高まった。他方で，安保理内での合意形成は以前に比べて容易になったとはいえ，諸国が自国の軍隊を国連の指揮下におくことにはなお消極的なため，今日でも国連憲章 43 条に基づく本来の国連軍（Ⅰ 2 参照）が結成される状況にはない。こうした状況を背景として，従来型の PKO と本来の国連軍の中間的な領域に，同意原則や公平原則にとらわれず，強制性を付与された新タイプの PKO が現れるようになった。

　湾岸戦争の停戦後にイラク・クウェート国境地帯に派遣された「国連イラク・クウェート監視団（UNIKOM）」は，非武装地帯の監視や国境侵犯行為の抑止を任務とする点では従来型の PKO に近いが，安保理決議に基づく多国籍軍による強制の結果として派遣されたものであり，また，紛争当事国たる米・英・仏の軍人が参加した点でも，同意原則や公平原則との関係で論議をよんだ。また，1992 年 6 月，ブトロス・ガリ国連事務総長（当時）がしめした国連の平和実現機能の強化に関する包括的提案である「平和への課題（Agenda for Peace）」は，国連の平和実現機能を「予防外交（preventive diplomacy）」，「平和創造（peace-making）」，「平和維持（peace-keeping）」，「平和構築（peace-building）」の 4 つの活動分野に分類し，各機能の強化策を提言した。このうち「予防外交」としての国連要員の「予防展開（preventive deployment）」は，1992 年 12 月，ボスニア・ヘルツェゴヴィナでの戦闘のマケドニアへの飛火を事前に防止するため，「国連保護軍（UNPROFOR）」のマケドニアへの派遣で実施に移された。また，「平和創造」としての強制性を付与された「平和執行部隊（peace-enforcement units）」の提案は，1993 年 6 月，憲章第 7 章の下で武力行使を含む必要な措置をとる権限を与えられた UNPROFOR や「第 2 次国連ソマリア活動（UNOSOM・Ⅱ）」に取り入れられ，現実化した。

　加えて，より包括的・複合的な任務を付与された PKO も現れた。たとえば，

1991年10月のパリ包括和平協定で合意され，カンボジア内戦の終了と紛争の政治的解決の過程で派遣された「国連カンボジア暫定行政機構（UNTAC）」は，カンボジア各派の停戦と武装解除の監視，治安維持，総選挙の準備実施，行政の監視，難民帰還の支援，復旧の支援など，包括的で広範な機能を与えられた点に特徴がある。

(2) PKO の課題

こうした冷戦後の PKO の変化のうち，とりわけ強制性を付与された平和執行部隊の実践は，ソマリアでの武装集団との戦闘で PKO 側にも多大の犠牲を出すなど，かならずしも成功したわけではない。そのため，1995年1月に同じくガリ事務総長がしめした「平和への課題：補遺」では，ソマリアと旧ユーゴでの経験を踏まえて，PKO の同意原則からの乖離，公平性の喪失，武力行使権限の付与は，かえってその要員を危険にさらし，PKO の有効性を減少させることになるとの認識がしめされ，従来型の PKO への回帰の必要が謳われた。

その後，2000年3月に「国連平和活動検討パネル」が，コフィ・アナン国連事務総長（当時）に提出した報告書，いわゆる「ブラヒミ・レポート」では，当事者の同意，公平性，自衛以外の武力行使の禁止といった従来型の PKO の原則を支持するとしつつも，PKO に十分な自衛能力と任務遂行に必要な装備を認め，十分に強固な（sufficiently robust）「交戦規則（rule of engagement = ROE）」の採用を提案している。

また，国連事務局の PKO 局が，約60年にわたる PKO で得られた教訓の蓄積や現代における PKO の性質・任務についてまとめた2003年3月の「国連平和維持活動：原則と指針」（「キャップストーン・ドクトリン」）は，同意原則，公平原則，自衛以外の武力行使の禁止は，引きつづき今日の PKO にも適用されるとしつつも，他方で，最近の PKO が国連憲章第7章の下での行動を認められるようになっている現実も肯定的に評価している。こうした従来型の PKO の実践を通じて形成された原則と，憲章第7章の下での強制性の付与を，今後どのように両立させていくかは，なお，PKO の将来を考えるうえでの重要な課題であるといえよう。

III 軍縮・軍備管理

1 軍縮・軍備管理の意義と概念
(1) 意義と概念

　国家の主観的判断に基づく武力の行使を規制し（第22章参照），現実に生じる武力の行使を抑止・鎮圧する（I参照）ことに加えて，武力紛争から生じる犠牲を可能なかぎり極小化するためには，武力紛争の遂行手段である兵器自体の規制が必要となる。それは軍縮・軍備管理，武力紛争法による規制といった方法を通じて行われる。

　軍縮（disarmament）とは，各国の軍備水準（兵器，軍事技術，兵員等）の低減，究極的には軍備の撤廃を意味する。これに対して軍備管理（arms control）とは，兵器の量や質に上限を設けることによって，各国の軍備の均衡と安定化をはかることをいう。そのため軍備管理は，かならずしも軍備の削減をともなうとは限らない。

　連盟規約は，集団安全保障，紛争の平和的解決手続の強化と並び，軍縮を強調したが（8条），国連憲章は，国連による集団安全保障の一環としての軍事的措置の必要性や，憲章起草時に核兵器の存在が知られていなかったことなどから，軍縮にはそれほど重きをおかなかった（11条1項，26条）。その後，核兵器の登場と東西対立の激化を背景として，核の過剰蓄積（over-kill）への不安が強まり，軍縮を求める市民の声は高まったが，諸国が自衛権と核抑止政策に自国の安全を委ねていた冷戦期には，本来の意味での軍縮は進展せず，せいぜい軍備管理が追求されるに止まった。しかし，冷戦の終結による米・ロ間の信頼回復，冷戦後の中小国やテロリストへの大量破壊兵器の拡散に関する危惧は，軍縮へのあらたな潮流を生み出している。

(2) 武力紛争法との関係

　武力紛争のさいに一定の兵器の使用を禁止する武力紛争法も兵器規制としての側面を含んでいる。武力紛争法は，軍事的必要と人道的考慮の観点から，過度の傷害または不必要な苦痛を与える兵器や，特定の軍事目標のみを対象とすることのできない兵器の使用を禁止する一般原則を含んでおり（第24章II1参照），特定の兵器の使用を禁止する具体的条約が存在しない場合でも，一定の規制力を有しうる。こうした武力紛争法の一般原則による規制は，新兵器の登

場に柔軟に対応できる利点があるとはいえ，その一般性・抽象性のゆえに具体的な適用にさいして解釈上の争いを生み出す可能性がある。その点，禁止すべき兵器を特定したうえで，その開発・生産・保有・移転・配備・廃棄等を諸国に義務づける軍縮条約は，兵器規制という観点からはより進んだものということができる。

2 大量破壊兵器（核・生物・化学兵器）の規制

(1) 核兵器

核兵器に関する軍縮・軍備管理のための国際法は，主に，つぎの4つのレベルで発展してきた。すなわち，(a)米・ソ（ロ）間の二国間協定，(b)核不拡散体制，(c)核実験禁止条約，(d)非核地帯条約である。

(a) 米・ソ（ロ）間の二国間協定

戦略核兵器に関する米・ソの二国間交渉は，1960年代後半からの戦略兵器制限交渉（SALT）に始まる。その結果，72年と79年には，戦略核兵器に量的制限を設ける第1次戦略兵器制限条約（SALT・I）と第2次戦略兵器制限条約（SALT・II）とがそれぞれ成立した。これらは米・ソ間で戦略核の均衡を維持するための軍備管理条約だったが，87年の中距離核戦力（INF）廃棄条約は中距離核兵器の全廃を，また，91年の第1次戦略兵器削減条約（START・I）は配備される核弾頭数を冷戦期の約60％（6000発）に，また，その運搬手段数を1600基（機）へと削減することなどを内容とするもので，真の軍縮条約といえるものとなった。

その後，米・ロ間では，第2次・第3次戦略兵器削減条約（START・II, START・III）締結のための交渉が行われたが，93年のSTART・IIは，戦略核弾頭数を3000～3500発以下にすることで合意したものの発効せず，START・IIIも合意されないままで終わった。しかし，2002年になり，START・I以降の戦略核兵器の更なる削減を目指す交渉がモスクワで行われ，戦略核攻撃能力削減条約（モスクワ条約）が署名された。同条約は，2012年までの10年間で，実戦配備される戦略核弾頭数を1700～2200発に削減することなどを内容とするもので，2003年6月に両国間で発効した。現在，米・ロ間では，2009年12月に失効したSTART・Iに代わり，戦略核弾頭数をモスクワ条約の上限よりも更に低く設定した後継条約の締結へ向けての交渉が行われている。

(b) 核不拡散体制

1968年に締結された核兵器不拡散条約（NPT）は，核兵器国（米・ソ・英・仏・中）に非核兵器国への核兵器の移譲や援助を禁じ（1条），他方，非核兵器国にはその受領・製造を禁じて（2条），当該義務の履行を確保するため国際原子力機関（IAEA）との保障措置協定の締結を義務づけた（3条）。この条約は当時の核兵器国と非核兵器国の現状を固定化する差別的条約であり，後者は前者に対して，条約6条の核軍縮のための誠実交渉義務の履行を強く求めてきた。95年4～5月に開催されたNPT再検討会議では，条約の無期限延長が決定された一方で，差別を固定化しないための核兵器国の具体的軍縮努力の必要が確認されると同時に，核実験の包括的禁止に向けた条約の作成が合意された。しかし，NPTには，インド，パキスタン，イスラエルが未加入であり，また，1985年に加入した北朝鮮も，IAEAによる特別査察に反発して，1993年，NPTからの脱退を表明して今日に至っている。

核不拡散体制をめぐるもう一つの課題は，非国家主体（とりわけテロリスト）への核兵器を始めとする大量破壊兵器やその運搬手段の拡散防止である。2004年4月，国連安保理は，大量破壊兵器等の拡散防止に関する決議1540を採択した。同決議は，前文で，「核兵器，化学兵器及び生物兵器並びにそれらの運搬手段の拡散が，国際の平和と安全に対する脅威を構成する」ことを確認したうえで，国連憲章第7章の下で，①大量破壊兵器等の開発等を企てる非国家主体へのあらゆる形態での支援提供の禁止（本文1項），②非国家主体による大量破壊兵器等の開発等への従事，援助，資金提供の禁止のための効果的な法律の採択・執行（同2項），③大量破壊兵器・関連物資の適切な管理（安全確保策，防護措置，不正取引・仲介の抑止等，輸出・通過・積替・再輸出に関する適切な法令の確立等）（同3項）を決定し，これらの措置をとることをすべての国に義務づける内容となっている。

(c) 核実験禁止条約

1963年に米・英・ソによる部分的核実験禁止条約（PTBT）が締結され，大気圏内外，海中での核実験が禁止されたが（仏は74年まで，中は80年まで大気圏内核実験を継続），地下核実験はその後も継続された。そのため地下実験を含むすべての核実験を禁止する条約の締結が急がれ，96年9月，国連総会で包括的核実験禁止条約（CTBT）の採択をみた。CTBTは，核軍縮と核不拡散の両面の機能を有し，核爆発実験を全面的に禁止した点で歴史的意義をもつ。

しかし，未臨界実験など核爆発をともなわない各種の実験は許しており，すでにそうした技術を開発している核保有国に核兵器性能の維持・向上の途を残している。また，その発効には，核保有国，保有疑惑国を含む44ヵ国の批准が必要で，署名はしたものの未批准の米国，中国，イスラエル等，署名自体を拒否したインド，パキスタン，北朝鮮等の条約への批准・加入も難しい状況で，なお多くの課題を残している。

　(d)　非核地帯条約

　1960年代以降，一定地域を「非核地帯」化し，その地域内での核兵器の生産・配備・実験・貯蔵・使用等を禁止する非核地帯条約が作成されてきた。1967年のラテン・アメリカおよびカリブ非核地帯条約（トラテロルコ条約），1985年の南太平洋非核地帯条約（ラロトンガ条約），1995年の東南アジア非核地帯条約（バンコク条約），1996年のアフリカ非核地帯条約（ペリンダバ条約），2006年の中央アジア非核地帯条約がそれである。これらの条約にはいずれも，核保有国が条約締約国に対して核兵器の使用や威嚇を行わないことを定めた議定書が付属しており，核保有国の参加を期待している。そのほか特定地域での核兵器その他の大量破壊兵器の配備や使用を禁止する条約としては，1959年の南極条約，66年の宇宙条約，71年の海底非核化条約，79年の月協定があり，非核地帯は，南半球，宇宙，海底から北半球の一部にも広がりつつある。

　このように，核軍縮・軍備管理に関しては，それぞれの分野でそれなりの進展がみられたとはいえ，その中核を成す核不拡散体制は現在大きな壁に突き当たっている。それは，既存の核保有国による核兵器の独占・管理というNPT体制が本来的に有していた矛盾に起因するものである。冷戦後，米・ロ間での二国間軍縮交渉が相当程度に進展したとはいえ，核保有国による全面的な核軍縮が実現されない現状では，これらの国に対抗して核兵器を保有したいと考える「もたざるもの」の主張の正当性を完全に否定することは難しい。既存の核保有国のみが核兵器をもちつづける権利を有し，他の国には，国際関係を不安定化させるゆえにあらたな核保有を認めないという論理は，国際社会の基本原理である「主権平等の原則」に反するからである。そのため核不拡散体制を徹底しようとすれば，インド，パキスタン，北朝鮮に対する経済制裁やイラク戦争にみられたように，疑惑国を力ずくで押さえ込もうとする動きもでてくることになる。

(2) 生物兵器・化学兵器

　核兵器以外の大量破壊兵器に関しても，すでに第2次大戦以前から，毒ガスや細菌兵器の使用を禁止する条約（1899年の毒ガスの禁止に関するハーグ宣言，1925年の毒ガス等の禁止に関する議定書）が存在したが，その後，武力紛争法上の観点に加えて軍縮の観点からもこれらの兵器の規制が追求されるようになった。すなわち，1972年には，生物・毒素兵器禁止条約が，さらに93年には化学兵器禁止条約が採択されている。両条約は，対象とする兵器の使用のみならず，その開発・生産・貯蔵・保有等を包括的に禁止し，すでに保有されている兵器の廃棄を義務づけている。とくに化学兵器禁止条約は，民間施設への産業検証や，違反の疑惑がある場合の申立て（チャレンジ）査察など，進んだ検証措置を用意している点で注目される。

3　通常兵器の規制

　生物兵器や化学兵器のように，その非人道性に比べて軍事的効果がそれほど高くない大量破壊兵器とは異なり，諸国が自衛のために必要と考えている通常兵器の規制にはより多くの困難がともなう。それでも，検出不可能な破片を利用する兵器や，失明をもたらすレーザー兵器，焼夷兵器，対人地雷など，戦闘員に過度の傷害を与える兵器や，文民と戦闘員とを区別できない無差別的な効果をおよぼす特定の通常兵器に関しては，その使用を禁止・制限する特定通常兵器禁止条約が1980年に採択された（第24章Ⅱ3参照）。

　こうした特定兵器の使用禁止をさらに進めた軍縮条約としては，1997年の対人地雷禁止条約と2008年のクラスター弾禁止条約（未発効）とがある。いずれもNGOが推進役となり，その使用のみならず，開発・生産・取得・委譲・保有も含めた全廃が必要との立場から成立したもので，一定の期間内での保有兵器の廃棄も義務づけられている。もっともこれら条約には，いずれも主要な保有国である米・ロ・中といった軍事大国が参加しておらず，その普遍性をいかに確保していくかが今後の課題となっている。

■■■ 確認質問 ■■■

1 国際安全保障の方式として,「勢力均衡」に代わって,「集団安全保障」の考え方が生まれたのはなぜか。

2 連盟の集団安全保障と国連の集団安全保障とを比較し, それぞれの特徴を述べよ。

3 国連の集団安全保障が, 冷戦期には予定通りに機能しなかったのはなぜか。

4 冷戦の終結は, 国連の集団安全保障にどのような変化を生じさせたか。

5 PKO が生まれた背景について説明せよ。

6 PKO の国連憲章上の根拠については, どのような説明が可能か。

7 冷戦期の PKO と冷戦後の PKO には, どのような違いがみられるか。また, 冷戦後の PKO に残された課題とは何か。

8 武力紛争法による兵器規制と比較した場合の, 軍縮・軍備管理としての兵器規制の特徴を述べよ。

9 現在の核不拡散体制には, どのような問題点があるか。

10 対人地雷禁止条約やクラスター弾禁止条約の特徴と課題は何か。

第 24 章　武力紛争法

　武力の行使を原則として禁止し，集団安全保障制度を導入した今日の国際社会でも，現実に武力紛争が絶えたわけではない。かつてキケロは，「武器の中で法は沈黙する」と述べたが，武力紛争において国際法はまったく無力なのか。人間がその生死をかけて戦う武力紛争において，それでも守るべき法があるとすれば，その内容はどのようなもので，それはいかなる条件の下で実現可能なのだろうか。

I　武力紛争法の概念と成立基盤

1　戦時国際法から武力紛争法へ
(1)　戦時国際法の体系
　武力紛争時に守るべき国際法は，中世以来の慣行や学説に起源を有し，19世紀後半にその整備と法典化が進展した。当時の国際法は，国家による戦争意思の表明によって成立する「戦争状態」を境に，日常的な国際関係を規律する「平時国際法」と，戦時の関係を規律する「戦時国際法 (international law of war)」とに二元化されていた。戦時国際法は，その適用主体を基準に，交戦国相互間の関係を規律する「交戦法規」と，交戦国と第三国との関係を規律する「中立法規」とに区別され，また，法の成立起源を基準に，「ハーグ法」と「ジュネーヴ法」とに分類された。
　「ハーグ法」は，交戦者資格，交戦区域，戦闘の手段・方法，中立などを規律する法で，当初慣習国際法として発展し，それが19世紀半ば以降，とくに1899年と1907年のハーグ平和会議で法典化された。他方「ジュネーヴ法」は，戦闘外にある傷病・難船者，捕虜，文民など戦争犠牲者の保護を目的とする法で，1864年のジュネーヴ条約以来，赤十字国際委員会の主導のもと，数度の補充改定を経て，その対象範囲を拡大しつつ条約として発展を遂げた。
(2)　武力紛争法への転換
　2度の世界大戦を経て，伝統的な戦時国際法の体系には，顕著な変化が見ら

れるようになった。第一に，戦争の違法化にともない，諸国は開戦宣言を行うことなく事実上の武力行使に訴える傾向を強めた。そのため1949年のジュネーヴ4条約は，「戦争状態」の成立の有無にかかわらず武力紛争一般にその適用を拡大した（共通2条第1文）。

第二に，第1次大戦以前に締結された条約の多くは，交戦当事国中に条約の非締約国が一つでも含まれていれば，締約国である交戦当事国相互間でも条約の適用を排除する（ただし，慣習法化した規則を除く）「総加入条項」を含んでいた。ジュネーヴ4条約は，総加入条項を廃し，紛争当事国に条約の非締約国が含まれていても，締約国相互間では条約を適用するものとした（同条第3文）。

第三に，戦時国際法のもとでは，一国内で内乱が生じた場合，正統政府や外国が反乱側を「交戦団体」として承認することを条件に，交戦法規や中立法規が適用された。しかし，交戦団体の承認は実際にはまれにしか行われなかったため，ジュネーヴ4条約は，「国際的武力紛争」と「非国際的武力紛争」との区別を導入して，交戦団体の承認を前提とせず，内乱など非国際的武力紛争にも最低限の人道的規則を適用することを可能にした（共通3条）。さらに，1977年のジュネーヴ条約追加議定書は，伝統的には内乱とみなされていた民族解放戦争を「国際的武力紛争」と位置づけると共に（第1追加議定書1条4項），ジュネーヴ4条約では1ヵ条（共通3条）にすぎなかった「非国際的武力紛争」に適用される人道的規則を補完・拡充した（第2追加議定書）。もっとも，第2追加議定書が適用される「非国際的武力紛争」の範囲は，ジュネーヴ4条約の共通3条が適用される範囲よりもやや狭いと，一般には解されている。

こうした変化を背景に，今日では，伝統的な戦時国際法に代わり，「武力紛争法（law of armed conflict)」という用語が用いられることが多くなった。「戦争状態」の成立や「交戦団体」の承認という国家の意思表示を基準とした主観的概念に代わり，「締約国の間に生ずる武力紛争」（ジュネーヴ4条約共通2条），「締約国の領域において，当該締約国の軍隊と反乱軍その他の組織された武装集団との間に生じる」武力紛争（第2追加議定書1条）といった事実主義的概念が導入された結果，法の適用条件につき一定の客観化がはかられたとはいえ，「武力紛争」の詳細な定義については，なお争いがある。また，最近では，米国が主導する「対テロ戦争」は，武力紛争法が適用される「武力紛争」といえるのか，仮に武力紛争だとして，「国際的武力紛争」なのか，それとも「非国際的武力紛争」なのかといった問題が，議論をよんでいる。

(3) 武力紛争法と国際人道法，国際人権法

　武力紛争法と共に，最近では「国際人道法（international humanitarian law）」という用語もしばしば用いられる。「国際人道法」の概念に関しては，「武力紛争法」のなかで，とくに戦争犠牲者の保護を目的とするジュネーヴ法に限定する立場もあるが，戦闘の手段・方法の規制にかかわるハーグ法も，つぎにみるように，人道的考慮をその要素に含んでおり，ハーグ法（ただし，中立法を除く）とジュネーヴ法を含む人道的性質を有する規則の総体とする立場が有力である。この立場によると，「国際人道法」は，「武力紛争法」とほぼ互換的に用いられる。

　他方で，伝統的な平時・戦時の二元的秩序が崩れた結果，主に平時を想定して作られた「国際人権法」も，武力紛争時の人権に適用可能であると主張されるようになった。もっとも，人権条約の中には，国家緊急事態にさいして，条約上の義務からの逸脱を認めるものがあり（たとえば，自由権規約4条1項），武力紛争時にも，「国際人権法」がそのままの形で適用されるといえるか，適用されるとして，「国際人道法」との適用関係をどのように考えるかについては，それぞれの法体系の成立基盤の問題ともかかわり，議論の多い所である。

2　武力紛争法の成立基盤

(1) 軍事的必要と人道的考慮

　武力紛争法（ただし，中立法〔Ⅴ参照〕を除く）は，「軍事的必要（military necessity）」と「人道的考慮（humanitarian consideration）」とのバランスの上に成り立っているといわれる。国際法は，国家が武力に訴える自由を制限し（第22章参照），それを担保するための制度を整備したが（第23章参照），一度，武力紛争が生じた以上，その目的を達成するために必要な軍事的手段を完全に制限することは不可能である。その限りで，武力紛争法に「軍事的必要」の要素を織り込むことは，国家が武力紛争法を受け入れるための不可欠の条件である。他方で，文化や宗教の違いにより表現は異なるものの，人類に共通の最低限の人道感情は存在し，そうした「人道的考慮」が，武力紛争法の発展を支えてきた事実も無視できない。問題は，これらの2つの要素の関係をどのように考えるかである。

　1868年のサンクト・ペテルブルク宣言は，その前文で，戦争の唯一正当な目的は敵国軍隊の弱体化にあり，その目的を達成するには，可能な限り多数の

者の戦闘能力を奪えば十分で，戦闘能力を奪われた者の苦痛を無益に増大させ，その死を不可避にするような兵器の使用は，この目的の範囲を超えるとして，重量400グラム未満の炸裂性・燃焼性発射物の使用を禁止した。そこで禁止されたのが，重量400グラム以上ではなく，未満であった点には注意を要する。重量400グラム未満のものでは，通常の弾丸と軍事的効果が変わらず，あえてそうした非人道的兵器を用いる必要はないとされたからである。

1997年の対人地雷禁止条約は，防衛的兵器である対人地雷を全面的に禁止する画期的な条約だが，多くの国家がその軍事的必要性を認識していながら，この条約に批准したのは，NGOが武力紛争終結後も放置される無数の対人地雷が有する無差別性と非人道性を国際世論に訴え，人道的考慮が軍事的必要を凌駕した結果であると考えられる。もっとも，同条約の批准にさいして，日本は，軍事的必要から，旧来型の対人地雷に代わる，無差別性を有しない遠隔操作型地雷の開発に着手したことも忘れてはならない。

他方で，その非人道性には異論のない核兵器自体を禁止する条約ができないのは，核保有国が，核兵器に人道的考慮を上回る軍事的必要を感じているからであると考えられる（もっとも，核兵器の使用が武力紛争法の制約にまったく服さないわけではない。Ⅱ参照）。

(2) 武力行使違法化の影響

戦争が違法化される以前の時代に発展した伝統的な戦時国際法は，戦争に訴えること自体の合法性を問わず，交戦当事者の平等性を前提としていた。そのため，戦争・武力行使が違法化され，違法な武力行使とそうでないもの（国連の勧告・許可または自衛による武力行使）との区別（第22章，第23章参照）が，少なくとも観念上は可能になるなかで，「違法行為から権利は生じない」との理由で，武力紛争法の差別適用が主張されるようになった。しかし，①現実には国連による違法性の認定が行われることはまれであること，②仮に違法性の認定が行われたとしても，差別適用は武力紛争法の根底にある人道主義に反すること，③国家実行も差別適用を支持していないこと（たとえば，朝鮮戦争，湾岸戦争，イラク戦争）などから，中立法規の一部を除き，今日では平等適用論が有力である。

II　戦闘の手段・方法の規制

1　基本原則

　日常的な関係ではそれ自体違法とされる行為（相手国国民の殺傷等）が例外的に認められる武力紛争時といえども，戦闘の手段・方法につき，紛争当事国にあらゆる権利が無制限に認められるわけではない（1899年と1907年の陸戦の法規慣例に関する規則〔ハーグ陸戦規則〕22条，1977年のジュネーヴ条約第1追加議定書35条1項）。そこには，「軍事的必要」と「人道的考慮」の観点から一般的な規制が働く。そうした規制は，つぎの2つの基本原則に集約されている。第一は，「目標区別原則（軍事目標主義）」といわれるもので，文民住民と戦闘員，民用物と軍事目標とを区別し，前者に対する攻撃や両者を区別しない無差別攻撃は禁止される（ハーグ陸戦規則25条，第1追加議定書48条）。第二に，戦闘員に対して過度の傷害または不必要な苦痛を与える兵器の使用は禁止される（ハーグ陸戦規則23条ホ，第1追加議定書35条2項）。こうした一般原則による規制は，新兵器の登場に柔軟に対応できる利点もあるが，その一般性・抽象性ゆえに具体的な適用にさいして解釈上の争いが生じる余地を残す。そのため特定種類の兵器については，個別の条約によって具体的規制が行われている。

2　戦闘方法の規制

　上記の基本原則のうち，第一の原則である「軍事目標主義」は，戦闘方法の規制の中核をなす。武力紛争が発生した以上，戦闘員の殺傷や軍事目標の破壊は，第二の基本原則を満たすかぎりで，「軍事的必要」の観点から合法的なものとみなされる。他方で，文民住民の殺傷や民用物の破壊は，自国の軍事的資源を敵の戦力の弱体化に集中する（精力集中の原則）という「軍事的必要」からも，また「人道的考慮」からも，可能な限り避けることが求められる。

　1899年および1907年のハーグ陸戦規則（25条）は，陸上軍隊による砲撃に関し，また，1907年の戦時海軍力をもってする砲撃に関する条約（1～2条）は，海上からの陸上軍隊に対する砲撃に関して，敵の地上軍による占領に対して抵抗する軍隊が存在している都市・地域（防守都市・地域）に対しては無差別砲撃が許されるが，それ以外の都市・地域（無防守都市・地域）に対しては，軍事目標に対してのみ認められるとした。航空機による空襲に関しては，1922

年の空戦に関する規則案（22条，24条）が，同様の軍事目標主義を定めたが未発効に終わった。もっとも，広島・長崎に対する原爆投下行為の違法性を認定した1963年の原爆判決（下田事件，東京地判昭38・12・7）は，航空機からの原爆投下行為に直接関係する空戦に関する規則案が未発効であったにもかかわらず，同規則案には，法的拘束力を有する前二者の条約と共通する軍事目標主義の原則が存在することを指摘し，この一般原則を適用して，原爆投下行為の違法性を導いた。

　第1追加議定書（48条，51条，52条）は，防守都市・地域と無防守都市・地域との区別をなくし，軍事目標主義を一般化した（48条）。文民住民や個々の文民に対する攻撃は禁止され（51条1項・2項），軍事目標と文民または民用物とを区別しない無差別攻撃も禁止された（同4項）。もっとも，軍事目標への攻撃によって文民住民や民用物に巻き添えによる被害が生じる可能性に関しては，「予期される具体的かつ直接的な軍事的利益との比較において」そうした巻き添えによる被害を「過度に引き起こすことが予測される攻撃」（同5項(b)）が無差別攻撃として禁止される（「比例性の原則」）に止まる点には注意を要する。

3　害敵手段（兵器）の規制

　第二の基本原則である過度の傷害，不必要な苦痛を与える兵器の使用禁止は，主に戦闘員の保護に関するもので，軍事的必要を上回る非人道的兵器の使用を禁止する多数の条約規定から抽出された原則である。

　特定通常兵器に関しては，先述した1868年のサンクト・ペテルブルク宣言が400グラム未満の炸裂性・燃焼性発射物の使用を禁止したのを嚆矢として，1899年のダムダム弾禁止宣言は，人体内で開展し扁平となる弾丸の使用を禁止した。1980年の特定通常兵器使用禁止制限条約は，付属議定書で特定の兵器の使用を禁止する方式を採用しており，これまでに，X線で検出不可能な破片を利用する兵器（議定書Ⅰ），地雷・ブービートラップ（外見上無害とみせた殺傷装置・物質）（議定書Ⅱ），焼夷兵器（議定書Ⅲ），失明をもたらすレーザー兵器（議定書Ⅳ），爆発性戦争残存物（議定書Ⅴ）が，禁止されている。

　大量破壊兵器のうち，生物・化学兵器に関しては，1899年の毒ガス禁止宣言，1899年と1907年のハーグ陸戦規則（23条イ），1925年のジュネーヴ毒ガス等禁止議定書を経て，その使用は広く禁止されるようになった。1972年の

生物毒素兵器禁止条約，1993年の化学兵器禁止条約は，その使用のみならず，兵器自体の開発・生産・保有・移転・配備等の禁止を含む条約で，軍縮・軍備管理的側面も有している（第23章Ⅲ参照）。

4 核兵器使用の合法性問題

　大量破壊兵器のうち，核兵器の使用をそれ自体として禁止する条約は，現在までのところ存在しない。もっとも1996年に国際司法裁判所（ICJ）は，国連総会の要請に基づき，核兵器の威嚇・使用の一般的な合法・違法性の問題に実質的な判断を行った勧告的意見を示した（「核兵器使用の合法性事件」）。同意見は，結論として，核兵器の威嚇・使用は，一般的には，先に挙げた武力紛争法（国際人道法）の基本原則および規則に反するとしつつ，「国家の存亡そのものがかかっているような極限的な自衛状況での核兵器の威嚇・使用が合法か違法かについては，明確な結論を下せない」とした。「一般的には」国際人道法の原則および規則に反するとされる核兵器の威嚇・使用が，なお合法とされるかもしれない「国家の存亡そのものがかかっているような極限的な自衛状況」が何を意味するかについては議論があるが，武力紛争法に内在する「人道的考慮」と比較衡量されるべき「軍事的必要」を表現したものと解することも可能であろう。

Ⅲ　戦争犠牲者の保護

1　交戦者（戦闘員）資格

　戦闘の目的は敵の戦力の弱体化にあることから，敵対行為に従事しない文民は攻撃の対象としてはならず，敵の権力下にあっても手厚い保護を受ける。他方，戦闘員として敵対行為に参加した者も，捕虜，傷病・難船者として戦闘外におかれた場合には保護の対象となる。こうした戦争犠牲者の保護に関するルールの基礎を成し，その内容をめぐって争いも多いのが，戦闘員の範囲を定める交戦者資格の問題である。

　伝統的な交戦法規では戦闘員は国の正規兵とされたが，1899年と1907年のハーグ陸戦規則は，①(ア)指揮官が存在すること，(イ)文民からみずからを区別する特殊標章を付けること，(ウ)公然と兵器を携行すること，(エ)武力紛争法に従って行動すること，といった一定の条件を満たす民兵や義勇兵，②民兵や義勇兵

として編成される時間的余裕がなく，占領されていない地域で侵入軍隊に抵抗するために立ち上がった上記(ウ)および(エ)の要件を満たす群民兵といった不正規兵にも交戦者資格を承認した（1条，2条）。また，第2次大戦時のレジスタンスやパルチザンの経験を踏まえて，1949年のジュネーヴ捕虜条約（第3条約）は，上記①の4条件をすべて満たす占領地域の組織的抵抗運動団体の構成員にも，通常は戦闘員にのみ認められる捕虜資格を認めた（4条A(2)）。

さらに，民族解放闘争などの経験を経て，1977年の第1追加議定書は，敵対行為の性質上，文民との識別が困難なゲリラ戦に対応するため，①交戦の間，②みずからが参加する攻撃に先立つ軍事展開中に敵に目撃されている間，公然と兵器を携行することで戦闘員としての地位を保持することを認め（44条3項），交戦者資格をさらに緩和したが，文民に対する保護をかえって損なう恐れがあるとして批判も強い。そのため，日本政府は，2005年に同議定書に加入するさい，44条3項に規定されている状況は，占領地域または同議定書1条4項に規定する民族解放闘争においてのみ存在しうると理解すること，上記②にいう「展開」とは，「攻撃が行われる場所へのあらゆる移動をいう」との解釈宣言を行い，その自国への影響を最小限にとどめる措置をとった。

2 軍隊傷病者・難船者

1949年のジュネーヴ傷病兵保護条約（第1条約）および海上傷病兵保護条約（第2条約）は，それぞれ陸戦，海戦に対応するもので，戦闘で傷を負いまたは病気になり戦闘能力を失った戦闘員の保護を規定している。第1条約は，イタリア統一戦争後の1864年にスイスの提唱で開催された国際会議で採択された最初のジュネーヴ条約に起源を有し，1906年，1929年の改定を経て，現行条約へと発展したものである。また，第2条約は，1899年の第1回ハーグ平和会議で採択された，1864年のジュネーヴ条約の原則を海戦に応用する条約に由来し，1907年の改定を経て，現行条約へと発展した。

軍隊傷病者・難船者をその権力内に有する紛争当事国は，それらの者を差別なく人道的に待遇し，看護しなければならず，生命または身体に暴行を加えること，とくにそれらの者を殺害し，みな殺しにし，拷問に付し，生物学的実験に供することは厳重に禁止されている（第1条約，第2条約の各12条）。

3 捕　虜

　捕虜とは，武力紛争にさいして，適法な資格のもとで敵対行為に従事する過程で敵に捕らえられた者，またはその者に与えられる法的地位をいう。1899年と1907年のハーグ陸戦規則が，一般条約としては初めて捕虜の人道的待遇について定めたが（4～20条），赤十字国際委員会が主導した1929年の捕虜条約を経て，現行のジュネーヴ捕虜条約（第3条約）へと発展し，捕虜の資格や待遇に関する詳細な規定が設けられることになった。

　捕虜としての待遇を受ける資格を有する者は，①武力紛争当事国の軍隊構成員（正規兵）およびその軍隊の一部をなす民兵隊・義勇隊の構成員，②紛争当事国に属するその他の民兵隊・義勇隊の構成員（組織的抵抗運動団体の構成員を含む）で，先述したハーグ陸戦規則で定められた4条件を満たすもの，③正規の軍隊構成員で抑留国が承認していない政府または当局に忠誠を誓った者，④軍隊の構成員ではないが，軍隊の許可を得た従軍者（従軍記者，需品供給者，労務隊員，軍隊の福利機関の構成員等），⑤商船・民間航空機の乗組員で，他の国際法規によって一層有利な待遇を受けない者等である（4条A）。1977年の第1追加議定書では，一方で，ゲリラ戦に対応して戦闘員の範囲を拡大したが，他方で，戦闘員でも一定の要件を欠く場合には捕虜となる権利を失う場合があるとした（44条4項）。また傭兵にも捕虜となる権利は与えられない（47条）。なお，ジュネーヴ諸条約の共通3条や第2追加議定書が適用される非国際的武力紛争において，政府軍と闘う反乱軍その他の組織的武装集団の構成員には，捕虜となる権利は保障されていないことには注意を要する。

　捕虜はつねに人道的に待遇しなければならず，捕虜を死亡させ，その健康に重大な危険をおよぼす行為や捕虜に対する復仇措置は禁止される（第3条約13条）。また捕虜を抑留する国は，人種，国籍，宗教的信条または政治的意見に基づく差別なしに均等に待遇しなければならず（16条），その抑留の場所は，戦闘地域から離れており，衛生上保健上のすべての保障を与える建物でなければならない（22条，23条）。抑留国は健康な捕虜を一定の労働に従事させることができるが，軍事的性質を有する労働や不健康または危険な労働に使用してはならない（49～52条）。第3条約は，その他，労働に対する対価，捕虜と外部との関係，捕虜と軍当局との関係等についても，具体的かつ詳細な規定を置いている。

4 文民

 文民とは，一般に戦闘員以外の者をいうが，保護の対象となる文民の範囲は条約によって異なり，その範囲は拡大される傾向にある。占領地における文民の扱いについては，ハーグ陸戦規則に若干の規定があったが，1949年のジュネーヴ文民保護条約（第4条約）は，占領地域の住民のみならず，敵の権力内にある住民にも保護の範囲を拡大した（ただし，その権力内に通常の外交部を常駐させている中立国国民を除く）（4条）。

 第4条約は，占領地域と敵の権力内にある文民に共通に適用される保護として（第3編1部），無差別の人道的待遇（27条），軍事的利用の禁止（28条），虐待・殺戮の禁止（32条），人質にすることの禁止（34条）などを規定している。また，敵の権力内にある文民（同2部）については，敵国からの退去を希望する文民の退去の実施（35条，36条），敵国に留まる住民に対する抑留・住居指定などの統制措置についての制限（41条，42条）などを規定し，占領地の文民（同3部）に関しては，強制移送や追放の禁止（49条），財産の破壊の禁止（53条），刑罰・裁判手続についての制限（64～77条），住所指定・抑留についての制限（78条）などについて規定した上で，第2部および第3部の規定に従って抑留された文民の保護に関する詳細な定めを置いている（同4部）。

 1977年の第1追加議定書は，第4条約の保護対象を，占領地域および敵の権力内にある難民や無国籍者にも拡大し（73条），その保護の内容をさらに強化した（第4編3部）。また，第4条約では保護の対象にはなっていなかった敵の権力内にあるのではない自国内にある文民についても，軍事行動から生じる危険からの一般的保護を受ける旨定め（48条），その保護を実効的なものにするための詳細な規定を置いている（同1部，2部）。

Ⅳ 履行確保

1 履行確保の諸手段

 紛争の平和的解決が期待できない武力紛争という極限状況のもとで，紛争当事者にいかに法を守らせるかは，武力紛争法の最大の課題である。湾岸戦争やイラク戦争では，多国籍軍のハイテク兵器による軍事目標への空爆も文民への被害を避け得なかったことや，イラク，米国双方による捕虜の虐待が報じられた。他方，これらの紛争では当事国のいずれも関連する武力紛争法の規則の妥

当性自体を否定したわけではないが，現実の違反の存在はその履行確保制度の充実の必要を改めて喚起している。武力紛争法の履行確保のしくみとしては，以下のものがある。

(1) 国内法の制定と軍隊構成員への教育

実際に武力紛争が開始されると，紛争当事国間に敵対感情が高まり，勝つためには手段を選ばないとの意識が生じかねない。それを防ぐためには，冷静な判断が働く平時において，武力紛争法の内容を国内法に取り込むとともに，とくに軍隊構成員に対して，武力紛争法の規則に従って戦闘行為を行うことが合理的であり，かつ軍事的必要にも適うことを教育しておく必要がある。ハーグ陸戦条約は，締約国の軍隊に対してハーグ陸戦規則に適合する訓令を発することを義務づけ（1条），また，ジュネーヴ諸条約や追加議定書も，条約文を自国内で広く普及させ，軍隊の教育に諸条約や議定書についての学習を取り入れること，文民の教育にもその学習を奨励することを定めている（たとえば，第1条約47条，第1追加議定書83条）。

(2) 戦時復仇

相手国の武力紛争法の違反行為に対して，均衡性と必要性を満たすことを条件に，武力紛争法の違反行為で対抗することを「戦時復仇（belligerent reprisal）」という。違反行為に対する集権的な制裁機関が存在しなかった伝統的な国際法のもとで，戦時復仇は，相手国に武力紛争法を履行させるための有効な手段の一つとして，広く認められていた。しかし，その濫用やエスカレーションの危険から，第2次大戦後は，徐々に制限される傾向にある。ジュネーヴ諸条約は，各条約の被保護者に対する復仇措置を禁止し（第1条約46条，第2条約47条，第3条約13条第3文，第4条約33条第3文），また，第1追加議定書は，あらたに保護対象に加えられた交戦相手国の領域内にある文民についても，復仇の手段として文民を攻撃することを禁止した（51条6項）。もっとも，条約の被保護者になっていない戦闘員に対する復仇は，なお認められると解されており，また，第1追加議定書の復仇の手段としての文民への攻撃の禁止に関しては，フランスや英国などが留保や解釈宣言を付しており，今日でも，戦時復仇が完全に禁止されているとまではいえない。

(3) 利益保護国や赤十字国際委員会（ICRC）による監視

伝統的な国際法のもとでは，戦争状態が成立すると交戦国間で外交関係が断絶するため，交戦国間の抗議・交渉は中立国を通じて行われた。広島・長崎に

対する原子爆弾の投下にさいし，日本政府は中立国スイスを通じて，米国政府に抗議書を提出した。ジュネーヴ諸条約は，あらたに利益保護国の制度を設け（第1，第2，第3条約の各8条，第4条約9条），紛争の両当事者の同意を条件に，利益保護国の役割を引き受けた中立国が，紛争当事国間の意思伝達や，捕虜の待遇状態などの視察を行うことなどを通じて，その協力と監視のもとで条約の履行を確保することを目指している。しかし実際には，紛争当事国が正式に武力紛争の当事者であることを認めたがらないこと，両当事国が同意する利益保護国を探すことが困難なことなどの理由で，十分に機能していないのが実情である。第1追加議定書は，利益保護国の任命の手続を改善するとともに，利益保護国が任命できない場合，ICRC等の人道団体がその代理を行うことを認めており（5条），実際には，多くの武力紛争で，ICRCによる活動が行われている。

(4) 国際事実調査委員会による審査・調停

伝統的な国際法には存在しなかった，客観的な第三者機関による違反の認定を行う試みとして，第1追加議定書は，国際事実調査委員会の設置を定めている（90条）。この委員会は，あらかじめ同委員会の権限を受諾する宣言を行っている締約国間で，ジュネーヴ諸条約や同議定書の違反が一方的に申し立てられたさいに，違反の事実を調査するとともに，履行の確保を容易にするための斡旋を行う権限を認められている。委員会は1992年に設置され，現在までに70ヵ国が委員会の権限を受諾する宣言を行っているが，実際に活動を行うまでには至っていない。

(5) 裁判による処罰

伝統的な国際法の下でも，武力紛争法に違反した敵国の戦闘員などを，戦時中に自国の国内裁判所で裁くことが行われたが，戦争終了後は処罰しないのが通例であった。ジュネーヴ諸条約は，武力紛争終了後であっても，各条約の定義する重大な違反行為につき，締約国に処罰義務を課し，自国の裁判所で処罰するか，関係国に引き渡すかして，責任ある個人が処罰を免れることのないように普遍的管轄権を設定した（第1条約49条，第2条約50条，第3条約129条，第4条約146条）。また，第1追加議定書は，重大な違反行為の範囲を拡大するとともに，諸条約および議定書の重大な違反行為を「戦争犯罪」と認めることとした（85条）。

2　国際刑事裁判

　ジュネーヴ諸条約や第1追加議定書による戦争犯罪の処罰が，いずれかの国の国内裁判所による処罰を想定しているのに対して，国際的な裁判所による処罰の試みも発展してきている。

　第2次大戦後，ドイツと日本の戦争指導者を対象として，ニュルンベルク国際軍事裁判所と極東国際軍事裁判所が設置され，通例の戦争犯罪のほか，「平和に対する罪」と「人道に対する罪」が裁かれた。これらの裁判に対しては，「勝者の裁き」，「事後法による処罰」との批判もあるが，この経験を踏まえて，国連総会は，1947年，国連国際法委員会（ILC）に対して「人類の平和と安全に対する罪の法典案」の審議を要請した（決議177(Ⅱ)）。そのなかで，常設の国際刑事裁判所の設立も議論されてきたが，諸国の抵抗が強く長らく頓挫していた。

　ところが，冷戦終結後の地域紛争の続発と，その過程で犯された集団殺害その他の国際人道法に対する重大な違反に対処するため，国連安保理は，1993年に旧ユーゴ国際刑事裁判所を，また翌94年にはルワンダ国際刑事裁判所を相次いで設立した（決議827，955）。これら2つの裁判所は，国連安保理が，国連憲章第7章下の強制措置として設けたもので，処罰の対象となる犯罪もその遂行された地域・期間が限定されるなど，臨時の性格を有するものである。

　安保理決議を通じての刑事裁判所の設立には批判もあり，条約によって常設の国際刑事裁判所を設立すべきとの機運が高まった結果，1998年7月に国際刑事裁判所（ICC）に関するローマ規程が採択され，2002年7月に発効した（日本は，2007年10月に加入）。ICC規程は，集団殺害罪，人道に対する罪，戦争犯罪，侵略犯罪（侵略犯罪については定義について合意されるまで適用されない）を対象犯罪とし（5条），「補完性の原則」に基づき，これらの犯罪がいずれの国の国内裁判所でも処罰されない場合，ICC自身が裁判を行い処罰する制度を整えた。将来の武力紛争法の違反を抑止する制度の一つとして期待されている（第7章Ⅲ4，16章Ⅵ参照）。

V 中　立

1　伝統的な中立制度
(1)　中立の概念

　伝統的な中立（neutrality）とは，国家間に戦争状態（または「交戦団体の承認」がある場合の内戦）が生じたさいに，戦争に参加しない国が交戦国に対する関係で置かれる戦時国際法上の地位を意味した。一般国際法上，中立の地位を選択するか否かは，国家の任意であり義務ではない。中立の地位に立つ国（中立国）は，交戦国に対して平時国際法上の権利（とりわけ領土保全を要求する権利）を有する一方で，平時国際法上の義務に加えて，中立法上の特別な義務を負う。これに対して，「永世中立（permanent neutrality）」とは，将来他国間に戦争が生じた場合，いずれの交戦国にも援助をしない義務を負った国の法的地位をいう（スイス，オーストリアがその例）。条約で平時からあらかじめ中立の義務を負う点で，戦争状態の存在を前提として，国家の任意の選択で成立する戦時国際法上の中立とは区別される。

(2)　中立国の義務

　中立国が交戦国に対して負う特別の義務はつぎの3種類に分類される。

　第一は避止（回避）義務である。中立国は，交戦国に対して戦争遂行に寄与する援助（軍隊・軍用航空機・軍艦・兵器・弾薬・軍用資材等）を直接・間接に供与することを慎まなければならない。もっともこの義務は，国家自身による援助を禁止するもので，中立国国民がみずからの危険負担で私人として行う援助までをも禁止するものでない点には注意を要する。

　第二は防止義務である。中立国は，自国の領域が交戦国の戦争遂行に利用されること（交戦国軍隊や輸送部隊の自国領域の通過，交戦国のための戦闘部隊の編成等）を防止するため，あらゆる必要な措置をとる義務を負う。この義務は，避止義務と共に，中立国が両交戦国に対して公平な立場を維持することで戦争に巻き込まれないための不可欠な義務である。その意味で，両者をあわせて公平義務ということもある。

　第三は黙認（受認・容認）義務である。中立国が負う避止義務にもかかわらず，中立国の国民は私人として中立商業に従事する自由を有する。しかし他方で，交戦国はこうした商業活動が相手交戦国の戦争遂行能力を高める限りでそ

れを妨害しようとする。この両者の利害を調整する機能を果たしたのが，海上捕獲や封鎖に関する制度である。交戦国は，敵船とそれに積まれた敵貨に加えて，①敵船上にある戦時禁制品（軍事力の増強に資する物品）たる中立貨，②中立船上にある戦時禁制品，③封鎖（交戦国が海軍力をもって敵国と第三国との海上交通を遮断すること）を侵犯した中立船とそれに積まれた貨物を拿捕し，一定の手続を経た上で没収することができる。中立国はこのような形で自国民がこうむった不利益を一定範囲で黙認し，損害の賠償等を求めることができない。

2　中立制度の成立と動揺

(1)　中立制度の成立

　中立制度は，19〜20世紀初頭のいわゆる「無差別戦争観」の時代に成立・発展した。交戦当事国の立場を平等とみる「無差別戦争観」は，第三国が交戦当事国の双方に公平であることを要求する中立の考え方に適合するものであった。加えて，戦争に訴える自由が大幅に認められていたこの時代にあって，中立によって戦争の範囲を局限化することは国際秩序の安定を計る上で不可欠であり，またそのことが，戦争中も通商利益を確保しようとする諸国の要求にも適うものであったからである。1856年の海上中立法に関するパリ宣言，1907年の陸戦中立条約と海戦中立条約，および1909年のロンドン宣言（未発効）を通じて，中立法規の法典化はほぼ完成をみるに至った。

(2)　中立制度の動揺

　こうして確立した伝統的な中立制度も，2度の世界大戦での国家実行によって大きく動揺した。両大戦は経済総力戦の様相を呈し，そのためほとんどすべての貨物が戦時禁制品とされ中立商業の自由は大幅に制限された。またドイツによる中立国領域の侵犯や無制限潜水艦戦は，陸・海いずれにおける中立の維持をも困難にした。さらに，それまでもっとも強力な中立国であった米国が第2次大戦への参戦以前にとった「非交戦状態」の立場も，伝統的な中立制度の動揺に拍車をかけた。これは，交戦国として戦争に参加するには至らないが，公平義務に反して交戦国の一方を援助する政策のことである。しかしこうした政策は，当然に相手交戦国側からの反発を招き，非交戦国としての立場を維持することは実際上多大の困難をともなう。

3　国連憲章体制下での中立

　中立制度は，交戦当事国の平等性を前提とする「無差別戦争観」を一要因として成立した。武力行使の違法化と集団安全保障を確立した（第22章，第23章参照）国連体制下では，伝統的な中立制度はもはや存立不能になったのか。

(1)　国連憲章 39 条の認定がない場合

　冷戦期の武力紛争では，両当事国が互いに自衛権の行使を主張し，国連安保理も「平和の破壊」等の存在認定（国連憲章39条）を行えないことが多かった。こうした場合，観念的には違法な側と自衛権を行使している側とを区別することは可能だが，権威的機関の判定がない以上，実際にはその区別は困難である。その限りで中立の存立しうる余地は大きいが，他方で，伝統的な中立制度の前提であった「戦争状態」が回避されるようになった結果，中立の地位が生じる始期の確定が困難になるという問題は残る。

(2)　国連憲章 39 条の認定はあるが有責国が特定されない場合

　国連安保理が「平和の破壊」の存在を認定し，いずれが有責かを特定しないままに両国に停戦を要求するような場合（1980年のイラン・イラク戦争がその例）には，安保理による「平和の破壊」の存在認定がある点では，「戦争状態」の存在に準じて中立の地位が認められる可能性は高い。他方で，両当事国が安保理の停戦要求に従わないのに，第三国が公平義務に加えて黙認義務を負うことは，国際社会の要求を無視して戦闘を続ける当事国を，第三国の犠牲の上に不当に利することになる。そのため，こうした不利益を甘受しても戦争の局限化を図る要求がどれほど強いかが中立成立の鍵となる。

(3)　有責国が特定され被害国への援助が要請される場合

　1990〜91年の湾岸戦争では，イラクの行為が「平和の破壊」であると認定され（決議660），同国に対する非軍事的措置の発動がすべての国に求められた（決議661）。また，被害国であるクウェート政府と協力する加盟国に安保理決議を実施するために必要な措置をとることが「許可（授権）（authorize）」され，そのために適切な支援を与えることがすべての国に要請された（決議678）。このような場合には，少なくとも国連加盟国に関する限り，完全な中立の可能性はないと考えられる（永世中立国で当時国連非加盟国のスイスも，事実上これに従う国内措置をとった。なお，スイスは2002年に国連に加盟）。他方，軍事的措置に関しては，国連憲章43条の特別協定がない限り，国連も加盟国に軍事援助を義務づけることはできない。

■■■ 確認質問 ■■■

1 「戦時国際法」と「武力紛争法」との違いは，どのような点にあるか。

2 武力紛争法の適用条件には，どのような問題点があるか。

3 武力紛争法は，「人道的考慮」のみで成立しているのではなく，「軍事的必要」とのバランスの上に成立していると言われるが，その理由はなぜか。

4 戦争・武力行使の違法化は，武力紛争法の平等適用に影響を与えたと言えるか。

5 戦闘の手段・方法の規制に関する武力紛争法の基本原則にはどのようなものがあるか。それらの原則は核兵器の使用にも適用可能か。

6 「戦闘員」と「文民」とを区別するための基準は何か。また，「戦闘員」の範囲が拡大される傾向にあるのはなぜか。

7 第2追加議定書が適用される非国際的武力紛争で，政府軍と戦う反政府軍の兵士は，一定の条件を満たせば「捕虜」資格を認められるか。

8 ジュネーヴ文民条約（第4条約）が適用される文民の範囲と，第1追加議定書が適用される文民の範囲の違いはどこにあるか。

9 武力紛争法の履行確保手段にはどのようなものがあり，どのような問題点があるか。

10 中立義務はどのような背景の下に確立されたか。また，戦争・武力行使の違法化は，中立法にどのような影響を与えることになったか。

条約・決議索引

■ 条約（条文草案を含む）

DSU → WTO 協定・付属書 2
GATT → 関税及び貿易に関する一般協定
ILO 憲章（国際労働憲章・1946 年）……………………………………………………291
MARPOL 条約 → 海洋汚染防止条約
OSPAR 条約 → 北東大西洋 OSPAR 条約
TRIPS 協定 → WTO 協定・付属書 1 C
WTO 協定〔世界貿易機関協定〕（世界貿易機関を設立するマラケシュ協定・1994 年）
　………………………………………………………………………303-304, 306-307, 343
　　WTO 設立協定 ……………………………………………………………303, 305-308
　　付属書 1 A・物品の貿易に関する多角的協定 ………………………………………303
　　付属書 1 B・サービスの貿易に関する一般協定〔GATS〕……………………304-305
　　付属書 1 C・知的所有権の貿易関連の側面に関する協定〔TRIPS 協定〕……304-305
　　付属書 2・紛争解決に係わる規則及び手続に関する了解〔DSU〕…304-305, 307-309, 343
　　付属書 3・貿易政策検討制度〔TPRM〕………………………………………304-305, 307
　　付属書 4・複数国間協定 ……………………………………………………………304
アパルトヘイト条約（アパルトヘイト犯罪の鎮圧及び処罰に関する条約・1973 年）……271
油汚染損害基金条約（1971 年）………………………………………………………337
油汚染損害基金条約改正議定書（2003 年）…………………………………………337
油汚染損害民事責任条約〔ブリュッセル条約，油濁民事責任条約〕（1969 年）………237, 322, 336-337
油汚染損害民事責任条約議定書（1992 年）…………………………………………337
アフリカ難民条約（1969 年）…………………………………………………………266
アフリカ非核地帯条約〔ペリンダバ条約〕（1996 年）…………………………………390
アルジェ宣言（1981 年）………………………………………………………………350
インド洋マグロ類委員会設置協定（1993 年）…………………………………………236
ウェストファリア条約（1648 年）……………………………………………5, 9, 80, 275
ヴェルサイユ条約（1919 年）…………………………………………………………105
宇宙救助返還協定（宇宙飛行士の救助及び送還並びに宇宙空間に打ち上げられた物体の返還に関する協定・1968 年）……………………………………………………………251, 254
宇宙条約（月その他の天体を含む宇宙空間の探査及び利用における国家活動を律する原則に関する条約・1966 年）…………………………………118, 251-254, 322, 336, 390
宇宙損害責任条約（宇宙物体により引き起こされる損害についての国際的責任に関する条約・1972 年）………………………………………………………103, 251, 255, 336
宇宙物体登録条約（宇宙空間に打ち上げられた物体の登録に関する条約・1974 年）……251, 253
越境 EIA 条約 → 国連欧州経済委員会（ECE）越境環境影響評価条約
越境損害防止条文草案（2001 年）……………………………………………………327
欧州（ヨーロッパ）人権条約（人権および基本的自由の保護のための条約・1950 年）
　……………………………………………………………36, 105, 280-281, 283, 293-294
欧州連合条約〔マーストリヒト条約〕（1992 年）………………………………………98
欧州連合条約及び欧州共同体設立条約を改定するリスボン条約（2007 年）……………99
オスロ条約 → 北東大西洋海洋投棄汚染防止オスロ条約
オゾン層破壊物質規制モントリオール議定書（オゾン層を破壊する物質に関するモントリオール議定書・1987 年）………………………………………………323, 328-330, 333
オゾン層保護ウィーン条約（オゾン層の保護のためのウィーン条約・1985 年）……323, 329
外交関係条約（外交関係に関するウィーン条約・1961 年）……27-28, 87, 151-153, 157-162, 172, 176-177, 343
外交使節の席次に関する規則（1815 年）………………………………………………150

外交的保護に関する条文草案(2006年) ··180, 260
外国航空機第三者損害ローマ条約(1952年) ··336
海戦中立条約(海戦ノ場合ニ於ケル中立国ノ権利義務ニ関スル条約・1907年) ·················407
開戦ニ関スル条約(1907年) ··363
海底鉱物資源条約(1976年) ···336
海底非核化条約(核兵器及び他の大量破壊兵器の海底における設置の禁止に関する条約・1971年)
　···390
海洋汚濁防止条約〔MARPOL条約〕(1973年の船舶による汚染の防止のための国際条約・1973年)
　··237, 323, 330
　　同改定議定書〔MARPOL条約議定書〕(1973年の船舶による汚染の防止のための国際条約に関す
　　　る1978年の議定書・1978年) ···237
海洋投棄規制ロンドン条約〔ロンドン条約〕(廃棄物その他の物の投棄による海洋汚染の防止に関す
　　る条約・1972年) ··237, 323, 327, 330
海洋油濁防止条約　→　油濁汚染防止条約
化学兵器禁止条約(化学兵器の開発, 生産, 貯蔵及び使用の禁止並びに廃棄に関する条約・1993
　　年) ···391, 399
核テロリズム防止条約(核によるテロリズムの行為の防止に関する国際条約・2005年) ·········269
核不拡散条約(核兵器の不拡散に関する条約・1968年) ·······························16, 66, 119, 389
樺太千島交換条約(1875年) ··200
カルタヘナ議定書　→　生物多様性条約のバイオ・セーフティに関するカルタヘナ議定書
関税及び貿易に関する一般協定〔GATT〕(1947年) ······················303-304, 307-310
基金条約　→　油汚染損害基金条約
基金条約改正議定書　→　油汚染損害基金条約改正議定書
「危険活動から生じる越権損害に関する損失配分」原則案(2006年) ·······························336
気候変動枠組条約(気候変動に関する国際連合枠組条約・1992年) ···············122, 323, 328-329, 333
京都議定書(気候変動に関する国際連合枠組条約の京都議定書・1997年) ·········122, 324, 328-330, 333
空戦に関する規則案(1922年) ···398
国の財産, 公文書および債務についての国家承継条約(国の財産, 公文書および債務についての国
　　家承継に関するウィーン条約・1983年) ···92
クラスター弾禁止条約〔オスロ条約〕(2008年) ···391
原子力事故早期通報援助条約(原子力事故又は放射線緊急事態の場合における援助に関する条約・
　　1986年) ···331
原子力事故早期通報条約(原子力事故の早期通報に関する条約・1986年) ················323, 326, 331
原子力損害補完基金条約(1997年) ···337
原子力民事責任条約(1969年) ···322, 336
公海介入条約(1969年)　→　油濁公海措置条約
公海条約(公海に関する条約・1958年) ··137
公海生物資源保存条約(漁業および公海の生物資源の保存に関する条約・1958年) ···············236
航空機不法奪取防止条約〔ハーグ条約〕(航空機の不法な奪取の防止に関する条約・1970年)
　··52, 61, 269-270
航行の安全に対する不法行為の防止に関する条約〔SUA条約〕(1988年) ·······················239
　　SUA条約改正議定書(2005年) ···239
拷問等禁止条約(拷問及び他の残虐な, 非人道的な又は品位を傷つける取扱い又は刑罰に関する条
　　約・1984年) ··294-295
国際宇宙基地協定(民生用国際宇宙基地のための協力に関するカナダ政府, 欧州宇宙機関の加盟国
　　政府, 日本国政府, ロシア連邦政府及びアメリカ合衆国政府の間の協定・1998年) ···········253
国際刑事裁判所(ICC)規程(国際刑事裁判所に関するローマ規程・1998年)
　···16, 21, 33, 107-108, 269, 405
国際航空運送協定(1944年) ···249
国際航空業務通過協定(1944年) ···249

国際司法裁判所規則 ……………………………………………………………………………… 348
国際司法裁判所（ICJ）規程（1945年）……………………… 14-15, 17, 19, 21-22, 24-25, 78, 123, 351-355
国際人権規約 ………………………………………………………………………… 278, 281, 295, 312
　社会権規約（経済的，社会的及び文化的権利に関する国際規約・1966年）
　　………………………………………………………………… 63, 125, 278-279, 289-291, 296-297
　自由権規約（市民的及び政治的権利に関する国際規約・1966年）
　　……………………………………………… 63, 105, 125, 260-262, 278, 282-285, 287-294, 297, 395
　　死刑廃止に関する選択議定書（1989年）………………………………………………… 278, 289
　　社会権規約選択議定書（2008年）……………………………………………………………… 279
　　自由権規約選択議定書（1966年）……………………………………………………… 105, 278, 282
国際組織条約法条約（国と国際機関との間又は国際機関相互の間の条約についての法に関するウィ
　ーン条約・1986年）……………………………………………………………………… 15, 31, 97, 101
国際組織の責任条文草案（第一読・2009年）………………………………………………………… 98, 103
国際通貨基金協定〔IMF協定〕（1945年）…………………………………………………… 121, 316-317
国際的に保護される者に対する犯罪防止条約（国際的に保護される者（外交官を含む。）に対する
　犯罪の防止及び処罰に関する条約・1973年）………………………………………………… 151, 159
国際難民機関憲章（1946年）………………………………………………………………………… 264
国際復興開発銀行協定（1945年）……………………………………………………………… 102, 121
国際紛争平和的処理一般議定書（1928年）…………………………………………………… 347-348
国際紛争平和的処理条約（1899年）…………………………………………………………………… 349
国際紛争平和的処理条約（1907年）…………………………………………………………… 347-348
国際貿易機関憲章〔ハバナ憲章〕（1948年）………………………………………………………… 302
国際捕鯨取締条約（1946年）…………………………………………………………………… 226, 331
国際民間航空条約〔シカゴ条約〕（1944年）………………………………………………… 23, 248-249, 260
国際連盟規約（1919年）……………………………………… 42, 101, 124, 128, 243, 355, 363, 369, 377, 387
国籍法抵触条約（国籍法の抵触に関連するある種の問題に関する条約・1930年）……………… 258
国連欧州経済委員会（ECE）越境環境影響評価条約（1991年）………………………………… 323, 327
国連欧州経済委員会（ECE）オーフス条約（環境問題における，情報へのアクセス，意思決定にお
　ける市民参加，司法へのアクセスに関する条約・1998年）……………………………… 324, 337
国連欧州経済委員会（ECE）産業事故越境影響条約（1992年）……………………………………… 323
国連欧州経済委員会（ECE）長距離越境大気汚染防止条約（1976年）……………………… 323, 330
国連海洋法条約（海洋法に関する国際連合条約・1982年）
　……… 32, 36, 66, 74, 103, 122, 137, 140, 145, 186, 207-220, 223-226, 228-239, 260, 323, 326, 330, 334, 350, 366-367
国連海洋法条約第11部実施協定（1982年12月10日の海洋法に関する国際連合条約第十一部の実
　施に関する協定・1994年）……………………………………………………………………………… 230
国連緊急軍に関する国連・エジプト協定（1957年）………………………………………………… 102
国連憲章（国際連合憲章・1945年）
　……… 11, 18, 23, 28, 33, 40, 69, 73, 75, 86, 98, 102-103, 109, 113-114, 117, 121, 124-125, 128-129, 179, 188,
　243-244, 263-264, 276-277, 296, 342, 343-344, 346, 351, 354-357, 364-374, 377-378, 380-383, 385-387, 389, 405-408
国連公海漁業協定（分布範囲が排他的経済水域の内外に存在する魚類資源（ストラドリング魚類資
　源）及び高度回遊性魚類資源の保存及び管理に関する1982年12月10日の海洋法に関する国際
　連合条約の規定の実施のための協定・1995年）……………………………… 24, 226, 237, 328-329, 367
国連国際水路非航行的利用条約（国際水路の非航行的利用の法に関する条約・1997年）……… 28, 326, 331
国連裁判権免除条約（国および国の財産の裁判権免除に関する国際連合条約・2004年）
　………………………………………………………………………………………… 28, 143, 145, 147-148
国連特権免除条約（国際連合の特権及び免除に関する条約・1946年）………………………… 102, 104
国連本部協定（1947年）……………………………………………………………………………… 102
国家承継との関連における自然人の国籍に関する条文草案（1999年）…………………………… 92
国家責任暫定条文草案（1996年）……………………………………………………… 168-170, 172, 267
国家責任条文（「国際違法行為に対する国の責任」に関する条文・2001年）

条約・決議索引
413

　　　　　　　　　　　…………………………………… 28, 95, 103, 158, 163, 168-179, 182-183, 267, 331-332, 335, 370
コンスタンチノープル条約（スエズ海水運河の自由航行に関する条約・1888年）……………… 38, 247
在日米軍地位協定　→　日米地位協定
砂漠化対処条約（1994年）……………………………………………………………………………… 323
サラゴサ条約（1529年）………………………………………………………………………………… 205
サンクト・ペテルブルク宣言（戦時におけるある種の発射物の使用の禁止に関する宣言・1868年）
　　　　　　　　　　　　　……………………………………………………………………… 395, 398
サンフランシスコ平和条約（日本国との平和条約・1951年）………………………………… 200-201
残留性有機汚染物質規制ストックホルム条約（2001年）……………………………………… 323, 331
ジェイ条約〔英米友好通商航海条約〕（1794年）…………………………………………………… 349
ジェノサイド条約（集団殺害罪の防止および処罰に関する条約・1948年）…… 34, 108, 269, 271, 289
シカゴ条約　→　国際民間航空条約
湿地保護に関するラムサール条約（特に水鳥の生息地として国際的に重要な湿地に関する条約・
　1971年）………………………………………………………………………………………… 322, 331
児童権利条約（児童の権利に関する条約・1989年）…………………………… 260, 280-281, 297
社会権規約　→　国際人権規約
死刑廃止に関する選択議定書　→　国際人権規約
社会権規約選択議定書　→　国際人権規約
自由権規約　→　国際人権規約
自由権規約選択議定書　→　国際人権規約
ジュネーヴ海洋法4条約（1958年2月24日から4月27日までジュネーヴにおいて開催された海
　洋法に関する国際連合の会議において採択された諸条約，議定書，最終文書及び諸決議・1958年）
　　　　　　　　　　　　　………………………………………………………………………… 28, 206-208
ジュネーヴ条約（1864年）………………………………………………………………………… 393, 400
ジュネーヴ諸条約（1949年）……………………………………… 95, 107, 275, 368, 394, 401, 403-404
　ジュネーヴ傷病兵保護条約（第1条約）（戦地にある軍隊の傷者及び病者の状態の改善に関する
　　1949年8月12日のジュネーヴ条約・1949年）……………………………… 107, 138, 400, 403-404
　ジュネーヴ海上傷病者保護条約（第2条約）（海上にある軍隊の傷者，病者及び難船者の状態の
　　改善に関する1949年8月12日のジュネーヴ条約・1949年）………………… 138, 400, 403-404
　ジュネーヴ捕虜条約（第3条約）（捕虜の待遇に関する1949年8月12日のジュネーヴ条約・
　　1949年）………………………………………………………………………… 138, 400-401, 403-404
　ジュネーヴ文民保護条約（第4条約）（戦時における文民の保護に関する1949年8月12日の
　　ジュネーヴ条約・1949年）……………………………………………………… 138, 402-404
ジュネーヴ条約追加議定書（1977年）……………………………………………………………… 394, 403
　ジュネーヴ条約第1追加議定書（1949年8月12日のジュネーヴ諸条約の国際的な武力紛争の犠
　　牲者の保護に関する追加議定書（議定書I）・1977年）…………………… 97, 394, 397, 400-405
　ジュネーヴ第2追加議定書（1949年8月12日のジュネーヴ諸条約の非国際的な武力紛争の犠牲
　　者の保護に関する追加議定書（議定書II）・1977年）………………………… 95, 368, 394, 401
ジュネーヴ毒ガス等禁止議定書（1925年）……………………………………………………… 391, 398
障害者権利条約（2006年）……………………………………………………………………………… 281
常設国際司法裁判所（PCIJ）規程（1920年）……………………………………………… 14, 20, 24, 26
上部シレジアに関するドイツ・ポーランド条約（1922年）……………………………………… 105
条約に関する国家承継条約（条約についての国家承継に関するウィーン条約・1978年）…… 28, 91
条約の締結における軍事的，政治的または経済的強制の禁止に関する宣言（1969年）………… 40
条約法条約（条約法に関するウィーン条約・1969年）
　　　　　　　　　　　　　……………… 4, 15-16, 27-28, 31-46, 53, 72, 74-75, 97, 170, 193, 325, 384
女子差別撤廃条約（女子に対するあらゆる形態の差別の撤廃に関する条約・1979年）…… 280-281, 298
人種差別撤廃条約（あらゆる形態の人種差別の撤廃に関する国際条約・1965年）
　　　　　　　　　　　　　……………………………………………………… 60, 280-281, 283, 285, 298
ストックホルム条約　→　残留性有機汚染物質規制ストックホルム条約

生物多様性条約（生物の多様性に関する条約・1992年） ……………………………… 323, 329, 333
生物多様性条約のバイオ・セーフティに関するカルタヘナ議定書（生物の多様性に関する条約のバ
　イオセーフティに関するカタルヘナ議定書・2000年） ……………………………… 324, 329, 331, 336
生物・毒素兵器禁止条約（細菌兵器（生物兵器）及び毒素兵器の開発，生産及び貯蔵の禁止並びに
　廃棄に関する条約・1972年） ……………………………………………………………………… 391, 399
世界銀行協定（国際復興開発銀行協定・1945年） ……………………………………………………… 313
1963年ウィーン条約全面改正議定書（1997年） ……………………………………………………… 337
船舶起因の海洋汚染の防止に関する条約 → 海洋汚染防止条約
専門機関特権免除条約（1947年） ………………………………………………………………………… 102
戦略核攻撃能力削減条約〔モスクワ条約〕（2002年） ………………………………………………… 388
　第1次戦略兵器制限条約〔SALT・I〕（1972年） ………………………………………………… 388
　第2次戦略兵器制限条約〔SALT・II〕（1979年） ……………………………………………… 388
　第1次戦略兵器削減条約〔START・I〕（1991年） …………………………………………… 388
　第2次戦略兵器削減条約〔START・II〕（1993年） …………………………………………… 388
対人地雷禁止条約（対人地雷の使用，貯蔵，生産及び移譲の禁止並びに廃棄に関する条約・1997
　年） ……………………………………………………………………………………………… 391, 396
大陸棚条約（大陸棚に関する条約・1958年） ………………………… 27, 118, 227-229, 231-233, 235
ダムダム弾禁止宣言（外包硬固ナル弾丸ニシテ其ノ外包中心ノ全部ヲ蓋包セス若ハ其ノ外包ニ截刻
　ヲ施シタルモノノ如キ人体内ニ入テ容易ニ開展シ又ハ扁平ト為ルヘキ弾丸ノ使用ヲ各自ニ禁止ス
　ル宣言・1899年） ………………………………………………………………………………………… 398
地域協力協定（ReCAAP）（アジア海賊対策地域協力協定・2004年） ……………………………… 216
地中海環境保全バルセロナ条約（1976年） …………………………………………………………… 323
中央アジア非核地帯条約（2006年） …………………………………………………………………… 390
中距離核戦力（INF）廃棄条約（1987年） …………………………………………………………… 388
中西部太平洋高度回遊性魚種保存条約（2000年） …………………………………………………… 236
月協定（月その他の天体における国の活動を律する協定・1979年） ……………………… 251-252, 390
テロ資金供与防止条約（テロリズムに対する資金供与の防止に関する国際条約・1999年） …… 269
ドイツからの難民の地位に関する条約（1938年） …………………………………………………… 263
投資紛争解決条約（国家と他の国家の国民との間の投資紛争の解決に関する条約・1965年）
　……………………………………………………………………………………… 105, 313-314, 350
東南アジア非核地帯条約〔バンコク条約〕（1995年） ………………………………………………… 390
毒ガス禁止に関するハーグ宣言（1899年） ……………………………………………………… 391, 398
毒ガス禁止に関するハーグ宣言に関する議定書（1925年）→ ジュネーヴ毒ガス等禁止議定書
特定通常兵器使用禁止制限条約（過度に傷害を与え又は無差別に効果を及ぼすことがあると認めら
　れる通常兵器の使用の禁止又は制限に関する条約・1980年） …………………………………… 97, 398
特別使節団に関するニューヨーク条約（1969年） …………………………………………………… 151
ドナウ〔ダニューブ〕川保護条約（1994年） ………………………………………………………… 331
トルデシリャス条約（1494年） ………………………………………………………………………… 204
流し網禁止条約（南太平洋流し網漁業禁止条約，1989年） ………………………………………… 331
南極あざらし保存条約（1972年） ……………………………………………………………………… 246
南極海洋生物資源保存条約（南極の海洋生物資源の保存に関する条約・1980年） ……………… 246
南極鉱物資源活動規制条約（1988年） ………………………………………………………………… 246
南極条約（1959年） ………………………………………………………………………… 38, 245, 390
南極条約環境保護議定書（環境保護に関する南極条約議定書・1991年） … 246, 323, 327, 331
　同責任議定書（2005年） ……………………………………………………………………………… 336
南極条約環境保護議定書の責任付属書（2005年） …………………………………………………… 337
南極生物資源保存条約（南極の海洋生物資源の保存に関する条約・1980年） ……………… 220, 236
難民議定書（難民の地位に関する議定書・1967年） ……………………………………………… 265, 267
難民条約（難民の地位に関する条約）（1951年） ……………………………………… 264-267, 295-296
難民の国際的地位に関する条約（1933年） …………………………………………………………… 263

日米安全保障条約（日本国とアメリカ合衆国との間の相互協力及び安全保障条約・1960年）
………………………………………………………………………………………………… 45, 200
　旧日本安全保障条約（日本国とアメリカ合衆国との間の安全保障条約・1951年）……… 59
日米環境協力協定（1975年）……………………………………………………………………… 323
日米航空協定（日本国とアメリカ合衆国との間の民間航空運送協定・1952年）………… 250
日米地位協定（日本国とアメリカ合衆国との間の相互協力及び安全保障条約第6条に基づく施設及
　び区域並びに日本国における合衆国軍隊の地位に関する協定・1960年）………… 57, 145
日米通商航海条約（日本国とアメリカ合衆国との間の友好通商航海条約及び関係文書・1953年）
　………………………………………………………………………………………………… 214, 261
日米犯罪人引渡条約（日本国とアメリカ合衆国との間の犯罪人引渡しに関する条約・1978年）……… 271
日米領事条約（1963年）…………………………………………………………………………… 66
日魯通交条約（1855年）…………………………………………………………………………… 200
日露領事条約（1966年）…………………………………………………………………………… 66
日韓基本関係条約（日本国と大韓民国との間の基本関係に関する条約・1965年）……… 58, 77
日韓投資協定（投資の自由化，促進及び保護に関する日本国政府と大韓民国政府との間の協定・
　2002年）………………………………………………………………………………………… 315
日韓犯罪人引渡条約（犯罪人引渡しに関する日本国と大韓民国との間の条約・2002年）……… 271
日ソ共同宣言（日本国とソヴィエト社会主義共和国連邦との共同宣言・1956年）……… 58, 200
日中投資保護協定（投資の奨励及び相互保護に関する日本国と中華人民共和国との間の協定・1988
　年）…………………………………………………………………………………………… 314-315
ニュルンベルク国際軍事裁判所条例（1945年）………………………………………………… 276
ハーグ条約 → 航空機不法奪取防止条約
爆弾テロ防止条約（テロリストによる爆弾使用の防止に関する国際条約・1997年）……… 269, 271
ハーグ陸戦規則（陸戦ノ法規慣例ニ関スル規則・1899年，1907年）………… 397-399, 401-403
ハーグ陸戦条約（陸戦ノ法規慣例ニ関スル条約・1907年）…………………………………… 403
バーゼル条約 → 有害廃棄物越境移動規制バーゼル条約
バーゼル条約責任議定書（1999年）…………………………………………………………… 336-338
ハバナ条約（1929年）……………………………………………………………………………… 151
バーミューダ協定（1946年）………………………………………………………………………… 250
　第二次バーミューダ協定（1977年）…………………………………………………………… 250
パリ憲章（1990年）…………………………………………………………………………………… 86
パリ国際航空条約（1919年）……………………………………………………………………… 248
パリ条約（1856年3月30日パリにおいて署名されたオーストリア，フランス，連合王国，プロシ
　ア，ロシア，サルジニア，オスマン帝国間の一般講和条約・1856年）…………………… 324
パリ宣言（海上法ノ要義ヲ確定スル宣言・1856年）………………………………………… 407
パリ包括和平協定（1991年）……………………………………………………………………… 386
バルセロナ条約（国際関係を有する可航水路の制度に関する条約および規程・1921年）… 246
バンカー油損害条約（2001年）…………………………………………………………………… 337
人および人民の権利に関するアフリカ憲章〔バンジュール憲章〕（1981年）……………… 281
人質行為禁止条約（人質をとる行為に関する国際条約・1979年）………………………… 269
不戦条約（戦争放棄ニ関スル条約・1928年）………………………… 77, 85, 363-364, 369
部分的核実験禁止条約〔PTBT〕（大気圏内，宇宙空間及び水中における核兵器実験を禁止する
　条約・1963年）……………………………………………………………………………… 389
ブリュッセル条約 → 油汚染損害民事責任条約
ブリュッセル条約議定書 → 油汚染損害民事責任条約議定書
ヘイ・ヴァリラ条約（1903年）…………………………………………………………………… 247
米加大気質協定（1991年）………………………………………………………………………… 323
米州人権条約（人権に関する米州条約・1969年）…………………………………………… 280
ヘイ・ポーンスフォート条約（1901年）………………………………………………………… 247
弁理公使の席次に関する規則（1818年）………………………………………………………… 150

包括的核実験禁止条約〔CTBT〕（1996年）･･･33, 389
ポーツマス条約（日露講和条約・1905年）･･200
北欧環境保護条約（1974年）･･･336
北東大西洋海洋投棄汚染防止オスロ条約（1972年）･･･322
北東大西洋OSPAR条約〔OSPAR条約〕（北東大西洋の海洋環境保護のための条約・1992年）
　･･324, 328, 331, 334
ボゴダ宣言（1976年）･･252
捕虜条約（1929年）･･401
南太平洋環境保護条約〔ヌメア条約〕（1986年）･･･323
南太平洋非核地帯条約〔ラロトンガ条約〕（1985年）･･･390
みなみまぐろ保存条約（1993年）･･･331
ミュンヘン協定（1938年）･･･40
モンテヴィデオ条約（国の権利および義務に関する条約・1933年）･････････････････････････82, 117
モントリオール議定書 → オゾン層破壊物質規制モントリオール議定書
野性動植物国際取引規制ワシントン条約〔CITES〕（絶滅のおそれのある野生動植物の種の国際取
　引に関する条約・1973年）･･323, 330-331
ヤルタ協定（クリミヤ会議の議事に関する議定書中の日本国に関する協定・1945年）･･･････････200
有害廃棄物越境移動規制バーゼル条約（有害廃棄物の国境を越える移動及びその処分の規制に関す
　るバーゼル条約・1989年）･･･323, 330-331, 333
有害物質海上輸送損害条約（1996年）･･･337
油濁汚染防止条約（1954年）･･･237, 322
油濁公海措置条約（1969年）･･･237, 322
油濁民事責任条約 → 油汚染損害民事責任条約
ユトレヒト条約（1713-1715年）･･9
ヨーロッパ国家免除条約（1972年）･･･145
ヨーロッパテロ行為防止条約（1977年）･･271
ライン河化学汚染防止条約（1976年）･･･323
ラムサール条約 → 湿地保護に関するラムサール条約
ラテラノ条約（1929年）･･83
ラテン・アメリカおよびカリブ非核地帯条約〔トラテロルコ条約〕（ラテン・アメリカおよびカリ
　ブ地域における核兵器の禁止に関する条約・1967年）･･････････････････････････････････････390
ラテン・アメリカ不戦条約（1933年）･･･364
陸戦中立条約（陸戦ノ場合ニ於ケル中立国及中立人ノ権利義務ニ関スル条約・1907年）･･･････407
領海条約（領海及び接続水域に関する条約・1958年）･････････････････････････････････210-213
領事関係条約（領事関係に関するウィーン条約・1963年）････････106, 154-156, 158, 161, 163-165, 184
領事官の職務および特権に関する規程（1926年）･･154
領事特権に関する規則（1896年）･･･154
領事に関するハバナ条約（1928年）･･･155, 164
領事任務に関する欧州条約（1967年）･･154, 164
ロッテルダム条約（有害化学物質等の輸出入の事前同意手続に関するロッテルダム条約・1998年）･･･331
ロンドン条約 → 海洋投棄規制ロンドン条約
ロンドン条約96年改正議定書（1996年）･･･324, 328, 331
ロンドン宣言（海戦法規に関する宣言・1909年）･･･407

■ 安保理決議

221（南ローデシア制裁）（1966年4月9日）･･380
660（イラクのクウェート侵攻）（1990年8月2日）･･380, 408
661（対イラク経済制裁）（1990年8月6日）･･380, 408
665（船舶検査の要請）（1990年8月25日）･･･380

678	（対イラク武力行使許可）（1990年11月29日）	380-381, 408
687	（湾岸戦争停戦）（1991年4月3日）	381
688	（イラク・クルド族への援助）（1991年4月5日）	127
787	（新ユーゴ制裁）（1992年11月16日）	380
794	（ソマリア・タスクフォース）（1992年12月3日）	381
827	（旧ユーゴ国際刑事裁判所の設置）（1993年5月25日）	405
875	（ハイチ制裁）（1993年10月16日）	89, 380
929	（ルワンダ多国籍軍）（1994年6月22日）	381
955	（ルワンダ国際刑事裁判所の設置）（1994年11月8日）	405
1373	（対米テロ行為非難）（2001年9月28日）	23
1441	（対イラク査察関係）（2002年11月8日）	381
1540	（大量破壊兵器の非拡散）（2004年4月28日）	23, 389
1695	（北朝鮮のミサイル発射非難）（2006年7月15日）	119
1718	（北朝鮮の核実験非難）（2006年10月14日）	119
1816	（ソマリア沖の海賊行為）（2008年6月2日）	219

■ 経済社会理事会決議

| 1235 | （1235手続）（1967年6月6日） | 283 |
| 1503 | （1503手続）（1970年5月27日） | 283 |

■ 国連総会決議

174 (II)	国連国際法委員会（ILC）規程（1947年11月21日）	28
177 (II)	（ILCへのニュルンベルク諸原則の定式化要請）（1947年11月21日）	405
217A (III)	世界人権宣言（1948年12月10日）	24, 63, 260, 264, 266, 277-279, 283, 291, 295
377 (V)	平和のための結集決議（1950年11月3日）	379
428 (V)	付属書　国連難民高等弁務官（UNHCR）事務所規程（1950年12月14日）	264
1514 (XV)	植民地独立付与宣言（植民地諸国およびその人民に対する独立の付与に関する宣言）（1960年12月14日）	24, 189
1803 (XVII)	天然資源に対する恒久主権（1962年12月14日）	312
1962 (XVIII)	宇宙活動法原則宣言（1963年12月13日）	24
2312 (XXII)	領域内庇護宣言（1967年12月14日）	23, 266
2574D (XXIV)	（深海底開発のモラトリアム）（1969年12月15日）	229
2625 (XXV)	友好関係原則宣言（国際連合憲章に従った諸国間の友好関係および協力についての国際法の原則に関する宣言，1970年10月24日）	23, 97, 114, 117, 125-126, 342, 366
2749 (XXV)	深海底原則宣言（1970年12月17日）	24, 229
2918 (XXVII)	（ポルトガル統治下の地域の問題）（1972年11月14日）	96
3070 (XXVIII)	（民族解放団体の武力行使の権利）（1973年11月30日）	97
3103 (XXVIII)	（民族解放団体の法的地位）（1973年12月12日）	97
3201 (S-VI)	新国際経済秩序樹立宣言（1974年5月1日）	312
3237 (XXIX)	（PLOのオブザーバー資格）（1974年11月22日）	96
3247 (XXIX)	（民族解放団体のオブザーバー資格）（1974年11月29日）	96
3281 (XXIX)	国家の経済的権利義務憲章（1974年12月12日）	125, 313
3314 (XXIX)	侵略の定義（1974年12月14日）	366
ES-6/2	（アフガニスタン侵攻）（1980年1月14日）	357
36/103	不干渉宣言（1981年12月9日）	23
41/128	（発展の権利に関する宣言）（1986年12月4日）	279
45/100	（クロアティアへの援助）（1990年12月14日）	127
45/160	（スーダンへの援助）（1990年12月18日）	127

46/7 （ハイチ問題）（1991年10月11日） ……………………………………………………………89

■ その他の宣言

環境と開発に関するリオ宣言（1992年6月14日） ……………………23, 117, 171, 189, 323, 326, 328-329
世界人権会議ウィーン宣言（1993年6月25日） ………………………………………………………280
人間環境宣言（ストックホルム宣言）（1972年6月16日） ………………………117, 189, 238, 322, 326
ヘルシンキ最終議定書（欧州安全保障協力会議最終議定書・1975年8月1日） ………………………23, 86

判例索引

■■■ 国際司法裁判所（ICJ, International Court of Justice）（勧告的意見を含む）

アヴェーナ事件（〔本案〕2004年3月31日） ……………………………………………………… 106
アングロ・イラニアン石油会社事件（〔仮保全措置命令〕1951年7月5日，〔管轄権〕1952年7月
　22日） ………………………………………………………………………………………………… 15
インターハンデル事件（〔先決的抗弁〕1959年3月21日） …………………………………… 181
インド領通行権事件（〔本案〕1960年4月12日） …………………………………………………… 18
ウルグアイ河パルプ工場事件（〔仮保全措置却下命令〕2007年1月23日） ………………………… 334
エーゲ海大陸棚事件（〔管轄権〕1978年12月19日） ………………………………………………… 16
エルサルバドル＝ホンジュラス陸地・島・海洋境界事件（〔特別裁判部・本案〕1992年9月11日）
　…… 197
核実験事件（〔仮保全措置命令〕1973年6月22日，〔本案〕1974年12月20日，〔再審請求棄却〕
　1995年9月22日） ……………………………………………………………… 22, 126, 183, 327, 334
核兵器使用の合法性事件（勧告的意見，1996年7月8日） ………… 20, 73, 101, 326, 356, 367, 371, 399
カシキリ/セドゥドゥ島事件（〔本案〕1999年12月13日） ………………………………………… 194
カタール＝バーレーン海洋境界・領土問題事件（〔本案〕2001年3月16日） …………………… 233
ガブチコヴォ・ナジュマロシュ事件（〔本案〕1997年9月25日） ……………… 46, 168, 246, 326, 328, 334
カメルーン＝ナイジェリア陸地・海洋境界事件（〔本案〕2002年10月10日） ………………… 197, 233
カリブ海における領土・海洋紛争事件（〔本案〕2007年10月8日） ……………………………… 196
漁業事件（〔本案〕1951年12月18日） ……………………………………… 18, 22, 54, 71, 199, 210, 213
漁業管轄権事件（〔管轄権〕1973年2月2日，〔本案〕1974年7月25日） ………………… 40, 46, 55, 71
クマラスワミ事件（勧告的意見，1999年4月29日） ……………………………………………… 102
グレートベルト海峡通航事件（〔仮保全措置却下命令〕1991年7月29日） ……………………… 354
国連行政裁判所の補償裁定の効果事件（勧告的意見，1954年7月13日） ……………………… 100
国連経費事件（勧告的意見，1962年7月20日） ……………………………………………… 100, 356, 384
国連損害賠償事件（勧告的意見，1949年4月11日） ………………………………… 43, 99-101, 103, 384
国連本部事件（勧告的意見，1988年4月26日） ……………………………………………………… 53
コルフ海峡事件（〔管轄権〕1948年3月25日，〔本案〕1949年4月9日）
　………………………………………………… 21, 118, 123, 125, 171, 176, 178, 182-183, 189, 215, 321, 326
コンゴ領軍事活動事件（コンゴ＝ルワンダ〔仮保全措置却下命令〕2002年7月10日，〔管轄権〕
　2006年2月3日） …………………………………………………………………………………… 41, 354
ジェノサイド条約適用事件（〔本案〕2007年2月26日） ………………………………… 41, 168, 175-177
ジェノサイド条約留保事件（勧告的意見，1951年5月28日） ……………………………………… 25, 34
シシリー電子工業会社事件（〔特別裁判部・本案〕1989年7月20日） …………………………… 180-182
スペイン＝カナダ漁業管轄権事件（〔管轄権〕1998年12月4日） ………………………………… 367
逮捕令状事件（〔仮保全措置命令〕2000年4月11日，〔本案〕2002年2月14日） …………… 142, 183, 354
WHO＝エジプト間協定解釈事件（勧告的意見，1980年12月20日） ……………………………… 99
仲裁判決事件（〔本案〕1991年11月12日） …………………………………………………………… 42
ナミビア事件（勧告的意見，1971年6月21日） ………………………………………… 27, 42, 45, 85, 244, 356
南西アフリカ事件（〔管轄権〕1962年12月21日，〔第二段階〕1966年7月18日）
　……………………………………………………………………………………………… 18, 178-179, 183, 332
南西アフリカの国際的地位事件（勧告的意見，1950年7月11日） ………………………………… 244
ニカラグァ事件（〔管轄権〕1984年11月26日，〔本案〕1986年6月27日）
　……………………………………………………… 19-22, 77, 95, 118, 123, 174, 176-177, 183, 355, 365-366, 371-372
西サハラ事件（勧告的意見，1975年10月16日） …………………………………………………… 192
ノッテボーム事件（〔第二段階〕1955年4月6日） ……………………………………………… 54, 181, 259
ノルウェー公債事件（〔本案〕1957年7月6日） …………………………………………………… 124

420　　判例索引

バルセロナ・トラクション会社事件（〔管轄権〕1964年7月24日、〔第二段階〕1970年2月5日）
....55, 178-181, 260
パレスチナにおける壁建設の法的効果事件（勧告的意見、2004年7月9日）................356, 371
東ティモール事件（〔先決的抗弁〕1995年6月30日）..179
庇護事件（〔本案〕1950年11月20日）..17, 19, 158
ブルキナファソ＝マリ国境紛争事件（〔特別裁判部・仮保全措置命令〕1986年1月10日、〔特別裁
　判部・本案〕1986年12月22日）..22, 24, 197, 354
プレア・ビヘア寺院事件（〔管轄権〕1961年5月26日、〔本案〕1962年6月15日）..........39, 197
米国大使館人質事件（〔仮保全措置命令〕1979年12月15日、〔本案〕1980年5月24日）
....158-159, 163, 175, 177, 182-183, 343, 350, 355, 373
平和条約解釈事件（〔第二段階〕勧告的意見、1950年7月18日）.......................................43
北海大陸棚事件（〔本案〕1969年2月20日）......................19-20, 24-25, 227-228, 232
マジール事件（勧告的意見、1989年12月15日）..102
マンキエ・エクレオ事件（〔本案〕1953年11月17日）...196, 198
メイン湾海洋境界画定事件（〔特別裁判部・本案〕1984年10月12日）......................231, 348
ヤン・マイエン事件（〔本案〕1993年6月14日）..25
ラグラン事件（〔本案〕2001年6月27日）...106, 156, 184, 258, 353
リギタン島およびシパダン島事件（〔本案〕2002年12月17日）....................................196
リビア＝チャド領土紛争事件（〔本案〕1994年2月3日）......................................42, 197
リビア＝マルタ大陸棚境界画定事件（〔本案〕1985年6月3日）.........................224, 232-233

■ 常設国際司法裁判所（PCIJ, Permanent Court of International Justice）（勧告的意見を含む）

ウィンブルドン号事件（〔本案〕1923年8月17日）...120, 178-179, 182
オスカー・チン事件（〔本案〕1934年12月12日）...181
オーデル河国際委員会事件（〔本案〕1929年9月10日）...32, 246
ギリシア＝ブルガリア地域共同体事件（勧告的意見、1930年7月31日）...........................53
上部シレジアのドイツ人の利益に関する事件（〔管轄権〕1926年8月25日、〔本案〕1926年5月
　25日）..54
上部サヴォワとジェックスの自由地帯事件（〔本案〕1932年6月7日）...............................37
セルビア公債事件（〔本案〕1929年7月12日）...54
ダニューブ河ヨーロッパ委員会管轄権事件（勧告的意見、1927年12月8日）.....................100
ダンチッヒ裁判所の管轄に関する事件（勧告的意見、1928年3月3日）............................106
チュニス＝モロッコ国籍法事件（勧告的意見、1923年2月7日）...............................124, 258
ドイツ＝オーストリア関税同盟事件（勧告的意見、1931年9月5日）...............................119
東部グリーンランド事件（〔本案〕1933年4月5日）..16, 42, 196-198
パネベジス＝サルヅチスキス鉄道事件（〔先決的抗弁（本案併合）〕1939年2月28日）..........181
ホルジョウ工場事件（〔管轄権〕1927年7月26日、〔本案〕1928年9月13日）..........21, 170, 180-182
マヴロマティス事件（〔管轄権〕1924年8月30日）...180, 351
ローチュス号事件（〔本案〕1927年9月27日）...72, 118, 135

■ 国際仲裁裁判所その他

アクソイ事件（欧州人権裁判所、1996年12月18日）...293
アラバマ号事件（米英仲裁裁判所、1872年9月14日）...53
アル・アドサニ事件（欧州人権裁判所、2001年11月21日）..294
イェーガー対イラン事件（イラン＝米国請求権裁判所、1987年11月2日）.......................174
英仏大陸棚仲裁事件（英仏仲裁裁判所〔本案〕、1977年6月30日）...........................232, 235
エリトリア＝イエメン仲裁裁判（常設仲裁裁判所〔第一段階〕、1998年10月9日、〔第二段階〕、
　1999年12月17日）...233

判例索引

421

Ng 対カナダ事件（自由権規約委員会〔見解〕, 1993 年 11 月 5 日）……………………………………294
ガイアナ＝スリナム海洋境界画定事件（常設仲裁裁判所, 2007 年 9 月 17 日）…………………349, 367
クリッパートン島事件（メキシコ＝フランス仲裁裁判所, 1931 年 1 月 28 日）……………………………192
ケール事件（メキシコ＝フランス請求権委員会, 1929 年 6 月 7 日）………………………………………174
サイガ号事件（国際海洋法裁判所〔本案〕, 1999 年 7 月 1 日）…………………………………225, 367
ジャッジ対カナダ事件（自由権規約委員会〔見解〕, 2003 年 8 月 5 日）……………………………294
シャルタージュ号事件（常設仲裁裁判所, 1913 年 5 月 6 日）……………………………………178, 183
ジョージピンソン事件（メキシコ＝フランス仲裁裁判所, 1928 年 10 月 19 日）……………………………175
ジョホール海峡埋立事件（国際海洋法裁判所〔暫定措置命令〕, 2003 年 10 月 8 日）……………327, 335
ジョホール海峡埋立事件（常設仲裁裁判所, 2005 年 9 月 1 日）……………………………………349
ゼーリング事件（欧州人権裁判所, 1989 年 7 月 7 日）……………………………………………293
セルモウニ事件（欧州人権裁判所, 1999 年 7 月 28 日）……………………………………………293
タイラー事件（欧州人権裁判所, 1978 年 4 月 25 日）………………………………………………293
タジッチ事件（旧ユーゴ国際刑事裁判所〔上訴審本案〕, 1999 年 7 月 15 日）……………………174
テキサコ社対リビア事件（仲裁裁判所, 1977 年 1 月 19 日）………………………………………348
ドッガーバンク事件（国際審査委員会, 1905 年 2 月 26 日）……………………………………347
トレイル熔鉱所事件（米国＝カナダ仲裁裁判所〔中間判決〕, 1938 年 4 月 16 日,〔最終判決〕,
　1941 年 3 月 11 日）……………………………………………………………………71, 189, 321
バルバドス＝トリニダードトバゴ海洋境界画定事件（仲裁裁判所, 2006 年 4 月 11 日）…………233, 349
パルマス島事件（常設仲裁裁判所, 1928 年 4 月 4 日）………………………………………188, 196, 198
ビーグル海峡事件（アルゼンチン＝チリ仲裁裁判所, 1977 年 4 月 18 日）…………………………348
ブリロ（ベリロス）事件（欧州人権裁判所, 1988 年 4 月 29 日）……………………………………36
フルンジャ事件（旧ユーゴ国際刑事裁判所, 1998 年 7 月 21 日）……………………………………294
ブレークス対オランダ事件（自由権規約委員会〔見解〕, 1987 年 4 月 9 日）………………………297
北米浚渫会社事件（メキシコ＝米国一般請求委員会, 1926 年 3 月 31 日）………………………311
マヌーヴァ号事件（常設仲裁裁判所, 1913 年 5 月 6 日）………………………………………178, 183
みなみまぐろ事件（国際海洋法裁判所〔暫定措置命令〕, 1999 年 8 月 27 日）…………………328, 334
みなみまぐろ事件（オーストラリア・ニュージーランド＝日本仲裁裁判所, 2000 年 8 月 4 日）…………334
ムベンゲ対ザイール事件（自由権規約委員会〔見解〕, 1983 年 3 月 25 日）………………………289
MOX 工場事件（国際海洋法裁判所〔暫定措置命令〕, 2001 年 12 月 3 日）…………………327, 335
MOX 工場事件 EC 裁判所判決（欧州共同体裁判所, 2006 年 5 月 30 日）…………………………334
MOX 工場事件 OSPAR 仲裁判決（常設仲裁裁判所, 2003 年 7 月 2 日）……………………334, 349
ヨーマンズ事件（メキシコ＝米国請求権委員会, 1926 年 11 月 23 日）……………………………174
ラヌー湖事件（スペイン＝フランス仲裁裁判所, 1957 年 11 月 16 日）……………………………321, 326
レインボーウォーリア号事件（国際連合事務総長裁定, 1986 年 7 月 6 日）……………178, 348, 357
レインボーウォーリア号事件（ニュージーランド＝フランス仲裁裁判所, 1990 年 4 月 30 日）………182-183

■ 日本の国内判例

小樽入浴拒否事件（札幌地判平成 14 年 11 月 11 日）………………………………………………285
オデコ・日本 SA 事件（東京高判昭和 59 年 3 月 14 日）……………………………………………229
北朝鮮ベルヌ条約事件（東京地判平成 19 年 12 月 16 日）…………………………………………87
原爆判決（下田事件）（東京地判昭和 38 年 12 月 7 日）……………………………………105, 398
光華寮事件（大阪高判昭和 62 年 2 月 26 日）………………………………………………………91
国籍存在確認請求事件（最大判昭和 36 年 4 月 5 日）……………………………………………259
国連大学事件（東京地決昭和 52 年 9 月 21 日）…………………………………………………104
在日韓国人年金差別損害賠償請求事件（〔第一審〕大阪地判平成 17 年 5 月 25 日,〔控訴審〕大阪高
　判平成 18 年 11 月 15 日）…………………………………………………………………297
シベリア抑留補償請求事件（東京高判平成 5 年 3 月 5 日）…………………………………………64
砂川事件（最大判昭和 34 年 12 月 16 日）…………………………………………………………60

大麻取締法・関税法違反事件（東京高判平成5年2月3日） ………285
張振海事件（東京高決平成2年4月20日） ………271
テキサダ号衝突事件（大阪高判昭和51年11月19日） ………212
パキスタン貸金事件（最判平成18年7月21日） ………146
不当利得返還請求事件（東京高判平成12年12月19日） ………146
宝石店入店拒否事件 （静岡地浜松支判平成11年10月12日） ………285
マクリーン事件（最大判昭和53年10月4日） ………261
松山哲雄ら対中華民国事件（大決昭和3年12月28日） ………144-145
尹秀吉事件（最判昭和51年1月26日） ………271
横田基地夜間飛行差止等請求事件（〔第一審〕東京地八王子支判平成9年3月14日,〔控訴審〕
　東京高判平成10年12月25日,〔上告審〕最判平成14年4月12日） ………145-146

外国の国内判例

アルコア事件（米国連邦控訴裁判所, 1945年2月2日） ………136
スイス・トレンテックス社対ナイジェリア中央銀行事件（英国控訴院, 1977年1月13日） ………144
スクーナーエクスチェンジ号事件（米国連邦最高裁判所, 1812年2月24日） ………143
ティンバーレン事件（米国連邦控訴裁判所, 1976年12月27日） ………136
ピノチェト事件（英国貴族院, 1999年3月24日） ………142, 270, 295
プリンツ事件（米国連邦控訴裁判所, 1994年2月18日） ………142
モルテンセン・ピータース事件（英国スコットランド刑事高等裁判所, 1906年7月19日） ………60

事項索引

〈あ〉

アウグスティヌス 362
アグレマン 152, 155
アジェンダ21（1992年） 323
アセアン地域フォーラム（ARF） 358
斡旋 347
アナン 386
アパルトヘイト（人種隔離政策） 141, 298, 357, 379
アフガニスタン侵攻 2, 139, 362, 368
アフガン暫定政権 368
アフリカ統一機構（OAU） 96
アフリカ民族会議（ANC） 96
アフリカ連合（AU） 96, 98, 358
アマルナ時代 7
アムネスティ・インターナショナル 109
アヤトリ事件（1964年） 160
アラスカ 193
アラブ連盟（LAS） 96, 358
アルジェリア民族解放戦線（FLN） 96
アル・シャイバーニー 8
『アルタ＝シャーストラ』 8
あるべき法 26, 66-67
アルメニア人難民 263
アンチロッチ 50
安保理の「許可（授権）」 378, 380-381, 408

〈い〉

イェリネック 2-4, 48-49
イェーリング 2, 3-4, 48-49
違憲審査権 60
イスラームの地域 8
一元論 48-51
1503手続 283-284
一次規則 168, 177, 183
一括受諾方式 304
一貫した反対国の法理 18
一般慣行 17-20, 68
一般国際法 17-18, 68, 71
一般条約 16
一般的意見 282
一般的勧告 282
一般的許容原理 73
一般的国際組織 98
一般特恵制度 310
「一般法の後法は特別法の前法を廃さない」 74
一方的行為 22-23, 69, 87
一方的国内措置 23

一方的制裁 170
一方的宣言 16, 22, 26, 97
遺伝子改変生物 329, 331, 336
委任統治 42, 45, 101, 242-244, 356
委任難民 266
違法行為の中止請求 172, 183-184
違法性阻却事由 179, 369-370
イラク戦争 6, 376, 390, 396, 402
イラン・イラク戦争 408
イラン＝米国請求権裁判所 350
イーレン宣言 16
岩 234-235
インスタント（即時）慣習国際法 24
インドシナ難民 267

〈う〉

ヴァチカン市国 83
ヴァッテル 10, 116, 346
ヴァレッタ・メカニズム 358
ウィーン学派 50
ウェストファリア講和会議 150
ウェストファリア体制 5
ウェーバー（義務免除） 306, 310
ヴェルサイユ体制 11
ヴェンツエル 49
ヴォルテール 273
ヴォルフ 10
浮かぶ領土 214
ウガンダ軍事進攻 373
受け入れ難い者 160
宇宙活動の自由の原則 118
宇宙基地 252
宇宙空間 251-255
宇宙空間平和利用委員会 251
宇宙物体 251, 253-255
宇宙法 251-253
宇宙法律小委員会 251-252
宇宙4条約 251
ウルグアイ・ラウンド 303, 307, 310

〈え〉

永久的住民 82
永世中立（国） 82, 406, 408
ADR（代替的紛争解決） 345
英米主義 214
エストラーダ主義 90
エチオピア侵攻 377
越境環境影響評価（EIA） 323, 326-327, 330-331
越境環境損害 189

越境環境損害防止義務　325-326
越境危険活動　327
越境大気汚染　320-322
越境分布魚種　237
X線で検出不可能な破片を利用する兵器　398
択捉島　199
エリザベス女王　348
エル・アル航空機撃墜事件（1955年）　178
延伸大陸棚　229, 234
エンテベ空港事件（1976年）　373

〈お〉
OECD越境汚染原則勧告　336
欧州安全保障協力機構（OSCE）　358
欧州共同体司法裁判所　351
欧州経済共同体（EEC）　98
欧州原子力共同体（EURATOM）　98
欧州審議会　109
欧州人権裁判所　77, 109, 293-294, 351
欧州石炭鉄鋼共同体（ECSC）　98
欧州連合（EU）　98-99
応訴管轄　352
沖ノ鳥島　234
オースティン　3
オゾン層　320, 329-330
オッペンハイム　10, 67
オーデル河　246
オブザーバー（資格）　96, 109
オープンスカイ協定　250-251
温室効果ガス　329

〈か〉
海外領土　32
外観論　174
海　峡　218-219
外交官　102, 141, 152-153, 258
　　——の裁判権免除　159-160
　　——の裁判権免除の放棄　160, 162
　　——の身体の不可侵　159
外交関係の設定・断絶　46, 84, 87, 151
外交使節団　152-153
　　——の公文書　161
　　——の職員　152-153
　　——の長　152-153
　　——の特権免除　64, 157-163
　　——の任務　153
外交書簡　19
外交職員　152
外交声明　19
外交的庇護　158, 264
外交的保護（権）　54, 103-104, 133, 168, 180-181, 258, 260, 275, 311-314

外交伝書使　161, 164
外交特権に関する規則（1895年）　151
　　——の修正規則（1929年）　151
外交能力　82
外交の民主的統制　33, 57
外交封印袋　164
外国主権免除法　145
外国人
　　——の出入国　261
　　——の処遇　261-262
外国性をもつ犯罪　268
華夷思想（華夷秩序）　8, 10-11
解釈宣言　36, 76-77, 400, 403
解釈の補足的な手段　43
海上航行の安全　239
海上投棄　237
海上法執行措置　366-367
海上捕獲　407
開戦宣言　363-364, 394
海　賊　41, 140, 239, 267, 269
害敵手段（兵器）の規制　398-399
ガイドライン　330
開発主権　114, 117
開放条約　16
海洋汚染　322
海洋科学調査　235
海洋環境の保護・保全　237
海洋自由論争　204
海洋生物資源　331
海洋先進国　208, 224
海洋投棄汚染　330
海洋二元制度　223
海洋利用の多様化　236-239
カウティリヤ　8
加害条項　271
化学兵器　391, 398
核実験　389-390
学　説　15, 26, 78
拡大マンデート難民　266
核不拡散条約（NPT）再検討会議　389
核不拡散体制　389-390
核兵器　20, 252, 288, 388-390, 396, 399
確立された国際法規　58
家産国家　80, 186, 271
過　失　176-177
過失責任主義　175-176
「過失なくして責任なし」　175-177
加重投票制　121
課税免除　160-161, 164-165
割　譲　40, 191, 234

事項索引

425

割譲条約　17, 197
GATT 体制　302-303
ガーディアン紙　73
過度の傷害，不必要な苦痛を与える兵器　397-398
樺太　200
ガリ　385-386
仮保全措置　353-354
仮保全命令　353-354
ガルトゥング　360
カルボー条項　181-182, 311-312
カロライン号事件（1837年）　369
環境損害の救済　335-338
勧告的意見　77, 355-356
監視団　383
慣習国際法　4, 17-20, 68-69
　──の「解釈」　77
　──の国内的実現　58
　──の自動執行力　64-65
　──の変更　27
干渉　125-127
関税同盟　119
間接証拠　21
間接侵略　366, 368
間接損害　182
カント　5
簡略形式の条約　30, 32
関連事情　25, 233-235

〈き〉
帰化　259
飢餓から免れる権利　290
帰還民　266
キケロ　362, 393
危険責任　169
旗国主義　136, 140, 205, 217-218, 238, 253
基軸通貨　316
偽装難民　266
北大西洋条約機構（NATO）　98, 362, 373-374, 379
北朝鮮による核実験・ミサイル発射　112, 119
機能説（宇宙法）　252
機能説（特権免除）　157
既判力の原則　21
義務的付託　357
義務の消極的抵触　52
義務の積極的抵触　52
客体説　187
客観（厳格）責任　169, 173
客観説（過失要件否定説）　176-177
客観説（客観的法人格説）　100

客観的解釈（文言主義）　41
客観的制度　38, 91
客観的属地主義　135-136
キャップストーン・ドクトリン　386
旧敵国　369
9.11 米国同時多発テロ　2, 167, 173, 239, 362, 371
義勇兵　399
旧ユーゴ国際刑事裁判所（ICTY）　268, 294, 405
境界画定　19, 30, 187
境界線　187
教会法（カノン法）　9
協議　341, 346-347
狭義の法典化　28
強行規範（ユース・コーゲンス）　6, 11, 26-27, 31, 38, 40, 46, 75, 96, 179, 294, 365
教皇勅書　191
強制管轄権　131-132
行政協定　57
行政区画線　197
強制執行　147, 354
強制措置　147, 381-382
強制的介入　125-126
強制的失踪　283, 288
行政取極　33, 57
強制による条約　31
共通だが差異のある責任　122, 324, 328-329
共同統治　187
共同領有　187
業務管理行為　145
協力的国際組織　99
漁業資源の保存・管理　236-237
漁業水域　224
極東国際軍事裁判所　268, 405
居中調停　347
拒否権　112-114, 121, 309, 355, 357, 372, 378-379, 382
許容性学派　35
居留地　153
キリスト教神学者　362
キリスト教秩序　362
キール運河　120
緊急事態　114, 179
緊急避難　213, 369-370
キングストン合意　317
近接権　219
金銭賠償（等価賠償）　182-183
近代国家　9, 257
近代自由主義政治原理　274
近代的法　9, 257

近代（ヨーロッパ）国際法　9-11, 116, 257
近代立憲主義　273
禁反言の原則（エストッペル）　21, 72
〈く〉
空　域　247-251
空間説（宇宙法）　187, 251
空間説（領域主権）　187
空　襲　397-398
具体的境界設定　187
国後島　199
国に対する強制　39-40
国の代表者に対する強制　39
クリーン開発メカニズム　333
クリーン・スレート（きれいな経歴）原則　91
グリーンピース　109, 212, 323
グリーンルーム会合　306
グルジア紛争　1-2, 12
クレイマント　245
グロティウス　9, 176, 204, 362
軍拡競争　376
軍　艦　209, 211-212, 214, 247, 367
軍事参謀委員会　378, 382
軍事的措置　377-379, 382, 408
軍事的必要　395, 397
軍事同盟　376, 379
軍事目標　397
軍　縮　387-391
軍縮条約　37, 45
君主無問責　142
軍事力　365-367
軍隊傷病者　400
クンツ　50
群　島
　──基線　215
　──水域　186, 215
軍備管理　387-391
軍備の自由　376
群民兵　399
〈け〉
経済社会理事会　109
経済主権　114
経済制裁　344, 377, 380, 390
経済的圧力　40, 365-366
経済難民　266
経済連携協定　315
形式的平等　121
形式的法源　14, 16-17, 24-26, 67
刑事裁判　108, 209, 214
形成途上の法　72
継続国家　91

継続性の原則　91
継続的違法行為　172
契約条約　16, 66
ケインズ案　316
結果の義務　61-62, 76, 171-172
結晶化効果　27
欠席裁判　353
血統主義　258
ゲリラ戦　400-401
ケルゼン　5, 49-50, 105
ケロッグ　364
厳格責任　336-337
検査忌避罪　220-221
原始取得　191-192
原始法秩序　5
原住民　191-192
原状回復　182
現状承認（ウティ・ポッシデティス）原則　197
検証措置　391
原子論的国際法　116
現にある法　26, 66-67
原爆投下行為（広島・長崎に対する）　398, 403
憲法制定国民会議　273
憲法適合性審査権　60
憲法優位説　60-61
〈こ〉
行為規範　70-71, 198
「合意は拘束する（pacta sunt servanda）」　4, 36-37, 51
「合意は第三者を害しも益しもしない（pacta tertiis nec nocent nec prosunt）」　37
公　海　140, 216-219, 241
公海自由の原則　205, 217
公海上空飛行の自由　248
公海上の無許可放送　140, 218
効果理論　136, 139
交換公文　16, 32, 40, 57
交換書簡　16, 32
公館の不可侵　157-159, 164
公館を保護する義務　158-159, 164
抗　議　22, 197
航空機
　──の安全に対する阻害　141
　──の国籍　250, 260
　──の不法奪取　141
航空態様説　211
交渉（外交交渉）　341, 346-347
恒常的かつ均一の慣行　19
公　正　73

公正な裁判を受ける権利　289
交戦者資格　399-400
交戦団体の承認　94-95, 394, 406
交戦法規　393-394
行動綱領（code of conduct）　23
口頭の約束　16
高度回遊性魚種　237
高度に政治性をもつ条約　60
高度の危険性を含む活動　254-255, 322
後発的履行不能　46
衡　平　24-25, 27, 72, 122
衡平及び善　25, 349
公平義務　406-408
衡平原則　24-25, 27, 225, 232-233
公平原則　383, 385-386
衡平な解決　231
公　法　2, 134
「合法」行為責任　169
合法性回復　169, 182
合法性と正当性　12, 73
公法的規制　300-301
「後法は前法を廃す」（後法優位の原則）　27, 37, 59, 74-75
公民権運動　274
拷　問　283, 292-295
公有物　217
講和条約　7, 30, 193
国外犯　133, 136-138, 257, 268
国際違法行為　171
国際違法行為責任（原則）　167-168, 267
国際宇宙ステーション（ISS）　253
国際運河　38, 247
国際海峡　215-216
国際海事機関（IMO）　237, 322
国際海底機構　230
国際海洋法裁判所（ITLOS）　77, 335, 351
国際河川　38, 246
国際河川委員会　97
国際化地域　241-247
国際環境損害防止原則　171, 238
国際関心事項　128-129
国際管理区域　242
国際機関　97-104
国際経済法の意義　300-302
国際刑事裁判所（ICC）　77, 108-109, 268, 351, 405
国際原子力機関（IAEA）　98, 389
国際公域　186, 241-242, 245, 252
国際公序　38
国際裁判　11, 333-335, 363

国際事実調査委員会　404
国際自然保護連合（IUCN）　109, 322
国際司法協力　270-271
国際司法裁判所（ICJ）　77, 344, 350-356
国際社会　5-6
　　――全体の利益　225
　　――の一般的利益　6, 11, 108, 372
　　――の共通利益　62, 140, 169, 242
　　――の執行機関　6
国際人格　99
国際人権章典　277, 281, 287
国際人権文書　283
国際人権法　277, 395
国際審査委員会　347
国際人道法　395
国際人道法会議　96
国際人道法の重大な違反の処罰に関する法　138
国際水路の非航行利用　321, 326
国際すず理事会破産事件（1985年）　103
国際組織　11, 15, 97, 322, 324
　　――締結条約　30
　　――の加盟国　120
　　――の決議　19-20, 23-24, 27
　　――の権利能力　99
　　――の国際責任　103
　　――の国内法上の法人格　103-104
　　――の条約締結権　101-102
　　――の特権免除　102
　　――の破産　103
国際地役（権）　5, 90, 242
国際調停委員会　347
国際通貨基金（IMF）　121, 316-318
国際的手続説　105-106
国際的に保護される者を人質に取る行為　141
国際的武力紛争　368, 394
国際的履行確保制度　282-284
国際電気通信連合（ITU）　97, 252
国際投資　311-315
国際取引法　301, 341
国際難民機関（IRO）　264
国際標準主義　168, 262, 311
国際復興開発銀行（世界銀行）（IBRD）　121, 313, 316, 350
国際不法行為の賠償責任　92
国際文書　19, 23-24
国際紛争　170, 340-343
　　――解決のための戦争　364
　　――の平和的処理義務　342
国際法違反の犯罪　107-108, 269

428　　　事項索引

国際貿易機関（ITO）　302-303
国際法学会　→　万国国際法学会
国際法協会（ILA）　28
「国際法嫌い」　66
国際法主体　80-83
国際法上の犯罪　268
国際法典編纂会議　168
国際法
　——の解釈　76-78
　——の基本原則　114
　——の形成　66-70
　——の欠缺（けんけつ）　23, 72
　——の原則　21-22, 26, 72
　——の拘束力　48-49
　——の国内的効力順位　58
　——の私法類推　5
　——の漸進的発達　28, 66, 69, 151
　——の適用　70-76
　——のフラグメンテーション（断片化）　78, 325
　——の法典化　28, 30-36, 66
「国際法は国法の一部である」　58
国際法優位の一元論　50
国際捕鯨委員会（IWC）　226
国際民間航空機関（ICAO）　23
国際約束　57
国際立法　69
国際礼譲　96
国際連盟難民高等弁務官　263
国際連盟理事会による審査　363
国際労働機関（ILO）　81, 290
国　籍　257-260
　——の決定　258-259
　——の対抗力　259
　——の抵触　260
　——の付与　22
国籍継続の原則　181
国籍裁判官　351
国内管轄事項　56, 123, 258, 274
国内救済完了原則　153, 181, 255, 353
国内避難民　262, 266
国内標準主義　168, 262, 311
国内法援用禁止原則　53
国内法の域外適用　139
国内法の事実性　53
国内法優位の一元論　49-50
国内問題　123
国内問題不干渉義務　153
国民国家　10, 257, 263
国有化　312-313

国連イラク・クウェート監視団（UNIKOM）　385
国連環境開発会議（UNCED）　23, 323
国連カンボジア暫定行政機構（UNTAC）　386
国連休戦監視機構（UNTSO）　382
国連教育科学文化機関（UNESCO）　98
国連軍　344, 378, 385
国連国際法委員会（ILC）　28, 31, 44, 66, 69, 91-92, 127, 151, 168, 206, 405
国連事務総長　32, 348, 357
　——の友人たち　357
国連人権委員会　102, 277, 280, 283-284
国連人権理事会　279, 284
国連難民高等弁務官（UNHCR）事務所　264, 266
国連人間環境会議　322
国連人間環境計画（UNEP）　322
国連平和活動検討パネル　386
国連貿易開発会議（UNCTAD）　310
国連貿易雇用会議　302
国連保護軍（UNPROFOR）　385
個人通報制度　105-106, 282-283
個人道徳　2
個　人
　——の国際犯罪　141, 267-271
　——の国際法主体性（論争）　81, 104-110
　——の国際法上の義務　106-108
　——の出訴権　104
　——の請願権　104
コソヴォ　1-2, 12, 84, 374
5大国一致の原則　378
国家管轄権　115, 131-148
　——の適用基準　138-140
　——の配分　140-141
国家機関の権限逸脱　173-174
国家機関の法違反　173-174
国家契約　92
国家結合　83
国家元首　32, 142, 271, 348
国家行為　173
国家財産等の承継　92
国家実行　19
国家主権　→　主権
国家承継　90-92, 259
国家承認　83-88, 191
　——の遡及効　88
　——の不要論　84
国会承認条約　56-57
国家責任法　167-169, 331-332, 335
国家通報制度　283

事項索引

429

国家同一性の原則　88
国　家
　──の管轄権行使の脱領域化　133-134
　──の基本的義務　113-114, 122-129
　──の基本的権利　112-122
　──の国際犯罪　169, 267
　──の裁判権免除　64, 141, 143, 294
　──の自己拘束の理論　48-49
　──の消滅　82
　──の政策の手段としての戦争　364
　──の二重機能　242
国家平等　120
国家への責任集中原則　254
国家免除（原則）　141-148
国家免除法　145
国家理性　116
国家領域　→　領域
国家連合　83
国　境　187, 257, 275
国境確定条約　197
国境線　39
国境なき医師団　109
国境紛争　367
固定相場制　316-317
個別的自衛権　369-372, 381
個別的変型方式　56
コモンウェルス（英連邦）　83
コモンロー　258, 270
固有権限論　100
固有の権利（主権，自衛権）　115-116, 370
固有の権利（生命権）　287
婚　姻　258
婚外子　258-259, 297
混合仲裁裁判所　105
コンゴ国連軍（ONUC）　384
コンセッション（経済開発協定）　15, 92, 181, 262, 313
コンセンサス方式　32, 306, 309
コンタドーラ・グループ　357
コンディショナリティ　318
コンドミニウム　187
コントラ　118, 174, 176
根本規範　51

〈さ〉
在外自国民の保護　373
再概念化　360
細菌兵器　391
最恵国待遇（原則）　303-304, 314-315
罪刑法定主義　289
最大持続生産量　225-226, 329

在日中国人　259
在日朝鮮・韓国人　259
再発防止保証　184
裁判応訴義務　352
裁判管轄権　131, 138
裁判管轄の合意原則　351-353
裁判官総名簿　349
裁判規範　62, 70-71, 198
裁判拒否　146, 168, 173
裁判権の不行使　19
裁判準則　22
裁判条項　352
裁判条約　352
裁判不能　21
在留外国人の保護　134
在留期間の更新　261
詐　欺　39
錯　誤　39
サティスファクション　182-183
サービス貿易　310, 303-304
差別の禁止・平等　296-298
酸性雨　320-323, 330
残存主権　187-188
暫定的適用　72
暫定的取極　235
山東出兵　373
サンフランシスコ会議　366, 372

〈し〉
恣意的処刑　283
自衛権　97, 112-114, 158, 179, 364, 369-372, 408
自衛のための戦争　364
ジェニングス＝ワッツ　199
ジェノサイド　41, 175
シカゴ条約体制　249
死活的利益　372
死　刑　289, 293-294
死刑存置国　271, 289, 294
死刑廃止国　271, 294
自決権　21, 134, 278, 368
自決の原則　12, 41, 82, 86
資源ナショナリズム　312-314
時　効　194
自己完結的制度　163, 170, 343
自国民の引渡し　270-271
自国民の拉致　153
自己拘束説　3-4, 116
色丹島　199-200
事後法による処罰　405
時際法　42, 75, 194-196
「事実から法が生まれる」　3, 67-68

事実主義　89
事実上の国家機関　173-174
事実上の国家行為　174-176
事実上の承認　86-88
事実上の政府　95
事実上の戦争　364
事実認定　347
事情存続約款　46
事情の根本的な変化　46
私人行為　173, 175-176
私人行為の国家行為への転換　175, 267
私人の権利　92
自然災害における人の保護条文草案　128
自然作用　191
自然人　104, 257
事前通報協議義務　326-327
自然の添付　192
自然法（論）　2, 9, 116, 167
持続可能な開発・利用　324, 329
事　態　356-357
自治権をもつ地域　32
自治団体　242
執行管轄権　131, 138
執行機関　173
実効性の原則　43
実効的国籍の原則　259-260
実効的支配　89, 174
実質的平等　121
実質的法源　14-16, 23, 67
実施・方法の義務　61-62, 76
実証主義的国際法理論　10, 67, 99
実体法基準説　105
実定的な道徳　2-3
実定法　2
実定法に内在する衡平　24-25
実定法に反する衡平　24-25
実定法の外の衡平　24-25
失明をもたらすレーザー兵器　398
実力の行使　364-367
私的自治原則　142
自動的受容方式　55
自動的留保　352
シドラ湾　213
支配権（imperium）　187
ジハード　9
シベリア・パイプライン事件（1982年）　139
私　法　2, 134
司法機関　173
司法共助　268, 270
司法裁判　348, 350-356

司法的解決　363
私法的規制　300-301
司法的機能　351
司法の自己制限　87
島　234-235
「社会あるところ法あり」　1-3
社会規範　1-2
社会契約説　274
社会権　279, 289
社会権規約委員会　290, 296-297
社会主義国　117, 120
社会道徳　2
社交クラブ　83
シャリーア　1
自由海論　204
自由権　279, 291
自由権規約委員会　36, 282, 288, 292, 297
　──の一般的意見24（1994年）　36
重国籍者　260
重商主義　205, 302
周　旋　347
従属物の理論　192
集団安全保障（体制）　6, 11, 376-381
集団殺害（罪）　107-108, 269, 405
集団責任観念　175
集団的自衛機構　379
集団的自衛権　369-372, 379, 381
集団的承認　88
集団的制裁　11
集団的措置　379
集団的対抗措置　371
12カイリ領海　210
自由の戦士　265-266
従　物　186
州　法　59-60
自由貿易理論　302
住民の国籍　92
従来型のPKO　383-386
主観説（派生的法人格説）　99
主観的解釈（意思主義）　41
主観的属地主義　135
主　権　9, 112-120, 132
　完全かつ排他的な──　248
　──との残余原理　72-73, 118
　──の消滅　120
　──の放棄　120
主権国家　5, 11, 80, 116, 257
授権条項　310
主権侵害　123, 125
主権的権利　64, 225, 228

事項索引

主権的行為　144
主権と合意の原則　72-73
主権と独立の原則　37
主権平等（原則）　12, 21, 75, 83, 114, 117, 263, 329, 390
受動的（または消極的）属人主義　136-137
取得時効　194
ジュネーヴ法　393-395
主要な司法機関　351
授与権限論　100
シュワルツェンバーガー　199
準拠法　338
準国家団体　94-97
純粋環境損害　337
純粋法学　49-50, 105
準立法的決議　23
ショウ　199
小委員会（パネル）　307-309
焼夷兵器　391, 398
上級委員会　307-309
商業捕鯨モラトリアム決議（1982年）　226
条件付解釈宣言　36
硝酸ナトリウムの専売制と補助金　308-309
勝者の裁き　405
少数者の権利　275
少数民族保護　134
常設国際司法裁判所（PCIJ）　344, 350
常設仲裁裁判所（PCA）　349-350
尚早の承認　85
常置外国使節（団）　10, 151-153
承認　22, 196, 199
承認（条約の）　33, 59
証明責任・証拠能力の諸原則　21
消滅時効　191
条約　4, 15-17
　——からの脱退　44
　——の運用停止　44
　——の解釈　41-43
　——の解釈技法　5
　——の改正　43
　——の間接適用　63, 285
　——の効力　36-41
　——の国内的実現　55-57
　——の国内的編入手続　55-56
　——の自動執行力（自動執行性）　62-63, 285
　——の自動的受容　284
　——の修正　44
　——の重大な違反　45
　——の終了　44-46
　——の承継　91
　——の正文　43
　——の絶対的無効原因　38-41
　——の相対的無効原因　38-39
　——の直接適用可能性　284-285
　——の締結　31-36
　——の直接適用　37
　——の登録　33
　——の廃棄　44
　——の不履行　36
　——の無効　38
　——の留保　33-36, 60-61, 76-77, 281, 403
　——への同意の表明　32-33
条約機関　35-36, 280, 282, 332-333
条約境界移動の原則　91
条約構成文書　32
条約締結権者　31
条約締結能力　32
条約と慣習国際法の競合　27, 74-75
条約と第三国　37-38
条約難民　265
条約優位説　60-61
植民地　9, 90, 189, 197
植民地獲得競争　190, 204
食料に対する権利　279
諸国の共通利益　134, 138
　——を害する犯罪　268-269
女性差別の撤廃　297-298
女性への暴力　283
署名　32, 72
書面の条約　31
地雷　391, 396, 398
自力救済（自助）　4, 6, 11, 343-344
深海底　207, 229-230, 241
新海洋法秩序　223
シンガポール海峡　216, 219, 239
信義誠実の原則　21-22, 33, 41, 72
信教の自由　275
人権基準の設定　277
人権条約　30, 37, 62
　——の履行確保制度　281-283
　——の留保　35
人権の国際的保障　11, 128-129, 134, 273-298
人工の添付　192
人工島　192
新国際経済秩序（NIEO）　12, 312-314
審査　347
紳士協定　16
人種差別主義　277
人種差別撤廃委員会　282
人種差別の禁止・撤廃　18, 297-298

人種的優越の思想　276, 298
真正結合（真正連関）　54, 181, 218, 250, 259
神聖ローマ皇帝　80, 115
身体の安全にかかわる権利　291-296
新タイプのPKO　385-386
新大陸の発見　9, 190
信託基金　109
信託統治地域　242-244
信託統治理事会　234-244
人道的干渉　127, 368, 373-374
人道的危機　381
人道的考慮　395, 397
人道に対する罪　107-108, 269, 276, 405
人道の基本的考慮　21
新島の形成　192
人道配慮　267
新独立国　91
「新」難民　266-267
新ユーゴ制裁　380
瀋陽事件（2002年）　164
信頼醸成　358
侵略　366, 377-378, 381
侵略行為　366, 377-378
侵略犯罪　108, 269, 405
人類共通の敵　218, 267
人類の共同遺産　12, 229-230, 241, 252
人類の平和と安全に対する罪の法典案　405

〈す〉

スィヤル　9
枢密院司法委員会　355
スエズ運河　38, 247
スエズ動乱　247, 382
スケアガルド　210, 213
スチムソン主義　85
ストロー効果　235
スパイ活動　153
スミソニアン合意　317

〈せ〉

正義　73
正義および衡平　349
正規軍　366
正規兵　399, 401
請求権処理条約　17
制限的貿易慣行　139-140
制裁　377
制裁機関　403
静止衛星軌道　252-253
政治体　6, 81
性質説　146-147
政治的圧力　40, 366

政治的独立　188, 373
政治的亡命者　263
政治犯罪　271
政治犯罪人不引渡しの原則　263, 271
政治問題の法理　60
精神的満足　182
正戦（論）　9-10, 362-363
生存権　289-290
生存にかかわる権利　287-291
生態系　320
生地主義　258
正統主義　89
正統政府　368
生得的・根源的な国際法主体　81
制度的中立制度　10
政　府　82
　　──の長　32
　　──の不完全継承　91
政府間海事協議機関（IMCO）　237, 322
征　服　10, 191, 194-195
政府承継　90
政府承認　82, 86-90
政府承認廃止論　89-90
生物多様性　320, 331
生物兵器　391, 398
政府なき社会　5
生命に対する権利　287-289
勢力均衡　5, 7, 9, 11, 257, 376-377
精力集中の原則　397
世界気象機関（WMO）　23
世界自然保護基金（WWF）　323
世界人権会議　280
世界法　12
世界貿易機関（WTO）　98, 303-311, 343
　　──閣僚会議　305, 315
　　──サービスの貿易に関する理事会　305
　　──知的所有権の貿易関連の側面に関する理事会　305
　　──の紛争処理手続　109, 307-309
　　──物品の貿易に関する理事会　305
　　──紛争解決機関（DSB）　305, 307-309
　　──貿易政策検討機関（TPRB）　305, 307
世界保健機関（WHO）　23, 98, 101
赤十字国際委員会（ICRC）　26, 109, 393, 401, 403-404
責任阻却　179
セクター　245
世代間衡平　329
接合説　212
接続水域　140, 207, 214, 220, 241

絶対主義　167, 273	——の拿捕　19
絶対的権原　199	——の抑留　343
絶対的政治犯罪　271	船舶領域説　136, 205
絶対免除主義　144	専門性の原則　101
絶滅危惧種　331	専門的国際組織　98
設立準拠法主義　260	戦略核兵器　388
瀬戸内海　212-213	戦略兵器制限交渉　388
セル　105	先例拘束性　25, 354
セルデン　204	〈そ〉
尖閣諸島　201, 234	総括所見　282
選挙監視（団）　382-383	総加入条項　394
先決的抗弁　353	相互性の原則　35
宣言　16, 23	捜査協力　268, 270
全権委任状　32	創設的効果　27
宣言的効果　27	創設的効果説　84
宣言的効果説　84-85	総則の法理　168
潜在的被害国　326	相対的権原　199
戦時禁制品　407	相対的政治犯罪　271
戦時国際法（jus in bello）　10, 363, 393-394, 406	相対免除主義　144
漸次の寄洲作用　192	相当の注意（義務）　172, 177, 254, 262, 311, 321, 326
戦時復仇　403	遭難　179
先住民の権利　12, 283	双罰性の原則　270
船種別説　211	祖川武夫　4
漸進的実現　290	遡及処罰の禁止　289
潜水艦　211	属人主義　136-137
先制核攻撃　370	属地主義　92, 135-136
先制自衛　370-371	組織的抵抗運動団体　400-401
先占　191-192, 245	租借地　242
戦争　3, 194-195, 288, 340-343, 362-365	訴状の送達　159
——に訴えること自体の規制（jus ad bellum）363	訴訟（本案）手続　353
——の違法化　11, 195	ソビエト国際法学　105
——の自由　362-363, 376, 407	ソフト・ロー　24, 72
——の正当因　362	ソマリア　219, 239, 381, 386
——の地域　9	ソマリランド　243
戦争犠牲者の保護　399-402	空の自由（説）　248-250
戦争状態　393-394, 406, 408	損害賠償責任　254-255
『戦争と平和の法』　362	〈た〉
戦争犯罪　107-108, 138, 404	第1次国連緊急軍（UNFF）　382, 384
戦争モラトリアム　363	対外的国家法　3, 48
選択条項　352	大韓航空機撃墜事件（1983年）　248
選択条項受諾宣言　352	退去強制　261
——の留保　123-124	対抗措置　158, 162-163, 170-171, 179, 332, 371
戦闘員　391, 397, 399-400	対抗立法　139
戦闘方法の規制　397-398	対抗力　22, 54, 71, 171
船舶起因汚染　238, 330	対抗力学派　35
船舶早期釈放制度　226	第三国の訴訟参加　354
船舶	第3次国連海洋法会議　96
——の航行安全に対する阻害　141	第三者による紛争処理の支援　360
——の国籍　260	第三世代の人権　279

対世的義務　11, 87
対世的権原　195
対世的効果　38
対テロ戦争　394
「対等なる者は対等なる者に対して裁判権をもたない」　142
対トルコ軍事干渉　373
第2次国連海洋法会議　224
第2次国連ソマリア活動（UNOSOM・Ⅱ）　385
代表者の権限踰越　39
代表説　157
対物の権利（dominium）　187-188
大陸棚　140, 207, 227-229, 241
　　――の境界画定　24-25, 231-235
　　――の設定　22
大陸棚限界委員会　229
大陸棚資源の開発に関する主権的権利　64, 118
大量破壊兵器　239, 252, 381, 388-391, 398
多角的貿易交渉（ラウンド交渉）　302, 306
竹島　200-201, 234-235
多国籍軍　381, 385, 402
他国と関係を取り結ぶ能力　82
多数国間条約　15, 28, 30, 32-33, 66-69, 88
ダニューブ河　97, 246
多文化世界　12, 81
ダムダム弾　398
ダルマ（達磨）　1, 7
単一（主権）国　82
単純解釈宣言　36
男女同等の権利　296
ダンチッヒ　242
単独主義（ユニラテラリズム）　68
断片化された法　67

〈ち〉

地域的慣習（国際）法　17, 68
地域的機関　372, 378
地域的国際組織　98
治外法権説　157
「力が法を生み出す」　3, 68-69
力による支配　2-3
地球温暖化　122, 320, 330, 333
地球環境ファシリティ　333
知的財産権　145, 303-304, 310, 315
チベット亡命政府　96
着弾距離説　206
仲介　347, 360
仲介支援待機チーム　358
中間線規則　231-233
中間線方式　231

仲裁　10, 153, 313-314
仲裁裁判　105, 334, 348-350, 363
中心的マンデート難民　264
中米司法裁判所　105
中立　406-408
中立貨　407
中立国　95, 404
　　――の義務　406
中立商業の自由　406-407
中立制度の動揺　407
中立船　407
中立法規　393-394
長距離越境大気汚染　320, 322
朝貢　8
超国家的国際組織　99
調査捕鯨　110, 218, 239
調整理論　52-53
朝鮮国連軍　379, 382
朝鮮戦争　379, 396
調停　313, 347
調和性の原則　237
直接損害　182
直接適用可能性　296-297
直線基線　22, 72, 210, 213
陳謝　183

〈つ〉

追跡権　219-221, 367
追放　261
通貨・金融　316-318
通過通航権　215-216
通航　210-211
通常基線　210
通商航海条約　104-105
通商・投資条約　30
通常兵器　391
通信主権　114
通信の権利　258
通信の自由・文書の不可侵　161, 164
通報・協議（義務）　326-327, 330
通例の戦争犯罪　269, 405
ツォルン　49
月　252

〈て〉

定期国際航空　249-250
定住外国人　261
停戦監視　382-383
締約国会議　109, 245-246, 333
適当な措置をとらない不作為　177
適当な補償　313
適法関係説　170

事項索引

適用除外　23
適用法規の個別性　74
撤　回　86
手続の自動化　309
テーマ別手続　283
デュギー　105
デュピュイ（ルネ・ジャン）　348
テロ関連犯罪　269
テロ支援国　139
テロリスト（テロ組織）　125, 370-371, 389
テロリズム　23, 107, 381
伝統的な中立　406
天然の富と資源に対する恒久主権　12, 92, 312-313
添　付　192-193
〈と〉
同　意　22, 179
同意原則　383, 385-386
ド・ヴィシェール　199
同一価値労働同一報酬　291
等位理論　52-53
東京ラウンド　303, 310
等距離原則　27
等距離線　231
同君連合　83
当事者適格　87, 353
投資紛争解決国際センター（ICSID）　182, 313-314, 350
投資保護協定　262, 314-315
統治行為（理論）　60, 359
道徳規範　2
東南アジア諸国連合（ASEAN）　98
逃亡犯罪人の引渡し　→　犯罪人引渡し
同　盟　30
　　──の自由　376
登録国　253
毒ガス　391
独占禁止法　134
特定事態発生防止の義務　171-172
特定性の原則　270
特定通常兵器　398
独　島　201
特別永住資格者　259
特別かつ異なる待遇（S&D待遇）　310
特別慣習法　17-18
特別協定　378, 382, 408
特別国際法　71
特別条約　16-17
特別選任裁判官　351
「特別法は一般法を破る」（特別法優位の原則）　27, 74
特別保存地域　338
特別利害関係国　19
独　立　82, 119
独立権　112-114
途上国　117, 122, 208, 223-224, 309-311
特権免除　64
　　──の享有期間　162, 165
　　──の放棄　162, 165
　　──の濫用　162-163
ドーハ・ラウンド　315
トバール主義　89
トマス・アクィナス　362
トランスナショナル法　12
トリーキャニオン号事件（1967年）　113, 237, 322
トリエステ　242
トリーベル　4, 48-50, 66, 117
トルコ帝国　234
トルーマン宣言　22
奴　隷　41, 140, 218, 267, 269, 275, 291
奴隷解放宣言　274
〈な〉
内　海　212-213
内国民待遇　266, 303, 314-315
内　水　212-214, 246
内　戦　95, 97, 175, 341, 365, 368-369, 406
内乱罪　94
内陸起因汚染　330
ナチス　39-40, 142, 263, 276
ナミビア　356
南　極　19, 136, 192, 242, 244-246, 331, 338
南西アフリカ　234
南西諸島　201
難船者　400
ナンセン旅券　263
難　民　262-267, 295-296, 402
難民認定　267, 295-296
〈に〉
ニクソン・ショック　303, 316
二元論　4, 48-51, 56, 173
二国間航空協定　250
二国間条約　17, 66-68, 154-155
西アフリカ諸国経済共同体（ECOWAS）　358
二次規則　168
日米オープンスカイ協定　251
日本国際法学会　154
ニュルンベルク国際軍事裁判（所）　268, 276, 405
ニュルンベルク諸原則の定式化　269

二要件論　19
任意規範（法規）　31, 75
認可状　155
人間の固有の尊厳　278
〈ぬ〉
抜き打ち的提訴　352
〈ね〉
ネオ・ナチズム　298
ネガティヴ・コンセンサス　307, 309
〈の〉
能動的（または積極的）属人主義　136
後に生じた慣行　384
ノンクレイマント　245
ノン・ルフールマン原則　265, 295
〈は〉
背後地の理論　192
ハイジャック　52, 373
排出枠取引　333
排他的経済水域　140, 207, 223-226, 241
　　──に対する管轄権　224-225
　　──に対する主権的権利　224-225
　　──の境界画定　231-235
ハイチ問題　89, 380-381
ハイテク兵器　402
迫　害　265
　　──からの保護　295-296
ハーグ国際法典編纂会議　206
爆発性戦争残存物　398
ハーグ平和会議　28, 393, 400
ハーグ法　393-395
禿鷹の碑　6-7
派生的な国際法主体　81
「裸の合意から義務は生じない」　4
破綻国家　188, 341
ハックワース　101
パッケージ化　360
発　見　191, 196
発展的解釈　42, 293
発展の権利　12, 279
ハード・ロー　24
パナマ運河　247
ハーバード大学草案（外交関係と外交特権に関する）　151
歯舞島　199-200
バミューダ型航空協定　250
パルチザン　400
バルチック艦隊　347
バルドー　229
ハル・ルール　312-313, 315
パレスチナ解放機構（PLO）　96

パレスチナ・ゲリラ　373
パレスチナ難民　263
反逆罪　94
バングラデシュ出兵　373
判　決　15, 19, 25-26
　　──の拘束力　354
　　──の不履行　354
万国公法　3
万国国際法学会　28, 151, 154, 248
万国電信連合　97
万国郵便連合（UPU）　97
バンコール　316
犯罪人引渡し　30, 141, 263, 268, 270-271, 293, 295
犯罪人引渡条約　17
反政府武装集団　125
叛　徒　366
反トラスト法　136, 139
半分の効果　235
汎米連合　34
万民共有物　217, 227
反　乱　191
反乱団体　94-95, 175
判例法　25
〈ひ〉
非違反申立て　308
非核地帯　390
東シナ海　235
非関税障壁　303-304
引渡しか訴追かの方式　107, 269
引渡犯罪　270
非軍事的措置　377-379
非交戦状態　407
非拘束的合意　16
庇護希望者　266
非国際的武力紛争　394
庇護権　295
非国家行為体（主体）　83, 324, 389
庇護を求める権利　266-267
避止（回避）義務　406
非自治地域　244
批　准　32-33
非商業目的の政府船舶　209, 212
非承認主義　82, 85
非人道的兵器　396, 398
非政府組織（NGO）　11-12, 30, 109-110, 322
必要な推論　100
ビトリア　9
避難民　262
非文明国　21
非　法　72

事項索引

437

非貿易的関心事項　301, 304-305
非法律的合意　16
非法律的（政治的）紛争　359
被保護国　82, 143
秘密条約　33
非有形的弁済　182
非有体法益侵害　183
ヒューマン・ウォッチ　109
平等適用論　396
ピョートル大帝湾　213
比例性の原則　398
品位を傷つける刑罰　293

〈ふ〉

ファシズム　276
夫婦国籍独立主義　258
フェアドロス　50
フォークランド／マルビナス紛争　344
不可抗力　179
不干渉義務　123
不干渉原則　366
「武器の中で法は沈黙する」　393
福沢諭吉　3
福祉国家　279
父系血統主義　258
不遵守手続　332-333
不審船　204, 210, 220-221
付随手続　353-354
不正規軍　366
不正規兵　399
フセイン政権　381
武装強盗　216, 219, 239
武装集団　366
付帯的合意　37
付託合意（コンプロミー）　348, 352
普通犯罪　270
復仇　170, 343, 401, 403
物の原状回復　182
物理的人格　80
フーバー　196
ブービートラップ　398
不平等条約　10
プーフェンドルフ　10, 80
不便宜法廷地　338
普遍国際法　68, 71
普遍的管轄権　267, 295, 404
普遍的義務　11, 178-179
普遍的国際組織　98
普遍的人権　277
「不法から法は生じない」　69
不法占拠　199

父母両系主義　258
プラザ合意　317
ブラックストーン　58
ブラヒミ・レポート　386
フランコ政権　263
フランス革命　271, 273
フランス社会学派　105
フランス主義　214
ブリアン　364
武力　40, 365-366
　——による威嚇　39-40, 364-365, 367-368
武力攻撃　366, 370-371
武力行使　3, 39-40, 364-367
　——の違法化　363-365, 396
武力不行使原則　6, 73, 85, 193, 362-374
武力紛争　394
武力紛争法　393-408
　——の履行確保　403-405
ブレトンウッズ会議　316
分権社会　6, 75
紛争処理手段選択の自由　342
紛争の定義　351
分担金不払い問題　384
文脈　42
文民　391, 402-403
文明国　10, 21, 81, 83, 262
　——間の法　81
「文明ノ神聖ナル使命」　234
文理解釈　106
分離説　212
分離独立権　189
分裂　82

〈へ〉

兵役の義務　258
併合　8, 193
米国国際法学会　154
閉鎖海論　204
閉鎖条約　16
平時国際法　10, 393
平時封鎖　343
米州機構（OAS）　98, 109, 358
米州人権裁判所　351
兵力の引き離し　382-383
平和維持活動（PKO）　103, 244, 356, 360, 379, 382-386
平和維持軍（PKF）　383
平和研究　341
平和構築（論）　341, 385
平和執行部隊　385-386
平和創造　385

平和的変更　376
平和に対する脅威　377, 382
平和に対する罪　269, 405
平和のための結集決議　357, 379
平和の破壊　377, 408
平和への課題　385
　──・補遺　386
ヘーゲル　3, 48, 116
ベルギー条項　271
ペルソナ・ノン・グラータ　152, 156, 160, 162, 343
ベルナドッテ伯　99
ヘルムス・バートン法　139
便宜置籍船　218, 250
変型方式　56
変型理論　51
ヘン・サムリン政権　90
変動相場制　317
片務的領事裁判　154

〈ほ〉
ボアズキョイ文書　7
法　1-2
　──に違反する衡平　73
　──による支配　2-3
　──の一般原則　20-22, 67
　──の欠缺（けんけつ）（不存在）　20, 67, 69
　──の原則　27
　──の執行（実施）　70
　──の外にある衡平　73
　──の適用　70
　──の前の平等　120
貿　易　302-311
　──の自由化　306-307
法益侵害　177-182
　──の救済　169
崩壊国家　107, 173
包括的自由貿易協定　315
包括的承継説　91
法規範　1-3
防空識別圏（ADIZ）　248-249
法　源　14-15
封建制度　115, 257
法原則宣言　23
報告制度　282, 288-289
防止義務　406
法実証主義　167-168
放射能汚染　320, 322, 331
防守都市・地域　397-398
法　人　11, 104, 257
　──の国籍　260

法曹の法　31
法則決定の補助手段　25-26
法廷の友（amicus curiae）　109
法的確信　18
法的擬制　193
法的人格　10, 80
法の信念　20
「法的損害」論　178-179
法典化　46, 69, 151, 154, 168, 206
封　土　257
『法の哲学』　3
法変更の要求　345-346
方法・実施の義務　171-172
亡命政府　95-96
法律家諮問委員会　20
法律顧問　355
法律上の承認　86-87
法律的紛争　352, 359
補完性の原則　405
保護国　83
保護責任　127
補充の法源　27
保証責任　189-190, 254-255
保全処分　147
ボダン　115
北　極　244
ホッブズ　5, 80
北方領土　199
ホメイニ　159, 175
捕　虜　401
ポル・ポト政権　86, 90
ホワイト案　316
本拠地法主義　260
香港の中国難民　263
本務領事官　155

〈ま〉
マキャヴェッリ　5
マグナカルタ　264
マヌ法典　8
麻薬および向精神薬　141, 209, 218, 267, 269
マラッカ海峡　216, 218, 239
マルタ騎士団　83
満州国　85
満州事変　364

〈み〉
未開人　81
未承認国　84, 87, 143
未承認政府　87
未成熟権原　192, 198
密　輸　153

事項索引

439

南樺太　200
南ローデシア　82, 380
未臨界実験　390
民事賠償責任　336-338
民衆訴訟　332
民主主義　276
　　——的価値観　89
民族解放戦争（闘争）　97, 368, 400
民族解放団体　96-97
民　兵　399
民用物　397
〈む〉
無害航空の自由　248-249
無害通航権　188, 209, 213, 215-216, 248
無過失責任原則　255
無過失賠償責任　322, 336
無国籍者　258, 260, 266, 268, 402
無差別原則　297
無差別条項　297
無差別戦争観　362-363, 407
無主地　191-192, 241, 245
無主地先占　10, 191, 217
無主物　227
無防守都市・地域　397-398
〈め〉
明示的承認　86
明示の合意　4, 14
名誉領事官　155, 165
メーメル　242
〈も〉
申立て（チャレンジ）査察　391
黙示的権限（論）　43, 100-101
黙示の権能　384
黙示の承認　86, 88
黙示の合意　4, 14, 68
黙示の同意　18
目的説　146
目的論的解釈　41, 43
黙　認　22, 194, 196-197
黙認（受認・容認）義務　406, 408
目標区別原則（軍事目標主義）　397-398
MOX工場事件（2001年）　327, 334, 349
モニタリング　330
モンテスキュー　273
〈や〉
夜警国家　279
野生動植物の不正取引　269
野蛮社会　81
〈ゆ〉
優越性の基準　271

有害性　211-212
有形的損害　255
有権的解釈権　77
有効性の推定　384
有責国　408
ユーゴ空爆　362, 373-374
ユース・ゲンティウム　9
油濁海洋汚染　322
ユダヤ人迫害　276-277
〈よ〉
養子縁組　258
傭　兵　401
4つの自由　277, 279
予防外交　358, 385
予防原則　327-328
予防的アプローチ　328
ヨーロッパの世界化　10
〈ら〉
ライン河　97, 246, 320
ラウターパクト　5
ラグラン兄弟　156
〈り〉
利益の無効化・侵害　308
利益保護国　404
利害関係国　68
リーガリズム　124
「陸は海を支配する」　228
李承晩宣言　200
立法管轄権　131-132, 136, 139-140, 160
立法機関　173
立法条約　16-17, 66
リビア問題　381
流域の理論　192
留　保
　　——可分論　36
　　——された事項範囲　124
　　——に対する異議申立て　34
　　——の許容性の原則　25
　　——の受諾　34-35
領　域　133, 140, 186-202, 241, 245
領域権原論　5, 190-195
領域主権　113, 115, 132, 139, 186-190, 241-242
　　——侵害　178
　　——の継続的かつ平穏な表示　196-198
　　——の放棄　191, 193
　　——の法的性質　187-188
領域使用の管理責任（原則）　171, 176, 189-190, 321, 325-326
領域侵犯（侵害）　198, 369
領域内庇護（権）　158, 264

440

事項索引

領域内庇護条約案　266
領域の国際化　242
領域紛争　75, 195-201, 245
領域変動　190-195
領　海　140, 206, 209, 241
　——の設定　22
　——の幅　209
領海及び接続水域に関する法律（1977年）
　208, 212
領海境界画定　231
領海3カイリ説　208
領　空　186, 247-249
領空主権　247-249
領空侵犯　107-108, 178, 248-249
領事官　155-156, 258
領事管轄区域　155
領事関係の設定・断絶　46, 155
領事機関　155
　——の公館の不可侵　164
　——の構成員　155-156
　——の長　155
　——の特権免除　64, 163-165
　——の任務　156
領事公文書　161
領事裁判権　153-154
領事裁判条約　154
領事伝書使　164
領　水　186
領　土　186
領土権凍結の原則　246
領土保全（原則）　21, 188-189, 373
リンケージ　360
臨　検　141, 219, 367
臨時外交使節団　151
臨時の国籍裁判官　351
隣接性（の原則）　192, 228
倫理的人格　80

〈る〉
ルーズベルト　277, 279
ルソー　273
ルテール　31
ルーブル美術館　7
ルワンダ国際刑事裁判所（ICTR）　268, 405
ルワンダ問題　381

〈れ〉
レアール・ポリティーク　5
礼　1, 8
礼　譲　20
冷　戦　378-383, 385-386
歴史的凝縮　199
歴史的水域　212
歴史的湾　213
レーザー兵器　391
レジスタンス　400
連　邦　32, 83
連邦憲法　59, 61
連邦法　59

〈ろ〉
労働基本権　290-291
ロシア人難民　263
路線権　250
ロック　273
ローマ教皇　115, 362
ローマ法　9
ローマ法王庁　82
ロリマー　81

〈わ〉
ワイマール憲法　58
枠組条約方式　329
和親条約　3
ワルシャワ条約機構　379
湾　213
湾岸戦争　1-2, 12, 95-96, 376, 380-381, 396, 402, 408
湾口10カイリ規則　18
湾口24カイリ規則　212

事項索引

441

〈編 者〉

柳原正治（やなぎはら・まさはる）
　九州大学大学院法学研究院教授　第1章, 第5章, 第6章, 第16章
森川幸一（もりかわ・こういち）
　専修大学法学部教授　　　　　　第22章, 第23章, 第24章
兼原敦子（かねはら・あつこ）
　上智大学法学部教授　第8章, 第9章, 第11章, 第13章, 第14章

〈執筆者〉

江藤淳一（えとう・じゅんいち）
　上智大学法学部・法科大学院教授　　第2章, 第3章, 第7章
児矢野マリ（こやの・まり）
　北海道大学大学院公共政策学連携研究部教授　第10章, 第20章
申　惠丰（しん・へぼん）
　青山学院大学法学部教授　　　　　　第17章, 第18章
高田　映（たかだ・あきら）
　東海大学法学部教授　　　　　　　　　　　　第4章
深町朋子（ふかまち・ともこ）
　福岡国際大学国際コミュニケーション学部専任講師　第12章, 第15章
間宮　勇（まみや・いさむ）
　明治大学法学部教授　　　　　　　　　　　　第19章
宮野洋一（みやの・ひろかず）
　中央大学法学部教授　　　　　　　　　　　　第21章

プラクティス国際法講義

2010（平成22）年3月25日　第1版第1刷発行

編　者	柳原正治 森川幸一 兼原敦子
発行者	今井　　貴 渡辺　左近

発行所　信山社出版株式会社
　〒113-0033　東京都文京区本郷6-2-9-102
　電　話 03(3818)1019　ＦＡＸ 03(3818)0344
Printed in Japan.　　印刷・製本／暁印刷・渋谷文泉閣

ⓒ柳原正治・森川幸一・兼原敦子, 2010.
ISBN978-4-7972-2406-1

判例プラクティスシリーズ

成瀬幸典・安田拓人編
判例プラクティス刑法Ⅰ総論 本体 4000 円
　収載判例 444 件

成瀬幸典・安田拓人・島田聡一郎編
判例プラクティス刑法Ⅱ各論 2010 年秋刊行予定

松本恒雄・潮見佳男編
判例プラクティス民法Ⅰ総論・物権 本体 3600 円
　　収載判例 393 件　2010 年 4 月刊行

判例プラクティス民法Ⅱ債権 予価本体 3600 円
　　収載判例約 400 件　2010 年 4 月刊行予定

判例プラクティス民法Ⅲ親族・相続 予価本体 3000 円
　　収載判例約 200 件　2010 年続刊予定

判例プラクティス憲法 2010 年秋刊行予定
　憲法判例研究会編
　　（淺野博宣・尾形健・小島慎司・宍戸常寿・
　　　曽我部真裕・中林暁生・山本龍彦）
　　　　収載判例約 450 件

信山社

〈プラクティスシリーズ〉

プラクティス民法
　債権総論（第3版）　　　　　　　潮見佳男著　本体 4000 円

プラクティス行政法　　　　　　　木村琢麿著　2010 年 4 月刊行

プラクティス労働法　　　　　　　山川隆一編　本体 3800 円

〈民法総合シリーズ〉

民法総合 3 担保物権法（第 2 版）　　平野裕之著　本体 3800 円

民法総合 5 契約法　　　　　　　　平野裕之著　本体 4800 円

民法総合 6 不法行為法（第 2 版）　　平野裕之著　本体 4000 円

〈プロセス演習シリーズ〉

　　ＬＳ憲法研究会編　　棟居快行・工藤達朗・小山剛編集代表
プロセス演習憲法（第 3 版）　　　　　　　　　本体 4800 円

　　町野朔・丸山雅夫・山本輝之編集
プロセス演習刑法　　　　　　　　　　　　　　本体 3600 円

信山社

南野　森編
ブリッジブック法学入門　　　　　　　　　　本体 2300 円

横田耕一・高見勝利編
ブリッジブック憲法　　　　　　　　　　　　本体 2000 円

宇賀克也編
ブリッジブック行政法　　　　　　　　　　　本体 2000 円

山野目章夫編
ブリッジブック先端民法入門（第3版）　　　本体 2500 円

高橋則夫編
ブリッジブック刑法の考え方　　　　　　　　本体 2200 円

小島武司編
ブリッジブック裁判法（第2版）　　　　　　本体 2300 円

井上治典編
ブリッジブック民事訴訟法　　　　　　　　　本体 2100 円

山本和彦編
ブリッジブック民事訴訟法入門　　　　　　　近刊

信山社

椎橋隆幸編
ブリッジブック刑事裁判法 本体 2000 円

植木俊哉編
ブリッジブック国際法（第2版） 本体 2500 円

芹田健太郎・薬師寺公夫・坂元茂樹著
ブリッジブック国際人権法 本体 2500 円

甲斐克則編
ブリッジブック医事法 本体 2100 円

宮澤節生・武蔵勝宏・上石圭一・大塚浩著
ブリッジブック法システム入門 本体 2600 円

長谷川晃・角田猛之編
ブリッジブック法哲学 本体 2000 円

土田道夫・高橋則夫・後藤巻則編
ブリッジブック先端法学入門 本体 2100 円

玉野和志編
ブリッジブック社会学 本体 2300 円

信山社

━━━━━━ 法律学の森シリーズ ━━━━━━

新　正幸　　憲法訴訟論

潮見佳男　　債権総論〔第2版〕I

潮見佳男　　債権総論〔第3版〕II

潮見佳男　　契約各論 I

潮見佳男　　契約各論 II　（続刊）

潮見佳男　　不法行為法〔第2版〕I

潮見佳男　　不法行為法〔第2版〕II　（続刊）

潮見佳男　　不法行為法〔第2版〕III　（続刊）

藤原正則　　不当利得法

青竹正一　　新会社法〔第3版〕

泉田栄一　　会社法論

小宮文人　　イギリス労働法

高　翔龍　　韓国法

━━━━━━ 信山社 ━━━━━━